Eichmann en Jerusalén

Eichmann en Jerusalén

Un estudio sobre la banalidad del mal

Hannah Arendt

Traducción de
Carlos Ribalta

Lumen

ensayo

Primera edición con esta encuadernación: septiembre de 2019

Título original: *Eichmann in Jerusalem*

© 1963, 1964, Hannah Arendt, renovado 1991, 1992 © Lotte Kohler
Todos los derechos reservados, incluido el de reproducción parcial o íntegra en cualquier formato.
Publicado por acuerdo con Viking, una división de Penguin Group (USA) Inc.
© 1999, 2019, Penguin Random House Grupo Editorial, S. A. U.
Travessera de Gràcia, 47-49. 08021 Barcelona
© 1999, Carlos Ribalta, por la traducción

Printed in Spain — Impreso en España

ISBN: 978-84-264-1345-1
Depósito legal: B-15111-2019

Compuesto en M. I. Maquetación, S. L.
Impreso en Limpergraf
Barberà del Vallès (Barcelona)

H 4 1 3 4 5 B

Penguin
Random House
Grupo Editorial

ADVERTENCIA PRELIMINAR

La presente obra es una edición corregida y aumentada del libro publicado en mayo de 1963. El relato aquí contenido apareció por primera vez en febrero y marzo de 1963, ligeramente abreviado, en las páginas del *New Yorker*, que me pidió informar a sus lectores del curso del juicio de Eichmann, celebrado en Jerusalén el año 1961. Escribí este libro durante el verano y el otoño de 1962, terminándolo en el mes de noviembre de dicho año, mientras me encontraba en el Centro de Estudios Superiores de la Wesleyan University en calidad de profesora invitada.

Las revisiones efectuadas en la presente edición se centran en unos cuantos errores técnicos, ninguno de los cuales altera el análisis efectuado en el texto primitivo, ni tampoco los hechos en él contenidos. El relato objetivo de los acontecimientos relatados en la presente obra todavía no ha sido fijado en todos sus detalles, y existen algunos puntos sobre los que jamás se conseguirá información fidedigna que pueda sustituir las actuales conjeturas de las personas mejor informadas al respecto. Así vemos que el número de judíos víctimas de la «solución definitiva» no es más que una conjetura —entre cuatro millones y medio y seis millones— que no ha podido ser comprobada, y lo mismo ocurre con el número de

víctimas judías correspondientes a cada uno de los distintos países en que fueron sacrificadas. Tras la publicación de esta obra, se descubrieron nuevos datos, especialmente en Holanda, pero en realidad no alteran los hechos fundamentales, considerados de un modo global.

La mayor parte de las adiciones también tienen carácter técnico, ya sea para aclarar un punto concreto, para revelar nuevos hechos, o, en algunos casos, para citar las distintas fuentes de información. Estas nuevas fuentes constan en las páginas dedicadas a la bibliografía del caso, y se analizan en el nuevo post scríptum, dedicado a las controversias a que la publicación del presente texto dio lugar. Abstracción hecha del post scríptum, la única adición de carácter no técnico es la que se refiere a la conspiración contra Hitler, del 20 de julio de 1944, que había mencionado incidentalmente en la versión original. En conjunto, el contenido de este libro en nada modifica la primera versión que di de los hechos en él relatados.

Quiero hacer constar mi agradecimiento a Richard y Clara Winston, por la ayuda que me prestaron en la preparación del post scríptum de la presente edición.

HANNAH ARENDT

Eichmann en Jerusalén

¡Oh, Alemania!
Quien solo oiga los discursos
que de ti nos llegan, se reirá.
Pero quien vea lo que haces,
echará mano al cuchillo.

Bertolt Brecht

1

AUDIENCIA PÚBLICA

Beth Hamishpath, audiencia pública, estas palabras que el ujier gritó a todo pulmón, para anunciar la llegada de los tres magistrados, nos impulsaron a ponernos en pie de un salto, en el mismo instante en que los jueces, con la cabeza descubierta, ataviados con negras togas, penetraron por una puerta lateral en la sala y se sentaron tras la mesa situada en el alto estrado. La mesa es larga, a uno y otro extremo se sientan los taquígrafos oficiales, y, dentro de poco, quedará cubierta por innumerables libros y más de quinientos documentos. A un nivel inmediato inferior al del tribunal se encuentran los traductores, cuyos servicios se emplearán para permitir la directa comunicación entre el acusado, o su defensor, y el tribunal. Además, el acusado y su defensor, que hablan el alemán, al igual que casi todos los presentes, seguirán las incidencias del juicio en lengua hebrea a través de la traducción simultánea por radio, que es excelente en francés, aceptable en inglés, y desastrosa, a veces incomprensible, en alemán. (Si tenemos en cuenta que el juicio ha sido organizado, y sus procedimientos regulados, con especial atención encaminada a evitar todo género de parcialidad, es preciso reconocer que constituye uno de los misterios de menor importancia el que la administración de justicia

del nuevo Estado de Israel, en el que un alto porcentaje de su población nació en Alemania, no pudiera hallar un traductor competente que tradujera las declaraciones y los informes al único idioma que el acusado y su defensor podían comprender. Además, es preciso también hacer constar que el viejo prejuicio contra los judíos alemanes, que en otros tiempos era muy fuerte en el Estado de Israel, ahora carece ya de la fuerza suficiente para explicar aquel hecho. La única explicación que nos queda es la existencia de la todavía más antigua, y aún poderosa, «Vitamina P», como los israelitas suelen denominar a la protección burocrática de que la administración se rodea.) A un nivel inferior a los traductores, frente a frente, y, por tanto, de perfil con respecto al público, vemos, a un lado, al acusado en la cabina de cristal, y, al otro, el estrado en que los testigos declararán. Finalmente, en el último nivel, de espaldas al público, están el fiscal, con sus cuatro ayudantes, y el defensor, quien se sirvió de un ayudante durante las primeras semanas del juicio.

En momento alguno adoptaron los jueces actitudes teatrales. Entraron y salieron de la sala caminando sin afectación, escucharon atentamente, y acusaron, como es natural, la emoción que experimentaron al escuchar los relatos de las atrocidades cometidas. Su impaciencia ante los intentos del fiscal para prolongar indefinidamente el juicio fue espontánea, su comportamiento para con el defensor quizá resultó excesivamente cortés, como si en momento alguno olvidaran que «el doctor Servatius libraba casi solo una agotadora batalla, en un ambiente que le era desconocido», y su actitud con respecto al acusado fue siempre irreprochable. Tan evidente era su buena fe y sinceridad que el público no se sorprendió de que ninguno de los tres cediera a la poderosa tentación de fingir lo que les ofrecía el escenario en que se encontraban, es decir,

la tentación de simular que, pese a haber nacido y haber sido educados en Alemania, se veían obligados a esperar a que las declaraciones en alemán fueran traducidas al hebreo. Moshe Landau, el presidente, casi nunca esperó a que el traductor hubiera cumplido su misión, y a menudo intervino a fin de corregir o mejorar una traducción imprecisa, en tal caso se advertía que ello le proporcionaba un breve descanso en la ingrata tarea de dirigir aquel triste juicio. Meses más tarde, cuando se celebró el interrogatorio del acusado, el presidente dialogaría en alemán con Eichmann, tal como, siguiendo su ejemplo, harían los otros dos magistrados, lo cual demuestra, a mayor abundancia, su independencia con respecto a la opinión pública dominante en Israel.

Desde el principio quedó claramente sentada la autoridad del presidente Moshe Landau, en orden a dar el tono que debía imperar en la celebración del juicio, y quedó asimismo de manifiesto que estaba dispuesto, firmemente dispuesto, a evitar que la afición del fiscal a la espectacularidad convirtiera el juicio en una representación dramática. Sin embargo, no siempre logró este propósito, ya que, entre otras razones, el juicio se celebró en una sala dispuesta como la de un teatro, y ante un público, de manera que el impresionante grito del ujier, al anunciar el inicio de cada sesión, producía un efecto parecido al que causa ver alzar el telón. Quien diseñó esta sala de la recientemente construida *Beth Ha'am*, Casa del Pueblo, protegida, en ocasión del juicio, por altas vallas, vigilada desde el terrado hasta el sótano por policías armados hasta los dientes, y en cuyo patio frontal se alzaban las cabinas en que todos los asistentes eran minuciosamente cacheados, lo hizo siguiendo el modelo de una sala de teatro, con platea, foso para la orquesta, proscenio y escenario, así como puertas laterales para que los actores entraran e hicieran mutis. Evidentemente, esta sala de justi-

cia es muy idónea para la celebración del juicio que David Ben Gurión, el primer ministro de Israel, planeó cuando dio la orden de que Eichmann fuera raptado en Argentina y trasladado a Jerusalén para ser juzgado por su intervención en «la Solución Final del problema judío». Y Ben Gurión, al que con justicia se llama «el arquitecto del Estado de Israel», fue el invisible director de escena en el juicio de Eichmann. No asistió a sesión alguna, pero en todo momento habló por boca de Gideon Hausner, el fiscal general, quien, en representación del gobierno, hizo cuanto pudo para obedecer al pie de la letra a su jefe. Y si, afortunadamente, sus esfuerzos no consiguieron los resultados apetecidos, ello se debió a que la sala estaba presidida por un hombre que servía a la justicia con tanta fidelidad como el fiscal Hausner servía al Estado. La justicia exigía que el procesado fuera acusado, defendido y juzgado, y que todas las interrogantes ajenas a estos fines, aunque parecieran de mayor trascendencia, fuesen mantenidas al margen del procedimiento. El tribunal no estaba interesado en aclarar cuestiones como: «¿Cómo pudo ocurrir?», «¿Por qué ocurrió?», «¿Por qué las víctimas escogidas fueron precisamente los judíos?», «¿Por qué los victimarios fueron precisamente los alemanes?», «¿Qué papel tuvieron las restantes naciones en esta tragedia?», «¿Hasta qué punto fueron también responsables los aliados?», «¿Cómo es posible que los judíos cooperaran, a través de sus dirigentes, a su propia destrucción?», «¿Por qué los judíos fueron al matadero como obedientes corderos?». La justicia dio importancia únicamente a aquel hombre que se encontraba en la cabina de cristal especialmente construida para protegerle, a aquel hombre de estatura media, delgado, de mediana edad, algo calvo, con dientes irregulares, y corto de vista, que a lo largo del juicio mantuvo la cabeza, torcido el cuello seco y nervudo, orientada hacia el tribunal (ni una sola vez dirigió la vis-

ta al público), y se esforzó tenazmente en conservar el dominio de sí mismo, lo cual consiguió casi siempre, pese a que su impasibilidad quedaba alterada por un tic nervioso de los labios, adquirido posiblemente mucho antes de que se iniciara el juicio. El objeto del juicio fue la actuación de Eichmann, no los sufrimientos de los judíos, no el pueblo alemán, ni tampoco el género humano, ni siquiera el antisemitismo o el racismo.

Y la justicia, aunque quizá sea una abstracción para quienes piensan como el primer ministro, demostró ser, en el caso de Eichmann, mucho más severa y exigente que Ben Gurión y el poder concentrado en sus manos. La disciplina impuesta por este último era laxa, como desde los primeros momentos puso de manifiesto el señor Hausner. Permitía que el acusador público fuera interrogado en conferencias de prensa y ante la televisión durante el período en que se celebraba el juicio (el programa norteamericano, patrocinado por la Glickman Corporation, fue constantemente interrumpido por anuncios comerciales de ventas de casas y terrenos), e incluso permitía que el fiscal hiciera espontáneas manifestaciones a los periodistas en el propio Palacio de Justicia, a quienes manifestaba que ya estaba harto de interrogar a Eichmann, cuyas respuestas eran todas mentira; también le permitía dirigir frecuentes miradas al público y recurrir a actitudes teatrales indicativas de una vanidad superior a la normal, que culminaron al conseguir impresionar a la Casa Blanca, como demuestra el hecho de que el presidente de Estados Unidos le felicitara por «haber llevado a cabo un buen trabajo». Contrariamente, la justicia no se permitía nada semejante, exigía discreción, toleraba el dolor pero no la ira, y prohibía estrictamente el abandono a los dulces placeres de la publicidad. La visita que el magistrado Moshe Landau efectuó a Estados Unidos, poco después de la terminación del juicio, no fue

objeto de publicidad, salvo aquella realizada por las organizaciones judías que le habían invitado.

Sin embargo, por mucho que los jueces rehuyeran la luz pública, allí estaban, sentados en lo alto del estrado, de cara al público, como los actores en el escenario. El público debía constituir, según se había planeado, una representación de todas las naciones del mundo, y durante las primeras semanas estuvo integrado principalmente por periodistas llegados a Jerusalén desde los cuatro puntos cardinales. Acudieron para contemplar un espectáculo tan sensacional como el juicio de Nuremberg, con la sola diferencia de que en la presente ocasión «el tema principal sería la tragedia del pueblo judío», ya que «si nos proponemos acusar a Eichmann de los crímenes cometidos en las personas de gentes no judías, la razón estriba», no en que Eichmann los hubiera cometido, sino, sorprendentemente, en que «nosotros no hacemos distinciones basadas en criterios étnicos». Esta curiosa frase pronunciada por el fiscal en su primer discurso fue la clave que revelaría la orientación general que el acusador dio a su alegato, ya que la acusación se basó en los sufrimientos de los judíos, no en los actos de Eichmann. Y, según el señor Hausner, distinguir unos de otros era irrelevante, por cuanto «tan solo hubo un hombre cuyas actividades se centraran exclusivamente en las gentes judías, cuyo objetivo fuese su destrucción, cuyas funciones en el establecimiento de aquel inicuo régimen se limitaran a cuanto a los judíos concernía. Y este hombre es Adolf Eichmann». ¿Acaso la lógica conducta a seguir no consistía en exponer ante el tribunal los sufrimientos de los judíos (de los que nadie dudaba), y, luego, ofrecer las pruebas que de un modo u otro los relacionaran con Eichmann? El juicio de Nuremberg, en el que los procesados «fueron acusados de crímenes contra los pueblos de diversas naciones», no se ocupó de la

tragedia de los judíos por la sencilla razón de que Eichmann no se sentó en el banquillo.

¿Creía verdaderamente Hausner que los juzgadores de Nuremberg habrían prestado atención a la suerte de los judíos, en el caso de que Eichmann hubiera sido acusado? No. Al igual que todos los ciudadanos de Israel, el fiscal Hausner estaba convencido de que tan solo un tribunal judío podía hacer justicia a los judíos, y de que a estos competía juzgar a sus enemigos. De ahí que en Israel hubiera general aversión hacia la idea de que un tribunal internacional acusara a Eichmann, no de haber cometido crímenes «contra el pueblo judío», sino crímenes contra la humanidad, perpetrados en el cuerpo del pueblo judío. Esto explica aquella frase injustificada, «nosotros no hacemos distinciones basadas en criterios étnicos», que pronunciada en Israel no parece tan injustificada, ya que el derecho rabínico regula el estado y condición de los ciudadanos judíos, de modo que ninguno de ellos puede contraer matrimonio con persona no judía, y si bien los matrimonios celebrados en el extranjero son legalmente reconocidos, los hijos nacidos de matrimonios mixtos tienen la consideración jurídica de hijos naturales (es de señalar que los hijos de padres judíos que no están unidos en matrimonio tienen la consideración legal de hijos legítimos), y aquella persona cuya madre no sea judía no puede contraer matrimonio con un judío, ni tampoco recibir sepultura con las formalidades usuales en Israel. Esta situación jurídica ha quedado más de relieve a partir de 1953, año en que una importante parte de las relaciones del derecho de familia pasó a la jurisdicción de los tribunales civiles, es decir, no religiosos. Ahora, por ejemplo, las mujeres tienen derecho a heredar, y, en términos generales, su estatus legal es igual al del hombre. Por esto, difícilmente puede atribuirse a respeto hacia la fe o al poder de una fa-

nática minoría religiosa la actitud del gobierno de Israel al abstenerse de transferir a la jurisdicción civil materias tales como el matrimonio y el divorcio, que ahora están reguladas por la ley rabínica. Los ciudadanos de Israel, tanto los que albergan convicciones religiosas como los que no, parecen estar de acuerdo en la conveniencia de que exista una prohibición de los matrimonios mixtos, y a esta razón se debe principalmente —como no tuvieron empacho alguno en reconocer diversos funcionarios israelitas, fuera de la sala de audiencia— que también estén de acuerdo en que no es aconsejable que se dicten disposiciones legales al respecto, por cuanto en ellas sería necesario hacer constar explícitamente, en palabras de claro significado, una norma de conducta que la opinión mundial seguramente no comprendería. A este respecto, Phillip Gillon escribió recientemente en *Jewish Frontier*: «Las razones que se oponen a la celebración de matrimonios civiles radica en que estos serían causa de divisiones en el pueblo de Israel, y también separarían a los judíos de este país de los judíos de la Diáspora». Sean cuales fueren los fundamentos de lo anterior, lo cierto es que la ingenuidad con que la acusación pública denunció las infamantes leyes de Nuremberg, dictadas en 1935, prohibiendo los matrimonios e incluso las relaciones sexuales extramatrimoniales entre judíos y alemanes, causó al público una impresión de desagradable sorpresa. Los corresponsales de prensa mejor informados se dieron perfecta cuenta de la paradoja que las palabras del fiscal entrañaban, pero no la hicieron constar en sus artículos. Sin duda, no creían que aquel fuera el momento oportuno para criticar las leyes e instituciones de los judíos de Israel.

Si se pretendía que el público asistente al juicio representara a la opinión mundial, y que el procedimiento jurídico ofreciera un grandioso panorama de los sufrimientos del pueblo judío, es pre-

ciso reconocer que la realidad no fue acorde con tal pretensión. Los periodistas asistieron a las sesiones durante dos semanas, y, luego, la composición del público cambió radicalmente. Al ausentarse los periodistas, se dijo que el público estaría integrado por israelitas que, debido a su juventud, desconocían la triste historia vivida por sus mayores, y por otros, como los judíos orientales, que jamás tuvieron información al respecto. Se pretendía que el juicio sirviera para demostrarles lo que significaba vivir entre no judíos, para convencerlos de que los judíos tan solo podían vivir con dignidad en Israel. A los corresponsales de prensa se les explicó esta lección mediante un folleto, gratuitamente repartido, sobre el ordenamiento jurídico israelita. La autora del folleto, Doris Lankin, citaba una sentencia del Tribunal Supremo, en cuya virtud dos hombres que habían «secuestrado a sus respectivos hijos, y los habían trasladado a Israel» fueron obligados a devolver los niños a sus madres, quienes vivían en el extranjero, ya que a estas correspondía la custodia legal de los menores. La autora, tan orgullosa de esta rígida aplicación de la ley, como el fiscal Hausner lo estaba de sus deseos de incluir en la acusación los asesinatos de individuos no judíos, añadía que la sentencia referida se había dictado «pese a que al dar a las madres la custodia de los niños, estos se verían obligados a vivir en términos de desigualdad, entre elementos hostiles, en la Diáspora». Al irse los corresponsales, el público no quedó formado por gente joven, ni tampoco por israelitas, sino que lo integraron los «supervivientes», gentes maduras o de edad avanzada, emigrantes llegados de Europa, como yo misma, que sabían de memoria cuanto había que saber, que no estaban en disposición de ánimo propicia a recibir lecciones, y que en modo alguno necesitaban presenciar el juicio para extraer sus conclusiones. Mientras los testigos, uno tras otro, interminablemente, relataban escenas de

horror, los asistentes escuchaban el relato público de historias que no hubieran podido soportar si sus protagonistas se las hubieran contado en privado, cara a cara. A medida que iba revelándose la magnitud «de las penalidades sufridas por el pueblo judío en la presente generación», y a medida que la retórica de Hausner adquiría más y más ampulosidad, la figura del hombre en el interior de la cabina de vidrio se hacía más pálida y fantasmal. Aquella figura no daba signos de vida, ni siquiera cuando el dedo acusador lo señalaba, y cuando la voz indignada clamaba: «¡Y aquí está sentado el monstruo responsable de todo lo ocurrido!».

El relato de las escalofriantes atrocidades produjo el efecto de anular el aspecto teatral del juicio. Todo juicio público se parece a una representación dramática, por cuanto uno y otra se inician y terminan basándose en el sujeto activo, no en el sujeto pasivo o víctima. Un juicio teatral, espectacular, necesita mucho más que un juicio ordinario un claro y bien definido relato de los hechos, y del modo en que fueron ejecutados. El elemento central de un juicio tan solo puede ser la persona que cometió los hechos —en este aspecto es como el héroe de un drama—, y si tal persona sufre, debe sufrir por lo que ha hecho, no por los sufrimientos padecidos por otros en virtud de sus actos. Y entre todos los presentes, el presidente del tribunal era quien mejor sabía lo que acabamos de decir, pese a que tuvo que ver cómo el juicio se transformaba en una sucesión de relatos atroces, en «un navío sin timón, a merced de las olas». Sus esfuerzos para evitarlo resultaron a menudo estériles por culpa, aunque parezca extraño, de la actitud de la defensa, que casi nunca atacó a los testigos, ni casi puso en entredicho sus declaraciones, ni siquiera en puntos intrascendentes. El doctor Servatius, como todos le llamaban, se comportó con un poco más de audacia en lo referente a las pruebas documentales, y la más es-

pectacular de sus escasas intervenciones tuvo lugar cuando la acusación aportó como medio de prueba, el Diario de Hans Frank, que fue gobernador general de Polonia y uno de los principales criminales de guerra ahorcados en Nuremberg, en cuyo momento, el doctor Servatius dijo: «Quisiera formular tan solo una pregunta. ¿En estos veintinueve volúmenes [en realidad eran treinta y ocho] se menciona, aunque sea una vez, el nombre de Adolf Eichmann, el acusado? No, el nombre de Adolf Eichmann no consta en estos veintinueve volúmenes ... Muchas gracias, no hay más preguntas».

Así vemos que el juicio nunca llegó a ser un drama, pero el espectáculo que David Ben Gurión se propuso ofrecer al público sí tuvo lugar, o, para decirlo de otro modo, las «lecciones» que pretendía dar a judíos y gentiles, a israelitas y árabes, al mundo entero, efectivamente se dieron. Estas lecciones derivadas de un mismo espectáculo serían distintas según lo fueran los diversos oyentes. Ben Gurión las había esbozado, antes de que el juicio comenzara, en varios artículos periodísticos encaminados a explicar por qué Israel había raptado al acusado. Una de las lecciones estaba dirigida al mundo no judío: «Queremos dejar bien sentado ante todas las naciones que millones de personas, por el solo hecho de ser judíos, y millones de niños, por el solo hecho de ser niños judíos, fueron asesinados por los nazis». O dicho con las palabras de *Davar*, órgano del movimiento Mapai de Ben Gurión: «Queremos que la opinión pública sepa que no solo la Alemania nazi fue la culpable de la destrucción de seis millones de judíos europeos». Sirvámonos de nuevo de las palabras de Ben Gurión: «Queremos que todas las naciones sepan ... que deben avergonzarse». Los judíos de la Diáspora debían recordar que el judaísmo, «con cuatro mil años de antigüedad, con sus creaciones en el mundo del espíritu, con sus empeños éticos, con sus mesiánicas aspiraciones», se

había enfrentado siempre con un «mundo hostil»; que los judíos habían degenerado hasta el punto de dirigirse obedientemente, como corderos, hacia la muerte; y que tan solo la formación de un Estado judío había hecho posible que los judíos se defendieran, tal como lo hizo Israel en su guerra de Independencia, en la aventura de Suez, y en los casi cotidianos incidentes de las peligrosas fronteras israelitas. Y si bien los judíos que vivían fuera de Israel tendrían ocasión de ver la diferencia entre el heroísmo israelita y la abyecta obediencia judaica, también era cierto que los judíos de Israel aprenderían una lección distinta: «La generación de israelitas formada después del holocausto» estaba en peligro de perder su sentido de vinculación al pueblo judío y, en consecuencia, a su propia historia: «Es necesario que nuestra juventud recuerde lo ocurrido al pueblo judío. Queremos que sepa la más trágica faceta de nuestra historia». Finalmente, otro de los motivos de juzgar a Eichmann era el de «descubrir a otros nazis y otras actividades nazis, como, por ejemplo, las relaciones existentes entre los nazis y algunos dirigentes árabes».

Si estas hubieran sido las únicas razones justificativas de someter a Adolf Eichmann a la autoridad del tribunal de Jerusalén, el juicio hubiera sido un fracaso en muchos aspectos. Desde cierto punto de vista, las lecciones eran superfluas; y, desde otro punto de vista, resultaban engañosas. Gracias a Hitler, el antisemitismo está desacreditado, quizá no para siempre, pero sí por el momento, y ello se debe, no a que repentinamente los judíos se hayan ganado las simpatías del mundo, sino a que la mayoría ha comprendido, tal como dijo Ben Gurión, que «en nuestros tiempos, el antisemitismo puede abocarnos al uso de la cámara de gas y a las fábricas de jabón». La lección era igualmente superflua en cuanto hacía referencia a los judíos de la Diáspora, quienes, en realidad, no necesi-

taban que ocurriera la catástrofe en la que pereció una tercera parte de ellos, para convencerse de la hostilidad de que eran objeto. Su conocimiento de la imperecedera y omnipresente naturaleza del antisemitismo no solo ha sido uno de los más potentes factores ideológicos del movimiento sionista desde el caso Dreyfus, sino que ha sido también la causa de la sorprendente buena disposición que la comunidad judía alemana mostró en orden a entablar negociaciones con las autoridades nazis, durante las primeras etapas de implantación del régimen. (No hace falta decir que estas negociaciones ninguna semejanza tuvieron con aquella posterior colaboración que los judíos prestaron a sus verdugos. En las primeras, todavía no se planteaba problema moral alguno, se trataba tan solo de una decisión política de discutible «realismo», puesto que se justificaba con la afirmación siguiente: «la ayuda concreta» es preferible a formular denuncias «abstractas». No era más que *Realpolitik*, sin matices maquiavélicos, cuyos riesgos se hicieron patentes años después, tras el inicio de la guerra, cuando los contactos diarios entre las organizaciones judías y la burocracia nazi facilitaron que los funcionarios semitas cruzaran el abismo que mediaba entre ayudar a los judíos a escapar y ayudar a los nazis a deportarlos.) A esto se debió que los judíos llegaran a la peligrosa situación de no saber distinguir a los amigos de los enemigos; y los judíos alemanes no fueron los únicos que subestimaron la peligrosidad de sus enemigos, debido a albergar la creencia de que todos los gentiles eran iguales. Si el primer ministro Ben Gurión, quien era a todos los efectos el jefe del Estado de Israel, pretendió fortalecer esta clase de «conciencia judía», es evidente que cometió un error, ya que en la actualidad la superación de tal conciencia colectiva constituye un requisito previo indispensable para la pervivencia del Estado de Israel, que, por definición, ha hecho de los judíos un pueblo en-

tre otros pueblos, una nación entre otras naciones, un Estado entre otros estados, que debe desarrollarse forzosamente en unas circunstancias de pluralidad política e histórica que ya no permite la antigua dicotomía de judíos y gentiles, basada, desgraciadamente, en una doctrina religiosa.

El contraste entre el heroísmo de Israel y la abyecta obediencia con que los judíos iban a la muerte —llegaban puntualmente a los puntos de embarque, por su propio pie, iban a los lugares en que debían ser ejecutados, cavaban sus propias tumbas, se desnudaban y dejaban ordenadamente apiladas sus ropas, y se tendían en el suelo uno al lado del otro para ser fusilados— parecía un excelente argumento, y el fiscal le sacó todo el partido posible, al formular a los testigos, uno tras otro, preguntas como: «¿Por qué no protestó?», «¿Por qué subió a aquel tren?», «Allí había quince mil hombres, y solo unos centenares de guardianes, ¿por qué no les arrollaron?». Pero la triste verdad es que el argumento carecía de base, debido a que, en aquellas circunstancias, cualquier grupo de seres humanos, judíos o no, se hubiera comportado tal como estos se comportaron. Hace dieciséis años, cuando aún nos hallábamos bajo la reciente impresión que los acontecimientos causaron en nosotros, David Rousset, quien había estado recluido en Buchenwald, describió lo que ocurría en los campos de concentración: «El triunfo de las SS exigía que las víctimas torturadas se dejaran conducir a la horca sin protestar, que renunciaran a todo hasta el punto de dejar de afirmar su propia identidad. Y esta exigencia no era gratuita. No se debía a capricho o a simple sadismo. Los hombres de las SS sabían que el sistema que logra destruir a su víctima antes de que suba al patíbulo es el mejor, desde todos los puntos de vista, para mantener a un pueblo en la esclavitud, en total sumisión. Nada hay más terrible que aquellas procesiones avanzando como muñecos hacia la muer-

te» (*Les Jours de notre mort*, 1947). Los testigos no contestaron las crueles y estúpidas preguntas del fiscal, pero fácilmente hallaremos la contestación adecuada si permitimos que nuestra imaginación reproduzca durante unos instantes las escenas ocurridas en Holanda, cuando unos cuantos judíos del barrio hebreo de Amsterdam se atrevieron a atacar a un destacamento de la policía militar alemana, en el año 1941. Este ataque provocó la detención de cuatrocientos treinta judíos que, en represalia, fueron literalmente torturados hasta la muerte, primero en Buchenwald y luego en el campo austríaco de Mauthausen. Durante meses y meses, murieron mil veces, y cada uno de ellos hubiera envidiado la suerte de sus hermanos de Auschwitz, e incluso la de los de Riga y Minsk. Hay destinos mucho peores que la muerte, y las SS tuvieron buen cuidado de que sus víctimas los tuvieran siempre presentes en su mente. En este aspecto, quizá más que en cualquier otro, el deliberado propósito, imperante en el juicio de Eichmann, de relatar los hechos únicamente desde el punto de vista judío deformó la realidad, incluso la realidad judía. La gloria de la revuelta del gueto de Varsovia y el heroísmo de los otros, pocos, que supieron resistir radicó precisamente en que los judíos renunciaron a la muerte relativamente fácil que los nazis les ofrecían, a la muerte en la cámara de gas o ante las ametralladoras. Los testigos que en Jerusalén adveraron la resistencia y rebelión judía, «en las pocas páginas que ocupan en la historia del holocausto», confirmaron una vez más que únicamente los más jóvenes fueron capaces de decidir «que no podemos aceptar ir a la muerte como corderos».

Hubo un aspecto en que el juicio no defraudó las esperanzas que en él pusiera Ben Gurión. Verdaderamente sirvió para sacar de sus

madrigueras a otros nazis y criminales de guerra, aunque ello no ocurrió en los países árabes, que habían ofrecido asilo, sin rebozo, a cientos de nazis. Las relaciones que el gran muftí sostuvo con los nazis durante la guerra eran de todos conocidas, e incluso se sabía que pretendió que le auxiliaran en la tarea de hallar una «solución definitiva» en el Próximo Oriente. Los periódicos de Damasco y Beirut, de El Cairo y Jordania, no ocultaron sus simpatías hacia Eichmann, y algunos se lamentaron de que no hubiera podido «dar cima a su tarea». El día en que se inició el juicio, la radio de El Cairo dio una nota ligeramente antialemana a su comentario, pero se lamentó de que no se hubiera producido «ni un solo incidente en que un avión alemán hubiera bombardeado una comunidad judía a lo largo de la pasada guerra mundial». Que los nacionalistas árabes tuvieron simpatía hacia los nazis era un hecho notorio, y las razones que les impulsaron resultaban evidentes, pero las palabras de Ben Gurión y el juicio contra Eichmann mal podían pretender «sacarles de sus madrigueras», ya que los árabes simpatizantes de los nazis jamás se escondieron. Durante el juicio quedó demostrado que los rumores referentes a las relaciones entre Eichmann y Haj Amin el Husseini, otrora gran muftí de Jerusalén, carecían de fundamento. (Eichmann conoció al gran muftí en el curso de una recepción oficial, al mismo tiempo que otros funcionarios alemanes.) El gran muftí mantuvo estrechas relaciones con el Ministerio de Asuntos Exteriores alemán, así como con Himmler, pero ello no constituía un secreto.

Si bien la observación de Ben Gurión acerca de «las relaciones entre los nazis y algunos dirigentes árabes» fue totalmente superflua, también es cierto que resulta sorprendente que el primer ministro israelita no se refiriera a los nazis de la Alemania Occidental de nuestros días. Desde luego, fue confortante oír decir que Israel

«no considera a Adenauer responsable de los delitos de Hitler», y que «para nosotros, un alemán honrado, pese a que pertenece a la misma nación que contribuyó a asesinar a millones de judíos, es un ser humano tan honrado como cualquier otro». (No se hizo referencia alguna a los árabes honrados.) La República Federal Alemana, pese a que todavía no ha reconocido el Estado de Israel —quizá para evitar que los países árabes reconozcan la Alemania de Ulbricht—, ha pagado setecientos treinta y siete millones de dólares a Israel, en concepto de reparaciones, en el curso de los últimos diez años. Estos pagos pronto terminarán, por lo que Israel intenta negociar un préstamo alemán a largo plazo. De ahí que las relaciones entre los dos países, y especialmente las relaciones personales entre Ben Gurión y Adenauer, hayan sido excelentes, y si, a consecuencia del juicio de Eichmann, algunos miembros del Parlamento de Israel lograron imponer ciertas restricciones al intercambio cultural con la Alemania Occidental, esta ha sido una secuela que Ben Gurión no previó ni pudo desear. Más atención merece que el primer ministro de Israel no hubiera previsto, o no se hubiera preocupado de mencionarlo, que la captura de Eichmann iba a provocar el primer intento serio realizado por el gobierno alemán en orden a someter a juicio por lo menos a aquellos ciudadanos que habían intervenido directamente en el asesinato de judíos. La Agencia Central de Investigación de Crímenes Nazis (fundada tardíamente en la Alemania Occidental, el año 1958), dirigida por el fiscal Erwin Schüle, había tropezado con todo género de dificultades en el desempeño de sus funciones, debido, en parte, a la renuencia de los alemanes a comparecer como testigos y, en parte, a la resistencia que los tribunales ofrecían a iniciar procedimientos basados en los datos recibidos de la Agencia Central. El juicio de Jerusalén no reveló nuevas pruebas importantes que pudieran conducir a la iden-

tificación de los colaboradores de Eichmann, pero la noticia de la sensacional captura de este y del juicio a que se le iba a someter bastaron para inducir a los tribunales alemanes a iniciar actuaciones, basándose en los hallazgos de la oficina dirigida por el fiscal Schüle, y a esforzarse en vencer la repugnancia que los ciudadanos alemanes sentían a testificar contra los criminales «que con nosotros conviven», a cuyo fin las autoridades germanas emplearon el antiguo sistema de pegar carteles ofreciendo recompensas a quienes contribuyeran a la captura de criminales notorios.

Los resultados fueron sorprendentes. Siete meses después de la llegada de Eichmann a Jerusalén —y cuatro antes de que se iniciara el juicio—, Richard Baer, sucesor de Rudolf Höss en el puesto de comandante de Auschwitz, era detenido. En rápida sucesión, casi todos los miembros del llamado «Comando Eichmann» eran también arrestados, entre ellos Franz Novak, que vivía en Austria, dedicado al oficio de impresor; el doctor Otto Hunsche, que ejercía la abogacía en Alemania Occidental; Hermann Krumey, que tenía una farmacia; Gustav Richter, ex «asesor de asuntos judíos» en Rumania, y Willi Zöpf, quien ocupó en Amsterdam el mismo puesto que el anterior desempeñó en Rumania. Pese a que hacía ya años que en Alemania se habían publicado contra ellos abundantes acusaciones, con pruebas, en semanarios y libros, ninguno de los nombrados consideró necesario vivir bajo nombre supuesto. Por primera vez desde el término de la guerra, los periódicos alemanes publicaron abundantes reportajes sobre los juicios de criminales nazis, todos ellos asesinos de masas, y la renuncia de los tribunales a juzgar tales crímenes tan solo se manifestó en la fantástica benevolencia de las sentencias dictadas. (Después del mes de mayo de 1960, mes en que Eichmann fue capturado, únicamente cabía la posibilidad de acusar en juicio a los presuntos culpables

de asesinato, ya que los demás delitos habían prescrito; el plazo de prescripción del asesinato es de veinte años. En cuanto a las sentencias dictadas por los tribunales alemanes, vemos que el doctor Otto Bradfisch, de los *Einsatzgruppen*, las unidades móviles de verdugos de las SS, fue condenado a diez años de trabajos forzados por haber matado a quince mil judíos; el doctor Otto Hunsche, asesor jurídico de Eichmann, y personalmente responsable de la deportación, decretada a última hora de la guerra, de cerca de mil doscientos judíos húngaros, de los cuales casi seiscientos fueron asesinados, fue condenado a cinco años de trabajos forzados, y Joseh Lechthaler, quien había liquidado a los habitantes judíos de Slutsk y Smolevichi, en Rusia, fue condenado a tres años y seis meses.) Entre los detenidos había hombres que alcanzaron muy destacados puestos durante el régimen nazi, la mayoría de los cuales habían sido ya desnazificados por los tribunales alemanes. Uno de ellos era el general de las SS Karl Wolff, que ocupó el puesto de jefe del estado mayor de Himmler, y quien, según un documento aportado al juicio de Nuremberg, en 1946, había dado muestras de «especial satisfacción» al enterarse de que «durante las dos últimas semanas un tren ha transportado, todos los días, cinco mil miembros del Pueblo Escogido» desde Varsovia a Treblinka, conocido centro de exterminio. Otro era Wilhelm Koppe, que había organizado las matanzas en la cámara de gas, en Chelmno, y que, después, sucedió a Friedrich-Wilhelm Krüger en Polonia; Koppe, uno de los más destacados altos jefes de las SS, organizador de los *judenrein* de Polonia, ocupaba, en la Alemania de la posguerra, el cargo de director de una fábrica de chocolates. Alguna que otra vez se dictaron sentencias con penas graves, pero fueron más inquietantes que las benévolas, cuando los reos eran hombres como Erich vom dem Bach-Zelewski, ex general de las SS y jefe del cuer-

po de policía. Bach-Zelewski había sido juzgado en 1961 por su participación en la rebelión de Röhm, en 1934, y condenado a tres años y seis meses; después, fue procesado en 1962 por el asesinato de seis comunistas alemanes, ocurrido en 1933, juzgado ante un jurado en Nuremberg, y condenado a cadena perpetua. En ningún caso se mencionó que Bach-Zelewski había dirigido la lucha contra los guerrilleros en el frente oriental, ni que había participado en las matanzas de judíos de Minsk y Mogilev, en la Rusia Blanca. ¿Hicieron los tribunales alemanes «distinciones étnicas», con el pretexto de que los crímenes de guerra no son tales crímenes? ¿O quizá el insólito rigor de esta sentencia, por lo menos en comparación con las dictadas por los tribunales alemanes de la posguerra, se debió a que Bach-Zelewski fue de los poquísimos que verdaderamente padeció una crisis nerviosa tras las matanzas, a que había intentado proteger a los judíos de las actividades de los *Einsatzgruppen*, y a que se había prestado a ser testigo de la acusación en Nuremberg? Y él también fue el único, entre todos los de su categoría, que, en 1952, se acusó a sí mismo, públicamente, de haber cometido asesinatos en masa, aunque nunca le acusaron de ello.

Pocas esperanzas hay de que en Alemania la situación cambie ahora, incluso teniendo en cuenta que el gobierno de Adenauer se ha visto obligado a separar de la administración de justicia a más de cuatrocientos cuarenta jueces y fiscales, así como a muchos policías, con un pasado algo más turbio de lo normal, y a dejar cesante a Wolfgang Immerwahr Fränkel, fiscal jefe del Tribunal Supremo Federal, debido a que sus declaraciones al contestar a las preguntas referentes a su pasado, en época de los nazis, no fueron tan veraces como su segundo nombre pudiera hacer suponer. Según las presentes estimaciones, de los once mil quinientos jueces de la *Bundesrepublik* quinientos ejercieron su ministerio bajo el ré-

gimen de Hitler. En noviembre de 1962, poco después de que terminara la depuración del cuerpo de la administración de justicia, y seis meses después de que Eichmann dejara de ser noticia periodística, se celebró en Flensburg, ante una sala casi vacía, el largamente esperado juicio de Martin Fellenz. El ex miembro de las SS y antiguo jefe de policía, que había sido un destacado miembro del Partido Democrático Libre en la Alemania de Adenauer, fue detenido en junio de 1960, pocas semanas después de la captura de Eichmann. Se le acusó de haber participado en la matanza de cuarenta mil judíos, en Polonia, y se le pasó el correspondiente tanto de culpa. Tras más de seis semanas de detenido examen de las pruebas aportadas en juicio, el fiscal pidió la pena máxima, es decir, cadena perpetua, con trabajos forzados, y el tribunal condenó a Fellenz a cuatro años, de los cuales había cumplido ya dos y medio en prisión preventiva. Prescindiendo de los aspectos últimamente resaltados, el caso es que el juicio de Eichmann tuvo en Alemania consecuencias mayores que en cualquier otra parte del mundo. La actitud del pueblo alemán hacia su pasado, que tanto ha preocupado a los expertos en la materia durante más de quince años, difícilmente pudo quedar más claramente de manifiesto: el pueblo alemán se mostró indiferente, sin que, al parecer, le importara que el país estuviera infestado de asesinos de masas, ya que ninguno de ellos cometería nuevos asesinatos por su propia iniciativa; sin embargo, si la opinión mundial —o, mejor dicho, lo que los alemanes llaman *das Ausland*, con lo que engloban en una sola denominación todas las realidades exteriores a Alemania— se empeñaba en que tales personas fueran castigadas, los alemanes estaban dispuestos a complacerla, por lo menos hasta cierto punto.

El canciller Adenauer previó que el juicio pondría a Alemania en una situación embarazosa, y manifestó que temía salieran «a re-

lucir de nuevo todos los horrores», lo cual produciría una nueva oleada de sentimientos antialemanes en todo el mundo, como efectivamente ocurrió. Durante los diez meses que Israel dedicó a preparar el juicio, Alemania tuvo buen cuidado de precaverse de los previsibles resultados, y para ello hizo un nunca visto alarde de celo en la caza y captura de criminales nazis en su territorio. Pero en ningún momento las autoridades alemanas o algún sector importante de la opinión pública propugnó solicitar la extradición de Eichmann, lo cual parece hubiese sido la reacción lógica, ya que todos los estados soberanos suelen defender celosamente su derecho a juzgar a los delincuentes de su ciudadanía. (La posición oficial adoptada por el gobierno de Adenauer, en el sentido de que era imposible solicitar la extradición por cuanto no había un tratado al respecto entre Alemania e Israel, carece de validez. Fritz Bauer, fiscal general de Hessen, comprendió la falsedad de la postura oficial, y solicitó del gobierno federal de Bonn que iniciara el oportuno procedimiento para solicitar la extradición de Eichmann, pero los sentimientos que en este caso albergaba el fiscal Bauer eran los propios de un judío alemán, por lo que la opinión pública alemana no podía compartirlos; su solicitud fue denegada por Bonn, nadie le dio apoyo, y tampoco mereció la atención general. Otro argumento en contra de la extradición, esgrimido por los observadores que Alemania Occidental mandó a Jerusalén, venía a decir que Alemania, tras haber abolido la pena de muerte, no podía condenar a Eichmann a sufrir la sanción que merecía. Vista la benevolencia de las sentencias dictadas por los tribunales alemanes en los casos de los nazis que cometieron asesinatos masivos, resulta un tanto difícil no sospechar la existencia de cierta mala fe en esta última objeción. En caso de que Eichmann hubiese sido juzgado en Alemania, el mayor riesgo político que el gobierno hubiera corrido

habría sido, sin duda, la posibilidad de que el acusado fuera absuelto por falta de pruebas, tal como señaló J. J. Jansen en el *Rheinischer Merkur*, de 11 de agosto de 1961.)

Se pudo apreciar también otro aspecto más delicado y de mayor trascendencia política, en la proyección del juicio de Eichmann sobre Alemania. Una cosa es sacar a los criminales y asesinos de sus madrigueras, y otra descubrirlos ocupando destacados lugares públicos, es decir, hallar en puestos de la administración, federal y estatal, y, en general, en cargos públicos, a infinidad de ciudadanos que habían hecho brillantes carreras bajo el régimen de Hitler. Cierto es que si la administración de Adenauer hubiese tenido demasiados escrúpulos en dar empleo a funcionarios con un comprometedor pasado nazi, quizá ni siquiera podríamos ahora hablar de una tal «administración Adenauer». La verdad es exactamente lo opuesto a aquella afirmación del doctor Adenauer, según la cual «un porcentaje relativamente pequeño» de alemanes fue adicto al nazismo, y que «la gran mayoría hizo cuanto pudo por ayudar a los conciudadanos judíos». (Por lo menos un periódico alemán, el *Frankfurter Rundschau*, se formuló una pregunta elemental que debía haberse planteado muchos años antes: ¿por qué razón las muchísimas personas que conocían perfectamente el historial del fiscal jefe habían guardado silencio? Y el periódico daba una contestación evidente: porque también ellos se sentían culpables.) Lógicamente, el juicio de Eichmann, tal como Ben Gurión lo concibió, es decir, dando preferencia a los grandes acontecimientos históricos, en detrimento de los detalles jurídicos, conducía a que se pusiera de manifiesto la complicidad de todos los organismos y funcionarios alemanes en la puesta en práctica de la «Solución Final», es decir, la complicidad de todos los funcionarios de los ministerios, de las fuerzas armadas y su estado mayor, del poder judi-

cial, y del mundo de los negocios y las finanzas. Pero, pese a que la acusación del fiscal Hausner llegó al extremo de proponer e interrogar testigos, en gran abundancia, que testificaron acerca de hechos, ciertos y atroces, que no guardaban la menor relación con los actos del acusado, también es cierto que evitó cuidadosamente ni tan siquiera rozar aquellos explosivos extremos antes mencionados, es decir, olvidó la existencia de una casi omnipresente complicidad que desbordaba los límites del Partido Nacionalsocialista. (Antes del juicio corrieron insistentes rumores de que Eichmann había dicho que «varios centenares de prominentes personalidades de la República Federal fueron sus cómplices», pero estos rumores fueron falsos. En su discurso inicial, Hausner dijo que «los cómplices de Eichmann no fueron gángsteres ni hampones», y prometió que «más adelante los descubriremos a todos —médicos y abogados, profesores, banqueros y economistas— integrando aquellos grupos que resolvieron exterminar a los judíos». El fiscal no cumplió esta promesa, ni tampoco podía cumplirla, en los términos en que la hizo, por cuanto jamás hubo «grupos que resolvieron» algo, y «los togados dignatarios con títulos universitarios» jamás decidieron exterminar a los judíos, sino que tan solo se concertaron para planear las medidas precisas a fin de cumplir las órdenes dadas por Hitler.) Sin embargo, durante el juicio se hizo mención de un caso de la especie antes dicha; se trataba del doctor Hans Globke, uno de los más íntimos colaboradores de Adenauer, que, veinticinco años atrás, fue coautor de un abyecto comentario a las leyes de Nuremberg, y que, un poco más tarde, tuvo la brillante idea de obligar a todos los judíos alemanes a adoptar, como segundo nombre de pila, el de Israel o Sara, según su sexo. Pero el nombre del doctor Globke —únicamente su nombre— apareció en las actas del juicio de Eichmann a iniciativa de la defensa, la cual lo hizo, pro-

bablemente, con el único fin de intentar «persuadir» al gobierno de Adenauer a iniciar los trámites de la solicitud de extradición. De todos modos, el antiguo *Ministerialrat* de Gobernación y actual *Staatssekretär* de la Cancillería de Adenauer tenía más derecho que el ex muftí de Jerusalén a figurar en la historia de los sufrimientos infligidos por los nazis a los judíos.

Desde el punto de vista de la acusación, la historia era el objeto alrededor del que giraba el juicio. «En este histórico juicio, no es un individuo quien se sienta en el banquillo, no es tampoco el régimen nazi, sino el antisemitismo secular.» Esta fue la directriz fijada por Ben Gurión, y fielmente seguida por el fiscal Hausner, quien comenzó su discurso inicial (que duró tres sesiones) remontándose al Egipto de los faraones y al mandato de Haman, que ordenaba: «Destruidlos, acuchilladlos, causadles la muerte». Luego citó a Ezequiel: «Y cuando pasé junto a ti, vi que estabas manchado de tu propia sangre, y te dije: Vive en tu propia sangre». Después el fiscal explicó que estas palabras deben interpretarse como «el imperativo con que se ha enfrentado nuestra nación desde que apareció en el escenario de la historia». Mala interpretación histórica y barata elocuencia la del fiscal; peor todavía, estas palabras mal se compadecían con el hecho de someter a Eichmann a juicio, por cuanto sugerían que quizá este fuera el inocente ejecutor de algún misterioso designio formulado desde el principio de los siglos, o incluso que el antisemitismo fuera una fuerza necesaria para borrar el rastro del «sangriento itinerario de este pueblo», a fin de que, de tal modo, pudiera realizar su destino. Pocas sesiones después de la declaración del testigo profesor Salo W. Baron, de la Universidad de Columbia, en la que se refirió a la historia de los judíos de la Europa oriental, en los últimos tiempos, el doctor Servatius no pudo resistir la tentación de formular unas preguntas

presentes en la mente de todos: «¿Por qué razón han sufrido los judíos tan triste destino?» y «¿No cree el testigo que la última base del destino de este pueblo está formada por un conjunto de motivaciones irracionales que los seres humanos no podemos alcanzar a comprender?». ¿No se trata, quizá, de algo que bien pudiéramos llamar «espíritu de la historia, que precisamente surte el efecto de impulsar los acontecimientos históricos, de un modo independiente a la voluntad de los hombres»? ¿Acaso el señor Hausner no sigue básicamente las enseñanzas de la «escuela de la ley histórica» —alusión a la doctrina de Hegel— y acaso no nos ha dicho que «los dirigentes no siempre nos conducen al destino y a la realización de los propósitos que pretenden? ... En este caso, el propósito era destruir al pueblo judío, pero en vez de convertirse en realidad, condujo al nacimiento de un nuevo y floreciente Estado». Este argumento de la defensa estaba peligrosamente emparentado con la más reciente teoría antisemítica referente a los Padres de Sión, expuesta pocas semanas antes, con toda seriedad, en la Asamblea Nacional Egipcia, por el ministro adjunto de Asuntos Exteriores Hussain Zulficar Sabri, según la cual, Hitler no tuvo responsabilidad alguna en la matanza de los judíos, sino que fue una víctima de los sionistas que «le obligaron a perpetrar crímenes que, más tarde, les permitirían alcanzar sus ambiciones, es decir, crear el Estado de Israel». La sola diferencia entre la teoría del político egipcio y la del doctor Servatius estribaba en que este dio a la historia el papel que aquel daba a los Padres de Sión.

Pese a los esfuerzos de Ben Gurión y de su portavoz el fiscal, allí, en el banquillo de los acusados, había un hombre de carne y hueso. Y si a Ben Gurión no le importaba «la sentencia que se dictara contra Eichmann», también es cierto que la única tarea del tribunal de Jerusalén era la de dictar sentencia.

2

EL ACUSADO

Otto Adolf Eichmann, hijo de Karl Adolf y Maria Schefferling, detenido en un suburbio de Buenos Aires, la noche del 11 de mayo de 1960, y trasladado en avión, nueve días después, a Jerusalén, compareció ante el tribunal del distrito de Jerusalén el día 11 de abril de 1961, acusado de quince delitos, habiendo cometido, «junto con otras personas», crímenes contra el pueblo judío, crímenes contra la humanidad y crímenes de guerra, durante el período del régimen nazi, y, en especial, durante la Segunda Guerra Mundial. La Ley (de Castigo) de Nazis y Colaboradores Nazis de 1950, de aplicación al caso de Eichmann, establecía que «cualquier persona que haya cometido uno de estos ... delitos ... puede ser condenada a pena de muerte». Con respecto a todos y cada uno de los delitos imputados, Eichmann se declaró «inocente, en el sentido en que se formula la acusación».

¿En qué sentido se creía culpable, pues? Durante el largo interrogatorio del acusado, según sus propias palabras «el más largo de que se tiene noticia», ni la defensa, ni la acusación, ni ninguno de los tres jueces se preocupó de hacerle tan elemental pregunta. El abogado defensor de Eichmann, el doctor Robert Servatius, de Colonia, cuyos honorarios satisfacía el Estado de Israel (siguiendo

el precedente sentado en el juicio de Nuremberg, en el que todos los defensores fueron pagados por el tribunal formado por los estados victoriosos), dio contestación a esta pregunta en el curso de una entrevista periodística: «Eichmann se cree culpable ante Dios, no ante la Ley». Pero el acusado no ratificó esta contestación. Al parecer, el defensor hubiera preferido que su cliente se hubiera declarado inocente, basándose en que según el ordenamiento jurídico nazi ningún delito había cometido, y en que, en realidad, no le acusaban de haber cometido delitos, sino de haber ejecutado «actos de Estado», con referencia a los cuales ningún otro Estado que no fuera el de su nacionalidad tenía jurisdicción (*par in parem imperium non habet*), y también en que estaba obligado a obedecer las órdenes que se le daban, y que, dicho sea en las palabras empleadas por Servatius, había realizado hechos «que son recompensados con condecoraciones, cuando se consigue la victoria, y conducen a la horca, en el momento de la derrota». (En 1943, Goebbels había dicho: «Pasaremos a la historia como los más grandes estadistas de todos los tiempos, o como los mayores criminales».) Hallándose fuera de Israel, en una sesión de la Academia Católica de Baviera, dedicada a lo que el *Rheinischer Merkur* denominó el «delicado problema» de las «posibilidades y los límites de determinar las responsabilidades históricas y políticas, mediante procedimientos jurídicos penales», el abogado Servatius fue todavía más lejos, y declaró que «el único problema jurídico penal que en puridad se daba en el juicio de Eichmann era el de dictar sentencia contra los ciudadanos israelitas que le capturaron, lo cual todavía no se ha hecho». Incidentalmente, debemos advertir que esta manifestación mal puede armonizarse con las repetidas y harto difundidas declaraciones de Servatius hechas en Israel, en las que decía que la celebración del juicio debía considerarse como

«un triunfo del espíritu», y lo comparaba favorablemente con el juicio de Nuremberg.

Muy distinta fue la actitud de Eichmann. En primer lugar, según él, la acusación de asesinato era injusta: «Ninguna relación tuve con la matanza de judíos. Jamás di muerte a un judío, ni a persona alguna, judía o no. Jamás he matado a un ser humano. Jamás di órdenes de matar a un judío o a una persona no judía. Lo niego rotundamente». Más tarde matizaría esta declaración diciendo: «Sencillamente, no tuve que hacerlo». Pero dejó bien sentado que hubiera matado a su propio padre, si se lo hubieran ordenado. Una y otra vez repitió (ya había dejado constancia de ello en los llamados «documentos Sassen», es decir, en la entrevista celebrada el año 1955, en Argentina, con el periodista holandés Sassen, antiguo miembro de las SS, fugitivo también de la justicia, que, tras la captura de Eichmann, fue publicada por *Life*, parcialmente, en Estados Unidos y por Stern en Alemania) que tan solo se le podía acusar de «ayudar» a la aniquilación de los judíos, y de «tolerarla», aniquilación que, según declaró en Jerusalén, fue «uno de los mayores crímenes cometidos en la historia de la humanidad». La defensa hizo caso omiso de la teoría de Eichmann, pero la acusación perdió mucho tiempo en intentar, inútilmente, demostrar que Eichmann había matado, con sus propias manos, por lo menos a una persona (un adolescente judío, en Hungría), y todavía dedicó más tiempo, con mejores resultados, a cierta nota que Franz Rademacher, el perito en asuntos judíos del Ministerio de Asuntos Exteriores alemán, había escrito en un documento referente a Yugoslavia, durante una conversación telefónica, cuya nota decía: «Eichmann propone el fusilamiento». Estas palabras eran la única prueba existente de «orden de matar», si es que podía considerarse como tal.

Durante el juicio, este elemento de prueba resultó de valor mucho más discutible de lo que a primera vista parecía. Los jueces dieron a la valoración del fiscal preferencia sobre las categóricas negativas de Eichmann, negativas carentes de eficacia, ya que el acusado había olvidado aquel «nimio incidente» (se trataba meramente de ocho mil personas), dicho sea en las palabras empleadas por Servatius. Este hecho ocurrió durante el otoño de 1941, seis meses después de haber ocupado Alemania la zona serbia de Yugoslavia. Allí, los guerrilleros habían atacado constantemente a las tropas alemanas, por lo que los jefes de estas decidieron matar dos pájaros de un tiro, mediante el fusilamiento de cien judíos y gitanos por cada soldado muerto por los partisanos. Sin lugar a dudas, los judíos y los gitanos no formaban parte de las fuerzas partisanas, pero, según un funcionario civil agregado al gobierno militar encargado de cumplir la orden, que era un individuo con el cargo de *Staatsrat*, llamado Harald Turner, «de todos modos, a los judíos ya los teníamos en campos de concentración, eran de nacionalidad serbia, y, además, también tenían que ser aniquilados» (palabras citadas por Raul Hilberg en *The Destruction of the European Jews*, 1961). Los campos de concentración habían sido organizados por el general Franz Böhme, gobernador militar de la región, y en ellos tan solo había judíos varones. El general Böhme y el *Staatsrat* Turner comenzaron a fusilar judíos y gitanos a millares, sin esperar la aprobación de Eichmann. Los problemas comenzaron cuando Böhme, sin consultar con las correspondientes autoridades policiales y de las SS, comenzó a *deportar* a todos sus judíos, con el fin, probablemente, de demostrar que no necesitaba tropas especiales, bajo un mando que no fuera el suyo, para dejar a Serbia *judenrein*. Eichmann fue informado de los acontecimientos, ya que se trataba de un problema de deportación que caía bajo su competencia, y se

negó a aprobar los actos de Böhme, por cuanto obstaculizaban la ejecución de otros planes. Pero no fue Eichmann, sino Martin Luther, funcionario del Ministerio de Asuntos Exteriores, quien recordó al general Böhme que «en otros territorios [se refería a Rusia] los comandantes militares se han ocupado de resolver asuntos de esta naturaleza, afectando a un número de judíos muy superior, sin siquiera mencionarlo». De todos modos, si Eichmann realmente propuso «el fusilamiento», no hizo más que decir a los militares que siguieran haciendo lo que ya hacían, y que la cuestión de los rehenes era de exclusiva competencia militar. Evidentemente, se trataba de un asunto castrense, por afectar únicamente a varones. La puesta en marcha de la Solución Final, en Serbia, comenzó seis meses más tarde, cuando detuvieron a las mujeres y los niños judíos, y se desembarazaron de ellos mediante el uso de camiones dotados de gas letal. En el curso del interrogatorio, Eichmann dio, como de costumbre, la explicación más complicada y menos probable: Rademacher necesitaba, para fundamentar su decisión ante el Ministerio de Asuntos Exteriores, la aprobación de la Oficina Central de Seguridad del Reich, es decir, aquella a la que Eichmann pertenecía, y no se le ocurrió otra cosa que falsificar el correspondiente documento. (El propio Rademacher explicó este incidente de un modo mucho más lógico, cuando fue juzgado, en 1952, por un tribunal de Alemania Occidental: «El mantenimiento del orden en Serbia competía al ejército, y por esto el ejército se vio obligado a fusilar a los judíos rebeldes». Esta explicación, aunque más plausible, era una mentira, ya que sabemos —de fuentes nazis— que los judíos jamás fueron «rebeldes».) Si difícil resultaba interpretar una breve frase comunicada a través del teléfono, más difícil aún resultaba creer que Eichmann se hallara en situación de poder dar órdenes a los generales.

¿Se hubiera declarado Eichmann culpable, en el caso de haber sido acusado de complicidad en los asesinatos? Quizá, pero seguramente hubiera alegado muy cualificadas circunstancias modificativas. Sus actos únicamente podían considerarse delictuosos retroactivamente. Eichmann siempre había sido un ciudadano fiel cumplidor de las leyes, y las órdenes de Hitler, que él cumplió con todo celo, tenían fuerza de ley en el Tercer Reich. (En apoyo de la tesis de Eichmann, la defensa hubiera podido aportar el testimonio de uno de los más destacados especialistas en el derecho constitucional del Tercer Reich, Theodor Maunz, ministro de Educación y Cultura de Baviera, quien en 1943, en su obra *Gestalt und Recht der Polizei*, afirmó: «Las órdenes del Führer ... son el centro indiscutible del presente sistema jurídico».) Quienes durante el juicio dijeron a Eichmann que podía haber actuado de un modo distinto a como lo hizo, ignoraban, o habían olvidado, cuál era la situación en Alemania. Eichmann no quiso ser uno de aquellos que, luego, pretendieron que «siempre habían sido contrarios a aquel estado de cosas», pero que, en realidad, cumplieron con toda diligencia las órdenes recibidas. Sin embargo, los tiempos cambian, y Eichmann, al igual que el profesor Maunz, tenía ahora «puntos de vista distintos». Lo hecho, hecho estaba. Eso ni siquiera intentó negarlo. Y llegó a decir que de buena gana «me ahorcaría con mis propias manos, en público, para dar un ejemplo a todos los antisemitas del mundo». Pero al pronunciar esta frase, Eichmann no quiso expresar arrepentimiento, porque «el arrepentimiento es cosa de niños» (¡*sic!*).

Pese a los insistentes consejos de su abogado, Eichmann no alteró su tesitura. Durante el debate sobre la oferta, formulada por Himmler en 1944, de trocar un millón de judíos por diez mil camiones, y sobre la intervención que en ello tuvo el acusado, se for-

muló a este la siguiente pregunta: «¿En las negociaciones que el acusado sostuvo con sus superiores, expresó sentimientos de piedad hacia los judíos, y señaló la posibilidad de prestarles cierta ayuda?». Eichmann contestó: «He jurado decir la verdad, y la diré. No fue la piedad lo que me indujo a iniciar estas negociaciones». No, no dijo Eichmann la verdad en esta contestación, por cuanto no fue él quien «inició» las negociaciones. Pero continuó, y, en esta ocasión, con total veracidad: «Esta mañana he declarado ya las razones que me movieron». Y estas razones eran: Himmler había enviado un representante suyo a Budapest para resolver los problemas de la emigración judía (que, incidentalmente, se había convertido en un floreciente negocio, por cuanto, pagando formidables sumas, los judíos podían escapar; pero Eichmann no mencionó este extremo); a consecuencia de esta medida, «allí la emigración estaba dirigida por un hombre que no pertenecía a las fuerzas policíacas», lo cual indignó a Eichmann, «porque yo me veía obligado a colaborar en las deportaciones, y a llevarlas a cabo, cuando los asuntos de emigración, en los que estaba especializado, los dirigía un hombre recién ingresado en mi organización ... Esto colmó mi paciencia, estaba verdaderamente harto ... Y decidí hacer algo para que los asuntos de emigración fueran declarados de mi competencia».

Durante el juicio, Eichmann intentó aclarar, sin resultados positivos, el segundo punto base de su defensa: «Inocente, en el sentido en que se formula la acusación». Según la acusación, Eichmann no solo había actuado consciente y voluntariamente, lo cual él no negó, sino impulsado por motivos innobles, y con pleno conocimiento de la naturaleza criminal de sus actos. En cuanto a los motivos innobles, Eichmann tenía la plena certeza de que él no era lo que se llama un *innerer Schweinehund*, es decir, un canalla en lo

más profundo de su corazón; y en cuanto al problema de conciencia, Eichmann recordaba perfectamente que hubiera llevado un peso en ella en el caso de que no hubiese cumplido las órdenes recibidas, las órdenes de enviar a la muerte a millones de hombres, mujeres y niños, con la mayor diligencia y meticulosidad. Evidentemente, resulta difícil creerlo. Seis psiquiatras habían certificado que Eichmann era un hombre «normal». «Más normal que yo, tras pasar por el trance de examinarle», se dijo que había exclamado uno de ellos. Y otro consideró que los rasgos psicológicos de Eichmann, su actitud hacia su esposa, hijos, padre y madre, hermanos, hermanas y amigos, era «no solo normal, sino ejemplar». Y, por último, el religioso que le visitó regularmente en la prisión, después de que el Tribunal Supremo hubiera denegado el último recurso, declaró que Eichmann era un hombre con «ideas muy positivas». Tras las palabras de los expertos en mente y alma, estaba el hecho indiscutible de que Eichmann no constituía un caso de enajenación en el sentido jurídico, ni tampoco de insania moral. (Las recientes revelaciones del fiscal Hausner al *Saturday Evening Post* acerca de «lo que no pude decir en el juicio» contradicen los informes privadamente dados en Jerusalén. Ahora nos dicen que, según los psiquiatras, Eichmann era «un hombre dominado por una peligrosa e insaciable necesidad de matar», «una personalidad perversa y sádica». Si así fuera, hubieran debido enviarle a un manicomio.) Peor todavía, Eichmann tampoco constituía un caso de anormal odio hacia los judíos, ni un fanático antisemita, ni tampoco un fanático de cualquier otra doctrina. «Personalmente» nunca tuvo nada contra los judíos, sino que, al contrario, le asistían muchas «razones de carácter privado» para no odiarles. Cierto es que entre sus más íntimos amigos se contaban fanáticos antisemitas, como, por ejemplo, Lászlo Endre, secretario de Estado encargado

de asuntos políticos (judíos) en Hungría, que fue ahorcado en Budapest el año 1946. Pero estas amistades podían ser englobadas en aquella frase tan usual que expresa cierta postura social: «Por cierto que algunos de mis mejores amigos resulta que son antisemitas».

Pero nadie le creyó. El fiscal no le creyó por razones profesionales, es decir, porque su deber era no creerle. La defensa hizo caso omiso de estas declaraciones porque, a diferencia de su cliente, no estaba interesada en problemas de conciencia. Y los jueces tampoco le creyeron, porque eran demasiado honestos, o quizá estaban demasiado convencidos de los conceptos que forman la base de su ministerio, para admitir que una persona «normal», que no era un débil mental, ni un cínico, ni un doctrinario, fuese totalmente incapaz de distinguir el bien del mal. Los jueces prefirieron concluir, basándose en ocasionales falsedades del acusado, que se encontraban ante un embustero, y con ello no abordaron la mayor dificultad moral, e incluso jurídica, del caso. Presumieron que el acusado, como toda «persona normal», tuvo que tener conciencia de la naturaleza criminal de sus actos, y Eichmann era normal, tanto más cuanto que «no constituía una excepción en el régimen nazi». Sin embargo, en las circunstancias imperantes en el Tercer Reich, tan solo los seres «excepcionales» podían reaccionar «normalmente». Esta simplísima verdad planteó a los jueces un dilema que no podían resolver, ni tampoco soslayar.

Eichmann nació el día 19 de marzo de 1906, en Solingen, ciudad alemana de la cuenca del Rin, famosa por sus cuchillos, tijeras e instrumentos quirúrgicos. Cincuenta y cuatro años más tarde, con ocasión de dedicarse a su favorito pasatiempo de escribir sus memorias, describió tan memorable acontecimiento del siguiente modo: «Hoy, quince años y un día después del 8 de mayo de 1945, mis pensamientos se dirigen a aquel 19 de marzo de 1906, en que,

a las cinco de la madrugada, entré en la vida terrestre, bajo el aspecto de ser humano». (Las autoridades de Israel no han dado a la publicidad las memorias de Eichmann, pero Harry Mulisch logró hojear esta autobiografía durante «media hora», y el semanario judío-alemán *Der Aufbau* publicó breves extractos de la misma.) Según las convicciones religiosas de Eichmann, que no sufrieron variación desde el período nazi (en Jerusalén, Eichmann declaró que era un *Gottgläubiger*, palabra con que los nazis designaban a aquellos que se habían apartado de la doctrina cristiana, y se negó a jurar ante la Biblia), aquel acontecimiento natal debía atribuirse a «un más alto Portador de Significado», entidad que en cierto modo puede identificarse con el «movimiento universal», a la que la vida humana, en sí misma carente de «más alto significado», está sujeta. (La terminología es verdaderamente sugerente. Llamar a Dios *Höheren Sinesträger* significaba, lingüísticamente, darle un lugar en la jerarquía militar, ya que los nazis cambiaron el término militar «receptor de órdenes», es decir, *Befehlsempfänger*, por «portador de órdenes», es decir, *Befehlsträger*, indicando con ello, como en el caso del antiguo «portador de malas nuevas», la carga de responsabilidad y de importancia que se pretendía pesaba sobre los hombros de aquellos cuya función era la de ejecutar las órdenes. Además, Eichmann, como todos los que de un modo u otro intervenían en la Solución Final, era oficialmente un «portador de secretos», un *Geheimnisträger*, lo cual, desde el punto de vista de la importancia personal del individuo, no era moco de pavo, ni mucho menos.) Pero Eichmann, a quien la metafísica traía sin cuidado, no se refirió a las íntimas relaciones que unen al Portador de Significado con el portador de órdenes, y siguió su relato centrándolo en la otra posible causa de su existencia, es decir, sus padres: «No hubiera sido tanta la alegría con que dieron la bienvenida al

primer fruto de su matrimonio, si en la hora de mi nacimiento hubieran podido ver cómo el hado de la desdicha, superando al hado de la felicidad, trenzaba ya los hilos del dolor y el infortunio que habrían de aprisionar mi vida. Un piadoso velo impenetrable impedía que los ojos de mis padres vislumbraran el futuro».

El infortunio comenzó muy pronto en la vida de Eichmann. Comenzó cuando iba a la escuela. El padre de Eichmann, que en sus principios desempeñaba el cargo de contable en la Compañía de Tranvías y Electricidad de Solingen, y, después, en 1913, el de alto empleado de la misma empresa, en Linz (Austria), tuvo cinco hijos, cuatro varones y una hembra, de los cuales, tan solo el mayor, Adolf, no pudo terminar el bachillerato superior, ni tampoco obtener el título de mecánico, en la escuela a la que fue después de su primer fracaso. A lo largo de su vida, Eichmann mintió acerca de sus «desdichas» estudiantiles, alegando la más honorable razón de las «desdichas» económicas de su padre. Sin embargo, en Israel, durante los primeros interrogatorios con el capitán Avner Less, el funcionario policial que dedicó a Eichmann treinta y cinco días, cuyos resultados fueron 3.564 páginas mecanografiadas, cuyo texto procedía de 76 cintas magnetofónicas, el detenido se mostró exuberante, pletórico de entusiasmo ante aquella oportunidad de «decir todo lo que sé...», y con ello mereció la calificación de detenido dispuesto a dar cuantas facilidades se le pidieran. (Su entusiasmo comenzó a enfriarse un tanto, aunque jamás llegó a desaparecer, cuando se le formularon preguntas concretas, basadas en documentos irrefutables.) La más clara demostración de la ilimitada confianza de Eichmann, que de nada iba a servirle ante el capitán Less (quien dijo a Harry Mulisch: «Yo fui el confesor de Eichmann»), consiste en que por primera vez en su vida reconoció sus primerizos fracasos, pese a que sin duda debió de darse cuenta de

que, con ello, contradecía diversas manifestaciones suyas que constaban por escrito en su historial oficial nazi.

Estos fracasos no tenían nada de extraordinario. Debido a que «jamás fui lo que se llama un estudiante aplicado» —y hubiera podido añadir que tampoco fue un estudiante bien dotado—, su padre le sacó del instituto en que estudiaba el bachillerato, y, luego, de la escuela de peritaje. Por esto, la profesión que constaba en todos sus documentos oficiales, ingeniero de construcción, era tan poco acorde con la realidad como aquella otra manifestación según la cual había nacido en Palestina, y la de que hablaba fluidamente el hebreo y el yiddish; esto último era un puro embuste que Eichmann gustaba de propalar tanto entre sus compañeros de las SS como entre sus víctimas judías. Del mismo modo, siempre había dicho, mendazmente, que había sido despedido de su empleo de vendedor de la Vacuum Oil Company, en Austria, por ser miembro del Partido Nacionalsocialista. La versión que de tal despido contó al capitán Less no fue tan heroica: le despidieron porque corrían tiempos de crisis y desempleo, y los empleados solteros fueron los primeros en quedar sin trabajo. (Esta explicación, que al principio parecía satisfactoria, no lo era tanto, debido a que Eichmann fue despedido en la primavera de 1933, época en que ya llevaba dos años de noviazgo con Veronika, o Vera, Liebl, con quien después contraería matrimonio. ¿Por qué no se casó con ella mientras tenía un buen empleo? Se casó en marzo de 1935, debido, probablemente, a que en las SS, lo mismo que en la Vacuum Oil Company, los solteros no tenían sus empleos demasiado seguros, y no podían ascender.) Evidentemente, mentir siempre fue uno de los principales vicios de Eichmann.

Mientras el joven Eichmann seguía estudios con tan malos resultados, su padre dejó la Compañía de Tranvías y Electricidad, y

se dedicó a los negocios por su cuenta. Compró una minúscula empresa minera, y luego empleó en ella a su poco prometedor hijo, en calidad de peón, hasta que pudo encontrarle empleo en la sección de ventas de Oberösterreichischen Elektrobau Company, donde Eichmann trabajó durante dos años. A la sazón contaba veintidós años, y carecía de la preparación precisa para iniciar una carrera por sí mismo, ya que tan solo había logrado aprender a vender. Entonces se produjo lo que el propio Eichmann denominó su primera oportunidad, de cuyo acontecimiento disponemos de dos versiones diferentes. En el historial manuscrito que presentó, en 1939, a fin de ser ascendido en las SS, lo explica del siguiente modo: «Entre 1925 y 1927, trabajé como vendedor en la Elektrobau Company de Austria. Dejé este empleo por propia voluntad ya que la Vacuum Oil Company de Viena me ofreció su representación en la zona norte de Austria». La palabra clave es «ofreció», ya que según la historia que el propio Eichmann contó al capitán Less en Jerusalén, nadie le ofreció nada. La madre de Eichmann había muerto cuando este contaba diez años, y su padre había contraído nuevo matrimonio. Un primo de la madrastra de Eichmann, al que llamaba «tío», presidente del Automóvil Club de Austria, casado con la hija de un comerciante judío de Checoslovaquia, se valió de su amistad con el director general de la Vacuum Oil Company de Austria, un judío llamado Weiss, para proporcionar a su desdichado pariente un empleo de viajante de comercio. Eichmann se mostró agradecido a su manera; los judíos de su familia constituían las «razones privadas» en cuya virtud él no odiaba a los judíos en general. Incluso en los años 1943 y 1944, cuando la ejecución de la Solución Final estaba en su apogeo, Eichmann no olvidó el favor recibido: «Una hija de aquel matrimonio, medio judía, según las leyes de Nuremberg ... vino a verme para que le concediera permiso

51

de emigrar a Suiza. Como es natural, se lo concedí, y el propio tío vino también a verme para pedirme que intercediera en favor de un matrimonio judío vienés. Refiero esto tan solo para poner de manifiesto que no odiaba a los judíos, ya que mi educación, recibida de mis padres, fue estrictamente cristiana; y también es cierto que mi madre, debido a estar emparentada con judíos, tenía unas opiniones muy distintas a las normalmente imperantes en los círculos de las SS».

Eichmann dio largas explicaciones encaminadas a demostrar la verdad de lo anterior. Dijo que jamás sintió animadversión hacia sus víctimas, y que, lo cual es todavía más importante, nunca lo ocultó. «Así lo dije al doctor Löwenherz [jefe de la comunidad judía de Viena] y también al doctor Kastner [vicepresidente de la organización sionista de Budapest]; creo que lo dije a cuantas personas trataba, y los hombres a mis órdenes también lo sabían, porque me lo oyeron decir en más de una ocasión. Incluso, cuando iba a la escuela elemental, solía pasear, al terminar las clases, con un compañero judío, a quien llevaba a mi casa, este muchacho pertenecía a una familia de Linz, con el apellido Sebba. La última vez que paseamos por las calles de Linz yo ya llevaba en el ojal el emblema del NSDAP [el Partido Nazi], y él no me lo reprochó ni hizo comentario alguno.» Si Eichmann no hubiera tenido tanta seguridad en sí mismo, o si el interrogatorio policial no hubiera sido tan discreto (tan solo se le formularon preguntas directas, sin utilizar el recurso de las llamadas «repreguntas», a fin, sin duda, de mantener al detenido en sus deseos de cooperar con quienes le interrogaban), tal ausencia de «prejuicios» habría tenido otro cariz. Al parecer, en Viena, donde tanto éxito alcanzó Eichmann en organizar la «emigración forzosa» de los judíos, tenía una amante judía, que era un «antiguo amor» de Linz. El *Rassenschande*, es decir, cohabitar con

judíos, era el más nefando crimen que un miembro de las SS podía cometer, y aun cuando en el curso de la guerra la violación de muchachas judías fue el pasatiempo favorito de la soldadesca, también era cierto que los oficiales de las SS rara vez tuvieron aventuras con mujeres judías. En consecuencia, es muy posible que las repetidas y violentas acusaciones de Eichmann contra Julius Streicher, el desequilibrado y obsceno director de *Der Stürmer*, y contra su pornográfico antisemitismo, estuvieran motivadas por razones puramente personales, y expresaran algo más que el rutinario desprecio que un «culto» miembro de las SS está obligado a sentir hacia las vulgares pasiones manifestadas por algunas estrellas de segunda magnitud del partido.

Los cinco años y medio que Eichmann pasó en la Vacuum Oil Company seguramente fueron los más felices de su vida. Ganaba un buen salario, en un período de desempleo general, y todavía vivía en casa de sus padres, salvo cuando salía de viaje. El día en que este rosado período terminó —Pentecostés de 1933— fue uno de los pocos que quedaron grabados para siempre en su memoria. En realidad, su situación había comenzado a empeorar un poco antes. A finales de 1932, Eichmann fue trasladado desde Linz a Salzburgo, de un modo inesperado, y contrariando sus deseos: «El trabajo dejó de gustarme, perdí el interés en concertar ventas, en visitar a los clientes». Esta súbita pérdida de *Arbeitsfreude* tendría penosas consecuencias en la vida de Eichmann. Las peores ocurrieron cuando supo que el Führer había ordenado «la exterminación física de los judíos», en la que Eichmann habría de desempeñar tan importante papel. Esto último también ocurrió de manera súbita e inesperada; el propio Eichmann dijo que «nunca se me había ocurrido la posibilidad de ... esta solución violenta», y describió su reacción ante ella con palabras casi idénticas a aquellas con que co-

mentó su traslado a Salzburgo: «Perdí la alegría en el trabajo, toda mi iniciativa, todo mi interés, para decirlo en palabras vulgares, me sentí hundido». Parecido hundimiento debió de experimentar en 1932, en Salzburgo, y de sus propias palabras se puede deducir sin temor a error que ninguna sorpresa pudo causarle que le despidieran de la empresa, pese a que tampoco podemos creer a pies juntillas las palabras de Eichmann, cuando dijo que este despido le produjo una gran satisfacción.

El año 1932 fue decisivo en la vida de Eichmann. En el mes de abril ingresó en el Partido Nacionalsocialista y en las SS, a propuesta de Ernst Kaltenbrunner, joven abogado de Linz que, más tarde, llegaría a ser jefe de la Oficina Central de Seguridad del Reich, es decir, de la Reichssicherheitshauptamt o RSHA, como la denominaremos a partir de ahora, en uno de cuyos seis departamentos —la Sección IV, al mando de Heinrich Müller— Eichmann trabajó en concepto de jefe de la Subsección B-4. Durante el juicio, Eichmann causó la impresión de ser un típico individuo de la clase media baja, y esta impresión quedó reforzada por cuanto escribió y dijo durante su permanencia en prisión. Sin embargo, no era exactamente así, ya que Eichmann debía ser considerado como un *déclassé*, nacido en una familia del más sólido sector de la clase media. Claro indicio de su personal descenso en la escala social lo es que mientras su padre sostenía relaciones de amistad, de igual a igual, con el padre de Kaltenbrunner, también abogado de Linz, las relaciones entre los respectivos hijos fueron un tanto frías. Kaltenbrunner trataba a Eichmann como a un individuo socialmente inferior a él. Antes de que Eichmann ingresara en el partido y en las SS, ya había dado muestras de sus deseos de hacerlo, y por esto el día 8 de mayo de 1945, fecha oficial de la derrota de Alemania, tuvo para Eichmann una importancia especial, ya que se dio cuen-

ta de que a partir de entonces se vería obligado a vivir sin pertenecer a organización alguna. «Comprendí que tendría que vivir una difícil vida individualista, sin un jefe que me guiara, sin recibir instrucciones, órdenes ni representaciones, sin reglamentos que consultar, en pocas palabras, ante mí se abría una vida desconocida, que nunca había llevado.» Siendo niño, sus padres, que carecían de interés en la política, lo alistaron en la Asociación de Jóvenes Cristianos, de la cual Eichmann pasaría, después, al movimiento juvenil alemán llamado Wandervogel. Durante los cuatro años desperdiciados en los estudios del bachillerato superior, Eichmann perteneció al Jungfrontkämpfeverband, sección juvenil de la organización germanoaustríaca de excombatientes, que pese a ser violentamente progermana y antirrepublicana era tolerada por el gobierno austríaco. Cuando Kaltenbrunner le propuso que ingresara en las SS, Eichmann estaba a punto de ingresar en una organización de naturaleza totalmente distinta, es decir, en la logia masónica Schlaraffia, «asociación de hombres de negocios, médicos, actores, funcionarios gubernamentales, que tenía la finalidad de cultivar en común el buen humor y distintas diversiones ... Todos y cada uno de los miembros estaban obligados a dar, de vez en cuando, una conferencia, en la que debía destacar la nota humorística, la nota de humor culto y refinado». Kaltenbrunner explicó a Eichmann que tendría que renunciar a sus proyectos de ingreso en tan alegre sociedad, debido a que los nazis no podían ser masones; palabra que Eichmann desconocía en aquel entonces. Tener que elegir entre las SS y la Schlaraffia (nombre que deriva de *Schlaraffenland*, país de Jauja en las leyendas germanas) seguramente representó un difícil dilema para Eichmann, pero este problema quedó solucionado cuando Eichmann fue «expulsado» de la sección de aspirantes de la Schlaraffia, por haber cometido un pecado

que, incluso cuando relataba la anécdota en la prisión de Israel, tenía la virtud de cubrir de rubor sus mejillas: «Olvidando la educación recibida, intenté, pese a ser el más joven del grupo, invitar a mis compañeros a una copa».

Como una hoja impulsada por el viento de otoño, Eichmann se alejó de la Schlaraffia, del país de Jauja, con mesas dispuestas por arte de magia, y pollos asados que por sí solos volaban a la boca del comensal —o, para decirlo con más justeza, de la compañía de respetables filisteos con títulos universitarios y sólidas carreras, dotados de «humor refinado», cuyo peor vicio probablemente era su afición a las bromas pesadas—, para ingresar en las filas de quienes luchaban para iniciar el «Milenio» alemán que debía durar exactamente doce años y tres meses. De todos modos, lo cierto es que Eichmann no ingresó en el partido debido a íntimas convicciones, y que nunca llegó a compartir las convicciones de otros miembros. Cuando se le preguntaba el porqué de su ingreso, siempre contestaba con los mismos burdos lugares comunes acerca del Tratado de Versalles y del paro obrero, y, según dijo durante el juicio: «Fue como si el partido me hubiera absorbido en su seno, sin que yo lo pretendiera, sin que tomara la oportuna decisión. Ocurrió súbita y rápidamente». Eichmann no tuvo tiempo, ni tampoco deseos, de informarse sobre el partido, cuyo programa ni siquiera conocía, y tampoco había leído *Mein Kampf*. Kaltenbrunner le había dicho: «¿Por qué no ingresas en las SS?». Y Eichmann contestó: «¿Por qué no?». Así ocurrió, y sería estéril intentar darle vueltas al asunto, según Eichmann.

Pero, como es natural, concurrían otras razones. Cuando el presidente del tribunal interrogó a Eichmann, este no le dijo que él había sido un joven ambicioso, que estaba harto de su profesión de viajante de comercio, incluso antes de que la Vacuum Oil Com-

pany estuviera harta de él. Aquel viento de que antes hablamos le había transportado desde una tarea de ganapán sin trascendencia ni significado, al cauce por el que discurría la Historia, al parecer de Eichmann, es decir, el movimiento que estaba en constante avance, y en el que un hombre como él —un fracasado ante sus iguales sociales, ante su familia y ante sí mismo— podía comenzar desde la nada, y alcanzar puestos respetables, si no llegar a la cumbre. Y si bien a Eichmann no siempre le gustó cuanto en el partido se vio obligado a hacer (por ejemplo, mandar a la muerte, por ferrocarril, a miles de seres humanos, cuando él hubiera preferido obligarlos a emigrar), también es cierto que, incluso si desde un principio hubiera previsto que el movimiento iba a acabar mal, que Alemania perdería la guerra, que sus más queridos proyectos se desvanecerían en el aire (el traslado de los judíos europeos a Madagascar, la formación de una comunidad judía en la región de Nisko (Polonia), la construcción de instalaciones defensivas en el edificio de Berlín en que tenía su oficina destinadas a repeler los ataques de los tanques rusos), incluso si hubiera sabido que, con «gran dolor y pesadumbre», jamás ascendería a un grado superior al de *Obersturmbannführer* de las SS (grado equivalente al de teniente coronel), en pocas palabras, incluso si hubiera sabido que toda su vida, con la sola excepción del año vivido en Viena, no sería más que una cadena de frustraciones, Eichmann era incapaz de pensar en la posibilidad de aceptar la otra alternativa. No solo en Argentina, donde llevaba la triste vida del refugiado, sino también en la sala de justicia de Jerusalén, sabedor de que tenía ya un pie en la tumba, hubiera preferido —si alguien le hubiese propuesto la opción— ser ahorcado en concepto de *Obersturmbannführer a.D.* (retirado) que vivir anónima y normalmente como viajante de la Vacuum Oil Company.

Los inicios de la nueva carrera de Eichmann no fueron muy prometedores. En la primavera de 1933, cuando Eichmann se encontraba sin empleo, el gobierno austríaco suspendió las actividades del Partido Nazi, así como las de todos sus miembros, debido al acceso de Hitler al poder. Pero, aunque tal calamidad no hubiera ocurrido, resultaba imposible hacer carrera en el Partido Nazi austríaco, e incluso aquellos que pertenecían a las SS seguían trabajando en sus empleos civiles, y así vemos que Kaltenbrunner no había abandonado su trabajo de abogado en el despacho de su padre. En consecuencia, Eichmann decidió trasladarse a Alemania, lo cual era perfectamente lógico, ya que tanto él como sus familiares no habían renunciado a la ciudadanía alemana. (Este hecho tuvo cierta importancia en el juicio. El doctor Servatius había solicitado que el gobierno de Alemania Occidental pidiera la extradición del acusado, y, en caso de que no la lograra, que pagara los gastos de la defensa, pero Bonn denegó la petición con el pretexto de que Eichmann no tenía la nacionalidad alemana, lo cual no era cierto.) En Passau, en la frontera alemana, Eichmann volvió a ser viajante de comercio, y cuando se presentó al director regional de la empresa, le preguntó con ansiedad si «tenía amigos en la Vacuum Oil Company». Esta frase indica la existencia de deseos, no infrecuentes en Eichmann, de pasar de la esfera en que se encontraba a otra en que se había encontrado anteriormente; mientras vivía en Argentina, y también mientras estuvo preso en Jerusalén, cuando Eichmann advertía en su comportamiento evidentes síntomas de irremediable nazismo, se excusaba diciendo: «Vuelta a lo mismo: otra vez la vieja historia» (*die alte Tour*). Pero Eichmann supo vencer rápidamente las tentaciones que le acometieron en Passau. El partido le dijo que era aconsejable que recibiera cierta preparación militar —«Pensé que no era mala idea... ¿Por qué no convertirme

en militar?»—, por lo que fue enviado a dos campamentos de las SS, el de Lechfeld y el de Dachau (que ninguna relación guardaba con el conocido campo de concentración), en los que se daba adiestramiento militar a la «Legión Austríaca en el exilio». Así, en cierto modo, Eichmann pasó a ser austríaco, pese a tener pasaporte alemán. Estuvo en estos campamentos desde agosto de 1933 hasta septiembre de 1934, ascendió a *Scharführer* (cabo), y tuvo cuanto tiempo quiso para volverse atrás y abandonar sus proyectos de carrera militar. Según sus propias palabras, durante los catorce meses de adiestramiento destacó en un solo aspecto, que era su brillante comportamiento en la instrucción de castigo, que ejecutaba concienzudamente, animado por aquel vengativo espíritu que puede expresarse con la frase infantil: «¡Ojalá se me hielen los dedos, así aprenderá mi padre a comprarme guantes!». Pero, prescindiendo de estos discutibles placeres, gracias a los cuales fue ascendido a cabo, Eichmann no fue feliz en el campamento militar: «La monotonía del servicio militar es algo que no soy capaz de resistir, siempre igual, día tras día, siempre haciendo lo mismo». Atormentado por el embrutecimiento a que se veía abocado, solicitó, tan pronto como se enteró de que había plazas vacantes, ingresar en el Servicio de Seguridad del *Reichsführer* SS (la Sicherheitsdienst, de Himmler, o SD, tal como la llamaremos en lo sucesivo).

3

ESPECIALISTA EN ASUNTOS JUDÍOS

En 1934, cuando Eichmann solicitó y obtuvo un puesto en la SD, esta era una relativamente nueva organización dependiente de las SS, fundada dos años atrás por Heinrich Himmler, para que cumpliera la función de servicio de información del partido, y que a la sazón dirigía Reinhardt Heydrich, antiguo oficial de información de la armada, que debía llegar a ser, dicho sea en las palabras de Gerald Reitlinger, «el verdadero arquitecto de la Solución Final» (*The Final Solution*, 1961). La tarea inicial de esta organización fue la de espiar a los miembros del partido, y dar así a las SS la superioridad sobre la organización regular del partido. Al paso del tiempo, la SD asumió otros deberes, y se convirtió en el centro de información e investigación de la Policía Secreta del Estado o Gestapo. Estos fueron los primeros pasos que, a la larga, debían conducir a la fusión de las SS con la policía, fusión que no se llevó a cabo hasta el mes de septiembre de 1939, pese a que Himmler ocupó, desde 1936, los puestos de *Reichsführer* SS y de jefe de la policía alemana. Como es natural, Eichmann no pudo adivinar los futuros acontecimientos que acabamos de referir, pero, al parecer, cuando ingresó en la SD, también ignoraba cuál era la función de esta organización, cosa perfectamente

lógica si tenemos en cuenta que las actividades de la SD fueron siempre mantenidas en el más riguroso secreto. En cuanto a Eichmann, esta ignorancia fue causa de que experimentara «una gran desilusión, ya que yo creía que la organización en la que había entrado era aquella de que hablaba el *Münchener Illustrierten Zeitung*, cuando relataba que los altos jefes del partido iban protegidos por unos hombres, en pie en el estribo de sus coches ... En fin, confundí el Servicio de Seguridad del *Reichsführer* SS con el Servicio de Seguridad del Reich ... Y nadie enmendó mi error, nadie me dijo nada. No tenía la menor noción de la naturaleza del servicio en el que había entrado». Saber si Eichmann mentía o decía la verdad tenía cierta trascendencia en el juicio, ya que en la sentencia debía declararse si había aceptado voluntariamente su cargo o si le habían destinado a él sin contar con su voluntad. El error en que Eichmann incurrió no es inexplicable, ya que las SS, o Schutzstaffeln, fueron fundadas originalmente con la misión de proteger a los dirigentes del partido.

La desilusión de Eichmann se debía, principalmente, a que en su nuevo empleo tendría que comenzar de nuevo desde el último peldaño, y su único consuelo consistía en saber que otros habían cometido el mismo error que él. Fue destinado al departamento de información, donde su primera tarea fue la de archivar informaciones referentes a los francmasones (la francmasonería, en la primitiva confusión ideológica nazi, formaba cuerpo común con el judaísmo, el catolicismo y el comunismo), y también colaborar en la formación de un museo de la francmasonería. Así es como Eichmann tuvo plena oportunidad de aprender el significado de aquella extraña palabra que Kaltenbrunner había pronunciado durante la conversación que sostuvo con él acerca de la Schlaraffia. (Es curioso advertir la peculiar pasión con que los nazis se entregaban a

formar museos para perpetuar la memoria de sus enemigos. Durante la guerra, diversos servicios compitieron desaforadamente por alcanzar el honor de formar museos y bibliotecas antijudías. Gracias a esta curiosa manía se han podido salvar muchos tesoros de la cultura judía europea.) Para Eichmann, el principal problema, en su nueva ocupación, era que su trabajo le aburría extraordinariamente, por lo que sintió un gran alivio cuando, tras cuatro o cinco meses de francmasonería, le destinaron al departamento de nueva creación dedicado a los judíos. Y aquí comenzó Eichmann la carrera que debía terminar en la Audiencia de Jerusalén.

En 1935, Alemania, quebrantando las cláusulas del Tratado de Versalles, implantó el servicio militar obligatorio, y anunció públicamente sus planes de rearme, entre los que se contaba la formación de una nueva armada y ejército del aire. También en este año, Alemania, tras haber abandonado la Sociedad de Naciones, en 1933, comenzó a preparar, sin hacer de ello ningún secreto, la ocupación de la zona desmilitarizada del Rin. Corrían los días de los discursos pacifistas de Hitler («Alemania desea y necesita la paz», «Reconocemos a Polonia como la tierra de un gran pueblo animado por el patriotismo», «Alemania no pretende ni desea inmiscuirse en los asuntos internos de Austria, ni anexionarse Austria, ni tampoco concluir un *Anschluss*») y, sobre todo, en este año, el Partido Nazi ganó las generales y, por desgracia, sinceras simpatías en Alemania y en el extranjero, e Hitler era admirado por considerársele un gran estadista. En la propia Alemania, fue un año de transición. Debido al formidable programa de rearme, se superó la situación de desempleo y se venció la inicial resistencia de la clase obrera. La hostilidad del régimen, que al principio se había centrado en los «antifascistas» —comunistas, socialistas intelectuales de izquierdas y judíos que ocupasen puestos relevantes—, toda-

vía no se había dirigido exclusivamente hacia los judíos en cuanto judíos.

Cierto es que una de las primeras medidas adoptadas por el régimen nazi en 1933 fue excluir a los judíos de los cuerpos de funcionarios del Estado (entre los funcionarios del Estado, en Alemania, se contaban todos los cargos de enseñanza, desde los de las escuelas elementales hasta las facultades universitarias, y también los de muchas ramas de la industria del espectáculo, radio, teatro, ópera y conciertos) y, en general, de todo cargo de carácter público. Pero las actividades privadas fueron respetadas hasta 1938, e incluso en las profesiones médica y jurídica hubo cierta tolerancia, ya que los judíos fueron excluidos de ellas de modo gradual, aun cuando se impidió a los estudiantes judíos asistir a la mayoría de las universidades, y se les prohibió en todas ellas obtener las correspondientes licenciaturas. En estos años, la emigración de los judíos se produjo con calma y buen orden, y en cuanto se refiere a las restricciones de sacar dinero del país, debemos reconocer que, si bien dificultaban la emigración, no la hacían imposible, ya que los judíos podían transferir buena parte de su fortuna a países extranjeros, y, por otra parte, tales restricciones afectaban a todos los alemanes, judíos o no; también es de consignar que fueron decretadas en los tiempos de la República de Weimar. En aquel entonces ocurrían algunos casos de *Einzelaktionen*, es decir, actos individualmente realizados para coaccionar a los judíos a fin de que vendieran sus propiedades por precios irrisorios, pero se daban, por lo general, en pequeñas ciudades y, verdaderamente, tenían su origen en la iniciativa espontánea e «individual» de algunos ambiciosos miembros de las fuerzas de asalto, las llamadas SA, que, salvo la oficialidad, estaban formadas por individuos de las clases bajas. También es cierto que la policía jamás impidió la comisión de

estos «excesos», pero las autoridades nazis se mostraban contrarias a ellos por cuanto influían desfavorablemente en los precios de la propiedad inmobiliaria en todo el país. Los emigrantes, salvo aquellos a los que se podía considerar como políticos en busca de refugio o asilo, eran hombres jóvenes que comprendían que Alemania no les ofrecía posibilidades para labrarse un porvenir. Tan pronto descubrieron que en los demás países europeos tampoco tenían porvenir, muchos emigrantes judíos regresaron a Alemania, durante el período a que nos referimos. Cuando se preguntó a Eichmann cómo había podido armonizar sus opiniones y sentimientos personales acerca de los judíos con el violento antisemitismo del partido en el que había ingresado, contestó con el refrán: «Una cosa es torear y otra ver los toros desde la barrera». Refrán que, en los días del juicio, estaba también muy a menudo en labios de muchos judíos. En aquellos años, los judíos vivían en un paraíso artificial, e incluso Streicher hablaba de una posible «solución jurídica» del problema judío. Para que los judíos alemanes dejaran de creer en estas maravillas, fue preciso que se organizaran y ejecutasen los programas de noviembre de 1938, la llamada *Kristallnacht*, o noche de los cristales rotos, en la que se hicieron añicos siete mil quinientos escaparates de tiendas judías, se incendiaron todas las sinagogas y veinte mil judíos fueron conducidos a campos de concentración.

Un punto de esta cuestión, que a menudo se ha olvidado, es que las famosas leyes de Nuremberg, promulgadas en otoño de 1935, no lograron provocar la emigración de los judíos. Las declaraciones de tres testigos procedentes de Alemania, los tres altos dirigentes del movimiento sionista, que abandonaron Alemania poco antes del estallido de la guerra, solo sirvió para iluminar tenuemente la mente de los asistentes con respecto al verdadero es-

tado de cosas durante los primeros cinco años de régimen nazi. Las leyes de Nuremberg habían privado a los judíos de sus derechos políticos, pero no de sus derechos civiles; habían dejado de ser «ciudadanos» (*Reichsbürger*), pero seguían sometidos al Estado alemán, en el sentido de formar parte de su población (*Staatsangehörige*). Incluso en el caso de emigrar, no por ello perdían su vinculación con el Estado alemán. La relación carnal entre judíos y alemanes, así como los matrimonios mixtos, estaba estrictamente prohibida. Asimismo, también estaba prohibido que las mujeres alemanas menores de cuarenta y cinco años trabajaran en hogares judíos. Entre todas estas disposiciones legales, únicamente la última tuvo importancia práctica; las otras no eran más que formulaciones jurídicas que reflejaban una situación *de facto*. En consecuencia, se consideraba que las leyes de Nuremberg produjeron el efecto de estabilizar la nueva situación de los judíos en el Reich. Desde el 30 de enero de 1933, los judíos habían sido ciudadanos de segunda categoría, dicho sea en términos eufemísticos; su casi completa separación del resto de la población alemana se había logrado en pocas semanas, o quizá meses, mediante el terror, pero también merced a la casi unánime actitud adoptada por quienes les rodeaban. El doctor Benno Cohn, de Berlín, declaró: «Entre los judíos y los gentiles se había levantado un muro infranqueable ... No recuerdo haber hablado con un gentil, en el curso de cuantos viajes hice a través de Alemania». Al proclamarse las normas de Nuremberg, los judíos creyeron que al fin tenían unas leyes a las que atenerse, y que, por ende, ya no eran personas fuera de la ley, y que si no se salían de los límites establecidos, tal como ya anteriormente habían sido obligados a hacer, podrían vivir en paz. Según el Reichsvertretung de los judíos alemanes (organización de alcance nacional de todas las comunidades y organizaciones,

fundada en septiembre de 1933, a iniciativa de la comunidad judía de Berlín, y en modo alguno organizada por las autoridades nazis), el propósito de las leyes de Nuremberg era «establecer una cierta zona en la que fuera posible la existencia de unas tolerables relaciones entre los alemanes y los judíos», a lo cual un miembro de la comunidad de Berlín, sionista radical, añadió: «La vida es siempre posible bajo el imperio de las leyes, cualquiera que sea su contenido. Sin embargo, no se puede vivir cuando se da la total ignorancia de lo que está permitido y lo que está prohibido. También cabe la posibilidad de ser un ciudadano útil y respetado, pese a pertenecer a una minoría que vive rodeada de un gran pueblo» (Hans Lamm, *Über die Entwicklung des deutschen Judentums*, 1951). Y como sea que Hitler, mediante la purga en 1934 de las huestes de Röhm, había debilitado el poder de las SA, las tropas de asalto con camisas pardas que fueron casi exclusivamente responsables de los primeros pogromos y atrocidades, y habida cuenta de que los judíos ignoraban la creciente influencia de las SS, camisas negras, que, por lo general, no empleaban lo que Eichmann denominaba con desdén «métodos de asalto», en los medios judíos se creía que todavía era posible encontrar un *modus vivendi*, e incluso llegaron a ofrecer su cooperación a fin de hallar «una solución al problema judío». En resumen, cuando Eichmann comenzó su aprendizaje en la cuestión judía, en la que, cuatro años después, sería considerado un experto, y cuando entró por vez primera en relación con funcionarios judíos, tanto los sionistas como los asimilacionistas hablaban de un «gran renacimiento judío», de «un gran movimiento de espíritu constructivo, entre los judíos alemanes», y todavía discutían, en el terreno puramente ideológico, sobre la conveniencia de que los judíos abandonaran Alemania, como si ello dependiera de su libre voluntad.

El relato —deformado, como cabía esperar, pero veraz en algunos puntos— que Eichmann hizo, ante la policía, de su ingreso en el nuevo departamento, nos describe aquel paraíso artificial en que los judíos creían vivir. Ante todo, el nuevo jefe de Eichmann, un tal Von Mildenstein, que poco después sería trasladado a la Organización Todt, de Albert Speer, en la que ocuparía un cargo en el departamento de construcción de carreteras (Mildenstein era lo que Eichmann fingía ser, es decir, ingeniero), recomendó a su subordinado que leyera la famosa obra clásica sionista *Der Judenstaat*, de Theodor Herzl, cuya lectura convirtió a Eichmann al sionismo, doctrina de la que jamás se apartaría. Parece que este fue el primer libro serio que leyó sobre esta materia, y le causó una profunda impresión. A partir de entonces, como en momento alguno dejó de repetir, Eichmann pensó solamente en una «solución política» del problema judío (en contraposición a la «solución física»; la primera significaba la expulsión, y la segunda el exterminio), y en hallar el modo de proporcionar a los judíos un lugar en el que pudieran vivir permanentemente. (Merece advertirse que en 1939 Eichmann protestó públicamente por la profanación de la tumba del doctor Herzl, en Viena, y, según ciertos informes, Eichmann asistió, vestido de paisano, a la conmemoración del treinta y cinco aniversario de la muerte de Herzl. Resulta sorprendente que Eichmann no hablara de ello en Jerusalén, pese a que en momento alguno dejó de alardear de las excelentes relaciones que sostuvo con los representantes de las comunidades judías.) A fin de lograr adeptos a la solución política, Eichmann comenzó a predicar tal evangelio entre sus compañeros de las SS, a dar conferencias y a escribir folletos. Entonces aprendió un poco de hebreo, lo cual le permitió leer, bien que mal, los periódicos escritos en yiddish —lo cual no era excesivamente difícil, ya que el yiddish es, básicamen-

te, un viejo dialecto alemán escrito en caracteres hebreos, que puede comprender cualquier persona de habla alemana que se haya tomado la molestia de aprender unas cuantas palabras hebreas—. Eichmann llegó incluso a leer otro libro, *History of Zionism*, del que era autor Adolf Böhm, y cuyo contenido confundió constantemente, durante el juicio de Jerusalén, con el de la obra de Herlz *Judenstaat*; quizá tales lecturas representaran un formidable logro, para un hombre que siempre sintió repugnancia a leer cuanto no fueran periódicos, y que, ante la desesperación de su padre, jamás utilizó la biblioteca familiar. Tras la lectura de la obra de Böhm, Eichmann se dedicó a estudiar la organización del movimiento sionista, sus distintos sectores, sus agrupaciones juveniles y sus diferentes programas. Sin embargo, esto no bastó para que se le considerase un especialista en cuestiones judías, pero sí fue suficiente para que le diesen la misión oficial de actuar como espía en las oficinas del movimiento sionista y en las reuniones de los sionistas. Vale la pena señalar que la formación de Eichmann en cuestiones judías quedó limitada exclusivamente a las doctrinas sionistas.

Sus primeros contactos personales con agentes judíos, todos ellos conocidos sionistas desde antiguo, fueron plenamente satisfactorios. Eichmann explicó que la razón en cuya virtud quedó fascinado por «el problema judío» fue, precisamente, su propio «idealismo». Estos judíos, a diferencia de los «asimilacionistas», a quienes siempre despreció, y a diferencia también de los judíos ortodoxos, que le aburrían, eran «idealistas», igual que él. Según Eichmann, un «idealista» no era simplemente un hombre que creyera en una idea, o alguien que no aceptara el soborno, o no se alzara con los fondos públicos, aun cuando estas cualidades debían forzosamente concurrir en los «idealistas». Para Eichmann, el «idealista» era el hombre que vivía para su idea —en consecuencia,

un hombre de negocios no podía ser un «idealista»— y que estaba pronto a sacrificar cualquier cosa en aras de su idea, es decir, un hombre dispuesto a sacrificarlo todo, y a sacrificar a todos, por su idea. Cuando, en el curso del interrogatorio policial, dijo que habría enviado a la muerte a su propio padre, caso de que se lo hubieran ordenado, no pretendía solamente resaltar hasta qué punto estaba obligado a obedecer las órdenes que se le daban, y hasta qué punto las cumplía a gusto, sino que también quiso indicar el gran «idealista» que él era. Igual que el resto de los humanos, el perfecto idealista tenía también sus sentimientos personales y experimentaba sus propias emociones, pero, a diferencia de aquellos, jamás permitía que obstaculizaran su actuación, en el caso de que contradijeran la «idea». El más grande idealista que Eichmann tuvo ocasión de tratar entre los judíos fue el doctor Rudolf Kastner, con quien sostuvo negociaciones en el caso de las deportaciones de los judíos de Hungría, y con quien acordó que él —Eichmann— permitiría la «ilegal» partida de unos cuantos miles de judíos a Palestina (los trenes en que se fueron iban protegidos por policías alemanes) a cambio de que hubiera «paz y orden» en los campos de concentración desde los cuales cientos de miles de judíos fueron enviados a Auschwitz. Los pocos miles de judíos que salvaron sus vidas gracias a este acuerdo, todos ellos personas destacadas y miembros de las organizaciones sionistas juveniles, eran, según palabras de Eichmann, «el mejor material biológico». A juicio de Eichmann, el doctor Kastner había sacrificado a sus hermanos de raza en aras a su «idea», tal como debía ser. El juez Benjamín Halevi, uno de los tres que formaban el tribunal que juzgó a Eichmann, fue quien juzgó a Kastner en Israel, cuando este último fue acusado de colaborar con Eichmann y con otros altos funcionarios nazis; en opinión de Halevi, Kastner había vendido su alma al dia-

blo. Ahora que el propio diablo se sentaba en el banquillo, resultaba ser nada menos que un «idealista», y aun cuando sea difícil creerlo, es muy posible que aquel que vendió su alma fuera también un «idealista».

Mucho antes de que lo anteriormente relatado ocurriera, Eichmann tuvo oportunidad de aplicar, en la práctica, las enseñanzas recibidas durante su aprendizaje teórico. Después de producirse el *Anschluss* (la incorporación de Austria al Reich), en marzo de 1938, Eichmann fue enviado a Viena para organizar una especie de emigración, de la que en Alemania no se tuvo noticia, ya que hasta el otoño de 1938 se mantuvo la ficción de que los judíos que lo desearan podían dejar el país, aunque nadie los obligaba a ello. Entre las razones por las que los judíos alemanes creyeron en esta ficción estaba el programa del NSDAP, formulado en 1920, que compartió con la Constitución de Weimar el curioso destino de no ser abolido, quizá debido a que los veinticinco puntos de que constaba habían sido declarados «inalterables» por Hitler. A la luz de los acontecimientos posteriores, las disposiciones antisemitas de este programa resultaban inofensivas: los judíos no podían gozar de los plenos derechos de ciudadanía, no podían ingresar en los cuerpos de funcionarios públicos, quedaban excluidos de toda intervención en el periodismo, y aquellos que habían adquirido la ciudadanía alemana con posterioridad al 2 de agosto de 1914 —día en que se declaró la Primera Guerra Mundial—, la perderían, lo cual significaba que podrían ser expulsados del país. (De manera característica de la actuación de los nazis, la pérdida de la ciudadanía tuvo efecto inmediatamente, pero la expulsión masiva de quince mil judíos, que repentinamente fueron puestos en la frontera polaca, en Zbaszyn, de donde pasaron inmediatamente a los correspondientes campos de concentración, ocurrió cinco años después, cuando

ya nadie la esperaba.) El programa del partido jamás fue tomado en serio por los altos dirigentes nazis, quienes alardeaban de pertenecer a un movimiento, no a un partido, de lo que resultaba que no podían quedar limitados por programa alguno, ya que los movimientos carecen de programa. Incluso antes de que los nazis llegaran al poder, estos veinticinco puntos no habían representado más que una concesión al sistema de partidos, y a aquellos electores de anticuada mentalidad que tenían cierto interés en saber cuál era el programa del partido al que iban a votar. Tal como hemos visto, Eichmann no padecía tan deplorables ideas, y cuando declaró, ante el tribunal de Jerusalén, que no conocía el programa de Hitler, probablemente decía la verdad: «El programa del partido carecía de importancia; todos sabíamos lo que significaba ingresar en el partido». Por otra parte, los judíos eran lo bastante anticuados para saberse de memoria los veinticinco puntos, y para creer en su validez; todos aquellos actos que conculcaban las disposiciones del programa eran atribuidos por los judíos a «pasajeros excesos revolucionarios» de los miembros indisciplinados o de algunos grupos extremistas.

Pero lo que ocurrió en Viena, en marzo de 1938, fue algo totalmente distinto. La tarea que Eichmann debía llevar a cabo había sido definida con las palabras «emigración forzosa», y estas palabras debían interpretarse textualmente: todos los judíos, prescindiendo de los deseos que albergaran y de su ciudadanía, debían ser obligados a emigrar, lo cual, en palabras corrientes, se llama expulsión. Siempre que Eichmann recordaba los doce años de su vida en el partido, no podía dejar de considerar que el mejor de todos ellos fue el que pasó en Viena como director del Centro de Emigración de Judíos Austríacos. Sí, este fue el mejor, el más feliz y el más afortunado. Poco antes, había sido ascendido al rango de

oficial, pasando a ser *Untersturmführer*, o teniente, y fue alabado por su «amplio conocimiento de los métodos de organización e ideología de los enemigos, los judíos». El puesto de Viena representaba su primer trabajo importante; toda su carrera, que había progresado con bastante lentitud, dependía del éxito en su desempeño. Puso el máximo interés en cumplir su misión, y sus logros fueron espectaculares: en ocho meses, cuarenta y cinco mil judíos salieron de Austria, mientras en el mismo período solo partían de Alemania unos diecinueve mil; en menos de dieciocho meses, Austria fue «limpiada de cerca de ciento cincuenta mil personas, aproximadamente el sesenta por ciento de su población judía, todas las cuales salieron «legalmente» del país; incluso después de estallar la guerra, pudieron escapar unos sesenta mil judíos. ¿Cómo lo logró? La idea básica que hizo posible esto no fue por descontado suya, sino, casi podría asegurarse, estaba contenida en una orden específica de Heydrich, que había enviado a Eichmann a Viena. Eichmann se mostraba muy vago en cuanto a la paternidad de la idea que se atribuía, sin embargo, en virtud de su función de consejero; las autoridades israelitas, por otra parte, obstinadas (como lo expone el *Bulletin* de Yad Vashem) en la fantástica «tesis de la total responsabilidad de Adolf Eichmann» y la todavía más fantasiosa «suposición de que una mente [es decir, la de Eichmann] estaba detrás de todo», le prestaron una ayuda considerable en sus esfuerzos por atribuirse méritos ajenos, a lo que de todos modos tenía una gran propensión. La idea, expuesta por Heydrich en una conferencia con Göring la mañana de la *Kristallnacht*, era simple e ingeniosa: «A través de la comunidad judía hemos extraído cierta cantidad de dinero de los judíos ricos que querían emigrar. Pagando una cantidad y una suma adicional en moneda extranjera, los judíos tenían la posibilidad de irse. El problema no era lograr que

se fueran los judíos ricos, sino librarse de la chusma judía». Y este problema no lo resolvió Eichmann. Hasta después de terminado el juicio no se supo a través del Instituto Estatal Holandés de Documentación de Guerra que Erich Rajakowitsch, abogado brillante a quien Eichmann, según su propio testimonio, «empleó para la tramitación de asuntos legales en las oficinas centrales de emigración judía en Viena, Praga y Berlín», había inventado la idea de los «fondos de emigración». Algún tiempo después, en abril de 1941, Rajakowitsch fue enviado a Holanda por Heydrich con el objeto de «establecer allí una oficina central que sirviera de modelo para la *solución de la cuestión judía* en todos los países ocupados de Europa».

Sin embargo, todavía quedaban bastantes problemas que solo podían resolverse en el curso de la operación y sin duda es ahí donde Eichmann, por primera vez en su vida, descubrió poseer algunas cualidades especiales. Había dos cosas que sabía hacer bien, mejor que otros: sabía organizar y sabía negociar. Inmediatamente después de su llegada, inició negociaciones con los representantes de la comunidad judía, a los que primero tuvo que liberar de las prisiones y de los campos de concentración, ya que el «celo revolucionario» en Austria, al sobrepasar en mucho los primeros «excesos» ocurridos en Alemania, había tenido prácticamente como consecuencia la detención de todos los judíos importantes. Después de esta experiencia, no fue necesario que Eichmann convenciera a los representantes judíos de la conveniencia de la emigración. Al contrario, pidieron que allanara las enormes dificultades que existían. Aparte del problema financiero, ya «resuelto», la principal dificultad estribaba en la cantidad de papeles que debía reunir cada emigrante antes de partir del país. Cada uno de estos papeles era válido solo para un período limitado, y cuando se ob-

tenía el último lo más frecuente era que ya hubiera caducado la validez del primero. Tan pronto Eichmann comprendió cómo funcionaba el asunto, o, mejor dicho, cómo no funcionaba, «consultó consigo mismo» y «dio nacimiento a la idea que creía iba a ser justa para ambas partes». Imaginó «una línea de montaje, al principio de la cual se ponía el primer documento, y sucesivamente los otros papeles, y al otro extremo salía el pasaporte como producto final». Esto podía llevarse a cabo si todos los funcionarios a los que incumbía el asunto —Ministerio de Hacienda, cobradores de tributos, policía, comunidad judía, etc.— estaban alojados bajo el mismo techo y se veían forzados a cumplir su cometido sobre el terreno, en presencia del solicitante, que ya no se vería obligado a correr de oficina en oficina y que, era de suponer, se ahorraría algunas humillantes trapacerías que sufría y ciertos gastos de soborno. Cuando todo estuvo listo y la línea de montaje funcionaba suave y rápidamente, Eichmann «invitó» a los funcionarios judíos de Berlín para que la inspeccionaran. Quedaron atónitos: «Esto es como una fábrica automática, como un molino conectado con una panadería. En un extremo se pone un judío que todavía posee algo, una fábrica, una tienda, o una cuenta en el banco, y va pasando por todo el edificio de mostrador en mostrador, de oficina en oficina, y sale por el otro extremo sin nada de dinero, sin ninguna clase de derechos, solo con un pasaporte que dice: Usted debe abandonar el país antes de quince días. De lo contrario irá a un campo de concentración».

Evidentemente esto era en esencia la verdad sobre el procedimiento, pero no era toda la verdad. Puesto que estos judíos no podían quedarse «sin un céntimo», por la simple razón de que así ningún país los hubiera admitido en aquella época. Necesitaban, y se les daba, su *Vorzeigegeld*, la cantidad que debían mostrar para ob-

tener su visado y pasar los controles de inmigración del país que los recibía. Esta cantidad la necesitaban en divisas que el Reich no tenía intención de desperdiciar en sus judíos. El problema no podía solucionarse mediante las cuentas judías situadas en países extranjeros, que, de todos modos, era difícil descubrir debido a que habían sido ilegales durante años. Por esta razón, Eichmann envió agentes judíos al extranjero para solicitar fondos a las grandes organizaciones judías, fondos que luego eran vendidos por la comunidad judía a los futuros emigrantes con una considerable ganancia. Un dólar, por ejemplo, se vendía a 10 o 20 marcos, cuando su valor en el mercado era de 4,20 marcos. En esta forma, principalmente, la comunidad adquirió no solo el dinero necesario para los judíos pobres y la gente que no tenía cuentas en el exterior, sino también los fondos que requería para sus propias necesidades enormemente incrementadas. Eichmann hizo posible este trato, no sin encontrar considerable oposición por parte de las autoridades financieras alemanas, del Ministerio y del Tesoro, que, a fin de cuentas, no ignoraban el hecho de que estas transacciones representaban una devaluación del marco.

La jactancia era el vicio que perdía a Eichmann. Eran pura fanfarronada las palabras que dijo a sus hombres en los últimos días de la guerra: «Saltaré dentro de mi tumba alegremente, porque el hecho de que tenga sobre mi conciencia la muerte de cinco millones de judíos [o «enemigos del Reich», como siempre aseguró haber dicho] me produce una extraordinaria satisfacción». No dio el salto, y si tenía algo sobre su conciencia, no eran asesinatos, sino, como resultó, el haber abofeteado, en una ocasión, al doctor Josef Löwenherz, jefe de la comunidad judía de Viena, que después se convirtió en uno de sus judíos favoritos. Cuando sucedió este hecho presentó sus excusas delante de su plana mayor, pero el inci-

dente no dejó de preocuparle en momento alguno. Pretender atribuirse la muerte de cinco millones de judíos, aproximadamente el total de pérdidas sufridas a causa de los esfuerzos combinados de todas las oficinas y autoridades nazis, era absurdo, y él lo sabía perfectamente, pero siguió repitiendo la horrible frase *ad nauseam* a cualquiera que quisiera oírla, incluso doce años más tarde en Argentina, porque le causaba «una extraordinaria sensación de júbilo el pensar que hacía mutis de la escena en esta forma». (El ex *Legationsrat* Horts Grell, testigo de la defensa, que había conocido a Eichmann en Hungría, testificó que en su opinión Eichmann tan solo había alardeado.) Esto debió de haber sido evidente a todo aquel que le oyó proferir su absurda afirmación. Era una pura fanfarronada que pretendiera haber «inventado» el sistema del gueto o haber «concebido la idea» de enviar a todos los judíos europeos a Madagascar. El gueto de Theresienstadt, del que Eichmann se atribuía la «paternidad», se estableció años después de que el sistema del gueto fuera implantado en los territorios orientales ocupados, y el establecimiento de un gueto especial para algunas categorías privilegiadas era, al igual que el sistema del gueto, «idea» de Heydrich. El plan Madagascar parece ser que «nació» en las oficinas del Ministerio de Relaciones Exteriores alemán, y la contribución de Eichmann al mismo resultó que se debía en gran parte a su querido doctor Löwenherz, a quien había encargado que apuntara «algunas ideas básicas» sobre la manera en que unos cuatro millones de judíos podrían ser trasladados después de la guerra desde Europa hasta, presumiblemente, Palestina, ya que el proyecto Madagascar era secreto. (Cuando, durante el proceso, fue confrontado con el informe Löwenherz, Eichmann no negó la paternidad de este; fue uno de los pocos momentos en que se mostró auténticamente turbado.) Lo que debía llevar a su captura fue su afición a

alardear —estaba «harto de ser un vagabundo anónimo en el mundo»— y esta afición debió crecer considerablemente a medida que transcurría el tiempo, no solo porque no tenía nada que hacer que valiera la pena, sino también debido a que la era de la posguerra le había conferido una «fama» inesperada.

Pero la jactancia es un vicio corriente. Un defecto más determinado, y también más decisivo, del carácter de Eichmann era su incapacidad casi total para considerar cualquier cosa desde el punto de vista de su interlocutor. En ninguna parte se hizo más evidente este defecto que en el relato del episodio de Viena. Él y sus hombres y los judíos «trabajaban en estrecha colaboración», y siempre que surgía alguna dificultad los representantes judíos corrían a él «para aliviar sus corazones», para explicarle «todas sus penas y tristezas» y pedirle ayuda. Los judíos «deseaban» emigrar, y él, Eichmann, estaba allí para ayudarlos, porque sucedía que, al mismo tiempo, las autoridades nazis habían expresado el deseo de ver al Reich *judenrein*. Los dos deseos coincidían, y él, Eichmann, podía «hacer justicia a ambas partes». En el juicio de Jerusalén no cedió ni un ápice cuando se llegó a esta parte de la narración, aunque estuvo de acuerdo en que hoy en día, cuando «han cambiado tanto los tiempos», los judíos quizá no estuvieran muy contentos de recordar la colaboración prestada, y él no quería «herir sus sentimientos».

El texto alemán del interrogatorio grabado por la policía, llevado a cabo del 29 de mayo de 1960 al 17 de enero de 1961, con todas sus páginas corregidas y aprobadas por Eichmann, constituye una verdadera mina para un psicólogo, a condición de que sea lo bastante sensato para comprender que lo horrible puede ser no solo grotesco, sino completamente cómico. Parte de la comedia no puede ser traducida, pues radica en la heroica lucha de Eichmann

con la lengua alemana, que invariablemente le derrota. Es cómico cuando habla, repetidas veces, de «palabras aladas» (*geflügelte Worte*, coloquialismo alemán con el que se designan genéricamente las frases clásicas célebres) con la intención de significar frases hechas, *Redensarten*, o eslóganes, *Schlagworte*. Fue cómico cuando, en el curso del interrogatorio sobre los documentos Sassen, efectuado en alemán por el presidente del tribunal, utilizó las palabras *kontra geben* (taz a taz) para indicar que había resistido los esfuerzos de Sassen de ponerles más pimienta a sus relatos. El juez Landau, evidentemente desconocedor de los misterios de los juegos de cartas, no lo entendió, y Eichmann no fue capaz de hallar otra manera de expresarlo. Confusamente consciente de un defecto que debió de vejarle incluso en la escuela —llegaba a constituir un caso moderado de afasia— se disculpó diciendo: «Mi único lenguaje es el burocrático [*Amtssprache*]». Pero la cuestión es que su lenguaje llegó a ser burocrático porque Eichmann era verdaderamente incapaz de expresar una sola frase que no fuera una frase hecha. (¿Fueron estos clichés lo que los psiquiatras consideraron tan «normal» y «ejemplar»? ¿Son estas las «ideas positivas» que un sacerdote desea para aquellos cuyas almas atiende? La mejor oportunidad para que Eichmann demostrara este lado positivo de su carácter, en Jerusalén, llegó cuando el joven oficial de policía encargado de su bienestar mental y psicológico le entregó *Lolita* para que se distrajera leyendo. Al cabo de dos días, Eichmann lo devolvió visiblemente indignado, diciendo: «Es un libro malsano por completo».) Sin duda, los jueces tenían razón cuando por último manifestaron al acusado que todo lo que había dicho eran «palabras hueras», pero se equivocaban al creer que la vacuidad estaba amañada, y que el acusado encubría otros pensamientos que, aun cuando horribles, no eran vacuos. Esta suposición parece refutada por la sor-

prendente contumacia con que Eichmann, a pesar de su memoria deficiente, repetía palabra por palabra las mismas frases hechas y los mismos clichés de su invención (cuando lograba construir una frase propia, la repetía hasta convertirla en un cliché) cada vez que refería algún incidente o acontecimiento importante para él. Tanto al escribir sus memorias en Argentina o en Jerusalén, como al hablar con el policía que le interrogó o con el tribunal, siempre dijo lo mismo, expresado con las mismas palabras. Cuanto más se le escuchaba, más evidente era que su incapacidad para hablar iba estrechamente unida a su incapacidad para *pensar*, particularmente, para pensar desde el punto de vista de otra persona. No era posible establecer comunicación con él, no porque mintiera, sino porque estaba rodeado por la más segura de las protecciones contra las palabras y la presencia de otros, y por ende contra la realidad como tal.

Así, enfrentado durante ocho meses con la realidad de ser interrogado por un policía judío, Eichmann no tuvo la menor vacilación en explicarle, detallada y repetidamente, por qué razón no había podido alcanzar un grado más alto en las SS, y que no había sido culpa suya. Había hecho todo lo posible, incluso había pedido ser incorporado al servicio militar activo. «Al frente, me dije a mí mismo, y luego el *Standartenführer* [grado de coronel] llegará de inmediato.» En el tribunal, por el contrario, alegó que pidió el traslado porque quería escapar a sus deberes homicidas. Sin embargo, no insistió mucho en ello, y, sorprendentemente, no le fueron leídas sus declaraciones al capitán Less, a quien también dijo que había confiado en que sería destinado a los *Einsatzgruppen*, las unidades móviles de exterminio en el Este, porque, cuando fueron organizadas, en marzo de 1941, su oficina estaba «muerta»; la emigración había terminado y las deportaciones todavía no habían em-

pezado. Por último, estaba su mayor ambición, ser nombrado jefe de policía en alguna ciudad alemana; pero, una vez más, no tuvo nada que hacer. Lo que convierte en cómicas estas páginas del interrogatorio es el hecho de que todo esto fuera expresado en el tono de alguien que está seguro de encontrar una simpatía «normal, humana», ante una historia desdichada. «Todo lo que preparaba y planeaba, cualquier cosa, iba mal, tanto mis asuntos personales como los largos años de esfuerzos para obtener patria y tierra para los judíos, todo parecía estar bajo el influjo de un hado maligno; cuanto deseaba y necesitaba y planeaba hacer, los hados lo impedían de alguna manera. Todo, no importa qué, se frustró.» Cuando el capitán Less le pidió su opinión sobre algunas pruebas perjudiciales y posiblemente falsas aportadas por un antiguo coronel de las SS, Eichmann exclamó tartamudeando de rabia: «Estoy muy sorprendido de que este hombre haya podido ser un SS *Standartenführer*, me sorprende muchísimo. Es por completo, por completo inconcebible. No sé qué decir». Nunca dijo estas cosas con espíritu de provocación, sino como si quisiera, incluso en este caso, defender las normas con las que había vivido en el pasado. Las solas palabras «SS», o «carrera», o «Himmler» (a quien siempre nombraba con su largo título oficial: *Reichsführer* SS y jefe de la policía alemana, aunque no lo admiraba en absoluto), ponían en marcha en él un mecanismo que había llegado a ser invariable en su funcionamiento. La presencia del capitán Less, judío alemán, y que, en todo caso, era muy improbable que pudiera pensar que los miembros de las SS avanzaran en sus carreras por el ejercicio de altas cualidades morales, no desajustó ni por un momento este mecanismo.

De vez en cuando, la comedia se convierte en horror y acaba en relatos, seguramente bastante verídicos, cuyo humor macabro so-

brepasa el de cualquier imagen surrealista. De este tipo es lo contado por Eichmann durante el interrogatorio policial sobre el desgraciado *Kommerzialrat* Storfer de Viena, uno de los representantes de la comunidad judía. Eichmann recibió un telegrama de Rudolf Höss, comandante de Auschwitz, informándole de que Storfer había llegado y había solicitado ver con urgencia a Eichmann. «Me dije a mí mismo: Bueno, este hombre siempre se ha portado bien, merece que haga algo ... iré allá y veré qué le pasa. Fui a ver a Ebner [jefe de la Gestapo de Viena], y Ebner me dijo —lo recuerdo de un modo vago—: Storfer fue muy torpe; se ocultó, intentó escapar, o algo así. Y la policía lo detuvo y lo envió al campo de concentración, y, según las órdenes del *Reichsführer* [Himmler], nadie podía salir una vez dentro. No había nada que hacer; ni el doctor Ebner, ni yo, ni nadie podía hacer nada. Me fui a Auschwitz y pedí a Höss que me dejara ver a Storfer. Sí, sí [dijo Höss], está en una de las unidades de trabajo. Con Storfer, hombre bueno, normal y humano, tuvimos un encuentro normal y humano. Me contó sus penas y tristezas. Yo dije: "Bien, mi querido y viejo amigo [*Ja, mein lieber guter Storfer*], ¡nos ha tocado! ¡Qué cochina suerte!". Y también dije: "Mire, en realidad no puedo ayudarle, porque según las órdenes del *Reichsführer* nadie puede salir. Yo no puedo sacarlo. El doctor Ebner no puede sacarlo. Me enteré de que cometió usted un error, que se ocultó o quería fugarse, cosa que, después de todo, usted no necesitaba hacer". [Eichmann quería decir que Storfer, como representante judío, gozaba de inmunidad a la deportación.] Olvidé lo que me respondió. Y entonces le pregunté si podía ayudarle en algo. Y dijo que sí, que deseaba, si era posible, que lo eximieran de trabajar, porque allí el trabajo era duro. Después dije a Höss: "Storfer no debiera trabajar". Pero Höss repuso: "Todo el mundo trabaja aquí". Entonces

yo dije: "Muy bien. Redactaré una nota al objeto de que Storfer se ocupe de mantener en buenas condiciones los senderos de grava con una escoba", había muy pocos senderos de grava allá, "y le concederé el derecho de sentarse con su escoba en uno de los bancos". [A Storfer] le dije: "¿Estará bien así, señor Storfer? ¿Le conviene esto?". Entonces se sintió muy complacido, y nos estrechamos las manos, y luego le dieron una escoba y se sentó en su banco. Fue una gran alegría interior para mí poder ver, al menos, al hombre con el que había trabajado tantos años, y que pudiéramos hablar.» Storfer moría seis semanas después de este encuentro normal y humano. No gaseado, por lo que parece, sino a tiros.

¿Es este un caso antológico de mala fe, de mentiroso autoengaño combinado con estupidez ultrajante? ¿O es simplemente el caso del criminal eternamente impenitente (Dostoievski en una ocasión cuenta que en Siberia, entre docenas de asesinos, violadores y ladrones, nunca conoció a un solo hombre que admitiera haber obrado mal), que no puede soportar enfrentarse con la realidad porque su crimen ha pasado a ser parte de ella? Sin embargo, el caso de Eichmann es diferente al del criminal común, que solo puede ampararse eficazmente contra la realidad de un mundo no criminal entre los estrechos límites de su banda. Eichmann solo necesitaba recordar el pasado para sentirse seguro de que no mentía y de que no se estaba engañando a sí mismo, ya que él y el mundo en que vivió habían estado, en otro tiempo, en perfecta armonía. Y esa sociedad alemana de ochenta millones de personas había sido resguardada de la realidad y de las pruebas de los hechos exactamente por los mismos medios, el mismo autoengaño, mentiras y estupidez que impregnaban ahora la mentalidad de Eichmann.

Estas mentiras cambiaban de año en año, y con frecuencia eran contradictorias; por otra parte, no siempre fueron las mismas para las diversas ramas de la jerarquía del partido o del pueblo en general. Pero la práctica del autoengaño se extendió tanto, convirtiéndose casi en un requisito moral para sobrevivir, que incluso ahora, dieciocho años después de la caída del régimen nazi, cuando la mayor parte del contenido específico de sus mentiras ha sido olvidado, es difícil a veces dejar de creer que la mendacidad ha pasado a ser parte integral del carácter nacional alemán. Durante la guerra, la mentira más eficaz para todo el pueblo alemán fue el eslogan de «la batalla del destino del pueblo alemán» (*der Schicksalskampf des deutschen Volkes*), inventado por Hitler o por Goebbels, que facilitó el autoengaño en tres aspectos: primero, sugirió que la guerra no era una guerra; segundo, que la había originado el destino y no Alemania, y, tercero, que era una cuestión de vida o muerte para los alemanes, es decir, que debían aniquilar a sus enemigos o ser aniquilados.

La asombrosa facilidad con que Eichmann, tanto en Argentina como en Israel, admitía sus crímenes se debía no tanto a su capacidad criminal para engañarse a sí mismo como al aura de mendacidad sistemática que constituyó la atmósfera general, y generalmente aceptada, del Tercer Reich. «Naturalmente» que había jugado un papel en el exterminio de los judíos; naturalmente que si él «no los hubiera transportado, no hubieran sido entregados al verdugo». «¿Qué hay que *confesar*?», preguntaba. Ahora bien, proseguía, «le gustaría hacer las paces con [sus] antiguos enemigos», un sentimiento que compartía no solo con Himmler, que lo había manifestado durante el último año de la guerra, o con el jefe del Frente de Trabajo Robert Ley (que, antes de suicidarse en Nuremberg, había propuesto el establecimiento de un «comité de conciliación» com-

puesto por los nazis responsables de las matanzas y los supervivientes judíos), sino, increíblemente, con muchos alemanes corrientes, que se expresaban en los mismos términos al final de la guerra. Este indignante cliché ya no se les daba desde arriba, era una frase hecha, tan carente de realidad como los clichés con los que la gente había vivido durante doce años; y casi se podía ver la «extraordinaria sensación de alivio» que proporcionaba al que la pronunciaba.

La mente de Eichmann estaba repleta hasta el borde de frases así. Su memoria demostró ser muy poco segura en cuanto a lo que realmente sucedió; en uno de los raros momentos de exasperación, el juez Landau preguntó al acusado: «¿Qué *puede* usted recordar?» (si no recuerda las conversaciones en la llamada Conferencia de Wannsee, que trató de los diversos sistemas de matar), y la respuesta, como es natural, fue que Eichmann recordó muy bien los hitos más importantes de su carrera, pero estos no siempre coincidían con los momentos cruciales de la historia del exterminio de los judíos o, en realidad, con los momentos cruciales de la Historia. (Siempre tuvo dificultades para recordar con exactitud la fecha del estallido de la guerra o de la invasión de Rusia.) Pero la cuestión es que no había olvidado ni una sola de las frases que en uno u otro tiempo habían servido para darle una «sensación de satisfacción». En consecuencia, siempre que los jueces, en el curso del interrogatorio, intentaban apelar a su conciencia, se encontraban con su «satisfacción» y se sentían indignados y desconcertados al darse cuenta de que el acusado tenía a su disposición un cliché de «satisfacción» para cada período de su vida y para cada una de sus actividades. En su mente, no existía contradicción entre la frase «saltaré dentro de mi tumba alegremente» a propósito para el final de la guerra, y la aseveración «me ahorcaría gustosamente en público

como un ejemplo y advertencia a todos los antisemitas de la tierra», que ahora, en circunstancias muy diferentes, tenía el mismo propósito de enaltecerle.

Estas costumbres de Eichmann crearon muchas dificultades durante el proceso; menos a él mismo que a los que habían ido a acusarle, a defenderle, a juzgarle y a informar sobre él. Para todo esto, era esencial tomarle en serio, y esto resultaba difícil, a menos que, tomando el camino más fácil para resolver el dilema entre el execrable horror de los hechos y la innegable insignificancia del hombre que los había perpetrado, se le tuviera por un mentiroso inteligente y calculador, cosa que evidentemente no era. Sus propias convicciones en esta materia estaban lejos de ser modestas: «Uno de los pocos dones que el destino me otorgó, es la capacidad de decir la verdad en tanto dependa de mí». Este don lo reivindicó incluso antes de que el fiscal lo acusara de delitos que no había cometido. En las notas nebulosas y desorganizadas que redactó en Argentina en preparación de la entrevista con Sassen, cuando todavía estaba, como señaló, «en plena posesión de mi libertad física y psicológica», había emitido una fantástica advertencia a «futuros historiadores, para que sean lo bastante objetivos y no se desvíen del camino de la verdad registrado aquí»; fantástico porque cada una de las líneas de su mal pergeñado escrito demuestra su total ignorancia de todo lo que no hubiera estado directa, técnica y burocráticamente relacionado con su trabajo, a la vez que indica también una memoria extraordinariamente deficiente.

A pesar de los esfuerzos del fiscal, cualquiera podía darse cuenta de que aquel hombre no era un «monstruo», pero en realidad se hizo difícil no sospechar que fuera un payaso. Y como esta sospecha hubiera sido fatal para el buen fin del juicio y a la vez era bastante difícil de sostener en vista de los sufrimientos que él y sus

semejantes habían causado a millones de personas, sus peores payasadas se tomaron escasamente en cuenta y casi nunca se informó de ellas. ¿Qué puede hacerse con un hombre que primero declaró, con gran énfasis, que una de las cosas que había aprendido en toda su vida malgastada era que nunca se debía prestar juramento («Actualmente nadie, ningún juez podría persuadirme nunca de hacer una declaración jurada, declarar algo bajo juramento como testigo. Me niego a ello, me niego por razones morales. Ya que la experiencia me enseña que si se es leal al juramento, algún día hay que cargar con las consecuencias, y por esto he decidido una vez por todas que ningún juez en el mundo o cualquier otra autoridad será capaz de hacerme jurar, de declarar bajo juramento. No quiero hacerlo voluntariamente y nadie será capaz de obligarme.»), y que luego, después de decírsele explícitamente que si deseaba testificar en su propia defensa podría «hacerlo bajo juramento o sin él», declaró, sin más, que preferiría testificar bajo juramento? ¿O que, repetidas veces y con grandes muestras de sentimiento, aseguró al tribunal, como había asegurado al interrogador de la policía, que la peor cosa que podría hacer era intentar escapar a sus responsabilidades, luchar por su piel, suplicar clemencia, y que luego, por instrucciones de su abogado, presentó un documento manuscrito que contenía su súplica de clemencia?

En lo que se refería a Eichmann, todo dependía de las variaciones de estados de ánimo. En tanto fuera capaz de pronunciar una frase consoladora, ya archivada en su memoria, ya de repentina invención, estaba satisfecho, y ni siquiera se daba cuenta de la existencia de «inconsecuencias» y «contradicciones». Como veremos, este horrible don de consolarse con clichés no lo abandonó ni en la hora de su muerte.

4

LA PRIMERA SOLUCIÓN: EXPULSIÓN

De haber sido este un proceso corriente, con el normal tira y afloja entre la acusación y la defensa para revelar los hechos y hacer justicia, ahora sería posible pasar a la versión de la defensa y averiguar si no había algo más de lo que aparece en la grotesca relación de Eichmann sobre sus actividades en Viena, y si sus deformaciones de la realidad no podrían ser atribuidas a algo más que a la mendacidad de un individuo. Los hechos por los que Eichmann sería ahorcado habían quedado demostrados, «fuera de toda razonable duda», mucho antes de que el proceso empezara, y eran conocidos en general por todos los estudiosos del régimen nazi. Los hechos adicionales que intentó probar la acusación fueron, es verdad, aceptados parcialmente en el juicio, pero nunca hubieran parecido «fuera de toda razonable duda», si la defensa los hubiera negado aportando los pertinentes medios de prueba. De ahí que ningún informe sobre el caso Eichmann, que esté entresacado del juicio Eichmann, pueda considerarse completo si no se presta atención a determinados hechos suficientemente conocidos que el doctor Servatius optó por ignorar.

Esto es especialmente cierto en el caso de la confusa perspectiva general e ideológica de Eichmann con respecto a «la cuestión

judía». En el curso de los interrogatorios, dijo al presidente del tribunal que en Viena «consideraba a los judíos como adversarios con respecto a los cuales tenía que encontrarse una solución justa y mutuamente aceptable ... Yo enfocaba esta solución en el sentido de proporcionarles un territorio en el que vivir, al objeto de que tuvieran un sitio propio, tierra propia. Y trabajaba gozosamente para conseguir esta solución. Cooperé en lograr una solución así, gustosamente y con alegría, porque también era el tipo de solución aprobada por algunos movimientos de los mismos judíos, y consideraba esto como la solución más adecuada al asunto». Esta era la verdadera razón por la que todos habían «remado juntos», la razón por la que su trabajo había estado «basado en la reciprocidad». Era en beneficio de los judíos, aunque quizá no todos lo entendieran, que estos salieran del país; «había que ayudarlos, había que ayudar a actuar a aquellos funcionarios, y esto es lo que hice». Si los funcionarios judíos eran «idealistas», es decir, sionistas, los respetaba, «los trataba como a iguales», atendía todas sus «solicitudes y quejas y peticiones de ayuda», y mantuvo sus «promesas» en cuanto le fue posible, aunque «la gente se muestra inclinada a olvidar eso ahora». ¿Quién, sino él, Eichmann, había salvado a miles y miles de judíos? ¿Qué, sino su celo y sus dotes de organizador, habían permitido que escaparan a tiempo? Cierto, no pudo prever en aquel tiempo la futura Solución Final, pero los había salvado, esto era un «hecho». (En una entrevista celebrada en Estados Unidos durante el proceso, el hijo de Eichmann relató lo mismo a los periodistas estadounidenses. Seguramente constituye una leyenda familiar.)

En cierto modo, puede comprenderse por qué el abogado defensor no hizo nada para apoyar la versión de Eichmann de sus relaciones con los sionistas. Eichmann admitió, igual como había he-

cho en la entrevista Sassen, que «no había recibido su nombramiento con la apatía de un buey que es conducido a su pesebre», que había sido muy distinto de esos colegas «que nunca habían leído un libro básico [es decir, *Judenstaat* de Herzl], ni habían penetrado en él, ni lo habían absorbido, absorbido con interés», y que por lo tanto carecían de «una relación interior con su trabajo». No eran «otra cosa que ganapanes de oficina», para los que todo estaba decidido «por párrafos, por órdenes, que no tenían interés en nada más», que eran, en resumen, exactamente esos «pequeños engranajes» que, según la defensa, el mismo Eichmann había sido. Si esto no significaba más que obediencia indiscutible a las órdenes del Führer, entonces todos habían sido pequeños engranajes; incluso Himmler, según cuenta su masajista, Felix Kersten, no había recibido la Solución Final con gran entusiasmo, y Eichmann aseguró al interrogador de la policía que su propio jefe, Heinrich Müller, nunca hubiera propuesto algo tan «grosero» como «el exterminio físico». Evidentemente, a los ojos de Eichmann la teoría del pequeño engranaje no reflejaba la realidad. Es cierto que no había tenido la importancia que Hausner intentaba atribuirle; después de todo no era Hitler, ni tampoco podía compararse, en lo que se refería a la «solución» de la cuestión judía, con Müller, o Heydrich, o Himmler; él no era un megalómano. Pero tampoco fue tan poca cosa como la defensa intentaba hacer creer.

Las distorsiones de la realidad de Eichmann eran horribles por los horrores de que trataban, pero básicamente no eran tan distintas de muchas actitudes corrientes en la Alemania de después de Hitler. He aquí, por ejemplo, el caso de Franz-Josef Strauss, ex ministro de Defensa, que recientemente dirigió una campaña electoral contra Willy Brandt, alcalde del Berlín Occidental, que estuvo refugiado en Noruega durante la época de Hitler. Strauss planteó

a Brandt una pregunta, por lo que parece muy afortunada, a la que se dio amplia publicidad: «¿Qué hacía usted durante aquellos años fuera de Alemania? Nosotros sabemos lo que estábamos haciendo aquí en Alemania». Formuló la pregunta con completa impunidad, sin que nadie pestañeara, sin que el miembro del gobierno de Bonn recordara que lo que hacían los alemanes en Alemania en aquellos años es de sobras conocido. La misma «inocencia» puede encontrarse en una reciente observación casual de un respetado y respetable crítico literario alemán, que probablemente nunca fue miembro del partido. Este crítico, al analizar un estudio sobre la literatura en el Tercer Reich, dijo que su autor pertenecía «a aquellos intelectuales que cuando se produjo el estallido de la barbarie nos abandonaron sin excepción». Este autor era naturalmente judío, y fue expulsado por los nazis y abandonado por los gentiles, por gente como Heinz Beckmann del *Rheinischer Merkur*. Incidentalmente, la misma palabra «barbarie», aplicada con frecuencia hoy por los alemanes a la época de Hitler, es una distorsión de la realidad; es como si los intelectuales judíos y no judíos hubieran huido de un país que ya no era lo bastante «refinado» para ellos.

Eichmann, aunque mucho menos refinado que los estadistas y los críticos literarios, podía, por otra parte, haber citado ciertos hechos indiscutibles para apoyar su relato, si su memoria no hubiera sido tan mala, o si la defensa le hubiera ayudado. Ya que «es indiscutible que durante las primeras etapas de su política judía los nacionalsocialistas consideraron adecuado adoptar una actitud prosionista» (Hans Lamm), y fue precisamente durante estas primeras etapas cuando Eichmann aprendió sus lecciones sobre los judíos. De ninguna manera fue el único que se tomó en serio este «prosionismo»; los propios judíos alemanes creyeron que sería suficiente para contrarrestar la «asimilación» seguir un nuevo proceso de

«desasimilación», y se precipitaron en masa a las filas del movimiento sionista. (No existen estadísticas seguras sobre este desarrollo, pero se calcula que la circulación del semanario sionista *Die Jüdische Rundschau* aumentó en los primeros meses del régimen de Hitler de unos cinco o siete mil ejemplares a cerca de cuarenta mil, y se sabe que las organizaciones sionistas para la colecta de fondos recibieron en 1935-1936 tres veces más que en 1931-1932, pese a que la población había disminuido y estaba empobrecida.) Esto no significaba necesariamente que los judíos desearan emigrar a Palestina; era más una cuestión de orgullo. «¡Lleva con orgullo la Estrella Amarilla!», el eslogan más popular de aquellos años, inventado por Robert Weltsch, redactor jefe del *Jüdische Rundschau*, expresaba la atmósfera emocional pública. El punto polémico del eslogan, creado como respuesta al Día del Boicot, 1 de abril de 1933 —más de seis años antes de que los nazis obligaran realmente a llevar el distintivo de la estrella de seis puntas amarilla sobre un fondo blanco—, iba dirigido contra los «asimilacionistas» y contra todas aquellas personas que rehusaban adaptarse al nuevo «desarrollo revolucionario», contra aquellos que «siempre estaban atrasados» (*die ewig Gestrigen*). El eslogan fue recordado en el proceso, muy emocionadamente, por testigos procedentes de Alemania. Olvidaron decir que el propio Robert Weltsch, gran periodista, había declarado unos años antes que nunca hubiera puesto en circulación su eslogan si hubiera podido prever los acontecimientos.

Pero prescindiendo de todos los eslóganes y de todas las discusiones ideológicas de aquellos años, existía el hecho de que únicamente los sionistas tenían alguna probabilidad de negociar con las autoridades alemanas, por la simple razón de que su principal organización judía adversaria, la Asociación Central de Ciudadanos

Alemanes de Fe Judía, a la que por entonces pertenecía el noventa y cinco por ciento de los judíos de Alemania, especificaba en sus reglamentos que su tarea más importante era la «lucha contra el antisemitismo». Por ello, esta organización se había convertido por definición en una organización «hostil al Estado», y en realidad hubiera sido perseguida —lo que sucedió— en el caso de que hubiera osado llevar a cabo lo que se suponía era su misión. En los primeros años, el ascenso de Hitler al poder fue considerado por los sionistas como «la derrota decisiva del asimilacionismo». Por este motivo, y durante algún tiempo, los sionistas se dedicaron, en cierto grado, a cooperar en forma no delictiva con las autoridades nazis. Los sionistas también creyeron que la «desasimilación», combinada con la emigración a Palestina de los judíos jóvenes y, como esperaban, de los judíos capitalistas, podía ser una «solución mutuamente justa». En aquella época, muchos funcionarios alemanes sostenían esta opinión, y este tipo de conversaciones parece haber sido muy corriente hasta el final. Una carta de un superviviente de Theresienstadt, judío alemán, relata que los cargos principales del Reichsvereinigung nombrado por los nazis estaban ocupados por sionistas (mientras que el auténtico Reichsvertretung judío había sido compuesto por sionistas y no sionistas), debido a que los sionistas, según los nazis, eran «los judíos decentes, puesto que también pensaban en términos *nacionales*». A decir verdad, ningún nazi prominente habló nunca públicamente de este modo; del principio al fin, la propaganda nazi fue violenta, clara e inflexiblemente antisemítica, y finalmente no contó más que lo que la gente que todavía no tenía experiencia en los misterios del gobierno totalitario desechó como «mera propaganda». En aquellos primeros años existió un acuerdo altamente satisfactorio para ambas partes entre las autoridades nazis y la Agencia Judía para

Palestina, un *Ha'avarah*, o Pacto de Transferencia, que estipulaba que los emigrantes a Palestina podían transferir su dinero allí en mercancías alemanas y cambiarlas por libras a su llegada. Este acuerdo pronto fue la única forma legal que los judíos tuvieron de llevarse el dinero (la alternativa era establecer una cuenta bloqueada, que podía liquidarse en el exterior, solo a condición de sufrir una pérdida del cincuenta al noventa y cinco por ciento). El resultado fue que en los años treinta, cuando los judíos norteamericanos pusieron tanto empeño en organizar un boicot de los productos alemanes, Palestina, más que ningún otro lugar, quedó inundada de mercancías «made in Germany».

Para Eichmann eran de la mayor importancia los emisarios de Palestina, que entraban en contacto con la Gestapo y las SS por propia iniciativa, sin acatar órdenes de los sionistas alemanes ni de la Agencia Judía para Palestina. Llegaban con el objeto de recabar ayuda para la inmigración ilegal de judíos a la Palestina dominada por Inglaterra, y tanto la Gestapo como las SS eran útiles. Negociaron con Eichmann en Viena, e informaron que era un hombre «educado», «no el tipo gritón», y que incluso les proporcionó granjas e instalaciones para establecer campos voluntarios de adiestramiento de futuros inmigrantes. («En una ocasión, sacó a un grupo de monjas de un convento para convertirlo en una granja de adiestramiento para judíos jóvenes», y en otra «facilitó un tren especial y una escolta de funcionarios nazis» para acompañar a un grupo de emigrantes, abiertamente con destino a las granjas sionistas de adiestramiento de Yugoslavia, a fin de que cruzaran con seguridad la frontera.) Según el relato de Jon y David Kimche, con «la plena y generosa cooperación de todos los actores principales» (*The Secret Roads: The «Illegal» Migration of a People, 1938-1948*, Londres, 1954), estos judíos de Palestina hablaban un len-

guaje no del todo diferente al de Eichmann. Habían sido enviados a Europa por los establecimientos comunales de Palestina, y no estaban interesados en operaciones de rescate: «Esa no era su tarea». Iban a seleccionar «material adecuado», y su principal enemigo, antes del programa de exterminio, no eran los que hacían la vida imposible a los judíos en los viejos países, Alemania o Austria, sino los que les cerraban el acceso a la nueva patria. Este enemigo era claramente Inglaterra, no Alemania. En realidad, estaban en situación de tratar con las autoridades nazis en plan de igualdad, situación en la que no se encontraban los judíos nativos, puesto que se hallaban bajo la protección del poder constituido; probablemente, fueron los primeros judíos que hablaron abiertamente de intereses mutuos, y fueron también, sin duda, los primeros a quienes se concedió permiso «para escoger jóvenes pioneros judíos» de entre los judíos de los campos de concentración. Naturalmente, no se daban cuenta de las siniestras consecuencias de este acuerdo, que tan solo se convertirían en realidad años después; pero, de algún modo, creyeron que si se trataba de una cuestión de seleccionar judíos para que sobrevivieran, era lógico que los judíos hicieran la selección. Este fundamental error de juicio fue el que finalmente condujo a una situación en la que la mayoría formada por los judíos no seleccionados se encontrara inevitablemente enfrentada con dos enemigos: las autoridades nazis y las autoridades judías. En lo que concierne al episodio de Viena, la descabellada pretensión de Eichmann de haber salvado centenares de miles de vidas judías fue considerada risible por el tribunal, pero encuentra un sorprendente apoyo en el meditado juicio de historiadores judíos, tales como los Kimches: «De este modo empezó lo que seguramente ha sido uno de los episodios más paradójicos de todo el régimen nazi: el hombre que iba a pasar a la historia como uno de los

archiasesinos del pueblo judío empezó su carrera como colaborador activo en el rescate de los judíos de Europa».

La desgracia de Eichmann fue que no recordara ninguno de los hechos que podían haber apoyado, aunque fuese levemente, su increíble historia, mientras que el culto abogado defensor probablemente ni sabía que hubiera algo que recordar. (El doctor Servatius podía haber citado como testigos de la defensa a los antiguos agentes de Aliyah Beth, como se denominaba la organización encargada de la inmigración ilegal a Palestina; con seguridad todavía recordaban a Eichmann, y vivían en Israel en la época del proceso.) La memoria de Eichmann solo funcionaba con respecto a cosas que hubieran tenido relación directa con su carrera. Así, recordaba la visita de un agente de Palestina que había recibido en Berlín, que le relató la vida en los establecimientos colectivos y a quien había llevado a comer dos veces, porque esta visita terminó con una invitación formal para que visitara Palestina, donde los judíos le mostrarían el país. Eichmann estaba encantado: ningún otro oficial nazi había podido ir a «un lejano país extranjero», y recibió permiso para efectuar el viaje. En el juicio se llegó a la conclusión de que había sido enviado «en una misión de espionaje», cosa que, sin duda, era verdad, pero que no contradecía la versión que Eichmann había dado a la policía. (Del viaje no resultó prácticamente nada. Eichmann junto con un periodista de su oficina, cierto Herbert Hagen, solo tuvo tiempo de subir al Monte Carmelo en Haifa antes de que las autoridades británicas los enviaran a Egipto y les negaran los permisos de entrada a Palestina; según Eichmann, «el hombre de la Haganah» —la organización militar judía que se convirtió en el núcleo del ejército de Israel— fue a visitarlos a El Cairo, y lo que les explicó allí pasó a ser el tema de un «informe enteramente negativo» que sus superiores habían encargado redactar a

Eichmann y Hagen para fines de propaganda; este informe fue publicado a su tiempo.)

A parte de estos triunfos secundarios, Eichmann recordaba únicamente sus estados de ánimo y las frases estimulantes que fabricó para acompañarlos; efectuó el viaje a Egipto en 1937, antes de ocupar su cargo en Viena, y de Viena no recordaba más que el ambiente general y cuán optimista se sentía allí. En vista de su asombrosa perseverancia en no abandonar nunca un estado de ánimo y sus correspondientes frases una vez por todas, cuando eran incompatibles con una nueva época que requería distintos estados de ánimo y diferentes frases «estimulantes» —perseverancia que demostró una y otra vez durante el interrogatorio policial—, uno siente tentaciones de creer en su sinceridad cuando califica el tiempo de Viena de idílico. Debido a la completa falta de estabilidad de sus pensamientos, esta sinceridad no podía ponerse en entredicho, ni siquiera por el hecho de que su año en Viena, desde la primavera de 1938 hasta marzo de 1939, transcurriera durante la época en que el régimen nazi había abandonado su postura prosionista. Estaba en la esencia del movimiento nazi el seguir adelante y llegar a mayores extremos a cada mes que pasaba, pero una de las características más sobresalientes de sus miembros era que psicológicamente tendían a situarse siempre un paso atrás del movimiento. Es decir, tenían suma dificultad en conservarse a la par con él, o, como Hitler solía decir, no podían «saltar sobre sus propias sombras».

Sin embargo, la deficiente memoria de Eichmann fue más perjudicial que cualquier hecho externo. Había algunos judíos de Viena a quienes Eichmann recordaba en forma muy vívida —el doctor Löwenherz y el *Kommerzialrat* Storfer—, pero estos no eran los emisarios de Palestina, que podían haber respaldado su historia.

Josef Löwenherz, que después de la guerra escribió un memorando muy interesante sobre sus negociaciones con Eichmann (uno de los pocos documentos presentados en el juicio; fue mostrado, en parte, a Eichmann, que estuvo de acuerdo con sus puntos más importantes), fue el primer agente judío que organizó un grupo judío, con características de institución, al servicio de las autoridades nazis. Y fue uno de los poquísimos agentes de esta clase que recibió una recompensa por sus servicios; se le permitió permanecer en Viena hasta el fin de la guerra; después, emigró a Inglaterra y a Estados Unidos. Murió poco después de la captura de Eichmann, en 1960. La suerte de Storfer, como ya hemos visto, fue menos afortunada, pero verdaderamente esto no fue culpa de Eichmann. Storfer había sustituido a los emisarios de Palestina, que se habían independizado en exceso, y su tarea, tarea que le asignó Eichmann, era la de organizar algunos transportes ilegales de judíos a Palestina sin la colaboración de los sionistas. Storfer no era sionista y no había demostrado ninguna clase de interés en los asuntos judíos antes de la llegada de los nazis a Austria. Sin embargo, con la ayuda de Eichmann logró sacar de Europa, en 1940, unos tres mil quinientos judíos, cuando la mitad del continente estaba ocupado por los nazis, y parece que hizo todo lo que pudo para solventar las dificultades existentes con la gente de Palestina. (Probablemente esto es lo que tenía presente Eichmann cuando añadió a su relato referente a Storfer en Auschwitz la críptica observación de: «Storfer nunca traicionó el judaísmo, ni con una sola palabra».) Por último, un tercer judío a quien Eichmann nunca olvidaba, en relación con sus actividades de antes de la guerra, era el doctor Paul Eppstein, encargado de emigración en Berlín durante los últimos años de la Reichsvereinigung, una organización central judía nombrada por los nazis, que no debe ser confundida con la Reichsvertretung autén-

ticamente judía, disuelta en julio de 1939. El doctor Eppstein fue nombrado por Eichmann para servir como *Judenältester* (decano judío) en Theresienstadt, donde fue fusilado en 1944.

En otras palabras, los únicos judíos que recordaba Eichmann eran los que habían estado por completo en su poder. Había olvidado no solo a los emisarios de Palestina, sino también a sus conocidos anteriores de Berlín, con quienes había estado en estrecha relación cuando todavía se dedicaba a trabajos de investigación y no tenía poderes ejecutivos. Nunca mencionó, por ejemplo, al doctor Franz Meyer, ex miembro del Ejecutivo de la Organización Sionista de Alemania, que fue a testificar para la acusación respecto a sus contactos con el acusado desde 1936 hasta 1939. En cierta manera, el doctor Meyer confirmó la propia historia de Eichmann: en Berlín, los agentes judíos podían «presentar quejas y peticiones», existía una especie de cooperación. A veces, dijo Meyer, «íbamos a pedir algo, y en algunas ocasiones él solicitaba alguna cosa de nosotros»; en aquella época Eichmann «nos escuchaba de verdad e intentaba sinceramente comprender la situación», su comportamiento era «totalmente correcto», «solía dirigirse a mí con el tratamiento de señor y ofrecerme asiento». Pero en febrero de 1939, todo cambió. Eichmann convocó a todos los jefes de la judería alemana de Viena para explicarles sus nuevos métodos de «emigración forzosa». Y ahí estaba él, sentado en una gran sala de la planta baja del Rothschild Palais, fácil de reconocer, naturalmente, pero cambiado por completo: «De inmediato, dije a mis amigos que no sabía si estaba ante el mismo hombre. Tan terrible fue el cambio ... Me encontraba con un hombre que se comportaba como señor de la vida y la muerte. Nos recibió con insolencia y grosería. No nos dejó acercar a su escritorio. Tuvimos que permanecer en pie». El fiscal y los jueces estaban de acuerdo en que Eichmann

experimentó un auténtico y permanente cambio de personalidad cuando fue ascendido a un cargo con poderes ejecutivos. Pero en el curso del juicio demostró que, en este caso también, Eichmann tenía «recaídas», y que el asunto no podía haber sido nunca tan sencillo como parecía. Hubo el caso del testigo que declaró con referencia a una entrevista que sostuvo con él en Theresienstadt, en marzo de 1945, cuando Eichmann se mostraba de nuevo muy interesado en los asuntos sionistas. El testigo era miembro de una organización juvenil sionista y poseía un certificado de entrada en Palestina. La entrevista «se llevó a cabo en términos agradables y la actitud fue amable y respetuosa». (Cosa rara, el abogado defensor nunca mencionó la declaración de este testigo en su alegato.)

Sean cuales sean las interrogantes que pueda plantear el cambio de personalidad de Eichmann en Viena, no hay duda de que este nombramiento marcó el verdadero principio de su carrera. Entre 1937 y 1941, fue ascendido cuatro veces; en catorce meses pasó de *Untersturmführer* a *Hauptsturmführer* (es decir, de segundo teniente a capitán); y al cabo de un año y medio fue promovido *Obersturmbannführer*, o teniente coronel. Esto sucedía en octubre de 1941, poco después de que se le asignara la misión en la Solución Final que iba a llevarlo hasta el tribunal de Jerusalén. Y ahí, con gran pena suya, se «quedó clavado»; como comprobó, no era posible obtener, puesto que no lo había, un grado más alto en la sección donde trabajaba. Pero esto no podía saberlo durante los cuatro años en los que ascendió más rápidamente y a mayor altura de lo que nunca había esperado. En Viena había demostrado su temple, y ahora era reconocido no simplemente como un experto en «la cuestión judía», en los intrincados problemas de las organizaciones judías y de los partidos sionistas, sino como una «autoridad» en materia de emigración y evacuación, como el «maestro»

que sabía cómo hacer actuar a la gente. Su mayor triunfo llegó poco después de la *Kristallnacht*, en noviembre de 1938, cuando los judíos alemanes vivían dominados por frenéticos deseos de escapar. Göring, probablemente por iniciativa de Heydrich, decidió establecer en Berlín un Centro del Reich para la Emigración Judía, y en la carta que contenía sus instrucciones, la oficina vienesa de Eichmann se citaba específicamente como el modelo que debía utilizarse en el establecimiento de una autoridad central. Sin embargo, el director de la oficina de Berlín no iba a ser Eichmann, sino el que más tarde sería su muy admirado jefe Heinrich Müller, otro de los descubrimientos de Heydrich. Heydrich había sacado a Müller de su trabajo como oficial de la policía bávara (no era ni miembro del partido y había sido adversario de este hasta 1933), y lo había puesto en la Gestapo de Berlín, porque se le tenía como una autoridad en el sistema policíaco de la Rusia Soviética. Para Müller, también, esto significó el principio de su carrera, aunque tuvo que empezar por un cargo relativamente pequeño. (Dicho sea de paso, Müller, poco propenso a los alardes de Eichmann y conocido por su «conducta de esfinge», logró desaparecer por completo; nadie sabe su paradero, aunque circulan rumores de que primero Alemania Oriental y ahora Albania han contratado los servicios del experto en policía rusa.)

En marzo de 1939, Hitler entró en Checoslovaquia e instauró un protectorado alemán sobre Bohemia y Moravia. Eichmann fue nombrado inmediatamente para establecer otro centro de emigración para judíos en Praga. «Al principio no estaba muy contento de salir de Viena. Después de haber instalado una oficina así y ver que marchaba suave y ordenadamente, era lógico que no tuviera ganas de abandonarla.» Y realmente, Praga constituyó cierta desilusión, aunque el sistema fuera el mismo que en Viena, porque «los

representantes de la organización judía checa fueron a Viena y la gente de Viena vino a Praga, de modo que no tuve que intervenir en absoluto. Se copió simplemente el modelo de Viena y se llevó a Praga. Así todo se puso en marcha automáticamente». Pero el centro de Praga era mucho más pequeño, y «siento tener que decir que allí no había gente del calibre y de la energía de un doctor Löwenherz». Pero estas, por así decirlo, reacciones personales de descontento eran de poca monta comparadas con las crecientes dificultades de otra clase, totalmente objetivas. Centenares de miles de judíos habían abandonado su patria en pocos años, y millones esperaban hacerlo, puesto que los gobiernos de Polonia y Rumania no dejaban ninguna duda en sus declaraciones oficiales de que, también ellos, deseaban librarse de sus judíos. No podían entender la indignación mundial que esto provocaba, ya que, al fin y al cabo, estaban siguiendo los pasos de una «nación grande y culta». (Estas enormes reservas de refugiados potenciales quedaron de manifiesto durante la Conferencia de Evian, reunida en el verano de 1938 para resolver el problema de la judería alemana a través de una acción intergubernamental. Constituyó un ruidoso fracaso y causó mucho daño a los judíos alemanes.) Las vías para emigrar a ultramar comenzaban a ser impracticables por lo atestadas que estaban, al igual que las posibilidades de escapar en el ámbito de Europa se habían agotado antes, por lo que incluso en las mejores circunstancias, incluso si la guerra no hubiera obstaculizado su programa, Eichmann difícilmente hubiera podido repetir el «milagro» vienés en Praga.

Sabía esto perfectamente, en realidad se había convertido en un experto en asuntos de emigración, y no podía esperarse que recibiera su siguiente nombramiento con gran entusiasmo. La guerra había estallado en septiembre de 1939, y un mes después Eich-

mann fue llamado a Berlín para suceder a Müller en la jefatura del Centro del Reich para la Emigración Judía. Un año antes, esto hubiera sido un auténtico ascenso, pero ahora era un mal momento. Nadie que estuviera en sus cabales podía pensar ya en una solución de la cuestión judía en términos de emigración forzosa; por una parte, existían las dificultades de trasladar gente de un país a otro en tiempo de guerra y, por otra, el Reich había adquirido, por la conquista de los territorios polacos, dos o dos millones y medio más de judíos. Es verdad que el gobierno de Hitler estaba todavía dispuesto a dejar que se fueran sus judíos (la orden suspendiendo toda clase de emigración judía no llegaría hasta dos años más tarde, en otoño de 1941), y si alguna Solución Final se había decidido al respecto, nadie había recibido órdenes hasta entonces a este efecto, aunque los judíos ya eran objeto de concentración en guetos en el este, y estaban siendo liquidados por los *Einsatzgruppen*. Era lógico que la emigración, por muy bien organizada que estuviera en Berlín según el «principio de la línea de montaje», se agotara por sí misma, proceso este que Eichmann describió como «igual que masticar aire ... yo diría, por ambas partes. En el lado judío porque era realmente difícil para ellos obtener medios, dignos de atención, que les permitieran emigrar, y por nuestro lado porque no había movimiento en nuestras oficinas, nadie que fuera y viniera. Allí estábamos, sentados en un edificio grande e importante, bostezando, sin nada que hacer». Evidentemente, si los asuntos judíos, que eran su especialidad, quedaban limitados a una cuestión de emigración, Eichmann pronto perdería su empleo.

5

LA SEGUNDA SOLUCIÓN: CONCENTRACIÓN

No fue hasta el estallido de la guerra, el 1 de septiembre de 1939, cuando el régimen nazi se hizo abiertamente totalitario y abiertamente criminal. Uno de los pasos más importantes en este sentido, desde el punto de vista orgánico, fue el decreto, firmado por Himmler, que fusionaba el Servicio de Seguridad de las SS, al que había pertenecido Eichmann desde 1934, y que era un órgano del partido, con la Policía de Seguridad del Estado, que comprendía la Policía Secreta del Estado o Gestapo. El resultado de la fusión fue la Oficina Principal de Seguridad del Reich (RSHA), cuyo jefe fue primero Reinhardt Heydrich, y de la que, a la muerte de este en 1942, se encargó un viejo conocido de Eichmann en Linz, el doctor Ernst Kaltenbrunner. Todos los funcionarios de la policía, no solo de la Gestapo sino también de la Policía Criminal y de la Policía de Orden Público, recibieron títulos de las SS, que correspondían a su anterior rango, prescindiendo de si eran o no miembros del partido, y esto significó que en el transcurso de un día una parte muy importante de los antiguos servicios civiles fue incorporada a la sección más radical de la jerarquía nazi. Hasta donde alcanzan mis conocimientos, ninguno de ellos protestó o dimitió de su cargo. (A pesar del hecho de que

Himmler, el jefe y fundador de las SS, ostentaba al mismo tiempo, desde 1936, la jefatura de la policía alemana, las dos organizaciones se habían mantenido separadas hasta entonces.) La RSHA, por otra parte, solo era una de las doce oficinas principales de las SS, la más importante de las cuales, en el presente texto, fue la Oficina Principal de la Policía de Orden Público, al mando del general Kurt Daluege, responsable de la detención de judíos, y la Oficina Principal para Administración y Economía (la SS-Wirtschafts-Verwaltungshauptmat, o WVHA), dirigida por Oswald Pohl, encargada de los campos de concentración y posteriormente del aspecto «económico» del exterminio.

Esta actitud «objetiva —hablando sobre campos de concentración en términos de «administración» y sobre campos de exterminio en términos de «economía»— era típica de la mentalidad de las SS y algo de lo que Eichmann, en el juicio, todavía se sentía orgulloso. Con su «objetividad» (*Sachlichkeit*), las SS se separaron de tipos «emocionales» como Streicher, aquel «loco carente de sentido de la realidad», y de ciertos «factótums teutónico-germánicos del partido, que se comportaban como si fueran vestidos con pieles y tocados con cuernos». Eichmann admiraba mucho a Heydrich porque no le gustaban en absoluto estas tonterías, y había perdido su simpatía por Himmler debido a que, entre otras cosas, el *Reichsführer* SS y jefe de la policía alemana y de todas las oficinas principales de las SS, se había permitido, «al menos durante largo tiempo, estar influenciado por ellas». Durante el juicio, sin embargo, no fue el acusado, SS *Obersturmbannführer a.D.* quien iba a llevarse el premio de «objetividad»; fue el doctor Servatius, abogado de Colonia, especializado en derecho tributario y mercantil, que nunca había pertenecido al Partido Nazi, quien iba a dar al tribunal una lección sobre lo que significa no ser «emocio-

nal», que ninguno de los que la oyeron es probable que olvide. El momento, uno de los pocos momentos con grandeza en todo el proceso, llegó durante el corto informe oral de la defensa, después del cual el tribunal se retiró por cuatro meses para redactar la sentencia. Servatius declaró al acusado inocente de las acusaciones que le imputaban responsabilidad en «la recogida de esqueletos, esterilizaciones, muertes por gas, y *parecidos asuntos médicos*», y el juez Halevi le interrumpió: «Doctor Servatius, supongo que ha cometido usted un *lapsus linguae* al decir que las muertes por gas eran un asunto médico». A lo que Servatius replicó: «Era realmente un asunto médico puesto que fue dispuesto por médicos. Era una cuestión de matar. Y matar también es un asunto médico». Y, quizá para tener la absoluta certeza de que los jueces de Jerusalén no olvidarían de qué manera los alemanes —alemanes corrientes, no antiguos miembros de las SS o incluso del Partido Nazi— aún hoy consideran actos que en otros países se califican de asesinato, repitió la frase en sus «Comentarios al Juicio en Primera Instancia», preparados para la revisión del caso en la Corte Suprema; allí de nuevo dijo que no Eichmann, sino uno de sus hombres, Rolf Günther, «estaba ocupado siempre en asuntos médicos». (El doctor Servatius está muy enterado de los «asuntos médicos» del Tercer Reich. En Nuremberg defendió al doctor Karl Brandt, médico personal de Hitler, director general de «Higiene y Salud» y jefe del programa de eutanasia.)

Cada una de las oficinas principales de las SS, durante la guerra, estaba dividida en secciones y subsecciones, y la RSHA comprendía siete secciones principales. La Sección IV era el negociado de la Gestapo, y estaba dirigida por el *Gruppenführer* (comandante general) Heinrich Müller, cuyo rango era el mismo que había poseído en la policía bávara. Su tarea era la de combatir a los «ele-

mentos hostiles al Estado», de los que había dos categorías, de cada una de las cuales se encargaba una subsección: la Subsección IV-A se ocupaba de los «elementos hostiles» acusados de comunismo, sabotaje, liberalismo y asesinato, y la Subsección IV-B se ocupaba de las «sectas», es decir, de católicos, protestantes, francmasones (este puesto permaneció vacante) y judíos. Cada una de estas subsecciones poseía oficina propia, designada por un número arábigo, y así, a Eichmann en 1941 se le asignó la Subsección IV-B-4 de la RSHA. Como su inmediato superior, el jefe de IV-B, resultó ser un cero a la izquierda, su superior real fue siempre Müller. El superior de Müller era Heydrich, y más tarde Kaltenbrunner, cada uno de los cuales, a su vez, estaba bajo el mando de Himmler, que recibía las órdenes directamente de Hitler.

Además de sus doce oficinas principales, Himmler dirigía asimismo una organización por completo distinta, que también desempeñó un papel enorme en la ejecución de la Solución Final. Esta organización era la red de altos jefes de las SS y de la policía que estaban al mando de las organizaciones regionales; su cadena de mandos no los enlazaba con la RSHA, sino que eran directamente responsables ante Himmler, y siempre fueron de rango superior a Eichmann y a los hombres de su equipo. Los *Einsatzgruppen*, por otra parte, estaban bajo el mando de Heydrich y de la RSHA, lo que, como es lógico, no significa necesariamente que Eichmann tuviera algo que ver con ellos. Los comandantes de los *Einsatzgruppen* también tuvieron invariablemente un rango superior al de Eichmann. Desde el punto de vista técnico y de organización, la posición de Eichmann no era muy alta; su cargo solo llegó a ser de tanta importancia debido a que la cuestión judía, por razones puramente ideológicas, fue adquiriendo mayor importancia con el transcurrir de los días, las semanas y los meses de la guerra, hasta

alcanzar proporciones fantásticas en los años de derrota, desde 1943 en adelante. Cuando sucedió esto, la oficina de Eichmann era todavía la única que oficialmente se ocupaba de «los elementos hostiles judíos», pero, de hecho, había perdido su monopolio, porque por aquel entonces todas las oficinas y organizaciones, Estado y partido, ejército y SS, estaban atareados «resolviendo» el problema. Incluso si centramos nuestra atención en la maquinaria policíaca y omitimos las otras oficinas, el panorama es absurdamente complicado, ya que a los *Einsatzgruppen* y los altos jefes de las SS y de la policía, tenemos que añadir los inspectores de la Policía de Seguridad y del Servicio de Seguridad. Cada uno de estos grupos pertenecía a una cadena de mando distinta que, en último término, llegaba hasta Himmler, pero eran iguales, los unos con respecto a los otros, y nadie que perteneciera a un grupo debía obediencia a un oficial superior de otro grupo. Debe reconocerse que la acusación estaba en posición muy difícil para poder encontrar el camino a través de este laberinto de instituciones paralelas, cosa que tenía que hacer cada vez que quería determinar alguna responsabilidad específica de Eichmann. (Si el juicio tuviera que efectuarse hoy, esta tarea sería mucho más fácil, ya que Raul Hilberg en su libro *The Destruction of the European Jews* ha logrado presentar la primera descripción clara de esta maquinaria de destrucción increíblemente compleja.)

Además, debe recordarse que todos estos órganos, que ostentaban un enorme poder, competían ferozmente entre sí, competencia que no significaba ningún alivio para sus víctimas, ya que su ambición era siempre la misma: matar tantos judíos como fuera posible. Este espíritu de competencia, que, como es natural, inspiraba a todos una gran lealtad hacia su propio equipo, ha sobrevivido a la guerra, solo que funciona al revés: el deseo de cada uno de

ellos ha pasado a ser el de «exonerar a su propio equipo» a expensas de todos los otros. Esta fue la explicación que dio Eichmann cuando fue enfrentado con las memorias de Rudolf Höss, comandante de Auschwitz, en las que se acusa a Eichmann de algunos hechos que él afirmó no haber cometido nunca, ni haber estado en situación de cometer. Admitió fácilmente que Höss no tenía razones personales para cargarle con actos de los cuales era inocente, ya que sus relaciones habían sido totalmente amistosas; pero insistió, en vano, en que Höss quería exculpar a su propio equipo, la Oficina Principal para Administración y Economía, y cargar todas las culpas a la RSHA. En Nuremberg sucedió algo parecido; los diversos acusados dieron un lamentable espectáculo acusándose entre sí, ¡aunque nadie inculpó a Hitler! Sin embargo, ninguno de ellos actuó así simplemente para salvar su pellejo a expensas del de otro; los hombres sometidos a juicio pertenecían a organizaciones totalmente diferentes, que se profesaban desde antiguo una profunda hostilidad. El doctor Hans Globke, con quien ya nos hemos encontrado antes, intentó exonerar a su propio Ministerio del Interior a expensas del Ministerio de Asuntos Exteriores, cuando fue testigo de la acusación en Nuremberg. Eichmann, por otra parte, intentó siempre escudar a Müller, Heydrich y Kaltenbrunner, aunque este último lo hubiera tratado muy mal. No cabe duda de que una de las principales faltas de objetividad de la acusación en Jerusalén fue que su causa se apoyara demasiado en declaraciones juradas o no de ex nazis de alta graduación, muertos o vivos; no vio, y quizá no podía esperarse que lo viera, lo dudosas que eran estas pruebas como fundamentos para establecer los hechos. Incluso el fallo, en su valoración de los testimonios perjudiciales de otros criminales nazis, tomó en cuenta que (según las palabras de uno de los testigos de la defensa) «era habitual en la época de los jui-

cios por crímenes de guerra cargar todas las culpas posibles sobre los que estaban ausentes o se creía que habían muerto».

Cuando Eichmann se hizo cargo de su nueva oficina en la Sección IV de la RSHA, se enfrentaba todavía con el incómodo dilema de que, por una parte, la «emigración forzosa» era la fórmula oficial para la solución de la cuestión judía, y, por otra parte, la emigración había dejado de ser posible. Por primera y casi última vez en su vida en las SS, se vio obligado a tomar la iniciativa por la fuerza de las circunstancias, a hacer un esfuerzo para «dar a luz una idea». Según la versión que dio en el interrogatorio de la policía, alumbró tres ideas. Las tres, tenía que admitirlo, no produjeron resultados positivos; todo lo que intentaba por su cuenta iba invariablemente mal; el golpe final vino cuando tuvo que «abandonar» su fortaleza privada de Berlín, antes de probarla contra los tanques rusos. Todo fueron frustraciones; una historia de mala suerte como nunca haya habido. La fuente inagotable de dificultades era, en su opinión, que nunca se dejaba solos a él y a sus hombres, que todas aquellas otras oficinas del Estado y del partido querían intervenir en la «solución», con el resultado de que por todas partes había florecido un verdadero ejército de «expertos judíos» y todos se peleaban para destacar sobre los demás, en una especialidad de la que nada sabían. Eichmann sentía el mayor de los desprecios para toda esa gente, en parte porque eran recién llegados, en parte porque trataban de enriquecerse, y con frecuencia lograban hacerlo en el curso de su trabajo, y en parte porque eran ignorantes, no habían leído los uno o dos «libros básicos».

Sus tres ideas habían sido inspiradas por los «libros básicos», pero también se llegó a la conclusión de que dos de las tres no eran en absoluto ideas suyas, y con respecto a la tercera: «Ya no me acuerdo si fue Stahlecker (su superior en Viena y Praga) o yo el

que tuvo la idea, de todos modos la idea nació». Esta última idea era la primera, cronológicamente; era la «idea de Nisko», y su fracaso fue para Eichmann la prueba más clara del mal de la interferencia. (La persona culpable era en este caso Hans Frank, gobernador general de Polonia.) Al objeto de comprender el plan, debemos recordar que después de la conquista de Polonia y antes del ataque alemán a Rusia, los territorios polacos fueron divididos entre Alemania y Rusia; la parte alemana comprendía las regiones occidentales, que fueron incorporadas al Reich, y la llamada Área Oriental, comprendiendo Varsovia, que se conocía como Gobierno General. Para entonces, el Área Oriental era tratada como territorio ocupado. Como en aquel tiempo la solución de la cuestión judía todavía era la «emigración forzosa», era lógico que, con el objetivo de dejar a Alemania *judenrein*, los judíos polacos de los territorios anexionados, junto con el resto de los judíos de otras partes del Reich, fueran empujados hacia el Gobierno General, que, fuere lo que fuese, no se consideraba parte del Reich. En diciembre de 1939 se habían iniciado ya las evacuaciones hacia el este y aproximadamente un millón de judíos —seiscientos mil del área incorporada y cuatrocientos mil de todo el Reich— empezaron a llegar al Gobierno General.

Si es veraz la versión de Eichmann sobre la aventura Nisko —y no existe ninguna razón para no creerle—, él o, con más probabilidad su superior de Viena y Praga, *Brigadeführer* (brigadier general) Franz Stahlecker, se anticiparon en varios meses a estos acontecimientos. Este doctor Stahlecker, como tenía cuidado de llamarle Eichmann, era en su opinión una excelente persona, educado, razonable y «libre de odios y chovinismos de toda clase»; en Viena solía estrechar la mano de los representantes judíos. Año y medio más tarde, en la primavera de 1941, este educado caballero

fue nombrado comandante del *Einsatzgruppen* A, y se las ingenió para matar a tiros, en poco más de un año (él mismo murió en acción en 1942), a doscientos cincuenta mil judíos, como informó personalmente al mismo Himmler, a pesar de que el jefe de los *Einsatzgruppen*, unidades de policía, era el director de la Policía de Seguridad y de la SD, es decir, Reinhardt Heydrich. Pero esto sucedió más tarde, y ahora, en septiembre de 1939, mientras el ejército alemán estaba todavía atareado ocupando los territorios polacos, Eichmann y el doctor Stahlecker empezaron a pensar, «en privado», en la forma en que el Servicio de Seguridad podría lograr su parte de influencia en el Este; lo que necesitaban era «un área en Polonia, tan grande como fuera posible, en cuyos límites se formaría un Estado judío autónomo en forma de protectorado ... Esto podría ser *la* solución». Y allá fueron, por propia iniciativa, sin órdenes de nadie, a explorar. Se dirigieron hacia el Distrito Radom, a orillas del San, no lejos de la frontera rusa, y «vieron un enorme territorio, pueblos, mercados, pequeñas ciudades», y «nos dijimos: Esto es lo que necesitamos, y por qué no cambiar de sitio a los polacos para variar, ya que la gente está siendo reinstalada por todas partes»; esta solución sería «la solución de la cuestión judía» —suelo firme bajo sus pies— al menos durante un tiempo.

Al principio, todo parecía ir muy bien. Visitaron a Heydrich y este se mostró de acuerdo y les dijo que siguieran adelante. Daba la casualidad —aunque Eichmann, en Jerusalén, lo había olvidado por completo— de que su proyecto encajaba perfectamente en el plan general de Heydrich, en aquella etapa, para la solución de la cuestión judía. El 21 de septiembre de 1939, Heydrich había convocado una reunión de todos los «jefes de departamento» de la RSHA y de los *Einsatzgruppen* (que ya operaban en Polonia), en la que se habían dado directrices generales para el futuro inmediato:

concentración de los judíos en guetos, establecimiento de consejos de decanos judíos y deportación de todos los judíos a la zona del Gobierno General. Eichmann había asistido a esta reunión en la que se estableció el «Centro Judío de Emigración», como se probó en el juicio, a través de las minutas que la Oficina 06 de la policía israelita había descubierto en los Archivos Nacionales de Washington. Por lo tanto, la iniciativa de Eichmann o de Stahlecker no significó más que un plan concreto para llevar a la práctica las directrices de Heydrich. Y ahora millares de personas, principalmente procedentes de Austria, eran deportadas sin orden ni concierto hacia aquel sitio dejado de la mano de Dios, donde un oficial de las SS —Erich Rajakowitsch, que más tarde estuvo encargado de la deportación de los judíos holandeses— les explicaba que «el Führer ha prometido a los judíos una nueva patria. No hay viviendas, no hay casas. Si construís, tendréis un techo sobre vuestras cabezas. No hay agua, todos los pozos de los alrededores transmiten enfermedades, hay cólera, disentería y fiebre tifoidea. Si perforáis y encontráis agua, tendréis agua». Como puede verse, «todo tenía un maravilloso aspecto», excepto que las SS expulsaron a algunos de los judíos de este paraíso y los llevaron más allá de la frontera rusa, y que otros tuvieron el buen sentido de salir de allí por propia voluntad. Pero entonces, se lamentó Eichmann, «empezaron las obstrucciones por parte de Hans Frank», a quien habían olvidado informar, pese a que este era «su» territorio. «Frank se quejó a Berlín y empezó un gran tira y afloja. Frank quería resolver su cuestión judía por sí mismo, absolutamente. No quería admitir más judíos en su Gobierno General. Los que ya habían llegado debían desaparecer inmediatamente.» Y, sí, desaparecieron; algunos fueron incluso repatriados, cosa que nunca había sucedido anteriormente ni volvería a suceder jamás, y los que regresaron a Viena

fueron inscritos en los archivos de la policía como «de regreso de adiestramiento voluntario», una curiosa recaída en la etapa prosionista del movimiento.

El anhelo de Eichmann de adquirir algún territorio para «sus» judíos puede comprenderse mejor si lo contemplamos a través del prisma de su carrera. El plan Nisko «nació» durante la época de su rápido ascenso, y es más que probable que se viera a sí mismo como futuro gobernador general, como Hans Frank en Polonia, o como futuro protector, como Heydrich en Checoslovaquia, de un «Estado Judío». El completo fracaso de toda la empresa debió de enseñarle, sin embargo, una lección sobre las posibilidades y lo apetecible de la iniciativa «privada». Y debido a que él y Stahlecker habían actuado dentro de la estructura de las directrices de Heydrich y con el consenso explícito de este, esta singular repatriación de judíos, que constituía una clara derrota temporal para la policía y las SS, debió de haberle enseñado también que el poder constantemente en aumento de su propio equipo no equivalía a la omnipotencia, y que los ministerios del Estado y los otros organismos del partido estaban completamente preparados para luchar por el mantenimiento de su propio poder en retroceso.

El segundo intento de Eichmann para «poner tierra firme bajo los pies de los judíos» fue el proyecto Madagascar. El plan para evacuar cuatro millones de judíos de Europa hacia la isla francesa de la costa suroriental de África —una isla con una población nativa de 4.370.000 personas y una superficie de 587.000 kilómetros cuadrados de tierra pobre— había tenido su origen en el Ministerio de Asuntos Exteriores y, posteriormente, fue pasado a la RSHA, porque, en palabras del doctor Martin Luther, que estaba encargado de los asuntos judíos en la Wilhelmstrasse, solo la policía «poseía la experiencia y las capacidades técnicas para llevar a cabo una

evacuación en masa de judíos y para garantizar la vigilancia de los evacuados». El «Estado Judío» iba a tener un gobernador policíaco bajo la jurisdicción de Himmler. El proyecto en sí tuvo una historia singular. Eichmann, confundiendo Madagascar con Uganda, afirmó siempre haber tenido «un sueño soñado ya por el padre judío de la idea del Estado Judío, Theodor Herzl», pero es verdad que su sueño ya había sido soñado antes, primero por el gobierno polaco, que en 1937 se tomó la gran molestia de estudiar la idea, solo para comprobar que sería poco menos que imposible enviar sus casi tres millones de judíos hacia allá y abstenerse de matarlos, y, algo más tarde, por el ministro francés de Asuntos Exteriores, Georges Bonnet, que tenía el plan más modesto de enviar los judíos extranjeros que estaban en Francia, que ascendían a unos doscientos mil, a la colonia francesa. Incluso consultó el asunto con su colega alemán, Joachim von Ribbentrop, en 1938. De todos modos, en verano de 1940, cuando sus actividades de emigración llegaron a una total paralización, Eichmann fue requerido para que elaborara un plan detallado para la evacuación de cuatro millones de judíos a Madagascar, y parece que este proyecto ocupó la mayor parte de su tiempo hasta la invasión de Rusia un año después. (Cuatro millones es una cifra sorprendentemente baja para hacer Europa *judenrein*. Es evidente que no incluía los tres millones de judíos polacos que, como todos sabemos, estaban siendo asesinados desde los primeros días de la guerra.) Parece imposible que, excepto Eichmann y algunas otras lumbreras menores, alguien tomara esto con seriedad, debido a que —aparte de que se sabía que el territorio era inadecuado, para no mencionar el hecho de que, después de todo, era una posesión francesa— el plan hubiera requerido capacidad de embarque para cuatro millones de personas en plena guerra y en un momento en que la marina británica do-

minaba el Atlántico. Siempre se tuvo la intención de que el plan Madagascar sirviera de capa bajo la cual pudieran llevarse a cabo los preparativos para la exterminación física de todos los judíos de la Europa occidental (¡para el exterminio de los judíos polacos no se necesitó ningún pretexto así!), y su gran ventaja con respecto al ejército de antisemitas entrenados, que, por más que se esforzaran, siempre se encontraban un paso rezagados con respecto al Führer, fue que familiarizó a todos los que estaban en él englobados con la noción elemental de que nada sería eficaz, excepto la completa evacuación de Europa; ninguna legislación especial, ninguna «desasimilación», ningún gueto serían suficientes. Cuando, un año después, se declaró la «caducidad» del proyecto Madagascar, todos estaban psicológicamente, o mejor, lógicamente, preparados para el siguiente paso: ya que no existía ningún territorio donde pudiera efectuarse la «evacuación», la única «solución» era el exterminio.

Eichmann, el revelador de la verdad para las generaciones venideras, nunca sospechó la existencia de planes tan siniestros. Para él, lo que llevó al fracaso la empresa de Madagascar fue la falta de tiempo, y el tiempo se malgastaba debido a las incesantes y continuas interferencias de otros departamentos. En Jerusalén, tanto la policía como el tribunal intentaron arrancarle tan placentera convicción. Lo enfrentaron con dos documentos relativos a la reunión del 21 de septiembre de 1939, antes mencionada; uno de estos documentos era una carta de Eichmann enviada por teletipo que contenía algunas directrices para los *Einsatzgruppen*, en la que hacía distinción por primera vez entre un «objetivo final, que requería períodos más largos» y que debía considerarse como «alto secreto», y «las etapas para alcanzar este objetivo final». Las palabras Solución Final todavía no aparecían, y el documento nada dice ex-

plícitamente sobre el significado del «objetivo final». Por lo tanto, Eichmann pudo haber dicho, muy bien, que el «objetivo final» era su proyecto Madagascar, el cual, en esa época, daba vueltas por todas las oficinas alemanas; para una evacuación en masa, la concentración de los judíos era una necesaria «etapa» preliminar. Pero Eichmann, después de leer cuidadosamente el documento, dijo inmediatamente que estaba convencido de que el «objetivo final» podía significar solo el «exterminio físico», y dedujo que «esta idea básica ya estaba arraigada en las mentes de sus superiores o de los hombres en la cumbre». Esto podía haber sido realmente la verdad, pero entonces hubiera debido reconocer que el proyecto Madagascar podía haber sido solo un engaño. No lo hizo, nunca cambió su versión de Madagascar, y probablemente no podía cambiarla. Era como si esta versión corriera a lo largo de una grabación diferente en su memoria, y fue esta memoria grabada la que demostró estar hecha a prueba de razones, argumentos, informaciones y distinciones de cualquier clase.

Su memoria le informaba de que había existido un período de sosiego en las actividades contra los judíos de Europa central y occidental entre el estallido de la guerra (Hitler, en su discurso ante el Reichstag el 30 de enero de 1939, había «profetizado» que la guerra acarrearía «la aniquilación de la raza judía en Europa») y la invasión de Rusia; sin duda, incluso entonces los diversos organismos del Reich y de los territorios ocupados estaban haciendo todo lo posible para eliminar «al adversario, la judería», pero no existía una política unificada; parecía como si cada organismo tuviera su propia «solución» y se le permitiera aplicarla en competencia con las soluciones de los demás. La solución de Eichmann consistía en un Estado policía, y para ello necesitaba un territorio adecuado. Todos sus «esfuerzos fracasaron a causa de la falta de comprensión

de las personas a quienes concernía», debido a «rivalidades», de-savenencias, disputas, porque todos «rivalizaban por la suprema-cía». Y después fue demasiado tarde; la guerra contra Rusia «esta-lló de repente, como un trueno». Esto fue el final de sus sueños, de la misma manera que marcó el fin de «la era en que se buscaba una solución en interés de ambas partes». También fue, como recono-ció en las memorias escritas en Argentina, «el fin de una era en la que existían leyes, ordenanzas, decretos para el trato de los judíos individualmente considerados». Y, según él, fue más que esto, fue el fin de su carrera, y aunque esto sonara de modo extravagante a causa de su «fama» presente, no puede negarse que tenía cierto fundamento lógico, ya que su equipo, que tanto en realidad de la «emigración forzosa» como en el «sueño» de un Estado judío go-bernado por los nazis, había sido la autoridad decisiva en todos los asuntos judíos, ahora «estaba relegado a un segundo lugar en lo re-lativo a la Solución Final de la cuestión judía, ya que lo que se ini-ciaba ahora fue transferido a diversas unidades, y las negociaciones las llevaba a cabo otra oficina central, bajo el mando del antiguo *Reichsführer* SS y jefe de la Policía Alemana». Las «diversas unida-des» eran los grupos de asesinos escogidos, que operaban a reta-guardia del ejército, en el Este, y cuya tarea especial consistía en asesinar a la población civil nativa y en especial a los judíos; y la otra oficina principal era la WVHA, bajo la dirección de Oswald Pohl, al que tenía que recurrir Eichmann para averiguar el destino final de cada envío de judíos. Este se calculaba según la «capaci-dad de absorción» de las diferentes instalaciones de matanza y también según las necesidades de trabajadores esclavos de las nu-merosas empresas industriales que habían encontrado rentable es-tablecer sucursales en la vecindad de algunos de los campos de muerte. (Aparte de las empresas industriales de las SS, poco im-

portantes, algunas firmas alemanas tan famosas como I. G. Farben, Krupp Werke y Siemens-Schuckert Werke habían establecido plantas en Auschwitz, así como cerca de los campos de muerte de Lublin. El entendimiento entre las SS y los hombres de negocios era excelente; Höss, de Auschwitz, rindió testimonio sobre las muy cordiales relaciones sociales con los representantes de I. G. Farben. En cuanto a las condiciones de trabajo, la idea era claramente matar con el trabajo; según Hilberg, murieron por lo menos veinticinco mil de los treinta y cinco mil judíos, aproximadamente, que trabajaron en una de las plantas de I. G. Farben.) En cuanto a Eichmann se refería, la evacuación y deportación ya no eran las últimas etapas de la «solución». Su departamento se había convertido en un simple instrumento. Por esta causa tuvo verdadero motivo de sentirse «amargado y decepcionado» cuando se archivó el proyecto Madagascar; y la única cosa que iba a consolarle era su ascenso a *Obersturmbannführer*, que llegó en octubre de 1941.

La última vez que Eichmann recordaba haber intentado algo por su cuenta fue en septiembre de 1941, tres meses después de la invasión de Rusia. Sucedió inmediatamente después de que Heydrich, todavía jefe de la Policía de Seguridad y del Servicio de Seguridad, pasara a ser protector de Bohemia y Moravia. Para celebrar la ocasión, Heydrich había convocado una conferencia de prensa y había prometido que en ocho semanas el Protectorado estaría *judenrein*. Después de la conferencia, discutió el asunto con los que tenían que llevar a cabo la promesa; con Franz Stahlecker, que por aquel entonces era comandante local de la Policía de Seguridad de Praga, y con el subsecretario de Estado, Karl Hermann Frank, antiguo jefe sudete que poco tiempo después, a la muerte de Heydrich, iba a sucederle como *Reichsprotektor*. Frank, en opinión de Eichmann, era un tipo ruin, un odiador de judíos, un hombre de la

«clase de Streicher» que «no sabía nada de soluciones políticas», una de estas personas que «en forma autocrática y, permítanme decirlo, en la borrachera del poder, simplemente daba órdenes y mandatos». Pero, por otra parte, la conferencia fue agradable. Por primera vez, Heydrich mostró «una faceta más humana» y admitió, con hermosa franqueza, que se «había ido de la lengua», cosa que «no fue una gran sorpresa para los que conocían a Heydrich», un «carácter ambicioso e impulsivo», que «a menudo dejaba escapar palabras a través de la valla de sus dientes con más rapidez de lo que después hubiera querido». De modo que el propio Heydrich dijo: «Ahí está el lío y ¿qué vamos a hacer ahora?». A lo que Eichmann replicó: «Hay una sola posibilidad, si no puede retractarse de su declaración. Proporcione suficiente espacio en el que poner a los judíos del Protectorado que ahora viven dispersos». (Un hogar judío, una concentración de los expatriados de la Diáspora.) Y entonces, por desgracia, Frank el odiador de judíos, de la misma clase que Streicher, hizo una propuesta concreta, y esta fue en el sentido de que el espacio se proveyera en Theresienstadt. Ante lo cual Heydrich, quizá también en la borrachera de su poder, ordenó simplemente la inmediata evacuación de la población checa de Theresienstadt, para hacer sitio a los judíos.

Eichmann fue enviado allí para observar cómo iban las cosas. Gran decepción: la ciudad fortaleza bohemia, a orillas del Eger, era demasiado pequeña; en el mejor de los casos podía convertirse en un campo de transbordo para un porcentaje de los noventa mil judíos de Bohemia y Moravia. (Para unos cincuenta mil judíos checos, Theresienstadt fue realmente un campo de transbordo en el camino hacia Auschwitz, mientras unos veinte mil más llegaron al mismo destino para quedarse.) Sabemos de mejor fuente que la defectuosa memoria de Eichmann que Theresienstadt, desde el prin-

cipio, fue proyectado por Heydrich para que sirviera como un gueto especial para algunas categorías privilegiadas de judíos, en especial, pero no exclusivamente, procedentes de Alemania: representantes judíos, gente importante, veteranos de guerra con altas condecoraciones, inválidos, matrimonios mixtos y judíos alemanes de más de sesenta y cinco años de edad (de donde provino el sobrenombre de *Altersghetto*). La ciudad demostró ser demasiado pequeña incluso para alojar a estas clases restringidas, y en 1943, alrededor de un año después de su establecimiento, empezó la operación de «clareo» o «alivio» (*Auflockerung*), por medio de la cual regularmente se mitigaba el hacinamiento... con traslados a Auschwitz. Pero en una cuestión, la memoria de Eichmann no lo defraudó, Theresienstadt fue en realidad el único campo de concentración que no cayó bajo la autoridad de la WVHA, sino que estuvo bajo su propia responsabilidad hasta el fin. Sus jefes eran hombres del equipo de Eichmann y siempre inferiores en rango; fue el único campo sobre el que tuvo, al menos, una parte del poder que el fiscal de Jerusalén le atribuía.

Era evidente que la memoria de Eichmann, al saltar con gran facilidad por encima del tiempo —estaba dos años adelantado a la secuencia de los acontecimientos cuando contó la historia de Theresienstadt a los interrogadores—, no se ceñía a un orden cronológico, pero tampoco podemos calificarla de totalmente anárquica. Era como un almacén repleto de interesantes relatos de la peor especie. Al rememorar Praga, surgió en su memoria el recuerdo del día en que fue recibido por el gran Heydrich, que demostró tener «su lado humano». Algunas sesiones más tarde, mencionó un viaje a Bratislava, en Eslovaquia, en el transcurso de cuya estancia allí se produjo el asesinato de Heydrich. Todo lo que recordaba era que había estado allí como huésped de Sano Mach, ministro del Inte-

rior del gobierno títere eslovaco establecido por los alemanes. (En aquel gobierno católico de acérrimo antisemitismo, Mach representaba la versión eslovaca del antisemita alemán; se negó a hacer excepciones en favor de los judíos bautizados y fue uno de los principales responsables de la gran deportación de la judería eslovaca.) Eichmann recordaba su viaje porque era extraordinario para él recibir invitaciones sociales de miembros de gobiernos; en verdad, constituía un honor. Mach, como recordó Eichmann, era un tipo amable y campechano que le invitó a jugar a los bolos. ¿Realmente no tenía otra cosa que hacer en Bratislava, en medio de la guerra, que ir a jugar a los bolos con el ministro del Interior? No, nada más en absoluto; lo recordaba todo muy bien, el juego de bolos, y las bebidas que sirvieron poco antes de que llegaran las noticias del atentado contra Heydrich. Cuatro meses y cincuenta y cinco cintas magnetofónicas después, el capitán Less, el interrogador israelita, insistió sobre este punto, y Eichmann contó la misma historia con palabras casi idénticas, agregando que ese día había sido «inolvidable», porque su «superior fue asesinado». En esta ocasión, sin embargo, se le mostró un documento que decía que había sido enviado a Bratislava para conversar sobre «la acción de evacuación en curso contra los judíos de Eslovaquia». Eichmann admitió de inmediato su error: «Claro, claro, era una orden de Berlín, no me enviaron allí a jugar a los bolos». ¿Había mentido por dos veces de forma perfectamente consecuente? Es difícil. Evacuar y deportar judíos se había convertido en un asunto de rutina; lo que se fijó en su mente fue el juego de bolos, el ser huésped de un ministro y la noticia del atentado contra Heydrich. Y era característico de su clase de memoria el no poder recordar en absoluto el año en el que transcurrió ese memorable día en que «el verdugo» fue abatido a tiros por patriotas checos.

Si su memoria le hubiera sido más fiel, jamás hubiera contado la historia de Theresienstadt. Puesto que todo ello sucedió cuando ya había pasado el tiempo de las «soluciones políticas» y se había iniciado la era de la «solución física». Sucedió, como Eichmann iba a reconocer libre y espontáneamente, en otro contexto, cuando ya había sido informado de la orden del Führer para la Solución Final. Hacer un país *judenrein* en la fecha en que Heydrich prometió hacerlo con Bohemia y Moravia, solo podía significar la concentración y deportación de los judíos a lugares desde los cuales estos pudieran ser transportados con facilidad a los centros de exterminio. El que Theresienstadt se organizara en realidad con otro propósito, el de ser un escaparate para el mundo exterior —fue el único gueto o campo en el que se admitieron representantes de la Cruz Roja Internacional—, era una cuestión distinta, una cuestión que Eichmann, en aquel momento, casi de seguro ignoraba y que, de todos modos, estaba por completo fuera del campo de su incumbencia.

6

LA SOLUCIÓN FINAL: MATAR

El 22 de junio de 1941, Hitler lanzó su ataque contra la Unión Soviética, y seis u ocho semanas más tarde, Heydrich citaba a Eichmann en su despacho de Berlín. El 31 de julio, Heydrich había recibido una carta del mariscal del Reich Hermann Göring, comandante en jefe de las Fuerzas del Aire, primer ministro de Prusia, comisario del Plan Cuatrienal, y por último, y no de menor importancia precisamente, delegado de Hitler en la jerarquía estatal, que en este caso se consideraba como una entidad totalmente independiente del partido. Esta carta encargaba a Heydrich que preparase «la solución general [*Gesamtlösung*] del problema judío, en la zona de influencia alemana en Europa», y que presentara una «propuesta general ... para la ejecución de la tan deseada Solución Final [*Endlösung*] del problema judío». Cuando Heydrich recibió estas instrucciones hacía ya «varios años que le habían encomendado la tarea de preparar la Solución Final del problema judío» (Reitlinger) —tal como el propio Heydrich explicaría al alto mando del ejército de tierra, en una carta fechada el día 6 de noviembre de 1941—, y, desde el principio de la guerra contra Rusia, había estado al frente de la labor de matanza masiva llevada a cabo por los *Einsatzgruppen*, en el Este.

Heydrich inició su entrevista con Eichmann mediante un «breve discurso acerca de la emigración» (la cual había dejado de producirse, prácticamente, pese a que la orden de Himmler prohibiendo taxativamente la emigración de los judíos, salvo en casos excepcionales que debían ser sometidos a su personal atención, no fue publicada sino unos cuantos meses después), y luego dijo: «El Führer ha ordenado el exterminio físico de los judíos». Tras lo cual, Heydrich, «muy en contra de su costumbre, permaneció en silencio largo rato, como si quisiera percatarse del efecto que sus palabras habían producido. Lo recuerdo muy claramente, incluso ahora, después de los años transcurridos. Al principio, fui incapaz de darme cuenta de la importancia de las palabras pronunciadas por Heydrich, debido quizá al cuidado con que las había seleccionado; después, sí las comprendí, y, entonces, seguí en silencio porque ya no había nada más que decir, ya que yo jamás había pensado en semejante cosa, en semejante solución. Entonces, lo perdí todo, perdí la alegría en el trabajo, toda mi iniciativa, todo mi interés; quedé, para decirlo de una vez, anonadado. Después, Heydrich me dijo: "Eichmann, entrevístese con Globocnik [uno de los más altos jefes, a las órdenes de Himmler, de las SS y de la policía del Gobierno General] en Lublin; el *Reichsführer* (Himmler) le ha dado ya las instrucciones precisas a los efectos antes dichos. Vaya, y vea lo que ha conseguido hasta el momento. Creo que se sirve de las trincheras de defensa antitanque hechas por los rusos, a fin de liquidar a los judíos". Todavía recuerdo estas palabras, y creo que las recordaré mientras viva, y estas fueron las frases con que mi entrevista con Heydrich tocó a su fin». Sin embargo, tal como Eichmann todavía recordaba cuando se hallaba en Argentina, pero, para su desgracia, había ya olvidado cuando se hallaba en Jerusalén, y decimos para su desgracia debido a que ello guardaba rela-

ción con la cuestión de la autoridad de que Eichmann estaba investido, en lo referente al proceso material de matar judíos, Heydrich dijo algo más. Dijo que el plan, globalmente considerado, había sido puesto «bajo la autoridad de la oficina central de las SS, encargada de Economía y Administración» —es decir, no su propia RSHA—, y también dijo que el nombre en clave oficial dado al exterminio de los judíos era «Solución Final».

En modo alguno fue Eichmann de los primeros en enterarse de las intenciones de Hitler. Como hemos visto, Heydrich trabajó durante años, y por lo menos, desde el principio de la guerra, para conseguir este fin, y Himmler aseguraba haber sido informado (y haber protestado) de esta «solución», inmediatamente después de la derrota de Francia, en el verano de 1940. En marzo de 1941, unos seis meses antes de que Eichmann sostuviera la entrevista antes citada con Heydrich, «en las altas esferas del partido no constituía ningún secreto que los judíos iban a ser exterminados», según Viktor Brack, miembro de la Cancillería del Führer, declaró en Nuremberg. Pero Eichmann, tal como en vano intentó explicar en Jerusalén, nunca perteneció a las altas esferas del partido; jamás le habían informado de otra cosa que no fuera de aquello que necesitaba saber para cumplir una tarea específica y limitada. Sin embargo, cierto es que fue uno de los primeros hombres entre los de segunda importancia que fue informado de este asunto clasificado como «alto secreto», y que siguió siendo alto secreto incluso después de que se enteraran de él todas las oficinas del partido y del Estado, todas las empresas industriales y mercantiles que de un modo u otro guardaban relación con la llamada fuerza de trabajo esclava, y todos los oficiales (por lo menos) de las fuerzas armadas. Pese a lo dicho, la observancia del secreto, en esta materia, cumplía una finalidad de orden práctico. Aquellos que recibieron ex-

plícitas noticias de la orden de Hitler no fueron simples «receptores de órdenes», sino que alcanzaron la superior importancia de «receptores de secretos», por lo que tuvieron que prestar un juramento especial al efecto. (De todos modos, los miembros del Servicio de Seguridad, al que Eichmann pertenecía desde 1934, prestaban siempre juramento de guardar secreto.)

Además, toda la correspondencia que tuviera por objeto el asunto en cuestión, estaba sujeta a estrictas «normas de lenguaje», y, salvo en los informes de los *Einsatzsgruppen*, difícilmente se encuentran documentos en los que se lean palabras tan claras como «exterminio», «liquidación», «matanza». Las palabras que debían emplearse en vez de «matar», eran «Solución Final», «evacuación» (*Aussiedlung*) y «tratamiento especial» (*Sonderbehandlung*). La deportación, a no ser que se tratara de judíos destinados definitivamente a Theresienstadt, el «gueto de los viejos» para judíos privilegiados, en cuyo caso se denominaba «cambio de residencia», recibía los nombres en clave de «reasentamiento» (*Umsiedlung*) y «trabajo en el Este» (*Arbeitseinsatz im Osten*). La razón de estas últimas denominaciones estribaba en que, al fin y al cabo, cierto era que, a menudo, los judíos eran temporalmente «reasentados» en guetos, y que un determinado porcentaje de ellos se destinaba, temporalmente, al trabajo. En especiales circunstancias, era preciso efectuar ligeras modificaciones en las claves. Así, por ejemplo, un alto funcionario del Ministerio de Asuntos Exteriores propuso que en la correspondencia con el Vaticano la matanza de judíos se llamara «solución radical»; esto resultaba bastante ingenioso, ya que el gobierno títere católico de Eslovaquia, ante el cual el Vaticano efectuó ciertas gestiones, no había actuado, en opinión de los nazis, de modo «suficientemente radical» en lo referente a su legislación antisemita, y había cometido el «básico error» de excluir

de ella a los judíos bautizados. Los «receptores de secretos» tan solo podían hablar entre sí sin emplear la clave, y es muy improbable que hicieran uso de esta libertad en el ejercicio de sus funciones de asesinato, por lo menos así era cuando se hallaban en presencia de las secretarias y personal subalterno de sus oficinas. Sean cuales fueren las razones por las que se decidió el lenguaje en clave, lo cierto es que resultó extraordinariamente eficaz para el mantenimiento del orden y la serenidad en los muy diversos servicios cuya colaboración era imprescindible, a fin de llevar a feliz término el asunto. Además, incluso las mismísimas palabras «lenguaje en clave» (*Sprachregelung*) constituían una denominación en clave, puesto que representaban lo que en lenguaje ordinario se denomina mentira. Cuando un receptor de secretos se reunía con alguien del mundo exterior —como en el caso en que Eichmann recibió la orden de mostrar el gueto de Theresienstadt a los representantes suizos de la Cruz Roja— no solo recibía la orden de cumplir la misión de que se tratara, sino que junto con la orden iba el correspondiente «lenguaje en clave», que en el caso de Eichmann al que nos acabamos de referir consistía en mentir, diciendo que se había declarado una epidemia de tifus en el campo de Bergen-Belsen, el cual los representantes de la Cruz Roja también querían visitar. El último efecto de este modo de hablar no era el de conseguir que quienes lo empleaban ignorasen lo que en realidad estaban haciendo, sino impedirles que lo equiparasen al viejo y normal concepto de asesinato y falsedad. La gran facilidad con que las frases hechas y las palabras rimbombantes impresionaban a Eichmann, junto con su incapacidad de hablar normalmente, le hicieron un sujeto ideal para el empleo del «lenguaje en clave».

Sin embargo, y tal como Eichmann tuvo muy pronto ocasión de comprobar, el sistema no constituía una sólida protección con-

tra la realidad. Eichmann acudió a Lublin con la finalidad de entrevistarse con el *Brigadeführer* Odilio Globocnik —aunque no, desde luego, con la misión de «comunicarle la orden secreta de exterminar a los judíos», pese a que así lo sostuvo la acusación en el juicio de Jerusalén, ya que Globocnik la supo antes que Eichmann—, y allí, Eichmann empleó las palabras Solución Final, a fin de identificarse, o como santo y seña. (En Jerusalén, la acusación hizo una afirmación parecida a la anterior, con lo que demostró hasta qué punto se perdió en el laberinto de la ordenación burocrática del Tercer Reich, según la cual creía que Rudolf Höss, el comandante de Auschwitz, recibió la orden del Führer a través de Eichmann. Este error fue, al fin, señalado por la defensa, que dijo que no existían «pruebas que corroborasen los hechos presentados por la acusación». En realidad, el propio Höss declaró, en el curso del juicio a que fue sometido, haber recibido la orden directamente de Himmler, en junio de 1941, y añadió que Himmler le dijo que Eichmann le visitaría para tratar algunos «detalles». En sus memorias, Höss sostiene que estos detalles hacían referencia al uso de gas; lo cual Eichmann negó categóricamente, y es probable que, en esto, dijera la verdad, ya que todas las fuentes de información de que disponemos contradicen la historia de Höss y afirman que las órdenes, escritas u orales, de exterminio en los campos siempre provenían de la AVHA, y eran dadas por su jefe, el *Obergruppenführer* [teniente general] Oswald Pohl o por el *Brigadeführer* Richard Glücks, que era el inmediato superior de Höss —con respecto a la dudosa veracidad de Höss, véase *Mörder und Ermordete*, 1961, de R. Pendorf—. Y Eichmann nunca tuvo nada que ver con el empleo de gas. Los «detalles» que estudió con Höss, en el curso de visitas regularmente espaciadas, hacían referencia a la capacidad de matanza del campo —a cuántas expediciones semanales

podía el campo absorber—, y quizá, también, a planes de ampliación.) Cuando Eichmann llegó a Lublin, Globocnik se comportó muy cortésmente para con él, y ordenó a un subordinado que mostrara el campo al visitante. Fueron hasta una carretera que atravesaba un bosque, a cuya derecha se alzaba una edificación totalmente normal, en la que se alojaban los trabajadores. Entonces, un capitán de la policía de orden público (quizá fuese el mismísimo Christian Wirth, quien estuvo encargado de la faceta técnica del gaseamiento de «enfermos incurables» en Alemania, bajo los auspicios de la Cancillería del Führer) fue a su encuentro, les mostró unos pequeños bungalows de madera, y comenzó sus explicaciones, «en voz ronca, vulgar e ineducada», diciendo «lo muy cuidadosamente que había aislado los diversos edificios, y que tenía el proyecto de emplear el motor de un submarino ruso, merced al cual los gases penetrarían en el edificio destinado al efecto, y los judíos morirían envenenados. También a mí me pareció monstruoso. No, no soy lo bastante duro para soportar una cosa así sin reaccionar en consecuencia ... Si ahora viera una herida abierta, probablemente apartaría la vista de ella. Soy así, y quizá a esto se deba que tantas veces me hayan dicho que jamás podría ejercer la medicina. Todavía recuerdo la vividez con que imaginé la escena, y, entonces, me acometió una gran debilidad física, como si hubiera pasado unos momentos de gran agitación. Esto le ocurre a mucha gente, y me dejó la secuela de un temblor interno».

Bien, en este caso, Eichmann fue afortunado, ya que únicamente vio lo que era una fase previa a las futuras cámaras de monóxido de carbono de Treblinka, uno de los seis campos de exterminio del Este, en el que morirían varios cientos de miles de judíos. Poco después, en el otoño del mismo año, Müller, el superior inmediato de Eichmann, le mandó inspeccionar el centro de exterminio de las zo-

nas occidentales de Polonia incorporadas al Reich, llamadas el Warthegau. Este campo se encontraba en Kulm (en polaco Chelmno), donde, el año 1944, se asesinarían a más de trescientos mil judíos procedentes de toda Europa, que habían sido primeramente «reasentados» en el gueto de Lódz. El campo se hallaba en pleno funcionamiento, pero el sistema era distinto al empleado en el anterior, ya que en vez de cámaras de gas se utilizaban camiones. He aquí lo que Eichmann vio: los judíos se encontraban en una gran sala; les dijeron que se desnudaran totalmente; entonces llegó un camión que se detuvo ante la puerta de la gran estancia, y se ordenó a los judíos que entrasen, desnudos, en el camión; las puertas se cerraron y el camión se puso en marcha. «No sé cuántos judíos entraron, apenas podía mirar la escena. No, no podía. Ya no podía soportar más aquello. Los gritos ... Estaba muy impresionado, y así se lo dije a Müller cuando le di cuenta de mi viaje. No, no creo que mi informe le sirviera de gran cosa. Después, seguimos al camión en automóvil, y entonces vi la escena más horrible de cuantas recuerdo. El camión se detuvo junto a un gran hoyo, abrieron las puertas, y los cadáveres fueron arrojados al hoyo, en el que cayeron como si los cuerpos estuvieran vivos, tal era la flexibilidad que aún conservaban. Fueron arrojados al hoyo, y me parece ver todavía al hombre vestido de paisano en el acto de extraerles los dientes con unos alicates. Aquello fue demasiado para mí. Volví a entrar en el automóvil y guardé silencio. Después de haber presenciado esto era capaz de permanecer horas y horas sentado al lado del conductor de mi automóvil, sin intercambiar ni una sola palabra con él. Fue demasiado. Me destrozó. Recuerdo que un médico con bata blanca me dijo que si quería podía mirar, a través de un orificio, el interior del camión, cuando los judíos aún estaban allí. Pero rehusé la oferta. No podía. Tan solo me sentía con ánimos para irme de allí.»

Muy poco después de lo anterior, Eichmann sería testigo de algo todavía más horrible. Ocurrió cuando Müller le mandó a Minsk, en la Rusia Blanca, diciéndole: «En Minsk matan a los judíos con armas de fuego. Vaya e infórmese de la situación allí». Y Eichmann fue. Al llegar creyó que había tenido buena suerte, ya que «la tarea estaba ya casi terminada», lo cual le satisfizo enormemente. «Tan solo vi a unos cuantos jóvenes que se ejercitaban disparando sobre las cabezas de los muertos que se encontraban en el hoyo.» Sin embargo, Eichmann también vio, «y esto fue demasiado para mí, una mujer a la que le estaban rompiendo los brazos; entonces mis rodillas flaquearon, y salí corriendo de allí». En el camino de regreso tuvo la idea de detenerse en Lwów, lo cual le pareció una buena ocurrencia, ya que Lwów (Lemberg) había sido una ciudad austríaca, y, cuando llegó a ella, «vio la primera imagen placentera después de los horrores contemplados. Esta imagen era la de la estación de ferrocarril edificada para conmemorar el decimosexto año del reinado de Francisco José», período este que Eichmann siempre «adoró», ya que de él había oído contar muchas cosas agradables, en casa de sus padres, y también le habían dicho que los parientes de su madrastra (con lo cual probablemente se refería a los parientes judíos) habían gozado de excelente consideración social y habían ganado dinero. La visión de la estación de ferrocarril borró los horribles pensamientos que ocupaban su mente, y en la memoria de Eichmann quedaron hasta los más insignificantes detalles de aquella, como, por ejemplo, las cifras grabadas del aniversario. Pero entonces, allí, en Lwów, cometió un grave error. Fue al encuentro del comandante local de las SS y le dijo: «Es terrible lo que ocurre en estos alrededores. Están convirtiendo a los jóvenes en unos sádicos. ¿Cómo es posible que se hagan semejantes cosas? ¿Cómo es posible permitir que apaleen a

mujeres y niños? No, no puede ser. Nuestro pueblo, nuestra propia gente, terminará loca». Lo malo del caso es que en Lwów estaban haciendo lo mismo que se hacía en Minsk, y el anfitrión de Eichmann mostró gran placer en enseñarle las vistas que el lugar ofrecía. Pese a que Eichmann intentó declinar el honor muy educadamente, vio «otro horrible espectáculo. Allí había habido un hoyo, que entonces estaba ya cubierto, y de la tierra surgía un chorro de sangre, como si de una fuente se tratara. Jamás había visto nada parecido. Estaba harto de la misión que me habían encomendado, regresé a Berlín, e informé al *Gruppenführer* Müller».

Pero esto no fue todo. Pese a que Eichmann dijo a Müller que él no era «lo bastante duro» para contemplar aquellos espectáculos, que jamás había estado en el frente, que no había combatido, que no tenía madera de soldado, que padecía insomnio y, cuando no, pesadillas, su jefe le volvió a mandar unos nueve meses después a la región de Lublin, donde el entusiasta Globocnik había al fin terminado sus preparativos. Eichmann volvió a decir que allí vio el más horrible espectáculo contemplado en toda su vida. Cuando llegó, apenas pudo reconocer el lugar, en el que antes se levantaban solamente unos cuantos bungalows. Guiado por el mismo hombre de la voz vulgar, fue conducido a una estación de ferrocarril en la que se leía el nombre de «Treblinka», que, por su apariencia, era exactamente igual a cualquier estación de ferrocarril de Alemania, la misma edificación, los mismos signos, el reloj, las instalaciones... Era una imitación perfecta. «Procuré ver lo menos posible, me mantuve alejado de las instalaciones ... Sin embargo, vi cómo una columna de judíos desnudos entraba en un amplio edificio para ser víctimas de los gases. Según me dijeron, allí los mataban con una cosa llamada ácido ciánico.»

La verdad es que Eichmann no vio mucho. Cierto es que visitó

repetidas veces Auschwitz, el mayor y más famoso de todos los campos de exterminio, pero Auschwitz, que abarcaba una zona de dieciocho millas cuadradas, situado en la Alta Silesia, no era tan solo un campo de exterminio. Era una gran instalación con más de cien mil personas alojadas en ella, entre las que se contaban prisioneros de todo género, incluso los que no eran judíos, así como trabajadores en régimen de esclavitud, no destinados a terminar en las cámaras de gas. No era difícil soslayar las instalaciones de exterminio, y Höss, con quien Eichmann sostenía muy amistosas relaciones, le evitó el lamentable espectáculo. En realidad, Eichmann jamás asistió a una ejecución masiva mediante armas de fuego, jamás presenció una matanza con gases, ni la selección de aquellos que aún podían trabajar —por término medio el veinticinco por ciento de cada expedición— que en Auschwitz precedía a aquella. Eichmann solo vio justamente lo necesario para estar perfectamente enterado del modo en que la máquina de destrucción funcionaba; para saber que había dos métodos para matar, el gaseamiento y el disparo de armas de fuego; que el segundo método lo empleaban los *Einsatzgruppen*, y que el primero se utilizaba en los campos de exterminio, ya en cámaras, ya mediante camiones; y que en los campos de exterminio se tomaban complicadas medidas a fin de engañar a las víctimas, acerca de su destino, hasta el último instante.

Las cintas magnetofónicas de la policía, de donde proceden las citas aquí consignadas, fueron pasadas durante una décima parte de las ciento veintiuna sesiones de que constó el juicio, en el curso del día nueve de los casi nueve meses que aquel duró. Nada de lo que el acusado dijo en la voz curiosamente impersonal que salía del

magnetófono —doblemente impersonal por cuanto el cuerpo al que pertenecía la voz estaba presente, pero también parecía extrañamente impersonal, debido a hallarse entre gruesas paredes de vidrio— fue negado por Eichmann o por su defensor. El doctor Servatius nunca protestó, tan solo hizo constar que «después, cuando le llegue el turno a la defensa», también él presentaría ante el tribunal pruebas suministradas por el acusado a la policía; sin embargo, no lo hizo. En el curso del juicio, se tenía la impresión de que la defensa bien podía presentar sus objeciones en cualquier momento, sin esperar su turno, ya que el procedimiento penal contra el acusado, en este «juicio histórico», pareció concluido desde un principio, por cuanto se tenía la impresión de que las afirmaciones del acusador estuvieran ya demostradas. Los hechos del caso, es decir, lo realizado por Eichmann —aunque no todo lo que la acusación hubiera querido que hubiese realizado— jamás fueron discutidos, por cuanto habían quedado establecidos mucho antes de que el juicio comenzara, y habían sido confesados una y otra vez por el acusado. Tal como él mismo dijo, había base más que suficiente para ahorcarle. (Cuando el interrogador de la policía intenta atribuirle una autoridad que Eichmann nunca poseyó, este exclama: «¿Es que no tiene usted suficiente con lo que ya le he dicho?».) Pero, como sea que Eichmann no se dedicó a matar, sino a transportar, quedaba abierta la cuestión, por lo menos desde un punto de vista formal, legal, de si sabía o no el significado de lo que hacía. Y también estaba la cuestión de determinar si se hallaba en situación de apreciar la enormidad de sus actos, de saber si era jurídicamente responsable, prescindiendo del hecho de que estuviera o no, médicamente hablando, en su sano juicio. Ambas dudas fueron resueltas en sentido afirmativo. Eichmann había visto los lugares a los que las expediciones estaban destinadas, y, al verlos,

quedó impresionadísimo. Los magistrados, en especial el presidente del tribunal, formularon una y otra vez una pregunta más, que quizá sea la que mayor inquietud produce: ¿la matanza de judíos era contraria a la conciencia de Eichmann? Pero esta es una cuestión de orden moral, por lo que probablemente carecía de trascendencia jurídica.

Sin embargo, al quedar firmemente establecidos los hechos, se suscitaron dos cuestiones jurídicas más. Primera: ¿cabía eximirle de responsabilidad criminal, invocando la Sección 10 de la ley de aplicación a su caso, por cuanto Eichmann había actuado «a fin de precaverse del peligro de muerte inmediata»? Segunda: ¿podía Eichmann alegar la concurrencia de circunstancias atenuantes, al amparo de la Sección 11 de la misma ley, debido a que había «hecho cuanto estuvo en su poder para aminorar la gravedad de las consecuencias del delito» o «para impedir consecuencias todavía más graves que las resultantes del delito»? Es evidente que las Secciones 10 y 11 de la ley de 1950 de castigo de los nazis y sus colaboradores fueron redactadas pensando en «colaboradores» judíos. En el acto material de matar se habían empleado, en todas partes, los llamados *Sonderkommandos* (unidades especiales) judíos, muchos judíos habían cometido actos criminales «a fin de precaverse del peligro de muerte inmediata», y los jefes y consejos judíos habían colaborado porque creyeron que podían «impedir consecuencias todavía más graves que las resultantes del delito». En el caso de Eichmann sus propias declaraciones despejaron ambos interrogantes, y las contestaciones fueron terminantemente negativas. Cierto es que Eichmann dijo que su única alternativa era el suicidio, pero esto no fue más que una mentira, ya que todos sabemos cuán sorprendentemente fácil era para los miembros de los equipos de exterminio abandonar sus puestos, sin sufrir con ello

graves consecuencias. Pero Eichmann no insistió en tal manifestación, ni tampoco pretendió que fuese literalmente interpretada. En los documentos de Nuremberg, «no se puede hallar ni un solo caso en que se aplicara la pena de muerte a un miembro de las SS, a causa de haberse negado a participar en una ejecución» («Betrachtungen zum Eichmann-Prozess», de Herbert Jäger, publicado en 1962, *Kriminologie und Strafrechtsreform*) y en el mismo juicio de Eichmann, un testigo de la defensa, Von dem Bach-Zelewski, declaró: «Cabía la posibilidad de soslayar determinadas misiones, por el método de solicitar el traslado. Sin duda, en muchos casos, ello comportaba un castigo de orden disciplinario. Sin embargo, la vida del solicitante de traslado jamás corrió peligro». Eichmann sabía muy bien que se encontraba en la clásica «situación difícil» del soldado que «corre peligro de ser fusilado por sentencia de un consejo de guerra, si desobedece una orden; y de ser ahorcado en cumplimiento de sentencia de un juez y un jurado, si la obedece» —como dijo Dicey en su famoso Derecho Constitucional—, pese a que por ser miembro de las SS no podía ser sometido a consejo de guerra, pero sí a un tribunal de las SS y de la policía. En su última declaración ante el tribunal de Jerusalén, Eichmann reconoció que hubiera podido apartarse del cumplimiento de su función, tal como otros habían hecho. Pero siempre consideró que tal actitud era «inadmisible», e incluso en los días del juicio no la juzgaba «digna de admiración»; tal comportamiento hubiera significado algo más que el traslado a otro empleo bien pagado. La idea, nacida después de la guerra, de la desobediencia abierta no era más que un cuento de hadas: «En aquellas circunstancias un comportamiento así era imposible; nadie se portaba de esta manera». Era «inimaginable». Si le hubieran nombrado comandante de un campo de exterminio, como le ocurrió a su buen amigo Höss, Eichmann se hubiera sui-

cidado porque se consideraba incapaz de matar. (Dicho sea entre paréntesis, Höss cometió un asesinato en su juventud. Asesinó a cierto Walter Kadow, quien había delatado a Leo Schlageter —terrorista nacionalista de Renania, a quien posteriormente los nazis elevaron a la categoría de héroe nacional— a las autoridades francesas de ocupación, y un tribunal alemán había condenado a Höss a cinco años de presidio. Desde luego, en Auschwitz, Höss no tenía la obligación de matar.) Pero era muy improbable que a Eichmann le dieran una tarea de esta clase, ya que sus superiores «sabían muy bien los límites de cada individuo». No, Eichmann no corrió «peligro de muerte inmediata», y como sea que aseguraba con gran orgullo que siempre «había cumplido con su deber», que siempre había obedecido las órdenes, tal cual su juramento exigía, siempre había hecho, como es lógico, cuanto estuvo en su mano para agravar, en vez de aminorar, «las consecuencias del delito». La única circunstancia atenuante que alegó fue la de haber evitado, «en cuanto pudo, los sufrimientos innecesarios» al llevar a cabo su misión, y, prescindiendo del hecho de si esto era verdad o no, y prescindiendo también del hecho de que, caso de ser verdad, difícilmente hubiera podido constituir una circunstancia atenuante en el concreto caso de Eichmann, lo cierto es que la alegación de Eichmann carecía de validez por cuanto «evitar los sufrimientos innecesarios» era una de sus obligaciones, como establecían las órdenes generales recibidas.

En consecuencia, desde el momento en que se pasó la cinta magnetofónica ante el tribunal, la sentencia con pena de muerte era un resultado previsto en el juicio, incluso examinándolo desde un punto de vista jurídico, salvo si se daba el caso de resultar procedente reducir la pena por haber actuado el acusado en cumplimiento de órdenes superiores, como queda establecido en la cita-

da Sección 11 de la ley israelita. Sin embargo, esta era una muy remota posibilidad, habida cuenta de la terrible gravedad del delito. (Es importante consignar aquí que la defensa no alegó la concurrencia de «órdenes superiores», sino de «actos de Estado», y solicitó la absolución sobre esta base. El doctor Servatius había ya utilizado esta misma táctica, sin éxito, en el juicio de Nuremberg, donde defendió a Fritz Sauckel, director de Distribución de Fuerza de Trabajo, en el equipo de Göring que se ocupaba del plan cuatrienal, quien resultó responsable de la muerte de decenas de miles de trabajadores judíos, en Polonia, y fue ahorcado, cual correspondía, en 1946. Los «actos de Estado», que la jurisprudencia alemana denomina con más precisión todavía *gerichtsfreie* o *justizlose Hoheitsakte*, son aquellos que consisten en el «ejercicio del poder de soberanía» —ECS Wade en el *British Year Book for International Law*, 1934—, y, en consecuencia, se hallan fuera del ámbito del poder judicial, mientras que, contrariamente, todas las órdenes y mandamientos normales se hallan, por lo menos en teoría, bajo la jurisdicción de los órganos de administración de justicia. Si Eichmann hubiera realizado actos de Estado, ninguno de sus superiores, y menos que cualquiera el propio Hitler, hubieran podido ser juzgados por tribunal alguno. La teoría del acto de Estado es tan armónica con la filosofía general del doctor Servatius que no debemos sorprendernos de que la utilizara una segunda vez. Lo que sorprende es que no recurriera a la tesis de cumplimiento de órdenes superiores, después de leerse el veredicto y antes de que se dictara la sentencia.) Al llegar a este punto, quizá debiéramos alegrarnos de que el juicio de que tratamos no fuera un juicio ordinario, en el que todas las declaraciones que no tengan influencia en los hechos controvertidos deben ser olvidadas, por su carácter irrelevante y ajeno al procedimiento jurídico. Y ello es así por

cuanto, evidentemente, en el juicio de Jerusalén, los hechos carecían de aquella simplicidad con que los legisladores los imaginaron, y resultó que saber cuánto tiempo necesita una persona normal para vencer la innata repugnancia hacia el delito, y qué le ocurre exactamente a tal persona cuando se encuentra en este caso, si bien tenía escasa importancia jurídica, sí ofrecía un enorme interés político. El caso de Adolf Eichmann dio a esta cuestión una respuesta que difícilmente podía ser más clara y precisa de lo que fue.

En septiembre de 1941, poco después de sus primeras visitas oficiales a los campos de exterminio del Este, Eichmann organizó su primera deportación masiva de Alemania y su Protectorado, en cumplimiento del «deseo» de Hitler, quien había ordenado a Himmler que dejara al Reich *judenrein* lo antes posible. En la primera expedición fueron veinte mil judíos de Renania y cinco mil gitanos. Y en ella ocurrió algo un tanto extraño. Eichmann, quien nunca había tomado una decisión, quien siempre procuraba actuar «amparado» por las órdenes recibidas, quien —como atestiguaron las declaraciones libremente prestadas de prácticamente todos aquellos que trabajaron a sus órdenes— ni siquiera gustaba de hacer sugerencias, y solicitaba siempre «órdenes», tomó, en la ocasión antes citada, «por primera y última vez», una iniciativa que contradecía las órdenes recibidas: en lugar de mandar a los deportados a territorio ruso, a Riga o Minsk, donde hubieran sido inmediatamente asesinados a tiros por los *Einsatzgruppen*, los mandó al gueto de Lódz, donde le constaba no se habían terminado los preparativos para proceder al exterminio; aunque ello se debiera únicamente a que el administrador de este gueto, un tal *Regierungspräsident* Uebelhör, había ingeniado abundantes métodos para sacar

provecho de «sus» judíos. (En realidad, Lódz fue el primer gueto que se estableció y el último que se clausuró; los individuos de su población que no murieron de hambre o víctimas de las enfermedades sobrevivieron hasta el verano de 1944.) Esta decisión debía de causar a Eichmann graves quebraderos de cabeza. El gueto estaba atestado, y el señor Uebelhör no gozaba de humor para dar la bienvenida a los recién llegados enviados por Eichmann, ni tampoco disponía de espacio en donde acomodarlos. Tal era su mal humor que llegó incluso a quejarse a Himmler, diciéndole que Eichmann le estaba engañando, a él y a sus subordinados, con mentiras «de chalán, aprendidas de los gitanos». Himmler, al igual que Heydrich, protegió a Eichmann, y el asunto quedó pronto perdonado y olvidado.

El primero en olvidarlo fue el propio Eichmann, quien no lo mencionó a la policía en el curso de los interrogatorios, ni tampoco lo hizo constar en sus memorias. Cuando, ante el tribunal, fue interrogado por su abogado defensor, quien le mostró los documentos concernientes al incidente en cuestión, Eichmann insistió en que en aquella ocasión se le había ofrecido una alternativa, un margen para la elección: «En este caso, tuve, por primera y última vez, la posibilidad de elegir ... Una alternativa era Lódz ... Y si Lódz ofrecía dificultades, aquella gente debía ser enviada más al este. Como sea que yo había sido testigo de los preparativos que se habían efectuado, tomé la decisión de hacer cuanto estuviera en mi mano para mandar a aquella gente a Lódz». De esta anécdota el defensor intentó inferir que el acusado había salvado cuantos judíos pudo, lo cual evidentemente no se ajustaba a la realidad. El fiscal, quien repreguntó a Eichmann con referencia a los mismos hechos, quiso demostrar que el mismo Eichmann era quien decidía el destino final de todas las expediciones, y que, en consecuencia,

era quien decidía si tal o cual expedición debía ser exterminada o no, lo cual tampoco se ajustaba a la realidad. Por fin, la explicación dada por Eichmann, es decir, que él no había desobedecido orden alguna, sino que tan solo se había aprovechado de la oportunidad de elegir lo que se le ofrecía, tampoco se ajustaba a la realidad, ya que, como él bien sabía, en el gueto de Lódz había evidentes dificultades de alojamiento, por lo que su orden, a fin de cuentas, significaba: destino final, Minsk o Riga. Pese a que Eichmann había olvidado dicho incidente, este fue evidentemente el único caso en que de verdad intentó salvar de la muerte a un grupo de judíos. Sin embargo, tres semanas después de acaecidos estos hechos, se celebró en Praga una conferencia convocada por Heydrich, en el curso de la cual Eichmann declaró que «los campos utilizados para la detención de rusos comunistas [clase de individuos que debían ser liquidados sobre el terreno por los *Einsatzgruppen*], bien pueden dar cobijo a judíos», y que, a este efecto, «había llegado a un acuerdo» con los comandantes de dichos campos. En esta reunión también se discutió el asunto de las dificultades en que se encontraba el gueto de Lódz, y se resolvió mandar cincuenta mil judíos del Reich (incluyendo Austria, Bohemia y Moravia) a los centros de operaciones de los *Einsatzgruppen* en Riga y Minsk. Por eso, quizá ahora podamos contestar la pregunta del juez Landau —la pregunta que preocupaba mayormente a cuantos siguieron de cerca el juicio—, a saber: ¿tenía o no tenía conciencia, el acusado? Sí, la tenía. Y su conciencia funcionó tal como cabía esperar, durante cuatro semanas. Después, comenzó a funcionar en sentido contrario.

Incluso durante aquellas semanas en que la conciencia de Eichmann funcionó normalmente, este funcionamiento tuvo lugar dentro de muy raros límites. Debemos recordar que semanas e incluso meses antes de que fuera informado de las órdenes dadas por el

Führer, Eichmann estaba ya al corriente de la criminal conducta de los *Einsatzgruppen* en el Este. Sabía que inmediatamente detrás de las primeras líneas alemanas todos los funcionarios rusos («comunistas»), todos los polacos miembros de las profesiones liberales y todos los judíos nativos eran muertos a tiros, masivamente. Además, en julio del mismo año, pocas semanas antes de que Heydrich le llamara a su presencia, Eichmann había recibido un memorando firmado por un individuo de las SS con destino en el Warthegau, diciéndole que «el próximo invierno, no podremos dar de comer a los judíos», y añadiendo que quizá «la solución humanitaria consista en matar, por medios más rápidos que el hambre, a cuantos judíos no estén en disposición de trabajar. Esto sería, por lo menos, no tan desagradable como dejarlos morir de inanición». En carta adjunta a dicho memorando, el autor del mismo decía al «querido camarada Eichmann» que «estas cosas parecen un tanto fantásticas, pero son plenamente factibles». Esta observación demuestra que el corresponsal de Eichmann todavía ignoraba la mucho más «fantástica» orden del Führer, pero la carta también demuestra hasta qué punto dicha orden se presentía en el ambiente general. Eichmann nunca mencionó esta carta, cuyo texto probablemente no le sorprendió ni pizca. La sugerencia se refería solamente a los judíos *nativos*, no a los judíos del Reich, ni a los de los demás países occidentales. La conciencia de Eichmann se rebelaba ante la perspectiva de asesinar a los judíos alemanes, pero no ante la del asesinato en general. («Jamás he negado que sabía que los *Einsatzgruppen* tenían órdenes de matar, pero ignoraba que los judíos del Reich transportados al Este fueron objeto de este trato. Esto es lo que yo ignoraba.») Del mismo modo reaccionaba la conciencia de cierto Wilhem Kube, viejo miembro del partido y *Generalkommissar* en la Rusia ocupada, que se indignó al ver llegar a ju-

díos alemanes, algunos condecorados con la Cruz de Hierro, a Minsk para ser objeto de «tratamiento especial». Como sea que Kube sabía expresarse mejor que Eichmann, sus palabras quizá nos den una idea de lo que pensaba este durante el período en que la conciencia le atormentó. En diciembre de 1944, Kube escribió a su superior: «Ciertamente, soy un hombre duro, plenamente dispuesto a colaborar en la solución del problema judío, pero los individuos que proceden de nuestro propio medio cultural son ciertamente distintos de los que constituyen las animalizadas hordas nativas». Esta clase de conciencia que, caso de rebelarse, tan solo se rebelaba ante el asesinato de hombres «procedentes de nuestro propio medio cultural» ha sobrevivido al tiempo del imperio del régimen de Hitler. Actualmente, persiste entre los alemanes una tenaz propensión a «propalar la información tendenciosa» de que «únicamente» los *Ostjuden*, los judíos de la Europa oriental, fueron víctimas de las matanzas.

También es preciso consignar que este criterio en cuya virtud se hace una distinción entre el asesinato de gentes «cultas» y el de gentes «primitivas», no es monopolio del pueblo alemán. Harry Mullisch, al leer el informe del profesor Salo W. Baron sobre los logros culturales y espirituales del pueblo judío, se formuló los siguientes interrogantes: «¿Las matanzas de judíos hubieran sido un mal menos grave, en el caso de que estos fueran un pueblo carente de cultura, cual el pueblo gitano que también se pretendió exterminar? ¿Cabe atribuir más malignidad al asesinato de seres humanos cuando con ello se destruye una cultura?». Y cuando Mullisch dirige estas preguntas al fiscal general, la respuesta es la siguiente: «Él [Hausner] cree que sí, yo creo que no». ¿Cómo podemos olvidar este interrogante, enterrar la inquietante duda en el pasado, cuando en una reciente película, titulada *Dr. Strangelove*, un raro

enamorado de la bomba —caracterizado, cierto es, como un típico nazi— propone que se seleccione a unos cientos de miles de personas, que se salvarán del inminente desastre gracias a protegerse en refugios subterráneos? ¡Y los seleccionados son los que, en los tests, demuestran un más alto coeficiente de inteligencia!

Este problema de conciencia, que tanto preocupó en Jerusalén, no fue, ni mucho menos, ignorado por el régimen nazi. Al contrario, en vista de que los participantes en la conspiración contra Hitler, de julio de 1944, rara vez mencionaron las matanzas del Este en su correspondencia o en las manifestaciones que prepararon para el caso de que el atentado contra Hitler llegara a feliz término, sentimos la tentación de concluir que los nazis daban extraordinaria importancia práctica al problema. Al considerar este problema, podemos muy bien prescindir de la primeriza oposición alemana a Hitler, de aquella oposición que todavía era antifascista y que consistía en un movimiento de la izquierda que, por principio, no concedía la menor importancia a los problemas morales, y menos aún a la persecución de los judíos, considerada como una mera maniobra para apartar la atención de la lucha de clases, lucha que, en opinión de la izquierda, determinaba absolutamente el escenario político. Además, esta oposición había desaparecido totalmente en el período a que nos referimos. Había quedado destruida por las SS en sus campos de concentración, y por la Gestapo en sus sótanos, había quedado desarticulada por la situación del pleno empleo existente gracias al rearme, desmoralizada por la táctica comunista de ingresar en el partido de Hitler a fin de formar en él un «caballo de Troya». Lo que quedaba de esta oposición al comenzar la guerra —algunos jefes sindicales, algunos intelectuales de la «izquierda sin asiento», que ignoraban, y no tenían medio de dejar de ignorarlo, si sus creencias tenían cierto apoyo popular o no— ad-

quirió cuanta importancia llegó a tener merced, únicamente, a la conspiración que debía culminar en los actos del 20 de julio. (Desde luego, es totalmente inaceptable medir la fuerza de la resistencia alemana por el número de alemanes que pasaron por los campos de concentración. Antes del estallido de la guerra, los recluidos en campos de concentración pertenecían a muy diversas clasificaciones, muchas de las cuales no guardaban relación alguna con la de resistentes políticos; allí había individuos totalmente «inocentes», como los judíos; gente «asocial», como delincuentes reincidentes y homosexuales nazis condenados por alguna razón u otra, etcétera, etcétera. Durante la guerra, los campos de concentración estuvieron atestados de resistentes de los «maquis» de todos los países de Europa ocupados por los alemanes.)

La mayoría de los conspiradores del mes de julio eran, en realidad, antiguos nazis o individuos que habían ocupado altos cargos en el Tercer Reich. Lo que les situó en la oposición no fue el problema judío, sino el hecho de que Hitler estuviera preparando una guerra. Los interminables conflictos y crisis de conciencia que los atormentaban giraban todos, casi exclusivamente, en torno al problema de la alta traición y de la violación de su juramento de fidelidad a Hitler. Además, se encontraron ante un dilema que verdaderamente era irresoluble: en los días de los triunfos de Hitler consideraron que nada podían hacer porque el pueblo no les comprendería, pero en los días de la derrota de Alemania temían dar lugar con su actitud al nacimiento de otra leyenda de «puñalada por la espalda». Todos ellos estaban principalmente preocupados por el problema de cómo podrían evitar que a sus actos sucediera el caos, y quizá la guerra civil. Y la solución consistía en pedir que los aliados fueran «razonables» y les concedieran una «moratoria» hasta que hubieran restablecido el orden, y con el orden, como es natu-

145

ral, se hubiera restablecido también la capacidad de resistir del ejército alemán. Los conspiradores tenían el más exacto conocimiento de lo que ocurría en el Este, pero no cabe la menor duda de que ni tan siquiera uno de ellos se hubiera atrevido a pensar que lo mejor que podía pasarle a Alemania era el estallido de la rebelión abierta, y la subsiguiente guerra civil. En Alemania, la resistencia activa tenía su fuente principalmente en los núcleos de derechas, pero si tenemos en cuenta el historial de la Democracia Social Alemana, difícilmente cabría presumir que la situación hubiera cambiado en el caso de que las izquierdas hubieran tenido una mayor intervención en la conspiración. En todo caso, la cuestión es puramente académica, ya que durante los años de guerra no hubo, prácticamente, una «resistencia socialista organizada», tal como muy justamente ha señalado el historiador alemán Gerhard Ritter.

En realidad, la situación era tan sencilla como desesperada: la abrumadora mayoría del pueblo alemán creía en Hitler, incluso después del ataque a Rusia y del establecimiento de los tan temidos dos frentes, incluso después de que Estados Unidos entrara en la guerra, incluso después de Stalingrado, de la defección de Italia y de los desembarcos aliados en Francia. Contra esta ciclópea mayoría se alzaban unos cuantos individuos aislados que eran plenamente conscientes de la catástrofe nacional y moral a que su país se dirigía. En algunos casos, estos individuos se conocían entre sí y se tenían mutua confianza, podían intercambiar opiniones, pero no habían formado un plan, ni albergaban la intención de iniciar una revuelta. Finalmente estaba el grupo de aquellos que, después, serían llamados «los conspiradores», pero estos jamás habían conseguido llegar a un acuerdo en punto alguno, ni siquiera en cuanto hacía referencia a la conspiración en sí misma. Su jefe era Carl Friederich Goerdeler, antiguo alcalde de Leipzig, que había pres-

tado servicios al Estado, durante el régimen nazi, en el puesto de regulador de precios, por un período de tres años, pero que dimitió en tiempos relativamente tempranos, concretamente en 1936. Este proponía el establecimiento de una monarquía constitucional, proyecto al que Wilhelm Leuschner, representante de la izquierda, antiguo líder sindicalista, de ideología socialista, prestaba apoyo, asegurándole que le proporcionaría el «consenso de las masas». En el círculo de Kreisau, bajo la influencia de Helmuth von Moltke, surgían de vez en cuando quejas en el sentido de que el orden jurídico era «pisoteado por el poder político», pero la principal preocupación de este círculo era el logro de la reconciliación entre las dos iglesias, la recuperación de su «sagrada misión en el Estado secular», y junto a esto la clara y franca defensa del federalismo en Alemania. (Sobre la bancarrota política del movimiento de resistencia, considerado globalmente, a partir de 1933, hay un estudio imparcial, sólidamente basado en documentos, que es la tesis doctoral de George K. Romoser.)

A medida que la guerra proseguía y que más clara era la certeza de la derrota, las diferencias de partido hubieran debido subordinarse a la acción política que se imponía con carácter de urgencia, pero también en este punto parece estar en lo cierto el historiador Gerhard Ritter, quien dice: «Si no hubiera mediado la decisión inquebrantable de Stauffenberg (conde Klaus von), el movimiento de resistencia se hubiera desvanecido, quedando en una inactividad más o menos irremediable». Lo que unió a estos hombres fue el concepto que se formaron de Hitler, a quien llegaron a considerar como un «estafador», un «aficionado» que «sacrificaba ejércitos enteros, prescindiendo de los consejos de los técnicos», «un loco» y «un demonio», la encarnación de todo mal, lo cual, según el modo de ser de los alemanes, significaba más y

menos, al mismo tiempo, que «criminal y loco», como en algunas ocasiones le llamaban. Pero tener este concepto de Hitler a tan avanzadas calendas «no significaba que no perteneciera [el opinante] a las SS, ni al partido, o que no desempeñara un cargo gubernamental» (Fritz Hesse), por lo cual en el círculo de conspiradores también había buen número de individuos gravemente implicados en los crímenes cometidos por el régimen, como, por ejemplo, el conde Helldorf, entonces jefe de policía de Berlín, quien hubiera ocupado el puesto de jefe de la policía alemana en el caso de que el *coup d'État* hubiera triunfado (así era según la lista de futuros ministros formada por Goerdeler). O Arthur Nebe, de la RSHA, ex comandante de una de las unidades móviles de exterminio en el Este... Durante el verano de 1943, cuando el programa de exterminio dirigido por Himmler se encontraba en su apogeo, Goerdeler estudiaba la posibilidad de que Himmler y Goebbels se unieran a su conspiración, «ya que estos dos han comprendido que si siguen al lado de Hitler están perdidos». (Himmler llegó a ser, verdaderamente, un «potencial aliado» de Goerdeler —Goebbels no—, estaba plenamente informado de sus planes, y actuó en contra de los conspiradores únicamente cuando estos fracasaron.) Para dejar sentado todo lo anterior me he basado en el borrador de una carta de Goerdeler dirigida al mariscal de campo Von Kluge; ahora bien, estas extrañas alianzas no pueden justificarse en virtud de «consideraciones tácticas necesarias para atraerse a los altos jefes del ejército», ya que fueron Kluge y Rommel quienes dieron «órdenes especiales en el sentido que estos dos monstruos (Himmler y Göring) sean liquidados» (Ritter), lo cual no obsta a que el biógrafo de Goerdeler, es decir, Ritter, insista en que la carta antes mencionada «es la más ardiente expresión del odio que Goerdeler sentía hacia el régimen de Hitler».

Sí, sabemos muy bien que estos hombres que lucharon, aunque tardíamente, contra Hitler pagaron el fracaso con sus vidas y padecieron una muerte horrible. El valor que muchos de ellos demostraron fue admirable, pero no estaba inspirado por la indignación moral ni tampoco por lo que sabían acerca del sufrimiento padecido por otras gentes; actuaron movidos, casi exclusivamente, por su convicción de la inminente derrota y ruina de Alemania. Con esto no negamos que algunos de ellos, como el conde York von Wartenburg, se unieran a las filas de quienes se oponían al régimen impulsados, inicialmente, «por la repulsiva agitación suscitada contra los judíos, en noviembre de 1938» (Ritter). En este mes las sinagogas fueron incendiadas, y la población alemana, en su totalidad, parecía presa del temor. Las casas del Señor habían sido incendiadas, por lo que tanto los creyentes como los supersticiosos temían la venganza de Dios. Cierto es que los altos jefes del ejército y los oficiales inmediatamente inferiores a ellos sintieron viva preocupación cuando Hitler dictó la mal llamada «orden de comisario» en mayo de 1941, y con ello se enteraron de que en la próxima campaña contra Rusia habría que dar muerte, lisa y llanamente, a todos los funcionarios soviéticos, y, naturalmente, a todos los judíos. En los círculos mencionados causaba preocupación el hecho de que, dicho sea con palabras de Goerdeler, «las técnicas para liquidar seres humanos empleadas en las zonas ocupadas, así como las utilizadas contra los judíos, y las persecuciones religiosas que se llevan a cabo ... serán una pesada carga que el pueblo alemán deberá llevar en el futuro curso de la historia». Pero parece que lo anterior jamás significó más que eso, para los conspiradores, y, lo que es todavía más triste, que creían que estos hechos «rodearán nuestros propósitos [negociar un tratado de paz con los aliados] de enormes dificultades», que eran «una mancha sobre el

buen nombre de Alemania», y que «socavaban la moral del ejército». «¡En qué han convertido al orgulloso ejército de las guerras de liberación [contra Napoleón, en 1814] y de Guillermo I [en la guerra francoprusiana de 1870]!», exclamó Goerdeler cuando un miembro de las SS «dijo displicentemente que "no puedo afirmar que sea muy agradable rociar a balazos con una ametralladora una zanja repleta de judíos, de miles de judíos, y luego cubrir con tierra los cuerpos que todavía se estremecen"». Tampoco se les ocurrió pensar que estas atrocidades estaban relacionadas, de un modo u otro, con el hecho de que los aliados exigieran la rendición incondicional, actitud que los conspiradores criticaban por considerarla «nacionalista» e «irrazonable», inspirada en el odio ciego. En 1943, cuando la futura derrota de Alemania era ya una casi absoluta certeza, e incluso más tarde, los enemigos del régimen de Hitler todavía creían tener derecho a negociar, en situación de «paridad», con sus adversarios en la guerra a fin de conseguir una «paz justa» pese a que sabían muy bien que Hitler había desencadenado una guerra injusta y carente de toda provocación. Todavía más sorprendente resulta saber lo que consideraban «paz justa». Goerdeler expresó una y otra vez en numerosos memorandos los requisitos de dicha paz: «El restablecimiento de las fronteras nacionales de 1914 [lo que comportaba la anexión de Alsacia y Lorena], con la anexión de Austria y del País de los Sudetes»; además, «dar a Alemania la posición que le permita asumir un papel directivo en Europa», y quizá... ¡la recuperación del Tirol meridional!

Por las declaraciones que prepararon, también sabemos cómo se proponían presentarse ante el pueblo alemán, y explicarle su postura. Por ejemplo, existe el borrador de una proclama donde el general Ludwig Beck, que pasaría a ocupar la jefatura del Estado, dirigiría al ejército. En ella habla extensamente de la «obstina-

ción», la «falta de competencia y de moderación» del régimen de Hitler y de su «arrogancia y vanidad». Pero el punto más importante, el decisivo, «el acto más deshonesto» del régimen, consistía en que los nazis pretendían atribuir «a los jefes de las fuerzas armadas» la responsabilidad de las calamidades propias de la inminente derrota. A esto, Beck añadía que se habían cometido crímenes «que son una mancha sobre el honor de la nación alemana, y que menoscaban la buena reputación que esta había ganado a los ojos del mundo». ¿Y cuál sería el paso que los conspiradores darían inmediatamente después de la liquidación de Hitler? El ejército alemán seguiría luchando «hasta conseguir una honorable conclusión de las hostilidades», conclusión que significaba la anexión de Alsacia y Lorena, así como de los Sudetes. En verdad, hay base más que suficiente para estar de acuerdo con el duro juicio que de estos hombres se formó el novelista alemán Friederich P. Reck-Malleczewen, asesinado en un campo de concentración en vísperas del colapso alemán, y que no participó en la conspiración contra Hitler. En su casi totalmente desconocido *Diario de un desesperado* (*Tagebuch eines Verzweifelten*, 1947), Reck-Malleczewen escribió, después de haberse enterado del fracaso de la intentona, fracaso que, naturalmente, le disgustó: «Habéis actuado un poquito tarde, caballeros. Vosotros fuisteis quienes hicisteis al archidestructor de Alemania, quienes le seguisteis, mientras todo parecía marchar sobre ruedas. Vosotros fuisteis ... quienes sin dudar prestasteis cuantos juramentos os pidieron y quedasteis reducidos al papel de despreciables aduladores de este criminal, sobre quien recae la responsabilidad de cientos de miles de seres humanos, de este criminal sobre quien gravitan las lamentaciones y las maldiciones del mundo entero. Ahora, le habéis traicionado ... Ahora, que el fracaso ya no puede ocultarse, traicionáis la empresa en bancarrota, a

fin de tener una coartada que os proteja ... Sois los mismos que traicionaron cuanto os impedía el acceso al poder».

No hay pruebas, ni existe la probabilidad siquiera, de que Eichmann entrase en relación personal con los hombres de la conspiración del 20 de julio, y nos consta que, incluso cuando se encontraba en Argentina, Eichmann los consideraba un hatajo de pillos y de traidores. Sin embargo, si Eichmann hubiera tenido ocasión de enterarse de las «originales» ideas de Goerdeler sobre el problema judío, probablemente hubiera estado de acuerdo con ellas en más de un punto. Goerdeler proponía «pagar una indemnización a los judíos alemanes para resarcirles de sus pérdidas y malos tratos», y esto lo decía en 1942, es decir, en un tiempo en que ya no se trataba solamente de judíos alemanes, y cuando estos no solo eran objeto de malos tratos y expoliación, sino que eran gaseados. Pero, además de los anteriores tecnicismos jurídicos, Goerdeler también tenía un proyecto de naturaleza más constructiva, a saber, el de una «solución permanente» que «evitaría [a todos los judíos europeos] el tener que seguir en la incómoda situación de nación huésped, más o menos deseable, de Europa». (En la jerga empleada por Eichmann a esto se le llamaba «darles tierra firme en la que vivir».) A este propósito, Goerdeler pensaba formar «un Estado independiente en una zona colonial» —Canadá o Sudamérica—, es decir, una especie de Madagascar, proyecto este último del que, sin duda, había oído hablar. Sin embargo, hizo algunas concesiones. Así vemos que no pensaba expulsar a todos los judíos. En perfecta armonía con la política seguida en las primeras etapas del régimen nazi, y plegándose a la observancia de las categorías de judíos privilegiados que en aquel entonces se reconocían, Goerdeler estaba dispuesto a «no negar la ciudadanía alemana a aquellos judíos que aportaran pruebas de haber realizado especiales sacrificios milita-

res en bien de Alemania, o que pertenecieran a familias de antiguo arraigo». Bien, es preciso reconocer que cualquiera que sea la interpretación que demos a la «solución permanente del problema judío» propuesta por Goerdeler no cabe calificarla de «original» —tal como el profesor Ritter, pletórico de admiración, incluso en 1954, hacia su héroe, la calificaba—, y Goerdeler hubiera encontrado gran cantidad de «aliados potenciales», en cuanto hacía referencia a esta parte de su programa, en las filas del partido, y hasta en las SS.

En la carta dirigida al mariscal de campo Von Kluge, antes citada, Goerdeler hacía un llamamiento a la «conciencia» de Kluge. Pero él tan solo decía que incluso un general debe comprender que «continuar una guerra que no puede terminar en la victoria es evidentemente un crimen». Del conjunto de pruebas de que disponemos solamente cabe concluir que la conciencia, en cuanto tal, se había perdido en Alemania, y esto fue así hasta el punto de que los alemanes apenas recordaban lo que era la conciencia, y en que habían dejado de darse cuenta de que «el nuevo conjunto de valores alemanes» carecía de valor en el resto del mundo. Ciertamente, lo que acabamos de decir no refleja la verdad en su totalidad, por cuanto hubo individuos que desde los principios del régimen de Hitler, y sin cejar ni un instante, se opusieron a él. Nadie sabe cuántos fueron —quizá cien mil, quizá muchos más, quizá menos—, ya que sus voces jamás fueron oídas. Se les podía encontrar en cualquier lugar, en todas las capas de la sociedad, tanto entre las gentes sencillas como entre los grupos de más alta educación, en todos los partidos, incluso quizá en las filas de la NSDAP. Muy pocos de ellos fueron públicamente conocidos, como, contrariamente, lo eran el citado Reck-Malleczewen o el filósofo Karl Jaspers. Algunos tenían una moral verdaderamente profunda, como

aquel artesano a quien tuve ocasión de conocer que prefirió renunciar a su existencia independiente y pasar a ser un simple obrero de fábrica, antes que «cumplir con la pequeña formalidad» de ingresar en el Partido Nazi. Unos cuantos, pocos, siguieron dando toda su importancia al acto de jurar, y prefirieron renunciar a una carrera académica antes que jurar en el nombre de Hitler. Había un grupo más numeroso, formado por obreros, especialmente en Berlín, y por intelectuales socialistas que procuraron ayudar a cuantos judíos conocían. Por fin, se dio el caso de dos muchachos campesinos, cuya historia cuenta Günther Weisenborn en *Der lautlose Aufstand* (1953), que al ser llamados a filas por las SS, al final de la guerra, se negaron a alistarse. Fueron condenados a muerte, y en el día de su ejecución escribieron a sus familiares: «Preferimos morir a llevar sobre nuestra conciencia crímenes tan horribles; sabemos muy bien cuáles son los deberes de las SS». La actitud de estos individuos que, desde un punto de vista práctico, nada hicieron, era muy distinta a la de los conspiradores. Su capacidad de distinguir el bien del mal había permanecido intacta, y jamás padecieron «crisis de conciencia». Es posible que entre los resistentes hubiera también gente de este estilo, pero difícilmente podían ser relativamente más numerosos en el grupo de los resistentes que en la población general. No eran héroes ni santos, y guardaron silencio. Estos elementos mudos y totalmente aislados tan solo una vez se manifestaron públicamente, en un gesto desesperado. Esto fue cuando los Scholl, dos estudiantes hermanos, chico y chica, de la Universidad de Munich, influidos por su profesor Kurt Huber, distribuyeron las famosas octavillas en las que al fin se llamaba «asesino de masas» a Hitler.

Sin embargo, si examinamos los documentos y declaraciones de la llamada «otra Alemania» que hubiera sucedido a Hitler, en

caso de que la conspiración del 20 de julio hubiera triunfado, no podemos sino maravillarnos ante la inmensa diferencia que separaba a quienes los redactaron del resto del mundo. Es difícil comprender las ilusiones de Goerdeler, en particular, o el hecho de que nada menos que Himmler —y también Von Ribbentrop— comenzaran a soñar, en el curso de los últimos meses de la guerra, en el magnífico nuevo papel que les aguardaba como representantes de la derrotada Alemania en las negociaciones con los aliados. Y no olvidemos que si bien Von Ribbentrop no era más que un estúpido, a Himmler se le puede llamar cualquier cosa menos tonto.

El miembro de la jerarquía nazi más dotado para la resolución de problemas de conciencia era Himmler. Himmler ideaba eslóganes, como el famoso lema de las SS, tomado de un discurso de Hitler dirigido a estas tropas especiales, en 1931, «Mi honor es mi lealtad» —frases pegadizas a las que Eichmann llamaba «palabras aladas», y los jueces de Jerusalén denominaban «banalidades»—, y los difundía, tal como Eichmann recordaba, a finales de año, seguramente acompañadas de una gratificación de Navidad. Eichmann únicamente recordaba uno de estos eslóganes, y lo repetía constantemente: «Estas son batallas que las futuras generaciones no tendrán que librar». Se refería a las batallas contra las mujeres, los niños, los viejos y las «bocas improductivas». He aquí otras frases tomadas de los discursos que Himmler dirigía a los comandantes de los *Einsatzgruppen* y a los altos jefes de las SS y de la policía: «Haber dado el paso al frente y haber permanecido íntegros, salvo excepcionales casos explicables por la humana debilidad, es lo que nos ha hecho fuertes. Esta es una gloriosa página de nuestra historia que jamás había sido escrita y que no volverá a escri-

birse», «La orden de solucionar el problema judío es la más terrible orden que una organización podía jamás recibir», «Sabemos muy bien que lo que de vosotros esperamos es algo *sobrehumano*, esperamos que seáis *sobrehumanamente inhumanos*». Aquí, nosotros tan solo podemos decir que las esperanzas de Himmler no fueron defraudadas. Sin embargo, debemos poner de relieve que Himmler casi nunca intentó hallar justificaciones desde un punto de vista ideológico, y que, cuando lo hizo, ello pronto cayó en el olvido. Lo que se grababa en las mentes de aquellos hombres que se habían convertido en asesinos era la simple idea de estar dedicados a una tarea histórica, grandiosa, única («una gran misión que se realiza una sola vez en dos mil años»), que, en consecuencia, constituía una pesada carga. Esto último tiene gran importancia, ya que los asesinos no eran sádicos, ni tampoco homicidas por naturaleza, y los jefes hacían un esfuerzo sistemático para eliminar de las organizaciones a aquellos que experimentaban un placer físico al cumplir con su misión. Las tropas de los *Einsatzgruppen* procedían de las SS armadas, unidad militar a la que no cabe atribuir más crímenes que los cometidos por cualquier otra unidad del ejército alemán, y sus jefes habían sido elegidos por Heydrich entre los mejores de las SS, todos ellos con título universitario. De ahí que el problema radicara, no tanto en dormir su conciencia, como en eliminar la piedad meramente instintiva que todo hombre normal experimenta ante el espectáculo del sufrimiento físico. El truco utilizado por Himmler —quien, al parecer, padecía muy fuertemente los efectos de aquellas reacciones instintivas— era muy simple y probablemente muy eficaz. Consistía en invertir la dirección de estos instintos, o sea, en dirigirlos hacia el propio sujeto activo. Por esto, los asesinos, en vez de decir: «¡Qué horrible es lo que hago a los demás!», decían: «¡Qué horribles espectácu-

los tengo que contemplar en el cumplimiento de mi deber, ¡cuán dura es mi misión!».

El hecho de que Eichmann recordara mal las ingeniosas frases de Himmler quizá sea un indicio de que existían otros medios más eficaces para resolver los problemas de conciencia. Entre todos ellos destacaba, como Hitler había previsto certeramente, el simple hecho de la guerra. Eichmann repitió una y otra vez la existencia de «una actitud personal diferente» con respecto a la muerte, «cuando uno ve muertos en todas partes», y cuando todos esperaban con indiferencia la propia muerte. «No nos importaba morir hoy o morir mañana, y, en ocasiones, maldecíamos el amanecer que nos pillaba todavía vivos.» En este ambiente dominado por la presencia de la muerte violenta, tenía especial eficacia, a los efectos antes citados, el hecho de que la Solución Final, en sus últimas etapas, no se llevara a cabo mediante armas de fuego, es decir, con violencia, sino en cámaras de gas, las cuales, desde el primer momento hasta el último, estuvieron estrechamente relacionadas con el «programa de eutanasia» ordenado por Hitler en las primeras semanas de la guerra, y del que fueron sujeto pasivo los enfermos mentales alemanes, hasta el momento de la invasión de Rusia. El programa de exterminio, que se inició en el otoño de 1941, se llevó a la práctica mediante dos canales distintos. Uno de ellos conducía a las cámaras de gas, y el otro a los *Einsatzgruppen*, cuyas actuaciones tras las primeras líneas del ejército, especialmente en el frente ruso, eran justificadas con el pretexto de la presencia de guerrilleros, y cuyas víctimas no fueron, ni mucho menos, tan solo los judíos. Además de luchar con los guerrilleros que verdaderamente pululaban por allí, los *Einsatzgruppen* se ocupaban de los funcionarios rusos, los gitanos, los individuos antisociales, los enfermos mentales y los judíos. Los judíos formaban parte de la cla-

sificación «enemigos potenciales», y, por desgracia, pasaron varios meses antes de que los judíos rusos lo comprendieran, y, cuando lo supieron, ya era demasiado tarde para que pudieran ocultarse. (Los judíos de la vieja generación recordaban que en la Primera Guerra Mundial los alemanes fueron recibidos como si de liberadores se tratara; por otra parte, ni los viejos ni los jóvenes habían oído hablar del modo «en que los judíos eran tratados en Alemania, y menos aún en Varsovia»; los judíos estaban «notablemente mal informados» al respecto, tal como el servicio de espionaje alemán comunicó a sus jefes desde la Rusia Blanca [Hilberg]. Más notable es todavía que los judíos alemanes que, de vez en cuando, llegaban a estas regiones tuvieran la falsa creencia de que el Tercer Reich les había mandado allí en concepto de «pioneros».) Las unidades móviles de matanza, de las que allí había cuatro, cada una de ellas de la magnitud de un batallón regular, con una dotación total que no rebasaba la cifra de tres mil hombres, necesitaban, y obtuvieron, la colaboración de las fuerzas armadas regulares. Las relaciones entre las unidades móviles de matanza y las tropas regulares eran, por lo general, «excelentes» y, a veces, «afectuosas» (*herzlich*). Los generales adoptaban una actitud «sorprendentemente buena con respecto a los judíos»; no solo entregaban sus judíos a los *Einsatzgruppen*, sino que prestaban sus propios hombres, soldados ordinarios, para ayudar en la tarea de matarlos. Hilberg estima que el número total de víctimas judías llegó casi a la suma de millón y medio; sin embargo, esto no fue el resultado de la orden de exterminio físico de la totalidad del pueblo judío, dada por Hitler, sino que fue resultado de una orden anterior, que Hitler dio a Himmler en marzo de 1941, de adiestrar a las SS y a la policía «para llevar a cabo una misión especial en Rusia».

La orden de exterminio de todos los judíos, no solo los rusos y

los polacos, dada por Hitler, aun cuando fue promulgada más tarde, tuvo sus orígenes en época muy anterior. No nació en las oficinas de la RSHA, ni en ninguna de las restantes organizaciones burocráticas al frente de las que estaban Heydrich o Himmler, sino en la mismísima Cancillería del Führer, en la oficina personal de Hitler. Esta orden no guardaba ninguna relación con la guerra, ni se basaba, a modo de pretexto, en necesidades de naturaleza militar. Uno de los grandes méritos de la obra *The Final Solution*, de Gerald Reitlinger, es haber demostrado, con pruebas documentales que no dejan lugar a dudas, que el programa de exterminio en las cámaras de gas de la zona oriental nació a consecuencia del programa de eutanasia de Hitler, y es muy de lamentar que el juicio contra Eichmann, tan atento a la «verdad histórica», no prestara la menor atención a la relación antes citada. Si lo hubiera hecho, posiblemente habría conseguido arrojar luz sobre la tan debatida cuestión de determinar si Eichmann, o la RSHA, se ocuparon de *Gasgeschichten*. No parece probable que Eichmann se ocupara de este asunto, aun cuando uno de sus hombres, Rolf Günther, se interesó en ello por propia voluntad. Para demostrar lo dicho, basta recordar que Globocnik, por ejemplo, que fue quien montó las instalaciones de gaseamiento en la zona de Lublin, y a quien Eichmann visitaba de vez en cuando, no se dirigía a Himmler o a cualquier otra autoridad de las SS o de la policía, cuando necesitaba más personal, sino que escribía a Viktor Brack, de la Cancillería del Führer, que trasladaba la petición a Himmler.

Las primeras cámaras de gas fueron construidas en 1939, para cumplimentar el decreto de Hitler, dictado en 1 de septiembre del mismo año, que decía que «debemos conceder a los enfermos incurables el derecho a una muerte sin dolor» (probablemente este es el origen «médico» de la muerte por gas, que inspiró al doctor

Servatius la sorprendente convicción de que la muerte por gas debía considerarse como un «asunto médico»). La idea contenida en este decreto era, sin embargo, mucho más antigua. Ya en 1935, Hitler había dicho al director general de medicina del Reich, Gerhard Wagner, que «si estallaba la guerra, volvería a poner sobre el tapete la cuestión de la eutanasia, y la impondría, ya que en tiempo de guerra es más fácil hacerlo que en tiempo de paz». El decreto fue inmediatamente puesto en ejecución, en cuanto hacía referencia a los enfermos mentales. Entre el mes de diciembre de 1939 y el de agosto de 1941, alrededor de cincuenta mil alemanes fueron muertos mediante gas de monóxido de carbono, en instituciones en las que las cámaras de la muerte tenían las mismas engañosas apariencias que las de Auschwitz, es decir, parecían duchas y cuartos de baño. El programa fracasó. Era imposible evitar que la población alemana de los alrededores de estas instituciones no desentrañara el secreto de la muerte por gas que en ellas se daba. De todos lados llovieron protestas de gentes que, al parecer, aún no habían llegado a tener una visión puramente «objetiva» de la finalidad de la medicina y de la misión de los médicos. La matanza por gas en el Este —o, dicho sea en el lenguaje de los nazis, la manera «humanitaria» de matar, «a fin de dar al pueblo el derecho a la muerte sin dolor»— comenzó casi el mismo día en que se abandonó tal práctica en Alemania. Quienes habían trabajado en el programa de eutanasia en Alemania fueron enviados al Este para construir nuevas instalaciones, a fin de exterminar en ellas a pueblos enteros. Quienes tal hicieron procedían de la Cancillería de Hitler o del Departamento de Salud Pública del Reich, y únicamente entonces fueron puestos bajo la autoridad administrativa de Himmler.

Ninguna de las diversas «normas idiomáticas», cuidadosamente ingeniadas para engañar y ocultar, tuvo un efecto más decisivo

sobre la mentalidad de los asesinos que el primer decreto dictado por Hitler en tiempo de guerra, en el que la palabra «asesinato» fue sustituida por «el derecho a una muerte sin dolor». Cuando el interrogador de la policía israelí preguntó a Eichmann si no creía que la orden de «evitar sufrimientos innecesarios» era un tanto irónica, habida cuenta de que el destino de sus víctimas no podía ser otro que la muerte, Eichmann ni siquiera comprendió el significado de la pregunta, debido a que en su mente llevaba todavía firmemente anclada la idea de que el pecado imperdonable no era el de matar, sino el de causar dolor innecesario. En el curso del juicio, Eichmann dio inconfundibles muestras de indignación siempre que los testigos contaron atrocidades y crueldades cometidas por los hombres de las SS —pese a que el tribunal y la mayoría del público no supo interpretar la actitud de Eichmann, debido a que el esfuerzo realizado por este para conservar el dominio de sí mismo los había inducido, erróneamente, a creer que el acusado era un hombre «inconmovible» e indiferente a todo—, y no fue la acusación de haber enviado a millones de seres humanos a la muerte lo que verdaderamente le conmovió, sino la acusación (desechada por el tribunal) contenida en la declaración de un testigo, según la cual Eichmann había matado a palos a un muchacho judío. Cierto es que Eichmann había enviado expediciones a las zonas en que actuaban los *Einsatzgruppen*, que no daban una muerte sin dolor, sino que mataban a tiros, pero seguramente experimentó una sensación de alivio cuando, en las últimas etapas de la operación, ello dejó de ser necesario debido a la siempre creciente capacidad de absorción de las cámaras de gas. Seguramente pensó también que el nuevo método de matar indicaba una clara mejora de la actitud adoptada por el gobierno nazi para con los judíos, puesto que al principio del programa de muerte por gas se expresó taxativamen-

te que los beneficios de la eutanasia eran privilegio de los verdaderos alemanes. A medida que la guerra avanzaba, con muertes horribles y violentas en todas partes —en el frente ruso, en los desiertos de África, en Italia, en las playas de Francia, en las ruinas de las ciudades alemanas—, los centros de gaseamiento de Auschwitz, Chelmno, Majdanek, Belzek, Treblinka y Sobibor, debían verdaderamente parecer aquellas «fundaciones caritativas del Estado» de que hablaban los especialistas de la muerte sin dolor. Además, a partir del mes de enero de 1942, había equipos dedicados a la eutanasia que operaban en el Este, con la misión de «ayudar a los heridos, en la nieve y el hielo»; y aun cuando esta matanza de soldados heridos era «alto secreto», muchos estaban al corriente de ella, y entre estos no podían faltar los ejecutores de la Solución Final.

Con frecuencia se ha dicho que la matanza, mediante gas, de los enfermos mentales tuvo que ser detenida en Alemania, debido a las protestas de la población y de unos cuantos, pocos, dignatarios de las iglesias cristianas, y que tales protestas no surgieron cuando el gas se empleó para matar judíos, pese a que algunos de los centros en que se realizaba esta tarea estaban situados en lo que, en aquel entonces, era territorio alemán, y se hallaban rodeados de centros de población alemanes. Sin embargo, debemos señalar que las protestas se produjeron al principio de la guerra. Abstracción hecha de los efectos de la «educación en materia de eutanasia», la actitud hacia «la muerte sin dolor, mediante gases» probablemente cambió de gran manera en el curso de la guerra. Es difícil demostrar dicha afirmación. Carecemos de pruebas documentales, debido al secreto de que tal empresa fue rodeada, y, por otra parte, ningún criminal de guerra se refirió a este aspecto del asunto, ni siquiera los acusados en el llamado «juicio de los Doctores», celebrado también en Nuremberg, quienes no dejaron de

citar constantemente frases de estudios de fama internacional efectuados sobre la materia. Quizá habían olvidado cuál era la opinión pública imperante en el período en que se dedicaban a matar, quizá jamás se preocuparan de saberlo, puesto que creían, equívocamente, que su actitud «objetiva y científica» era mucho más avanzada que las opiniones sustentadas por los ciudadanos ordinarios. Sin embargo, a la debacle moral de toda una nación han sobrevivido unas cuantas historias verdaderas, de inapreciable valor, que constan en los diarios de guerra escritos por hombres dignos de confianza, que tenían conciencia de que sus contemporáneos no experimentaban la sorpresa e indignación que ellos sentían.

Reck-Malleczewen, a quien he mencionado anteriormente, cuenta que una dirigente nazi acudió a Baviera para pronunciar ante los campesinos unas cuantas charlas encaminadas a elevarles la moral, en el verano de 1944. Al parecer, dicha señora no dedicó mucho tiempo a referirse a las «armas milagrosas» y a la victoria, sino que se enfrentó francamente con la perspectiva de la derrota, derrota que no debía inquietar a ningún buen alemán porque «el Führer, en su gran bondad, tiene preparada para todo el pueblo alemán una muerte sin dolor, mediante gases, en caso de que la guerra no termine con nuestra victoria». Y el escritor añade: «No, no son imaginaciones mías, esta amable señora no es un espejismo, la vi con mis propios ojos. Era una mujer de piel amarillenta, de poco más de cuarenta años, con mirada de loca ... ¿Y qué ocurrió? ¿Los campesinos bávaros tuvieron por lo menos el buen sentido de arrojarla de cabeza al lago más próximo, para que se le enfriaran un poco sus entusiastas deseos de morir? No, nada de eso. Regresaron a sus casas, meneando la cabeza».

La historia siguiente es todavía más pertinente al tema de que nos ocupamos, por cuanto su protagonista no era un «dirigente»,

y posiblemente ni siquiera pertenecía al partido. Ocurrió en Königsberg, en la Prusia oriental, es decir, en una zona alemana muy distinta a la anterior, en enero de 1945, pocos días antes de que los rusos destruyeran la ciudad, ocuparan sus ruinas y se anexionaran la provincia. Esta anécdota la cuenta el conde Hans von Lehnsdorff, en su *Ostpreussisches Tagebuch* (1961). Por ser médico, el conde se quedó en la ciudad a fin de cuidar a los soldados heridos que no podían ser evacuados. Fue llamado a uno de los grandes centros de alojamiento de refugiados procedentes del campo, es decir, procedentes de las zonas que ya habían sido ocupadas por el Ejército Rojo. Allí se le acercó una mujer que le mostró unas varices que había tenido durante años, pero que ahora quería someter a tratamiento, ya que disponía de tiempo para ello. «Procuré explicarle que, para ella, era mucho más importante salir cuanto antes de Königsberg, y dejar el tratamiento de las varices para más adelante. Le pregunté: "¿Dónde quiere ir?". No supo qué responder, pero sí sabía que todos serían transportados al Reich. Y ante mi sorpresa añadió: "Los rusos nunca nos cogerán. El Führer no lo permitirá. Antes nos gaseará a todos". Miré con disimulo alrededor, y advertí que las palabras de la mujer a nadie le habían parecido extraordinarias.» Uno tiene la sensación de que esta historia, como todas las historias reales, no es completa. Hubiera debido haber allí una voz, preferentemente femenina, que tras lanzar un profundo suspiro añadiera: «Y pensar que hemos malgastado tanto y tanto gas, bueno y caro, suministrándolo a los judíos...».

7

LA CONFERENCIA DE WANNSEE
O PONCIO PILATOS

Hasta el momento, mi estudio de la conciencia de Eichmann se ha basado en pruebas que el propio Eichmann había olvidado. Según sus manifestaciones a este respecto, el momento decisivo no se produjo cuatro semanas después, sino cuatro meses más tarde, en enero de 1942, durante la conferencia de *Staatssekretäre* (subsecretarios del gobierno), como los nazis solían llamarla, o la Conferencia de Wannsee, tal como ahora la llamamos debido a que Heydrich la convocó en una casa situada en este suburbio de Berlín. Tal como indica el nombre oficial de la conferencia, esta reunión fue necesaria debido a que la Solución Final, si quería aplicarse a la totalidad de Europa, exigía algo más que la tácita aceptación de la burocracia del Reich, exigía la activa cooperación de todos los ministerios y de todos los funcionarios públicos de carrera. Nueve años después del acceso de Hitler al poder, todos los ministros eran antiguos miembros del partido, ya que aquellos que en las primeras etapas del régimen se habían limitado a «adaptarse» a él, harto obedientemente, habían sido sustituidos. Sin embargo, la mayoría de ellos no merecían la total confianza del partido, puesto que eran pocos los que debían ente-

ramente su carrera política a los nazis, como, por ejemplo, Himmler o Heydrich. Y entre estos pocos, la mayoría eran nulidades, como Joachim von Ribbentrop, ministro de Asuntos Exteriores y ex vendedor de champaña. Sin embargo, el problema era mucho más peliagudo en cuanto se refería a los funcionarios públicos de alto rango, que prestaban sus servicios directamente subordinados a los ministros, ya que estos hombres, que son quienes forman la espina dorsal de toda buena administración pública, difícilmente podían ser sustituidos por otros, e Hitler los había tolerado, como Adenauer tuvo que tolerarlos, salvo aquellos que estaban excesivamente comprometidos. De ahí que los subsecretarios, los asesores jurídicos y otros especialistas al servicio de los ministerios rara vez fueran miembros del partido, y es muy comprensible que Heydrich tuviera sus dudas acerca de si podría conseguir la activa colaboración de tales funcionarios en la tarea del asesinato masivo. Dicho sea en frase de Eichmann, Heydrich «esperaba tener que vencer grandes dificultades». Pues bien, Heydrich estaba equivocado de medio a medio.

La finalidad de la conferencia era coordinar todos los esfuerzos en orden a la consecución de la Solución Final. Primeramente, los reunidos hablaron de «complicadas cuestiones jurídicas», tales como el tratamiento que debía darse a quienes tan solo fueran medio judíos o cuarterones de judío —¿se les debía matar o bastaba con esterilizarlos?—. A continuación se inició una franca discusión sobre los «diversos tipos de posibles soluciones del problema», lo cual significaba los diversos modos de matar, y también en este aspecto hubo una «feliz concurrencia de criterios de todos los participantes». La Solución Final fue recibida con «extraordinario entusiasmo» por todos los presentes, y en especial por el doctor Wilhelm Stuckart, subsecretario del Ministerio del Interior, quien tenía fa-

ma de mostrarse reticente y dubitativo ante todas las medidas «radicales» del partido, y, según las declaraciones del doctor Hans Globke, en Nuremberg, era un firme defensor de la ley. Sin embargo, cierto es que también surgieron algunas dificultades. El subsecretario Josef Bühler, quien ocupaba el segundo puesto en el Gobierno General de Polonia, quedó un tanto alicaído ante la posibilidad de que los judíos fueran transportados desde el oeste al este, debido a que esto significaba la presencia de más judíos en Polonia, y, en consecuencia, propuso que estas expediciones se retrasaran hasta el momento en que «el Gobierno General de Polonia ponga en ejecución la Solución Final, y no existan problemas de transporte». Los caballeros del Ministerio de Asuntos Exteriores comparecieron con un complicado memorando, elaborado por ellos mismos, en el que expresaban «los deseos e ideas del Ministerio de Asuntos Exteriores, con respecto a la total solución del problema judío en Europa», memorando al que nadie prestó la menor atención. Lo principal, tal como con toda justeza dijo Eichmann, era que los miembros de las diversas ramas de la alta burocracia pública no solo expresaron opiniones, sino que formularon propuestas concretas. La reunión no duró más de una hora o una hora y media. Tras ella se sirvieron bebidas, y luego todos almorzaron juntos. Fue una «agradable reunión social» destinada a mejorar las relaciones personales entre los circunstantes. Para Eichmann, esta reunión tuvo gran importancia, ya que jamás había tratado en reuniones sociales a personajes «de mayor altura» que la suya. Allí, Eichmann fue, con mucho, el individuo de más baja posición oficial y social. Se encargó de enviar la convocatoria a cuantos debían acudir a la conferencia, preparó algunas estadísticas (llenas de increíbles errores) que Heydrich utilizaría en su discurso inicial, en el que dijo que debía liquidarse a unos once millones

de judíos, tarea ciertamente magna, y, después, Eichmann redactó el acta de la reunión. En suma, cumplió las funciones de secretario de la conferencia. Por esto se le permitió que, tras la marcha de los altos funcionarios, se sentara junto con sus jefes Müller y Heydrich, ante una chimenea encendida, y «esta fue la primera vez que vi a Heydrich beber y fumar». No «chismorreamos, pero sí gozamos de un descanso merecido tras largas horas de trabajo»; todos ellos estaban muy satisfechos y de buen humor, especialmente Heydrich.

Hubo también otra razón en virtud de la cual el día de la conferencia quedó indeleblemente grabado en la memoria de Eichmann. Pese a que Eichmann había hecho cuanto estuvo en su mano para contribuir a llevar a buen puerto la Solución Final, también era cierto que aún abrigaba algunas dudas acerca de «esta sangrienta solución, mediante la violencia», y, tras la conferencia, estas dudas quedaron disipadas. «En el curso de la reunión, hablaron los hombres más prominentes, los papas del Tercer Reich.» Pudo ver con sus propios ojos y oír con sus propios oídos que no solo Hitler, no solo Heydrich o la «esfinge» de Müller, no solo las SS y el partido, sino la élite de la vieja y amada burocracia se desvivía, y sus miembros luchaban entre sí, por el honor de destacar en aquel «sangriento» asunto. «En aquel momento, sentí algo parecido a lo que debió de sentir Poncio Pilatos, ya que me sentí libre de toda culpa.» *¿Quién era él para juzgar?* ¿Quién era él para poder tener sus propias opiniones en aquel asunto? Bien, Eichmann no fue el primero, ni será el último, en caer víctima de la propia modestia.

Los acontecimientos siguientes a la conferencia, según recordaba Eichmann, se sucedieron sin dificultades, y todo se convirtió prontamente en tarea rutinaria. Rápidamente, Eichmann se convirtió en un experto en cuestiones de «evacuación forzosa», tal

como antes había sido un experto en «emigración forzosa». Uno tras otro, todos los países impusieron a los judíos la obligación de empadronarse, de llevar un distintivo amarillo para su más fácil identificación... Luego, fueron reunidos y deportados. Y las distintas expediciones iban a uno u otro campo de exterminio del Este, según la capacidad relativa de cada cual en un momento determinado. Cuando un tren atestado de judíos llegaba a un centro de exterminio, se seleccionaba entre ellos a los más fuertes para dedicarlos al trabajo, a menudo al servicio de la maquinaria de exterminio, y los restantes eran inmediatamente asesinados. Había algún que otro problema, pero todos eran de menor importancia. El Ministerio de Asuntos Exteriores estaba en contacto con las autoridades de los países extranjeros ocupados por los nazis o aliados de Alemania, a fin de ejercer presión en ellas para que deportaran a sus judíos, o, como bien podía ocurrir, para evitar que los enviaran al Este sin orden ni concierto, sin tener en cuenta la capacidad de absorción de los centros de exterminio. (Esto era lo que Eichmann recordaba, aunque en realidad la operación no fue tan sencilla.) Los asesores jurídicos redactaron borradores de la legislación necesaria para dejar a las víctimas en estado de apátridas, lo cual tenía gran importancia desde dos puntos de vista. Por una parte, eso impedía que hubiera algún país que solicitara información sobre las víctimas, y, por otra, permitía al Estado en que la víctima residía confiscar sus bienes. El Ministerio de Hacienda y el Reichsbank hicieron los preparativos precisos para recibir el enorme botín que les mandarían desde todos los rincones de Europa, botín formado por todo género de objetos de valor, incluso relojes y dientes de oro. El Reichsbank efectuaba una selección y mandaba los metales preciosos a la fábrica de la moneda de Prusia. El Ministerio de Transportes proporcionaba los vagones de ferrocarril,

por lo general vagones de carga, incluso en los períodos de mayor escasez de material rodante, y procuraba que el horario de los convoyes de deportados no obstaculizara los demás servicios ferroviarios. Eichmann o sus subordinados informaban a los consejos de decanos judíos del número de judíos que necesitaban para cargar cada convoy, y dichos consejos formaban las listas de deportados. Los judíos se inscribían en los registros, rellenaban infinidad de formularios, contestaban páginas y páginas de cuestionarios referentes a los bienes que poseían para permitir que se los embargaran más fácilmente, luego acudían a los puntos de reunión, y eran embarcados en los trenes. Los pocos que intentaban ocultarse o escapar fueron cazados por una fuerza especial de la policía judía. En tanto en cuanto Eichmann podía comprobar, nadie protestaba, nadie se negaba a cooperar. *Immerzu fahren hier die Leute zu ihrem eigenen Begräbnis* (Día tras día, los hombres parten camino de su tumba), como dijo un observador judío en Berlín el año 1943.

La mera obediencia jamás hubiera sido suficiente para salvar las enormes dificultades propias de una operación que pronto se extendería a toda la Europa ocupada por los nazis, así como a los países europeos aliados de estos, ni tampoco para tranquilizar la conciencia de los ejecutores que, al fin y al cabo, habían sido educados en la observancia del mandamiento «No matarás», y que sabían aquel versículo de la Biblia, «has asesinado y has heredado», que los juzgadores del tribunal del distrito de Jerusalén, con tanto acierto, incorporaron a la sentencia. Aquello que Eichmann denominaba «el torbellino de la muerte» había descendido sobre Alemania, tras las inmensas pérdidas de Stalingrado. Los bombardeos intensivos de las ciudades alemanas —la habitual excusa en que

Eichmann se amparaba para justificar la muerte de ciudadanos civiles, y que es todavía la excusa habitual con que en Alemania se pretende justificar las matanzas— fueron la causa de que unas imágenes distintas de las atroces visiones que se evocaron en el juicio de Jerusalén, pero no por ello menos horribles, constituyeran un espectáculo cotidiano, y esto contribuyó a tranquilizar, o, mejor dicho, a dormir las conciencias, si es que quedaban rastros de ellas cuando los bombardeos se produjeron, aunque, según las pruebas de que disponemos, no era este el caso. La maquinaria de exterminio había sido planeada y perfeccionada en todos sus detalles mucho antes de que los horrores de la guerra se cebaran en la carne de Alemania, y la intrincada burocracia de dicha maquinaria funcionaba con la misma infalible precisión en los años de fácil victoria que en aquellos otros de previsible derrota. Al principio, cuando aún cabía tener conciencia, rara vez ocurrieron defecciones en las filas de la élite gubernamental o de los altos oficiales de las SS. Las defecciones comenzaron a producirse únicamente cuando se hizo patente que Alemania perdería la guerra. Además, estas deserciones nunca fueron lo suficientemente graves para afectar al funcionamiento de la maquinaria de exterminio, ya que consistían en actos aislados, antes nacidos de la corrupción que de la piedad, actos que no estaban inspirados por la rectitud de conciencia, sino por el deseo de lograr dinero o amistades con que protegerse en los negros días que se avecinaban. Cuando, en el otoño de 1944, Himmler dio la orden de detener la labor de exterminio y desmantelar las instalaciones a él dedicadas, lo hizo animado por la absurda aunque sincera convicción de que los poderes aliados sabrían apreciar tan delicado gesto. Himmler dijo a Eichmann, quien le escuchó con cierta incredulidad, que merced a tal orden podría negociar un *Hubertusburger-Frieden*, alusión al tratado de paz con que conclu-

yó la guerra de los Siete Años, de Federico II de Prusia, en 1763, y permitió a Prusia conservar Silesia, pese a haber perdido la guerra.

Según dijo Eichmann, el factor que más contribuyó a tranquilizar su conciencia fue el simple hecho de no hallar a nadie, absolutamente a nadie, que se mostrara contrario a la Solución Final. Sin embargo, hubo una excepción, a la que Eichmann se refirió reiteradas veces, y que seguramente le causó honda impresión. El hecho ocurrió en Hungría, mientras Eichmann negociaba con el doctor Kastner la oferta hecha por Himmler en el sentido de entregar un millón de judíos a cambio de diez mil camiones. Kastner, evidentemente envalentonado por el nuevo giro que tomaban las cosas, pidió a Eichmann que detuviera el funcionamiento de las «fábricas de muerte de Auschwitz», y Eichmann repuso que con «sumo placer» (*herzlich gern*) lo haría, pero que este era un asunto que se hallaba fuera de su competencia, y fuera de la competencia de sus superiores, como efectivamente así era. Desde luego, Eichmann no esperaba que los judíos compartieran el general entusiasmo que su exterminio había despertado, pero sí esperaba de ellos algo más que la simple obediencia, esperaba su activa colaboración y la recibió, en grado verdaderamente extraordinario. Esta era, «desde luego, la piedra angular» de cuanto Eichmann hacía, tal como antes lo había sido de sus actividades en Viena. Sin la ayuda de los judíos en las tareas administrativas y policiales —las últimas cacerías de judíos en Berlín fueron obra, tal como he dicho, exclusivamente de la policía judía—, se hubiera producido un caos total o, para evitarlo, hubiese sido preciso emplear fuerzas alemanas, lo cual hubiera mermado gravemente los recursos humanos de la nación. («No cabe duda de que, sin la cooperación de las víctimas, hubiera sido poco menos que imposible que unos pocos miles de hombres, la mayoría de los cuales trabajaban en oficinas, liquida-

ran a muchos cientos de miles de individuos ... En su itinerario hacia la muerte, los judíos polacos vieron a muy pocos alemanes», dice R. Pendorf en la obra antes mencionada. Y estas palabras son más aplicables todavía a aquellos judíos que fueron transportados a Polonia para hallar la muerte en este país.) Debido a lo anterior, la formación de gobiernos títere en los territorios ocupados iba siempre acompañada de la organización de una oficina central judía, y, tal como veremos más adelante, en aquellos países en que los alemanes no lograron establecer un gobierno títere, también fracasaron en su empeño de conseguir la colaboración de los judíos. Pero, si bien los miembros de los gabinetes «Quisling» procedían por lo general de los partidos de la oposición, también es cierto que los individuos integrantes de los consejos judíos eran por lo general los más destacados dirigentes judíos del país de que se tratara, y a estos los nazis confirieron extraordinarios poderes, por lo menos hasta el momento en que también fueron deportados a Theresienstadt o a Bergen-Belsen, si es que procedían de países de la Europa occidental y central, o a Auschwitz si procedían de países de la Europa oriental.

Para los judíos, el papel que desempeñaron los dirigentes judíos en la destrucción de su propio pueblo constituye, sin duda alguna, uno de los más tenebrosos capítulos de la tenebrosa historia de los padecimientos de los judíos en Europa. Esto se sabía ya, pero ha sido expresado por primera vez en todo su patetismo y en toda la sordidez de los detalles por Raul Hilberg, cuya obra más conocida, *The Destruction of the European Jews*, he mencionado anteriormente. En cuanto hace referencia a la colaboración con los verdugos, no cabe trazar una línea divisoria que distinga a las altamente asimiladas comunidades judías de los países del centro y el oeste de Europa, por una parte, y las masas de habla yiddish asen-

tadas en los países del Este. En Amsterdam al igual que en Varsovia, en Berlín al igual que en Budapest, los representantes del pueblo judío formaban listas de individuos de su pueblo, con expresión de los bienes que poseían; obtenían dinero de los deportados a fin de pagar los gastos de su deportación y exterminio; llevaban un registro de las viviendas que quedaban libres; proporcionaban fuerzas de policía judía para que colaboraran en la detención de otros judíos y los embarcaran en los trenes que debían conducirles a la muerte; e incluso, como un último gesto de colaboración, entregaban las cuentas del activo de los judíos, en perfecto orden, para facilitar a los nazis su confiscación. Distribuían enseñas con la estrella amarilla y, en ocasiones, como ocurrió en Varsovia, «la venta de brazaletes con la estrella llegó a ser un negocio de seguros beneficios; había brazaletes de tela ordinaria y brazaletes de lujo, de material plástico, lavable». En los manifiestos que daban a la publicidad, inspirados pero no dictados por los nazis, todavía podemos percibir hasta qué punto gozaban estos judíos con el ejercicio del poder recientemente adquirido. La primera proclama del consejo de Budapest decía: «Al Consejo Judío central le ha sido concedido el total derecho de disposición sobre los bienes espirituales y materiales de todos los judíos de su jurisdicción». Y sabemos también cuáles eran los sentimientos que experimentaban los representantes judíos cuando se convertían en cómplices de las matanzas. Se creían capitanes «cuyos buques se hubieran hundido si ellos no hubiesen sido capaces de llevarlos a puerto seguro, gracias a lanzar por la borda la mayor parte de su preciosa carga», como salvadores que «con el sacrificio de cien hombres salvan a mil, con el sacrificio de mil a diez mil». Pero la verdad era mucho más terrible. Por ejemplo, en Hungría, el doctor Kastner salvó exactamente a 1.684 judíos gracias al sacrificio de 476.000 víctimas apro-

ximadamente. A fin de no dejar al «ciego azar» la selección de los que debían morir y de los que debían salvarse, se necesitaba aplicar «principios verdaderamente santos», a modo de «fuerza que guíe la débil mano humana que escribe en un papel el nombre de un desconocido, y con ello decide su vida o su muerte». ¿Y quiénes eran las personas que estos «santos principios» seleccionaban como merecedoras de seguir con vida? Eran aquellas que «habían trabajado toda la vida en pro del *zibur*» (la comunidad) —es decir, los funcionarios— y los «judíos más prominentes», como dice Kastner en su informe.

Nadie se preocupó de obligar a los representantes judíos a jurar mantener en secreto sus actividades, por cuanto se prestaban voluntariamente a ser «receptores de secretos», ya fuera a fin de evitar el terror actuando con la máxima discreción, como era el caso del doctor Kastner, ya por consideraciones de orden «humanitario», tales como pensar que «vivir en espera de la muerte por gas sería todavía más duro», como fue el caso del doctor Leo Baeck, ex rabino mayor de Berlín. Durante el juicio de Eichmann un testigo señaló las desdichadas consecuencias de este comportamiento «humanitario»: los judíos se ofrecían voluntariamente a ser deportados de Theresienstadt a Auschwitz, y denunciaban a aquellos que pretendían decir la verdad, por considerarlos corruptos. También conocemos las características personales de los dirigentes judíos durante el período nazi; su manera de ser variaba desde la de Chaim Rumkowski, decano de los judíos de Lódz, llamado Chaim I, que emitía papel moneda con su firma, y sellos de correo con su efigie, y que se trasladaba de un lado a otro en un carruaje en mal estado tirado por caballos, hasta la de Leo Baeck, universitario, de modales suaves, extraordinariamente educado, que creía que el empleo de policía judía daría lugar a un trato «más amable» y con-

tribuiría a que «la tortura de los judíos no fuera tan atroz» (en realidad, la policía judía era, naturalmente, más brutal y menos corrupta, ya que los castigos a que se exponían eran más graves). Finalmente, hubo algunos representantes judíos, pocos, que se suicidaron, como fue el caso de Adam Czerniakow, presidente del Consejo Judío de Varsovia, que no era rabí, sino incrédulo, de profesión ingeniero, buen conocedor del idioma polaco, pero que hubiera debido recordar la frase rabínica: «Deja que te maten, pero no cruces esta línea».

Era casi indiscutible que la acusación, en el juicio de Jerusalén, que tanto cuidado tuvo en no poner en un brete a la administración de Adenauer, debía evitar, por razones más importantes y más evidentes, sacar a la luz este capítulo de la historia de los judíos. (Sin embargo, estos asuntos se discuten abiertamente y con sorprendente franqueza en los libros de texto israelitas —tal como puede comprobarse en el artículo «Young Israelis and Jews Abroad – A Study of Selected History Textbooks»—, debido a la pluma de Mark M. Krug, publicado en la *Comparative Education Review*, del mes de octubre de 1963.) A pesar de lo dicho, debemos aquí tratar sobre este capítulo, ya que explica ciertas lagunas de otro modo inexplicables, en la documentación de un caso que, por otra parte, padeció de un exceso de pruebas documentales. Los jueces señalaron una de estas lagunas, consistente en la no inclusión en los autos del libro de H. G. Adler *Theresienstadt 1941-1945* (1955), que la acusación, un tanto avergonzada, reconoció como texto de contenido «auténtico y basado en fuentes incontestables». La razón de que tal obra no se hubiera incluido es evidente. El libro describe detalladamente el modo en que el Consejo Judío de Theresienstadt formaba las «listas de transporte», después de que las SS les hubieran dado algunas directrices, concretando el número de judíos

que debían ser transportados, su edad, sexo, profesión y país de origen. La postura de la acusación hubiera quedado debilitada si se hubiera visto obligada a reconocer que la determinación de los individuos que debían ser enviados a la muerte era, salvo escasas excepciones, tarea de la administración judía. Y el teniente fiscal, Ya'akov Baror, que fue quien tuvo que responder a la pregunta de la sala, indicó veladamente que lo anteriormente dicho era la razón de la no inclusión de la referida obra, al afirmar: «Esta acusación procura poner de manifiesto todo aquello que de un modo u otro hace referencia al acusado, sin deformar el cuadro general del presente caso». El cuadro hubiera quedado verdaderamente deformado si se hubiera unido a las pruebas documentales el libro de Adler, ya que hubiera contradicho las declaraciones prestadas por el principal testigo de los acontecimientos de Theresienstadt, quien aseguró que el propio Eichmann era quien efectuaba la selección de los individuos que debían ser transportados. Más importante todavía, el cuadro general presentado por la acusación, en el que se hacía una tajante distinción entre víctimas y victimarios, hubiera quedado muy gravemente deformado. La tarea de suministrar medios de prueba que contradicen la tesis de la acusación incumbe por lo general a la defensa, y resulta difícil explicar por qué razón el doctor Servatius, que había percibido ciertas contradicciones de menor importancia en las declaraciones de los testigos, no se valió de libro tan conocido y de tan fácil obtención. El doctor Servatius hubiera podido poner de relieve que Eichmann, inmediatamente después de haber sido transformado de experto en emigración en experto en «evacuación», nombró «decanos judíos» de Theresienstadt a sus antiguos colaboradores judíos en el asunto de la emigración, es decir, al doctor Paul Eppstein, quien se había ocupado de la emigración judía en Berlín, y al rabí Benjamín Mur-

melstein, quien ocupó el mismo cargo en Viena. Esto hubiera sido mucho más eficaz, en orden a revelar el ambiente en que Eichmann trabajaba, que todas las preguntas y contestaciones desagradables, y en ocasiones absolutamente ofensivas, acerca de juramentos, lealtad, virtudes y obediencia ciega.

El testimonio prestado por Charlotte Salzberger sobre Theresienstadt, en el cual me he basado para escribir lo anterior, nos permite por lo menos echar una ojeada a este rincón olvidado de lo que la acusación dio en llamar «el cuadro general». Al presidente de la sala no le gustaron estas palabras, y tampoco el cuadro en cuestión. Varias veces dijo al fiscal general que «aquí no estamos para pintar cuadros», que existía «una acusación concreta, y esta acusación es lo que limita el ámbito del presente juicio», que el tribunal «se ha formado una idea del presente juicio, en consonancia con la acusación» y que «el fiscal debe ceñirse al objeto del juicio», admirables admoniciones todas ellas, en un procedimiento penal, que no fueron observadas en ningún caso. El fiscal hizo algo mucho peor que no obedecer las advertencias del presidente, ya que pura y simplemente renunció a guiar con sus preguntas a los testigos —o, cuando el tribunal insistía mucho, se limitaba a formular unas cuantas preguntas vagas y al azar—, lo cual produjo la consecuencia de que los testigos se comportaran como si fueran oradores en un mitin presidido por el fiscal, quien los presentaba al público, antes de que subieran al estrado. Los testigos pudieron hablar casi todo lo que quisieron, y muy rara vez se les formuló una pregunta específica.

Este ambiente, no ya de juicio espectacular, sino de mitin multitudinario, en el que los oradores, uno tras otro, hacen cuanto pueden para conmover a los oyentes, fue especialmente notorio cuando el fiscal llamó a una larga serie de testigos para que decla-

rasen acerca del alzamiento del gueto de Varsovia, y de intentonas parecidas efectuadas en Vilna y Kovno, hechos estos que ninguna relación guardaban con los crímenes del acusado. Las declaraciones de estos testigos hubieran contribuido a la finalidad específica del juicio, en el caso de que se hubiesen referido a las actividades de los consejos judíos, que tan importante y desastrosa función cumplieron en los heroicos esfuerzos de los rebeldes. Desde luego, alguna referencia se hizo a ello; los testigos que hablaron de los hombres de las «SS y quienes les ayudaban» indicaron, al hacerlo, que entre estos últimos se contaban «los policías del gueto que fueron un instrumento más en manos de los asesinos nazis», así como los Judenrat, pero estos testigos procuraron no extenderse demasiado sobre este tema, y, tan pronto como pudieron, hablaron del papel interpretado por los verdaderos traidores, de los que hubo muy pocos y que fueron «individuos sin nombre, que el gran público judío no conoce, al igual que ocurrió con todos los que, en la clandestinidad, lucharon contra los nazis». (En el curso de la declaración de estos testigos, el público estaba formado otra vez por personas distintas, casi todas ellas eran *Kibbuzniks*, es decir, miembros de las explotaciones comunales israelitas, a los que los testigos pertenecían.) La declaración más clara y limpia fue la de Zivia Lubetkin Zuckerman, en la actualidad mujer de unos cuarenta años, todavía hermosa, totalmente carente de sentimentalismos o de deseos de resaltar su personalidad, que habló exponiendo sistemáticamente los hechos, y expresando siempre, con toda seguridad, lo que deseaba expresar. Desde un punto de vista jurídico, las declaraciones de estos testigos fueron irrelevantes —en su informe final, Hausner no mencionó siquiera a uno de ellos—, salvo en cuanto constituían prueba de las estrechas relaciones existentes entre los combatientes clandestinos judíos y el maquis polaco y ruso, lo

cual, abstracción hecha de que contradijera las declaraciones de otros testigos («Toda la población estaba en contra de nosotros»), hubiera podido ser de utilidad a la defensa, por cuanto justificaba la matanza de civiles mucho mejor que la constante alegación de Eichmann al decir que «Weizmann había declarado la guerra a Alemania en 1939». (Esto último no era más que una estupidez. Chaim Weizmann tan solo había dicho, al clausurar el último congreso sionista celebrado antes de la guerra, que la guerra de las democracias occidentales «es nuestra guerra y su lucha es nuestra lucha». La tragedia consistía, tal como muy bien dijo Hausner, precisamente en que los nazis no reconocieron a los judíos la calidad de beligerantes, ya que si lo hubieran hecho, los judíos hubieran podido sobrevivir en campos de prisioneros de guerra o de internamiento.) Si el doctor Servatius hubiera utilizado este punto de defensa, la acusación se hubiera visto obligada a reconocer cuán lamentablemente reducidos eran estos grupos de resistentes clandestinos, cuán increíblemente débiles e inofensivos, y, además, cuán reducido porcentaje de la población total judía —que en ocasiones luchó con las armas en contra de ellos— representaban.

Si bien la improcedencia jurídica de estas declaraciones, que tanto tiempo consumieron, fue siempre lamentablemente clara, también es cierto que las intenciones del gobierno israelita, al proponerlas como medio de prueba, no fueron menos claras. Hausner (o, digamos, Ben Gurión) probablemente quisieron demostrar que si alguna resistencia hubo, esta provino de los grupos sionistas, como si, entre todos los judíos, únicamente los sionistas supieran que, cuando no se puede evitar la muerte, siempre vale la pena luchar para salvar el honor, como dijo la señora Zuckerman; que lo peor que puede ocurrirle a un ser humano, cuando se halla en tales circunstancias, es ser y conservarse «inocente», tal como de-

mostró con toda claridad el tenor general de las declaraciones de la señora Zuckerman. Sin embargo, estas «intenciones» políticas no surtieron el efecto pretendido, ya que los testigos dijeron la verdad y declararon ante el tribunal que todas las organizaciones y partidos judíos tuvieron su intervención en la resistencia, por lo cual la verdadera distinción no era la que separaba a los sionistas de los no sionistas, sino a los individuos organizados de los que no lo estaban, y, más importante todavía, a los jóvenes de los de media edad. Cierto es que quienes resistieron a los nazis constituían una minoría, una minúscula minoría, pero en las circunstancias en aquel entonces imperantes, «era un milagro», tal como hizo constar un testigo, «que tal minoría existiera».

Prescindiendo de consideraciones jurídicas, la comparecencia en estrados de aquellos que formaron parte de la resistencia judía fue bienvenida por todos los presentes, por cuanto contribuyó a disipar el triste espectro de cooperación universal, la sofocante y emponzoñada atmósfera que rodeó la Solución Final. El hecho, harto conocido, de que el trabajo material de matar, en los centros de exterminio, estuviera a cargo de comandos judíos quedó limpia y claramente establecido por los testigos de la acusación, quienes explicaron que estos comandos trabajaban en las cámaras de gas y en los crematorios, que arrancaban los dientes de oro y cortaban el cabello a los cadáveres, que cavaron las tumbas, y, luego, las volvieron a abrir para no dejar rastro de los asesinatos masivos, que fueron técnicos judíos quienes construyeron las cámaras de gas de Theresienstadt, centro este en el que la «autonomía» judía había alcanzado tal desarrollo que incluso el verdugo al servicio de la horca era judío. Pero todo lo anterior era tan solo horrible y no planteaba ningún problema moral. La selección y clasificación de los trabajadores en los campos de exterminio era efectuada por los

hombres de las SS, quienes tenían especial predilección por los delincuentes, aunque, de todos modos, su selección tan solo podía estar inspirada en criterios perjudiciales para los judíos en general. (Esto último quedó especialmente de manifiesto en Polonia, donde los nazis exterminaron a un alto porcentaje de judíos cultos, al mismo tiempo que mataban a los intelectuales y miembros de las profesiones liberales polacos, lo cual, dicho sea incidentalmente, contrasta con la política seguida en la Europa occidental, en donde procuraron salvar a los judíos prominentes, a fin de canjearlos por civiles alemanes internados o prisioneros de guerra; en un principio Bergen-Belsen fue un campo destinado a «judíos de canje».) El problema moral radicaba en la parte de verdad que había en las declaraciones de Eichmann al referirse a la colaboración de los judíos, incluso teniendo en cuenta las circunstancias propias de la Solución Final. «La composición del Consejo Judío [en Theresienstadt] y la distribución del trabajo quedó a discreción del propio Consejo, excepto el nombramiento del presidente, es decir, la determinación de quién ocuparía el puesto de presidente, que reservamos a nuestra competencia, como es lógico. Sin embargo, tal nombramiento no revestía la forma de una decisión dictatorial. Los funcionarios judíos con quien estábamos en constante relación tenían que ser tratados, bueno, digamos, con guante blanco ... No les dábamos órdenes tajantes por la sencilla razón de que si los altos funcionarios judíos hubieran recibido órdenes en los términos "debes hacer esto", "mandamos aquello", esto tan solo hubiera servido para crearnos mayores dificultades. Cuando a una persona no le gusta el trabajo que hace, los efectos se dejan sentir prontamente ... Hicimos cuanto pudimos para que el trabajo de estos funcionarios resultara agradable.» No cabe duda de que así fue. El problema radica en saber cómo lo consiguieron.

Así pues, la más grave omisión en el «cuadro general» fue la de aquellas declaraciones referentes a la colaboración entre los dirigentes nazis y las autoridades judías, que hubieran dado ocasión a formular la siguiente pregunta: «¿Por qué colaboró aquella gente en la destrucción de su propio pueblo; a fin de cuentas, en labrar su propia ruina?». El único testigo que había sido miembro destacado de un Judenrat fue Pinchas Freudiger, ex barón Philip von Freudiger, de Budapest. En el curso de su declaración se produjeron los únicos incidentes dignos de mención ocurridos durante el juicio; el público le increpó a gritos, en yiddish y en húngaro, y el tribunal tuvo que interrumpir la sesión. Freudiger, judío ortodoxo de gran dignidad personal, quedó anonadado. Dijo: «Aquí hay gente que dice que se les advirtió que mejor sería que no intentaran huir. Pero no hay que olvidar que el cincuenta por ciento de los que escaparon fueron capturados y ejecutados» —contra el noventa y nueve por ciento, entre los que no escaparon—. «¿Adónde podían ir? ¿Adónde podían huir?», pero el propio Freudiger huyó a Rumania porque era rico, y Wisliceny le ayudó. «¿Qué podíamos hacer en esas circunstancias? ¿Qué podíamos hacer?» La única contestación a esta pregunta fue dada por el presidente del tribunal: «No creo que sus palabras contesten la pregunta formulada». Pregunta que no formuló el tribunal, sino el público asistente.

Los magistrados se refirieron dos veces al tema de la colaboración. El juez Yitzak Raveh logró que uno de los testigos reconociera que «la policía del gueto» era «un instrumento más en manos de los asesinos», y también consiguió que el testigo en cuestión dijera que «la política del Judenrat consistía en cooperar con los nazis». El juez Halevi consiguió, con sus repreguntas, que Eichmann reconociera que los nazis consideraban que esta colaboración constituía la piedra angular de su política con respecto a los judíos. Sin

embargo, la pregunta que el fiscal formulaba invariablemente a todos los testigos, salvo a aquellos que lucharon en las filas de la resistencia clandestina, y que tan natural parecía a quienes no conocían los antecedentes ambientales, la pregunta «¿Por qué no se rebeló usted?», cumplía en realidad la función de cortina de humo que ocultaba otra pregunta no formulada. Y por esto todas las contestaciones dadas a la incontestable pregunta del fiscal estuvieron muy lejos de ser «la verdad, toda la verdad y nada más que la verdad». Cierto era que el pueblo judío, globalmente considerado, no estaba organizado, que no poseía territorio, que no disponía de un gobierno, ni de un ejército, y que, en el momento en que más lo necesitaba, tampoco tuvo un gobierno en el exilio que le representara ante los aliados (la Organización Judía para Palestina, presidida por el doctor Weizmann, era, a lo sumo, un sucedáneo), carecía de armas y de jóvenes con formación militar. Pero también era verdad que existían organizaciones comunales judías, y organizaciones de ayuda, tanto de alcance local como de alcance internacional. Allí donde había judíos había asimismo dirigentes judíos, y estos dirigentes, casi sin excepción, colaboraron con los nazis, de un modo u otro, por una u otra razón. La verdad era que si el pueblo judío hubiera carecido de toda organización y de toda jefatura, se hubiera producido el caos, y grandes males hubieran sobrevenido a los judíos, pero el número total de víctimas difícilmente se hubiera elevado a una suma que oscila entre los cuatro millones y medio y los seis millones. (Según los cálculos de Freudiger, la mitad de ellos hubieran podido salvarse si no hubieran seguido las instrucciones que les dieron los consejos judíos. Se trata desde luego de una estimación aproximada, pero este porcentaje concuerda con las cifras bastante dignas de crédito de que disponemos con referencia a lo ocurrido en Holanda, obtenidas por el doctor L. de

Jong, jefe del Instituto Holandés de Documentos de Guerra. En Holanda, donde el Joodsche Raad, al igual que todas las autoridades holandesas, no tardó en convertirse en instrumento de los nazis, 103.000 judíos fueron deportados a los campos de exterminio y unos cinco mil a Theresienstadt, merced, como de costumbre, a la colaboración del Consejo Judío. Tan solo quinientos diecinueve judíos regresaron de los campos de exterminio. Por el contrario, diez mil de aquellos veinte o veinticinco mil que huyeron de los nazis —y, en consecuencia, de la obediencia a los consejos judíos— y se ocultaron, lograron sobrevivir. De nuevo nos encontramos ante un porcentaje del cuarenta al cincuenta por ciento de supervivientes. Casi todos los judíos enviados a Theresienstadt regresaron a Holanda.)

Me he detenido a considerar este capítulo de la historia de los judíos durante la Segunda Guerra Mundial, capítulo que el juicio de Jerusalén no puso ante los ojos del mundo en su debida perspectiva, por cuanto ofrece una sorprendente visión de la totalidad del colapso moral que los nazis produjeron en la respetable sociedad europea, no solo en Alemania, sino en casi todos los países, no solo entre los victimarios, sino también entre las víctimas. Eichmann, a diferencia de otros individuos del movimiento nazi, siempre tuvo un inmenso respeto hacia la «buena sociedad»; y los buenos modales de que hacía gala ante los funcionarios judíos de habla alemana eran, en gran medida, el resultado de reconocer que trataba con gente socialmente superior a él. Eichmann no era, ni mucho menos, como un testigo le motejó, un *Landsknechtnatur*, un mercenario, que quería huir a regiones en las que no se observaran los Diez Mandamientos y en las que un hombre pudiera hacer lo que quisiera. Hasta el último instante, Eichmann creyó fervientemente en el éxito, el criterio que mejor le servía para determinar lo

que era la «buena sociedad». Características de Eichmann fueron sus últimas palabras acerca de Hitler, a quien Eichmann y su camarada Sassen decidieron «dar poca importancia» en su relato. Eichmann dijo que Hitler «quizá estuviera totalmente equivocado, pero una cosa hay que no se le puede negar: fue un hombre capaz de elevarse desde cabo del ejército alemán a Führer de un pueblo de ochenta millones de personas ... Para mí, el éxito alcanzado por Hitler era razón suficiente para obedecerle». La conciencia de Eichmann quedó tranquilizada cuando vio el celo y el entusiasmo que la «buena sociedad» ponía en reaccionar tal como él reaccionaba. No tuvo Eichmann ninguna necesidad de «cerrar sus oídos a la voz de la conciencia», tal como se dijo en el juicio, no, no tuvo tal necesidad debido, no a que no tuviera conciencia, sino a que la conciencia hablaba con voz respetable, con la voz de la respetable sociedad que le rodeaba.

El hecho de que no hubiera voces procedentes del exterior que despertaran su conciencia fue uno de los argumentos esgrimidos por Eichmann, y la correlativa tarea de la acusación fue demostrar que no era este el caso, que realmente existían voces del exterior que bien hubiera podido escuchar, y que, de todos modos, Eichmann había llevado a cabo su tarea con un entusiasmo que superaba en mucho el exigido por el mero cumplimiento del deber. Y esto último resultó ser verdad, salvo en cuanto —por extraño que parezca— su celo de asesino no era en modo alguno totalmente independiente de la ambigüedad de las voces de aquellos que, en alguna que otra ocasión, intentaron templar un poco su entusiasmo. Aquí será preciso que nos refiramos, aunque solo sea de pasada, a la llamada «emigración interior» de los alemanes. Nos referimos a la actitud de aquellos individuos que frecuentemente ocuparon cargos, incluso altos cargos, en el Tercer Reich, y que, después de la

guerra, se dijeron a sí mismos, y proclamaron a los cuatro vientos, que siempre se «opusieron internamente» al régimen. El problema, en este caso, no radica en averiguar si decían la verdad o no, antes bien consiste en hallar la razón por la cual, en la Alemania de Hitler, donde tanto abundaban los secretos, no hubo jamás secreto mejor guardado que este de la «oposición interna». En el ambiente de terror imperante en la Alemania nazi, guardar tal secreto era absolutamente imprescindible. Tal como un «emigrante interior», bastante conocido, y que ciertamente creía en su propia sinceridad, me dijo en cierta ocasión, todos tenían la obligación de aparecer «exteriormente» incluso más nazis que los nazis normales, a fin de poder guardar su secreto. (Incidentalmente, esto quizá explique por qué las pocas protestas de que tenemos noticia contra el programa de exterminio no fueron formuladas por los altos jefes del ejército, sino por antiguos miembros del partido.) En consecuencia, la única posible manera de vivir en el Tercer Reich y de no comportarse como un nazi consistía en no dar muestras de vida. «La abstención de toda participación significativa en la vida pública» era el único criterio útil para medir la culpabilidad individual, como Otto Kirchheimer observó recientemente en *Political Justice* (1961). La denominación «emigrante interior» tan solo adquiere sentido cuando se aplica al individuo que vivía «como exiliado entre las gentes de su propio pueblo, que vivía rodeado de una masa animada por una fe ciega», tal como dijo el profesor Hermann Jahrreiss en su «Informe general de todos los defensores» ante el tribunal de Nuremberg. Y esto era así por cuanto la oposición resultaba «totalmente estéril», habida cuenta de la absoluta carencia de organización. Cierto es que hubo alemanes que vivieron doce años en este ambiente de «frialdad exterior», pero su número era insignificante, incluso entre los resistentes. En los últimos

años el término «emigración interior» (que en sí mismo resulta de significado un tanto equívoco, ya que tanto puede referirse a una emigración hacia las capas más profundas del alma, como a una manera de comportarse cual si uno fuera un emigrante) se ha convertido casi en un chiste. El siniestro doctor Otto Bradfisch, antiguo miembro de uno de los *Einsatzgruppen*, y que presidió el asesinato de por lo menos quince mil individuos, afirmó ante un tribunal alemán que siempre se «opuso interiormente» a lo que hacía. Quizá necesitaba la muerte de quince mil hombres, a fin de tener una coartada con la que protegerse ante los «verdaderos nazis». (Esta misma argumentación fue empleada, aunque con menos éxito, ante un tribunal polaco por el ex *Gauleiter* del Warthegau Arthur Greiser: solamente su «alma oficial» había cometido los crímenes por los que fue ahorcado en 1946, su «alma privada» siempre los repudió.)

Si bien Eichmann quizá nunca halló en sí mismo a un «emigrante interno», probablemente tuvo ocasión de conocer a funcionarios públicos que, en la actualidad, aseguran que permanecieron en sus puestos únicamente con la finalidad de «suavizar» las cosas y evitar que sus cargos fueran ocupados por «verdaderos nazis». Especial atención merece el famoso caso del doctor Hans Globke, subsecretario de Estado, y, de 1953 a 1963, jefe de personal de la Cancillería de la Alemania Occidental. Como sea que el doctor Globke fue el único funcionario de esta categoría mencionado en el curso del juicio de Jerusalén, bien vale la pena que examinemos durante unos instantes su labor de «suavización». El doctor Globke había prestado sus servicios en el Ministerio del Interior de Prusia, antes del acceso de Hitler al poder, y allí dio muestras de un prematuro interés en el problema judío. Él fue quien redactó la primera de las órdenes según las cuales era necesario «probar ser

descendiente de arios» en los expedientes de solicitud de cambio de apellido. Esta orden, contenida en carta circular de diciembre de 1932, fue dada en una época en que la elevación de Hitler al poder todavía no era cierta, sino muy probable tan solo, y constituye un extraño precedente de los «decretos secretos», es decir, de la manera de gobernar, típicamente totalitaria, mediante normas legales que no son sometidas a la atención del público, que Hitler empleó mucho después, sirviéndose de la fórmula «estas directrices no deben publicarse». Tal como he dicho, al doctor Globke le interesaban los apellidos, y también es cierto que sus «Comentarios a las leyes de Nuremberg de 1935» son mucho más «avanzados» que las anteriores interpretaciones de las *Rassenschande* hechas por el doctor Bernhard Lösener, experto en asuntos judíos del Ministerio del Interior y viejo miembro del partido, por lo que bien cabe acusar al doctor Globke de haber sido todavía más radical que los «verdaderos nazis». Pero incluso en el caso de que creamos en las buenas intenciones del doctor Globke, es difícil imaginar qué podía hacer en las circunstancias entonces imperantes para mejorar un poco las cosas. No obstante lo dicho, un periódico alemán, tras una intensa labor de búsqueda, pudo dar respuesta a tan intrigante cuestión. Los periodistas descubrieron un documento, debidamente firmado por el doctor Globke, en el que ordenaba que todas las muchachas checas, futuras esposas de soldados alemanes, debían entregar, como requisito indispensable para obtener el permiso de matrimonio, fotografías suyas en las que aparecieran en traje de baño. El doctor Globke explicó: «Gracias a esta orden confidencial se suavizó un poco un escándalo que duraba ya tres años». Y así era, ya que hasta el momento de la intervención del doctor Globke, las muchachas checas tenían que presentar fotografías en las que aparecieran totalmente desnudas.

El doctor Globke, tal como declaró en Nuremberg, tuvo la suerte de trabajar a las órdenes de otro «suavizador», el subsecretario de Estado Wilhelm Stuckart, a quien hemos conocido anteriormente en su papel de entusiasta asistente a la Conferencia de Wannsee. La labor de suavización de Stuckart beneficiaba a los medio judíos, a quienes propuso esterilizar. (El tribunal de Nuremberg, que estaba en posesión del acta de la Conferencia de Wannsee, quizá no creyera que Stuckart ignoraba la existencia del programa de exterminio, pero no obstante le condenó a una pena equivalente al tiempo cumplido en prisión provisional, en atención a la deficiente salud del acusado. Un tribunal alemán de desnazificación le condenó al pago de una multa de quinientos marcos y le declaró «miembro nominal del partido» —*Mitläufer*—, pese a que forzosamente debían saber los juzgadores que Stuckart fue, por lo menos, miembro de la «vieja guardia» del partido, e ingresó en las SS a primera hora, en calidad de miembro honorario.) Evidentemente, la historia de los «suavizadores» empleados en las oficinas de Hitler forma parte de la serie de cuentos de hadas surgidos en la posguerra, y bien podemos prescindir de dichos «suavizadores», en el aspecto de voces que pudieron llegar a la conciencia de Eichmann.

En Jerusalén, la cuestión referente a estas voces adquirió gravedad al comparecer ante el tribunal el reverendo Heinrich Grüber, ministro protestante, que fue el único testigo alemán propuesto por el fiscal, y, dicho sea incidentalmente, el único testigo no judío, con la excepción del juez Michael Musmanno, de Estados Unidos. (Los testigos alemanes propuestos por la defensa fueron excluidos desde el principio, ya que se exponían a ser detenidos y acusados en Israel, en virtud de la misma ley de aplicación a Eichmann.) El reverendo Grüber perteneció al grupo, numérica-

mente reducido y políticamente irrelevante, formado por aquellos que se opusieron a Hitler por razones de principios, y no por consideraciones patrióticas, y cuya postura ante el problema judío jamás fue equívoca. El reverendo Grüber prometía ser un excelente testigo, por cuanto Eichmann había sostenido negociaciones con él en diversas ocasiones, y su mera comparecencia ante la sala causó fuerte impresión. Desgraciadamente, sus declaraciones fueron un tanto vagas. Tras el paso de tantos años, no recordaba cuánto había hablado con Eichmann, ni, lo cual era más grave, de qué asuntos trataron. Solo recordaba con claridad que en una ocasión pidió a Eichmann que mandara pan ácimo a Hungría para la celebración de la Pascua judía, y que se había trasladado a Suiza, durante la guerra, para contar a sus amigos cristianos cuán peligrosa era la situación en que se hallaban los judíos, y pedirles que ampliaran las oportunidades de emigración. (Estas negociaciones seguramente tuvieron lugar antes de que se pusiera en práctica la Solución Final, lo cual coincidió con el decreto de Himmler prohibiendo las emigraciones; probablemente se celebraron antes de la invasión de Rusia.) El reverendo consiguió su pan ácimo, fue sin dificultades a Suiza y regresó. Sus problemas comenzaron más tarde, al iniciarse las deportaciones. Al principio, el reverendo Grüber y su grupo de clérigos protestantes intervinieron únicamente en representación y beneficio de «individuos que fueron heridos en el curso de la Primera Guerra Mundial, de aquellos que habían merecido altas condecoraciones, de los viejos y de las viudas de los caídos en la Primera Guerra Mundial». Estas categorías se correspondían con aquellas que habían sido declaradas exentas por los propios nazis, en un principio. Ahora, a Grüber le dijeron que sus peticiones «contradecían la política adoptada por el gobierno en estos asuntos», pero nada malo ocurrió al pastor. Poco después, el reverendo

Grüber hizo algo verdaderamente extraordinario: intentó llegar hasta el campo de concentración de Gurs, en el sur de Francia, en el que el gobierno de Vichy había internado, junto con los judíos alemanes refugiados en Francia, a unos siete mil quinientos judíos de Baden y del Saarpfalz a quienes Eichmann había pasado de contrabando a Francia en el otoño de 1940, y quienes, según las informaciones de que Grüber disponía, se encontraban en condiciones todavía peores que las de los judíos deportados a Polonia. A resultas de este intento, el reverendo Grüber fue detenido y enviado a un campo de concentración; primero a Sachsenhausen y, después, a Dachau. (Parecido destino tuvo el sacerdote católico Bernard Lichtenberg, de la catedral de Santa Eduvigis, de Berlín, quien no solo osó rezar públicamente por los judíos, bautizados o no —lo cual resultaba mucho más peligroso que intervenir en favor de algunos «casos especiales»—, sino que también pidió que se le permitiera acompañar a los judíos en su deportación a los países del Este. Este sacerdote murió cuando era trasladado a un campo de concentración.)

Con la salvedad de haber dado testimonio de la existencia de «otra Alemania», el reverendo Grüber no contribuyó gran cosa a la mayor significación jurídica y legal del juicio. Formuló muchos juicios banales acerca de Eichmann —dijo que era como un «pedazo de hielo», como el «mármol», un *Landsknechtsnatur*, y un «ciclista» (expresión popular alemana para indicar al hombre que se inclina ante sus superiores y patea a sus subordinados)—, ninguno de los cuales indicaban que el reverendo Grüber fuera un buen psicólogo, aparte de que la acusación de «ciclista» quedó refutada mediante pruebas demostrativas de que Eichmann era bastante benévolo con sus subordinados. De todas formas, el caso es que estas conclusiones e interpretaciones normalmente no se hu-

bieran consignado en acta, en un juicio celebrado ante cualquier otro tribunal, pero en el juicio de Jerusalén llegaron a constar en la sentencia. Sin tales manifestaciones, la declaración del reverendo Grüber hubiera servido para fortalecer la tesis de la defensa, ya que Eichmann jamás dio al pastor una contestación directa, siempre le dijo que volviera a visitarle, por cuanto tenía que solicitar las pertinentes instrucciones. Más importante aún, el doctor Servatius tomó por fin la iniciativa y formuló al testigo una pregunta altamente pertinente: «¿Intentó el testigo ejercer su influencia en el acusado? ¿Intentó el testigo, en su calidad de eclesiástico, hacer una llamada a los sentimientos del acusado, exhortarle, decirle que su conducta era contraria a la moral?». Naturalmente, el valeroso reverendo no hizo nada de eso, y sus contestaciones fueron muy embarazosas. Dijo que «los hechos son más eficaces que las palabras», y que «las palabras hubieran sido inútiles». Habló utilizando clichés que nada tenían que ver con los hechos reales, con aquella situación en que las palabras hubieran tenido el valor de «hechos», y en la que quizá un eclesiástico hubiera tenido el deber de poner a prueba la «inutilidad de las palabras».

Más pertinentes todavía que la pregunta del doctor Servatius fueron las palabras que Eichmann dijo sobre este episodio en su última declaración, donde repitió: «Nadie vino a verme para reprocharme ni un solo acto realizado por mí en el cumplimiento de mis deberes. Ni siquiera el pastor Grüber ha afirmado que lo hiciera». Después añadió: «Vino a verme, y me pidió que aliviara los sufrimientos del prójimo, pero no formuló objeción alguna a los actos por mí realizados en el cumplimiento de mi deber». De la declaración del propio pastor Grüber se deduce que este se preocupó, no tanto de «aliviar sufrimientos», como de eximir a algunos de tales sufrimientos, en consonancia con unas categorías estable-

cidas anteriormente por los nazis. Desde un principio, los judíos alemanes aceptaron sin protesta esta clasificación en categorías. Y la aceptación de categorías privilegiadas —judíos alemanes frente a judíos polacos, judíos excombatientes y condecorados frente a ciudadanos recientemente naturalizados— fue el inicio del colapso moral de la respetable sociedad judía. (En vista de que, actualmente, estas cuestiones son a menudo tratadas como si existiera una ley, nacida de la misma naturaleza humana, que obligara a todos a perder la dignidad al producirse un desastre, será oportuno recordar la actitud que adoptaron los excombatientes judíos franceses cuando su gobierno les ofreció idénticos privilegios. Los franceses, en aquel caso, contestaron: «Declaramos solemnemente nuestra renuncia a cuantos beneficios excepcionales nos sean atribuidos por nuestra condición de ex combatientes», *American Jewish Yearbook*, 1945.) No es preciso aclarar que los propios nazis jamás tomaron en serio estas distinciones, puesto que, para ellos, un judío siempre era un judío; sin embargo, tales categorías produjeron evidentes efectos hasta el final de la tragedia, ya que contribuyeron a tranquilizar ciertos escrúpulos de la población alemana. Gracias a las clasificaciones parecía que tan solo los judíos polacos, los ciudadanos que intentaban soslayar el servicio en el ejército, eran deportados. Pero quienes no quisieron cerrar los ojos, seguramente vieron con toda claridad, desde el principio, que «es práctica generalmente observada reconocer ciertas excepciones, a fin de permitir el más fácil mantenimiento de la norma general» (palabras de Louis de Jong en un luminoso artículo titulado «Jews and Non-Jews in Nazi-ocupied Holland»).

El más desastroso resultado de la aceptación de estas privilegiadas categorías fue que todos aquellos que solicitaban se les aplicara el régimen «excepcional» reconocían implícitamente la norma

general, pero esto jamás fue comprendido por aquellas «buenas personas», judías o gentiles, que se ocupaban de los «casos especiales» en que se podía solicitar tratamiento de preferencia. El grado en que las normas de juego de la Solución Final fueron aceptadas, incluso por las propias víctimas judías, quizá no quede en lugar alguno tan claramente puesto en evidencia como en el llamado «informe Kastner» (se puede adquirir en alemán: *Der Kastner-Bericht über Eichmanns Menschenhandel in Ungarn*, 1961). Incluso después de terminar la guerra, Kastner estaba orgulloso de los éxitos logrados en la tarea de salvar «judíos prominentes», categoría ideada por los nazis en 1942, como si también en su opinión no cupiera siquiera discutir que un judío famoso tenía más derecho a vivir que un judío cualquiera. Aceptar tales «responsabilidades» —ayudar a los nazis a descubrir a los «famosos», entre la masa anónima, ya que esto significaba— «requería más valor que enfrentarse con la muerte», según el doctor Kastner. Pero si los judíos y los gentiles que alegaban la existencia de «casos especiales» no se daban cuenta de su involuntaria complicidad, del implícito reconocimiento de la norma general que significaba la muerte para cuantos no fueran «casos especiales», forzosamente tuvieron que darse cuenta de ella quienes se dedicaban a la tarea de matar. Por lo menos tuvieron que imaginar que al recibir solicitudes de que hicieran excepciones, y al acceder de vez en cuando a ellas, y, en consecuencia, merecer la gratitud de los solicitantes, habían convencido a sus oponentes de la legalidad de sus actos.

Además, el reverendo Grüber y el tribunal de Jerusalén cometieron un grave error al presuponer que las peticiones de exención eran formuladas únicamente por los que se oponían al régimen. Contrariamente, tal como Heydrich expuso explícitamente en el curso de la Conferencia de Wannsee, el establecimiento de There-

sienstadt, en concepto de gueto destinado a las categorías privile-giadas, fue motivado por el gran número de intercesiones de las más distintas procedencias. Más tarde, Theresienstadt se convirtió en el lugar destinado a ser mostrado a los visitantes extranjeros, y sirvió para engañar al mundo exterior, pero esta no fue su origina-ria *raison d'être*. El horrible proceso de «descongestión» que a in-tervalos regulares tenía lugar en aquel «paraíso» —«tan distinto de los otros campos como el día de la noche», como muy bien dijo Eichmann— se impuso ineludiblemente debido a que allí nunca había espacio suficiente para alojar a todos los «privilegiados», y sabemos, gracias a una orden dictada por Ernst Kaltenbrunner, je-fe de la RSHA, que «se tenía especial cuidado en no deportar a los judíos con relaciones y amistades importantes en el mundo exte-rior». En otras palabras, los judíos no tan «prominentes» eran constantemente sacrificados en beneficio de aquellos cuya desapa-rición en los territorios del Este podía provocar incómodas pes-quisas. No era preciso que «las amistades en el mundo exterior» vi-vieran fuera de Alemania. Según Himmler había ochenta millones de buenos alemanes, y cada uno de ellos tenía su judío decente. Evidentemente, «los demás judíos son unos cerdos, pero este judío es un judío de primera clase» (Hilberg). Se dice que el propio Hit-ler conocía a trescientos cuarenta judíos de «primera clase», a quie-nes había dado la condición de alemanes o concedido los privile-gios propios de los medio judíos. Miles de medio judíos fueron declarados exentos de toda restricción, lo cual quizá explique que Heydrich ocupara tan alto cargo en las SS, y que el *Generalfeld-marschall* Erhard Milch tuviera tan alto puesto en las fuerzas aéreas de Göring, ya que nadie ignoraba que Heydrich y Milch eran me-dio judíos. (De los grandes criminales de guerra únicamente dos se arrepintieron antes de morir. Uno de ellos fue Heydrich, en el cur-

so de los nueve días de agonía, antes de que las heridas que le infligieron los patriotas checos le causaran la muerte. Y el otro fue Hans Franck, en su celda de condenado a muerte, en Nuremberg. Lo anterior no deja de producir cierta angustia, ya que es difícil evitar la sospecha de que Heydrich, al fin, no se arrepintió de haber cometido asesinatos, sino de haber traicionado a su propio pueblo.) Si las intercesiones en favor de judíos «prominentes» eran efectuadas por personas «prominentes» solían tener éxito. Así vemos que Sven Hedin, uno de los más ardientes admiradores de Hitler, intercedió en pro de un conocido geógrafo, el profesor Philippsohn, de Bonn, quien «vive en condiciones inmundas en Theresienstadt». En una carta que Hedin mandó a Hitler le amenazaba diciéndole que «su actitud con respecto a Alemania estaría en función del destino de Philippsohn», a consecuencia de lo cual (según el libro de H. G. Adler sobre Theresienstadt) Philippsohn fue inmediatamente trasladado a más confortables aposentos.

Actualmente, en Alemania, esta idea de los judíos «prominentes» todavía no ha sido olvidada. Y así vemos que mientras los judíos excombatientes y los demás grupos de judíos privilegiados ni siquiera se mencionan, todavía se lamenta el sino de judíos «famosos», con total olvido de los restantes. No son pocos, especialmente en las minorías cultas, quienes todavía lamentan públicamente que Alemania expulsara a Einstein, sin darse cuenta de que constituyó un crimen mucho más grave dar muerte al insignificante vecino de la casa de enfrente, a un Hans Cohn cualquiera, pese a no ser un genio.

8

LOS DEBERES DE UN CIUDADANO CUMPLIDOR DE LA LEY

Así vemos cómo Eichmann tuvo abundantes oportunidades de sentirse como un nuevo Poncio Pilatos y, a medida que pasaban los meses y pasaban los años, Eichmann superó la necesidad de sentir, en general. Las cosas eran tal como eran, así era la nueva ley común, basada en las órdenes del Führer; cualquier cosa que Eichmann hiciera la hacía, al menos así lo creía, en su condición de ciudadano fiel cumplidor de la ley. Tal como dijo una y otra vez a la policía y al tribunal, él cumplía con su *deber*; no solo obedecía *órdenes*, sino que también obedecía la *ley*. Eichmann presentía vagamente que la distinción entre órdenes y ley podía ser muy importante, pero ni la defensa ni los juzgadores le interrogaron al respecto. Los manidos conceptos de «órdenes superiores» y «actos de Estado» iban y venían constantemente en el aire de la sala de audiencia. Estos fueron los conceptos alrededor de los que giraron los debates sobre estas materias en el juicio de Nuremberg, por la sola razón de que producían la falsa impresión de que lo totalmente carente de precedentes podía juzgarse según unos precedentes y unas normas que los mismos hechos juzgados habían hecho desaparecer. Eichmann, con sus menguadas dotes intelectuales, era ciertamente el último hombre en la sala de justicia de

quien cabía esperar que negara la validez de estos conceptos y acuñara conceptos nuevos. Además, como fuere que solamente realizó actos que él consideraba como exigencias de su deber de ciudadano cumplidor de las leyes, y, por otra parte, actuó siempre en cumplimiento de órdenes —tuvo en todo momento buen cuidado de quedar «cubierto»—, Eichmann llegó a un tremendo estado de confusión mental, y comenzó a exaltar las virtudes y a denigrar los vicios, alternativamente, de la obediencia ciega, de la «obediencia de los cadáveres», *Kadavergehorsam*, tal como él mismo la denominaba.

Durante el interrogatorio policial, cuando Eichmann declaró repentinamente, y con gran énfasis, que siempre había vivido en consonancia con los preceptos morales de Kant, en especial con la definición kantiana del deber, dio un primer indicio de que tenía la vaga noción de que en aquel asunto había algo más que la simple cuestión del soldado que cumple órdenes claramente criminales, tanto en su naturaleza como por la intención con que son dadas. Esta afirmación resultaba simplemente indignante, y también incomprensible, ya que la filosofía moral de Kant está tan estrechamente unida a la facultad humana de juzgar que elimina en absoluto la obediencia ciega. El policía que interrogó a Eichmann no le pidió explicaciones, pero el juez Raveh, impulsado por la curiosidad o bien por la indignación ante el hecho de que Eichmann se atreviera a invocar a Kant para justificar sus crímenes, decidió interrogar al acusado sobre este punto. Ante la general sorpresa, Eichmann dio una definición aproximadamente correcta del imperativo categórico: «Con mis palabras acerca de Kant quise decir que el principio de mi voluntad debe ser tal que pueda devenir el principio de las leyes generales» (lo cual no es de aplicar al robo y al asesinato, por ejemplo, debido a que el ladrón y el asesino no

pueden desear vivir bajo un sistema jurídico que otorgue a los demás el derecho de robarles y asesinarles a ellos). A otras preguntas, Eichmann contestó añadiendo que había leído la *Crítica de la razón práctica*. Después, explicó que desde el momento en que recibió el encargo de llevar a la práctica la Solución Final, había dejado de vivir en consonancia con los principios kantianos, que se había dado cuenta de ello, y que se había consolado pensando que había dejado de ser «dueño de sus propios actos» y que él no podía «cambiar nada». Lo que Eichmann no explicó a sus jueces fue que, en aquel «período de crímenes legalizados por el Estado», como él mismo lo denominaba, no se había limitado a prescindir de la fórmula kantiana por haber dejado de ser aplicable, sino que la había modificado de manera que dijera: compórtate como si el principio de tus actos fuese el mismo que el de los actos del legislador o el de la ley común. O, según la fórmula del «imperativo categórico del Tercer Reich», debida a Hans Franck, que quizá Eichmann conociera: «Compórtate de tal manera, que si el Führer te viera aprobara tus actos» (*Die Technik des Staates*, 1942, pp. 15-16). Kant, desde luego, jamás intentó decir nada parecido. Al contrario, para él, todo hombre se convertía en un legislador desde el instante en que comenzaba a actuar; el hombre, al servirse de su «razón práctica», encontró los principios que podían y debían ser los principios de la ley. Pero también es cierto que la inconsciente deformación que de la frase hizo Eichmann es lo que este llamaba la versión de Kant «para uso casero del hombre sin importancia». En este uso casero, todo lo que queda del espíritu de Kant es la exigencia de que el hombre haga algo más que obedecer la ley, que vaya más allá del simple deber de obediencia, que identifique su propia voluntad con el principio que hay detrás de la ley, con la fuente de la que surge la ley. En la filosofía de Kant, esta fuente era

la razón práctica; en el empleo casero que Eichmann le daba, este principio era la voluntad del Führer. Gran parte de la horrible y trabajosa perfección en la ejecución de la Solución Final —una perfección que por lo general el observador considera como típicamente alemana, o bien como obra característica del perfecto burócrata— se debe a la extraña noción, muy difundida en Alemania, de que cumplir las leyes no significa únicamente obedecerlas, sino actuar como si uno fuera el autor de las leyes que obedece. De ahí la convicción de que es preciso ir más allá del mero cumplimiento del deber.

Sea cual sea la importancia que haya tenido Kant en la formación de la mentalidad del «hombre sin importancia» alemán, no cabe la menor duda de que, en un aspecto, Eichmann siguió verdaderamente los preceptos kantianos: una ley era una ley, y no cabían excepciones. En Jerusalén, Eichmann reconoció haber hecho dos excepciones. Durante aquel período en que cada alemán, de los ochenta millones que formaban la población, tenía su «judío decente», Eichmann prestó ayuda a un primo suyo medio judío y a un matrimonio judío de Viena, en cuyo favor había intercedido su tío. Incluso en Jerusalén, estas desviaciones le hacían sentirse un tanto descontento de sí mismo, y cuando en el curso de las repreguntas le interrogaron al respecto, Eichmann adoptó una actitud de franco arrepentimiento y dijo que había «confesado sus pecados» a sus superiores. Esta impersonal actitud en el cumplimiento de sus asesinos deberes condenó a Eichmann ante sus jueces, mucho más que cualquier otra cosa, lo cual es muy comprensible, pero según él esto era precisamente lo que le justificaba, tal como anteriormente había sido lo que acalló el último eco de la voz de su conciencia. No, no hacía excepciones. Y esto demostraba que siempre había actuado contra sus «inclinaciones», fuesen senti-

mentales, fuesen interesadas. En todo caso, él siempre cumplió con su deber.

El cumplimiento del «deber» al fin le condujo a una situación claramente conflictiva con las órdenes de sus superiores. Durante el último año de la guerra, más de dos años después de la Conferencia de Wannsee, Eichmann padeció su última crisis de conciencia. A medida que la derrota se aproximaba, Eichmann tuvo que enfrentarse con hombres de su propia organización que pedían insistentemente más y más excepciones, e incluso la interrupción de la Solución Final. Este fue el momento en que abandonó las precauciones y, una vez más, se permitió tener iniciativas; por ejemplo, organizó las marchas a pie de los judíos desde Budapest hasta la frontera austríaca, después de que los bombardeos de los aliados hubieran desbaratado el sistema de transportes. Corría el otoño de 1944, y Eichmann sabía que Himmler había ordenado el desmantelamiento de las instalaciones de exterminio de Auschwitz y que la matanza de judíos iba a terminar. En esta época, Eichmann tuvo una de sus poquísimas entrevistas personales con Himmler, en el curso de la cual se dijo que este gritó a aquel: «Si hasta el presente momento se ha dedicado usted a liquidar judíos, de ahora en adelante y hasta nueva orden se dedicará usted a cuidar judíos, a ser su niñera. Debo recordarle que fui yo, y no el *Gruppenführer* Müller, ni tampoco usted, quien en 1933 fundó la RSHA. ¡Y aquí soy yo el único que da órdenes!». El único testigo que podía corroborar lo anterior era el muy dudoso Kurt Becher. Eichmann negó que Himmler le hubiera gritado, pero no negó la realidad de la entrevista. Probablemente Himmler no pronunció exactamente las palabras que se le atribuyen, puesto que seguramente sabía que la RSHA fue fundada en 1939, y no en 1933, y no por él sino por Heydrich, con su aprobación. Sin embargo, probablemente ocurrió algo pa-

recido a lo relatado. Himmler, en aquel entonces, daba órdenes a diestro y siniestro en el sentido de que los judíos debían ser bien tratados —eran su más «segura inversión»— y la entrevista debió de constituir una triste experiencia para Eichmann.

La última crisis de conciencia de Eichmann comenzó en ocasión de sus misiones en Hungría, durante el mes de marzo de 1944, cuando el Ejército Rojo avanzaba por los Cárpatos hacia la frontera húngara. Hungría entró en la guerra a favor de Hitler, en 1941, con la sola finalidad de anexionarse territorios de sus vecinos, Eslovaquia, Rumania y Yugoslavia. El gobierno húngaro había sido manifiestamente antisemita antes de su entrada en la guerra, y después de este último acontecimiento se dedicó a deportar a todos los judíos apátridas de los territorios recién adquiridos. (En casi todos los países, las actividades antijudías se iniciaron teniendo por objeto a los apátridas.) Esto se encontraba totalmente fuera del marco de la Solución Final, y, en realidad, no encajaba en los complicados planes, entonces en preparación, según los cuales Europa sería «rastrillada de oeste a este», con lo cual Hungría se encontraría en un lugar bastante bajo en la lista de prioridades. La policía húngara había enviado a los judíos apátridas a las más cercanas zonas de Rusia, por lo que las autoridades alemanas de ocupación de estos territorios protestaron. Los húngaros se hicieron cargo de nuevo de unos cuantos miles de hombres que gozaban de fortaleza física, y ordenaron que el ejército, asesorado por unidades de policía alemana, fusilara a los restantes. El almirante Horthy, dictador fascista del país, no quiso llevar las cosas más lejos; sin embargo —y debido probablemente a la moderadora influencia de Mussolini y el fascismo italiano—, en los años siguientes, Hungría, al

igual que Italia, se convirtió en un refugio para los judíos, al que incluso podían llegar, alguna que otra vez, refugiados de Polonia y Eslovaquia. Debido a la anexión de nuevos territorios y a la constante entrada de refugiados, en Hungría el número de judíos aumentó desde los quinientos mil allí existentes antes de que empezara la guerra hasta los ochocientos mil que había en el momento en que Eichmann llegó al país.

Tal como ahora sabemos, la seguridad de que gozaron estos trescientos mil judíos recién llegados a Hungría se debía a la renuncia de los alemanes a iniciar actividades separadas de las restantes a fin de ocuparse de un número relativamente reducido de judíos, antes que a los deseos de ofrecer asilo por parte de Hungría. En 1942, a consecuencia de las presiones ejercidas por el Ministerio de Asuntos Exteriores de Alemania (que nunca dejaba de poner de relieve que la prueba más clara de la fidelidad de los aliados de Alemania consistía en su contribución a la «solución del problema judío», antes que su colaboración en orden a ganar la guerra), Hungría ofreció entregar a los alemanes todos sus refugiados judíos. El Ministerio de Asuntos Exteriores hubiera aceptado gustosamente esta oferta, como prueba de buena voluntad de los húngaros, pero Eichmann se opuso, ya que, por razones técnicas, prefería retrasar «tal medida hasta el momento en que Hungría pueda entregarnos también los judíos húngaros». A su juicio, sería demasiado caro «poner en marcha la maquinaria de la evacuación» con respecto únicamente a una clase de judíos, y «sin realizar ningún avance en lo referente a solucionar el problema judío de Hungría». Ahora, en 1944, Hungría podía ya realizar lo solicitado por Eichmann, debido a que el 19 de marzo dos divisiones del ejército alemán habían ocupado su territorio. Con estas unidades llegó el plenipotenciario del Reich, *Standartenführer* de las SS, doctor

Edmund Veesenmayer, así como el representante de Himmler en el Ministerio de Asuntos Exteriores y *Obergruppenführer* de las SS, Otto Winkelmann, miembro del alto mando de las SS y jefe del cuerpo de policía, por lo que se hallaba bajo el mando directo de Himmler. El tercer oficial de las SS que llegó a Hungría fue Eichmann, experto en evacuación y deportación de judíos, quien se hallaba bajo el mando de Müller y Kaltenbrunner, ambos de la RSHA. El propio Hitler cuidó de que la llegada de estos tres hombres fuera correctamente interpretada; en una famosa entrevista, celebrada antes de la ocupación de Hungría, dijo al almirante Horthy que «Hungría aún no había iniciado los pasos necesarios para solucionar el problema judío», y le acusó de «no haber permitido que los judíos fueran sacrificados» (Hilberg).

La misión de Eichmann era evidente. Trasladó su oficina entera a Budapest (lo cual, para su carrera, significaba un descenso), a fin de cuidar que se dieran «los pasos necesarios». Eichmann no preveía lo que iba a suceder. Su principal temor era que los húngaros ofrecieran resistencia a la ejecución de sus planes, resistencia que él no hubiera podido vencer por cuanto carecía de personal, así como de la precisa información sobre las condiciones imperantes en el país. Sus temores resultaron infundados. La policía húngara se prestó con entusiasmo a hacer cuanto fuera necesario, y el nuevo secretario encargado de asuntos políticos (judíos), en el Ministerio del Interior húngaro, Lászlo Endre, era un hombre «impuesto en el problema judío», que llegó a trabar íntima amistad con Eichmann, en cuya compañía pasaba gran parte del tiempo que sus ocupaciones le dejaban libre. Todo se desarrolló «como en un sueño», como Eichmann decía siempre que rememoraba este episodio, y no se le presentaron dificultades de género alguno. Así era, a no ser que llamemos dificultades a ciertas discrepancias de

menor importancia entre sus órdenes y los deseos de sus nuevos amigos. Por ejemplo, debido seguramente a que el Ejército Rojo avanzaba desde el este, Eichmann ordenó que el país fuera «rastrillado de este a oeste», lo cual significaba que los judíos de Budapest no serían evacuados sino semanas o quizá meses después de iniciarse la operación. Esto causó gran pesar a los húngaros, que deseaban que la capital fuese la primera ciudad en quedar *judenrein*. (El «sueño» de Eichmann fue una increíble pesadilla para los judíos; en ningún lugar se deportó y asesinó a tanta gente en tan poco tiempo. En menos de dos meses, 147 trenes sacaron del país a 434.351 personas, transportadas en vagones sellados, a razón de cien individuos por vagón; y las cámaras de gas de Auschwitz apenas pudieron dar abasto.)

Las dificultades de Eichmann tuvieron su origen en otro punto. No era un hombre solo, sino tres, los que tenían orden de colaborar en la «solución del problema judío»; cada uno de ellos pertenecía a una organización distinta y a una línea de mando distinta. Técnicamente, Winkelmann era el superior de Eichmann, pero los altos mandos de las SS y los jefes de policía no estaban bajo la jurisdicción de la RSHA, es decir, de la organización a la que Eichmann pertenecía. Y Veesenmayer, del Ministerio de Asuntos Exteriores, no dependía de ninguno de los organismos antes nombrados. El caso es que a Eichmann le molestaba la presencia de los demás, y se negó a obedecer sus órdenes. Pero quien le planteó los peores problemas fue un cuarto individuo, al que Himmler había encargado una «misión especial» en el único país europeo que no solo tenía un considerable número de judíos, sino que estos judíos gozaban todavía de una posición económica merecedora de atención. De un total de ciento diez mil establecimientos comerciales y empresas industriales que había en Hungría, se decía que

cuarenta mil estaban en manos judías. El hombre al que nos hemos referido era el *Obersturmbannführer*, y después *Standartenführer*, Kurt Becher.

Becher, el antiguo enemigo de Eichmann, que en la actualidad es un próspero comerciante de Bremen, fue citado, aunque ello pueda parecer raro, como testigo de descargo, en el juicio de Jerusalén. Por razones evidentes, Becher no pudo ir a Jerusalén, y fue interrogado en su ciudad de residencia. Su testimonio tuvo que ser recusado, debido a que le fueron mostradas con gran anticipación las preguntas que luego contestaría bajo juramento. Fue una verdadera lástima que Eichmann y Becher no pudieran ser enfrentados, y no solo por razones jurídicas. Este careo hubiera revelado otra zona del «cuadro general» que, incluso desde un punto jurídico, no carecía de trascendencia, ni mucho menos. Según sus propias manifestaciones, la razón por la que Becher ingresó en las SS fue que «desde 1932 hasta el presente día no había dejado de montar a caballo». Hace treinta años, este deporte lo practicaban, en Europa, únicamente los individuos miembros de las clases altas. En 1934, el entrenador de Becher le convenció de que ingresara en el regimiento de caballería de las SS, lo cual era, en aquellos días, lo mejor que podía hacer el ciudadano que quisiera pasar a formar parte del «movimiento» y mantener al mismo tiempo su prestigio social. (Jamás se mencionó una de las razones por las que Becher dio tanta importancia a la equitación en sus declaraciones: el tribunal de Nuremberg excluyó de las listas de organizaciones con responsabilidades criminales a las Reiter-SS.) Al estallar la guerra, Becher fue al frente, pero no como miembro del ejército, sino de las SS armadas, en las que era oficial de enlace con los jefes del ejército. Pronto fue retirado del frente y se le encomendó la misión de organizar y dirigir la compra de caballos destinados al departa-

mento de personal de las SS, tarea en la que consiguió casi todas las condecoraciones que en aquellos tiempos cabía conseguir.

Becher decía que le habían enviado a Hungría con la sola misión de comprar veinte mil caballos por cuenta de las SS. Lo cual es muy improbable, ya que inmediatamente después de su llegada inició una serie de entrevistas y muy fructíferas negociaciones con los directores de las grandes empresas comerciales e industriales judías. Las relaciones de Becher con Himmler eran excelentes, podía verle cuando quisiera. Y su «misión especial» resultaba transparente. Su tarea consistía en obtener el control de las principales empresas judías, sin que el gobierno húngaro se enterara, y, a cambio de lo anterior, daría a los propietarios el pasaporte que les permitiera salir del país y una considerable suma en divisas. Su transacción más importante fue la concertada con la factoría dedicada a la industria del acero de Manfred Weiss, empresa gigantesca, con treinta mil empleados, que producía desde aviones, camiones y bicicletas hasta imperdibles y agujas. Como resultado de estas negociaciones cuarenta y cinco miembros de la familia Weiss emigraron a Portugal, y el señor Becher pasó a ser director de la empresa. Cuando Eichmann se enteró de tal *Schweinerei*, quedó indignado. La transacción podía poner en peligro sus relaciones con los húngaros, quienes, como es natural, tenían esperanzas de apoderarse de las propiedades judías radicadas en el suelo patrio. A Eichmann no le faltaba razón para indignarse, debido a que estos tratos contravenían la normal política nazi, que, en este aspecto, había sido siempre muy generosa. Por la ayuda que prestaban en la resolución del problema judío en los diversos países, los alemanes no pedían la menor parte de las propiedades judías, sino únicamente el coste de la deportación y exterminio de los judíos, y este coste variaba grandemente de un país a otro. Los eslovacos hubieran debido pa-

gar entre trescientos y quinientos Reichsmarks por judío; los croatas tan solo treinta; los franceses, setecientos, y los belgas, doscientos cincuenta (parece que, salvo los croatas, nadie pagó). En aquellos últimos tiempos de la guerra, los alemanes pidieron, en Hungría, que el pago se efectuara mediante mercancías, mediante expediciones de alimentos al Reich, en cantidades equivalentes a la comida que hubieran consumido los judíos deportados. En cuanto a Eichmann hacía referencia, el asunto Weiss estaba solamente en su inicio, y la situación empeoraría mucho todavía. Becher era un comerciante nato, y allí donde Eichmann tan solo veía enormes tareas de organización y administración, Becher vislumbraba casi ilimitadas posibilidades de ganar dinero. El único obstáculo con que tropezaba era la estrechez de miras de criaturas subordinadas cual Eichmann, que tenían el vicio de tomarse en serio el desempeño de sus tareas. Los proyectos del *Obersturmbannführer* Becher pronto le condujeron a colaborar estrechamente en las actividades de rescate del doctor Rudolf Kastner. (Al testimonio que Kastner prestó en su descargo, en el juicio de Nuremberg, debe Becher su libertad. Después de la guerra, Kastner, que era un viejo sionista, se trasladó a Israel, donde ocupó un alto cargo, hasta que un periodista publicó el relato de su colaboración con las SS. Inmediatamente, Kastner se querelló por difamación. Las declaraciones que había prestado en Nuremberg perjudicaron a Kastner, y cuando el tribunal de Jerusalén entendió en su caso, el juez Halevi, uno de los tres que juzgaron a Eichmann, dijo a Kastner que «había vendido su alma al diablo». En marzo de 1957, poco después de que el caso hubiera sido elevado al Tribunal Supremo de Israel, Kastner fue asesinado; al parecer, ninguno de los asesinos procedía de Hungría. En el tribunal la sentencia contra Kastner fue anulada, y su nombre plenamente rehabilitado.) Los tratos que Becher con-

certó con Kastner fueron mucho más simples que las complicadas negociaciones realizadas con los magnates industriales, ya que consistieron en fijar un precio por la vida de cada judío que había de ser rescatado. Hubo mucho regateo sobre este precio, y parece que en cierto momento también Eichmann intervino en el asunto, por lo menos en las conversaciones preliminares. De modo característico, el precio pedido por Eichmann fue el más bajo, a saber, doscientos dólares por judío, lo cual no se debía, como es natural, a que quisiera salvar de la muerte a más judíos, sino simplemente a que Eichmann no estaba habituado a las grandes transacciones. Por fin se acordó el precio de mil dólares, y un grupo formado por 1.684 judíos, entre los que se contaban los familiares del doctor Kastner, abandonó Hungría camino del campo de canje de Bergen-Belsen, desde el que partirían para Suiza. Un trato parecido mantuvo muy ocupadas a todas las partes interesadas hasta que los rusos ocuparon Hungría; en virtud de dicho trato, Becher y Himmler tenían esperanzas de obtener veinte millones de francos suizos, que pagaría el American Joint Distribution Committee, con los cuales podrían comprar todo género de mercancías, pero las negociaciones no produjeron resultados.

Ninguna duda cabe de que las negociaciones de Becher estaban plenamente aprobadas por Himmler, y que contradecían abiertamente las tradicionales órdenes «radicales» que Eichmann todavía recibía por medio de Müller y Kaltenbrunner, sus inmediatos superiores en la RSHA. Desde el punto de vista de Eichmann, los individuos como Becher eran corruptos, pero la corrupción difícilmente pudo ser causa de su crisis de conciencia, por cuanto, si bien Eichmann no era hombre susceptible de padecer tentaciones de este género, también es cierto que en la época a que nos referimos probablemente llevaba ya varios años rodeado por el espec-

táculo de la corrupción. Es difícil imaginar que Eichmann ignorase que su amigo y subordinado, el *Hauptsturmführer* Dieter Wisliceny, había aceptado, ya en 1942, cincuenta mil dólares del Comité Judío de Ayuda de Bratislava, a fin de que retrasara las deportaciones en Eslovaquia. Sin embargo, tampoco es imposible que Eichmann desconociera este hecho. A pesar de todo, Eichmann en modo alguno podía ignorar que Himmler, en el otoño de 1942, intentó vender permisos de salida a los judíos eslovacos, a cambio de una suma en moneda extranjera, suficiente para reclutar una división de las SS. Pero ahora, en 1944, en Hungría las cosas eran distintas, no debido a que Himmler se dedicara a los «negocios», sino debido a que los negocios se habían convertido en la política oficialmente seguida por los superiores de Eichmann. Ya no se trataba, pues, de corrupción.

Al principio, Eichmann intentó participar en el juego y comportarse de acuerdo con las normas que lo regulaban. Entonces fue cuando intervino en las fantásticas negociaciones de «sangre por mercancías» —un millón de judíos a cambio de diez mil camiones para el tambaleante ejército alemán—, que, ciertamente, no fueron iniciadas por él. La manera en que, en Jerusalén, explicó la intervención que tuvo en este asunto demostró claramente cómo lo había justificado ante sí mismo. Lo consideró como una necesidad militar que le comportaría el beneficio adicional de un nuevo e importante papel en la cuestión de la emigración. Lo que nunca reconoció ante sí mismo fue que las crecientes dificultades, que surgían por todos lados, hacían de día en día más y más probable que él, Eichmann, se quedara pronto sin trabajo (y así ocurrió, pocos meses después), a no ser que consiguiera encontrar un hueco que le permitiera competir en la nueva carrera hacia el poder que había comenzado a su alrededor. Cuando el proyecto de

permuta llegó a su previsible fracaso, ya era de general conocimiento que Himmler, pese a sus vacilaciones, debidas principalmente al miedo físico que Hitler le inspiraba, había decidido interrumpir la ejecución de la Solución Final, en todos sus aspectos, olvidándose de cuanto hiciera relación a negociaciones, a necesidades militares, a todo, salvo a aquellas ilusiones que se había forjado de representar, en el futuro, el papel de factor de la paz en Alemania. En esta época, apareció un «ala moderada» en las SS, formada por aquellos que eran lo bastante estúpidos para creer que el asesino capaz de demostrar que no había matado a cuantos hubiera podido matar tendría una maravillosa coartada, y que, al mismo tiempo, eran lo bastante inteligentes para prever que, con el retorno a las «circunstancias normales», el dinero y las buenas relaciones serían de suma importancia.

Eichmann nunca se unió a esta «ala moderada», y es muy dudoso que hubiera sido admitido en ella, caso de pretenderlo. Eichmann no solo se había comprometido muy gravemente, sino que sus constantes relaciones con los representantes judíos le habían dado amplia notoriedad. Por otra parte, era demasiado primitivo para ser aceptado por aquellos bien educados «caballeros» de la clase media alta, hacia quienes tuvo, hasta el último momento, el más amargo de los resentimientos. Eichmann era muy capaz de enviar a la muerte a millones de individuos, pero no sabía hablar de ello de la manera adecuada, si no le proporcionaban el correspondiente código de lenguaje en clave. En Jerusalén, donde carecía de claves, Eichmann habló cuanto quiso de «matar», «asesinar», «crímenes legalizados por el Estado»... Llamaba al pan, pan y al vino, vino, en contraste con su defensor, cuyos sentimientos de superioridad social, con respecto a su defendido, se pusieron de manifiesto en más de una ocasión. (El doctor Dieter Wechtenbruch, ayu-

dante del doctor Servatius —y discípulo de Carl Schmitt—, que estuvo presente durante las primeras semanas del juicio, fue enviado después a Alemania para interrogar a los testigos de la defensa y reapareció en Jerusalén en la última semana de agosto, estuvo siempre a disposición de los periodistas para contestar a sus preguntas, y parecía más impresionado por la falta de educación y de elegancia de Eichmann que por sus crímenes. El doctor Wechtenbruch dijo: «Es un ser insignificante, habrá que ver cómo nos las arreglamos para que salve los obstáculos que tiene ante sí» —*wie wir das Würstchen über die Runden bringen*—. El propio Servatius declaró, incluso antes del juicio, que la personalidad de su cliente era la propia de un «vulgar cartero».)

Cuando Himmler adoptó una actitud «moderada», Eichmann saboteó sus órdenes tanto cuanto su valor se lo permitió, o, por lo menos, en tanto en cuanto creía estar «cubierto» por sus superiores inmediatos. En cierta ocasión, el doctor Kastner preguntó a Wisliceny: «¿Cómo se atreve Eichmann a sabotear las órdenes de Himmler?». En este caso, Kastner se refería a la interrupción de las marchas a pie en el otoño de 1944. Y la respuesta fue: «Probablemente puede ampararse en algún telegrama. Müller y Kaltenbrunner seguramente le han puesto a cubierto». Es muy posible que Eichmann tuviera una especie de confuso plan para liquidar el campo de Theresienstadt, antes de que a él llegara el Ejército Rojo, aun cuando al sentar esta afirmación únicamente podemos fundarnos en el dudoso testimonio de Dieter Wisliceny (quien meses, o quizá años, antes del fin de la guerra comenzó a preparar en propio beneficio y a expensas de Eichmann una coartada que presentó al tribunal de Nuremberg, ante el que compareció como testigo de la acusación, aunque de nada le sirvió ya que se concedió su extradición a Checoslovaquia, donde fue acusado para, en su día,

ser ejecutado en Praga, donde no tenía amistades y donde de nada podía servirle el dinero). Otros testigos aseguraron que fue Rolf Günther, uno de los subordinados de Eichmann, quien preparó el desmantelamiento de Theresienstadt, y que, por el contrario, había una orden dictada por Eichmann, en el sentido de que el gueto se dejara intacto. De todos modos, no cabe ninguna duda de que incluso en el mes de abril de 1945, cuando prácticamente todos pasaron a ser «moderados», Eichmann aprovechó una visita que Paul Dunand, de la Cruz Roja Suiza, efectuó a Theresienstadt, para hacer constar que no estaba de acuerdo con la nueva política seguida por Himmler con respecto a los judíos.

En consecuencia, no cabe siquiera discutir que Eichmann hizo cuanto estuvo en su mano para que la Solución Final fuera verdaderamente final o definitiva. Tan solo cabe preguntarnos si ello fue así en virtud de su fanatismo, de su odio sin límites hacia los judíos, o si mintió ante la policía y juró en falso ante el tribunal de Jerusalén, cuando afirmó que siempre se había limitado a cumplir órdenes. Estas fueron las alternativas que se formularon los jueces, que tanto se esforzaron en comprender al acusado, que le trataron con consideración y auténtica, cálida, humanidad, como probablemente jamás se había visto tratado. (El doctor Wechtenbruch dijo a los periodistas que Eichmann tenía «gran confianza en el juez Landau», como si Landau pudiera solucionar los problemas de Eichmann; el doctor Wechtenbruch consideró que la confianza que Eichmann sentía era el resultado de la necesidad que tenía de estar sometido a una autoridad u otra. Cualquiera que fuese su base, dicha confianza fue evidente en el curso del juicio, y quizá a ello se debiera que Eichmann sufriera tan gran «desengaño» al enterarse de la sentencia. Eichmann confundió los sentimientos humanitarios con la blandura.) La «bondad» de los tres jueces, su im-

perturbable y ligeramente anticuada fe en los fundamentos morales de su profesión, quizá sean la prueba de que nunca llegaron a comprender a Eichmann. La triste e inquietante verdad es, probablemente, que no fue su fanatismo sino su mismísima conciencia lo que impulsó a Eichmann a adoptar su negativa actitud en el curso del último año de la guerra, del mismo modo que le había impulsado a adoptar una actitud de sentido contrario durante una breve temporada, tres años antes. Eichmann sabía que las órdenes de Himmler contradecían abiertamente la orden del Führer. Por esto, no necesitaba conocer los detalles de las operaciones que se llevaban a cabo, pese a que el conocimiento de los mismos hubiera fortalecido aún más la postura adoptada. Tal como resaltó la acusación en la vista ante el Tribunal Supremo, cuando Hitler se enteró, a través de Kaltenbrunner, de las negociaciones encaminadas a permutar judíos por camiones, «la posición de Himmler quedó gravemente quebrantada a ojos de Hitler». Y pocas semanas antes de que Himmler detuviera la labor de exterminio en Auschwitz, Hitler, plenamente conocedor de las últimas maniobras de Himmler, mandó un ultimátum a Horthy, diciéndole que «esperaba que el gobierno de Budapest adoptara sin más retrasos las medidas pertinentes contra los judíos». Cuando llegó a Budapest la orden de Himmler en la que exigía la interrupción de la evacuación de los judíos húngaros, Eichmann amenazó, según un telegrama enviado por Veesenmayer, con «solicitar al Führer una nueva decisión», y los jueces de Jerusalén consideraron que este telegrama tenía una fuerza acusatoria «muy superior a la de cien testigos».

Eichmann perdió su batalla contra el «ala moderada», encabezada por el *Reichsführer* SS y jefe de la policía alemana. El primer indicio de su derrota se produjo en el mes de enero de 1945, cuando el *Obersturmbannführer* Kurt Becher fue ascendido a *Standar-*

tenführer, el grado que Eichmann ambicionó obtener durante toda la guerra. (Eichmann tan solo decía la verdad a medias cuando afirmaba que en su organización no podía alcanzar un grado superior al que tenía, ya que hubiese podido ser nombrado jefe del Departamento IV-B, en vez de ocupar la Subsección IV-B-4, y entonces hubiese sido automáticamente ascendido. La verdad probablemente era que a los individuos como Eichmann, que habían ascendido desde la categoría de simples números, jamás se les permitía rebasar el grado de teniente coronel, como no fuera por méritos de guerra.) El mismo mes en que Hungría fue liberada, Eichmann fue llamado de nuevo a Berlín. Allí, Himmler había nombrado a Becher, el enemigo de Eichmann, *Reichssonderkomissar* al frente de todos los campos de concentración, y Eichmann fue trasladado de la oficina de «asuntos judíos» a otra, extremadamente insignificante, relacionada con la «lucha contra las iglesias», asunto del cual, para colmo de males, Eichmann no sabía absolutamente nada. La rapidez del ocaso de Eichmann, durante los últimos meses de la guerra, es un expresivo indicio de hasta qué punto estaba Hitler en lo cierto, cuando declaró en su búnker de Berlín, en abril de 1945, que las SS ya no merecían su confianza.

En Jerusalén, al tener Eichmann las pruebas documentales de su extraordinaria lealtad a Hitler y a las órdenes del Führer, intentó, en diversas ocasiones, explicar que en el Tercer Reich «las palabras del Führer tenían fuerza de ley» (*Führerworte haben Gesetzeskraft*), lo cual significaba, entre otras cosas, que si la orden emanaba directamente de Hitler no era preciso que constara por escrito. Eichmann procuró explicar que esta era la razón por la que nunca pidió que le dieran una orden escrita del Führer (jamás se ha podido hallar un solo documento de tal índole, referente a la Solución Final, y probablemente nunca lo hubo), pero que, en cam-

bio, sí pidió que le enseñaran las órdenes de Himmler. Ciertamente, este estado de cosas era verdaderamente fantástico, y se han escrito montones de libros, verdaderas bibliotecas, de muy «ilustrados» comentarios jurídicos demostrando que las *palabras* del Führer, sus manifestaciones orales, eran el derecho común básico. En este contexto «jurídico», toda orden que en su letra o espíritu contradijera una palabra pronunciada por Hitler era, por definición, ilegal. En consecuencia, la posición de Eichmann ofrecía un extremadamente desagradable parecido a la de aquel soldado, tantas veces citado, que hallándose en una situación normalmente legal, se niega a cumplir órdenes que son contrarias a su ordinario concepto y experiencia de lo que es legal, por lo cual las considera criminales. La abundante literatura existente sobre este tema suele basar sus razonamientos en el significado, comúnmente equívoco, de la palabra «ley», que en este contexto significa, a veces, la ley común —es decir, la ley promulgada y positiva—, y, otras veces, la ley que según se dice está grabada por igual en el corazón de todos los hombres. Sin embargo, desde un punto de vista práctico, para poder desobedecer una orden es necesario que esta sea «manifiestamente ilegal», y la ilegalidad debe «flamear» como una bandera negra en estas órdenes, como un aviso que rece ¡Prohibido!, tal como la sentencia hizo constar. En un régimen político criminal, la bandera negra con su aviso flamea, «manifiestamente, sobre órdenes que serían las legales en regímenes normales —por ejemplo, «no matar a ciudadanos inocentes por el solo hecho de ser judíos»—, tal como ondea sobre una orden criminal dada en circunstancias normales. Recurrir a la inequívoca voz de la conciencia o, dicho sea en el lenguaje todavía más vago que emplean los juristas, al «general sentimiento de humanidad» (*Oppenheim-Lauterpacht*, en *International Law*, 1952), no solo constituye una petición de

principio, sino que significa rehusar conscientemente a enfrentarse con el más básico fenómeno moral, jurídico y político de nuestro siglo.

Sin duda, no fue tan solo la convicción que Eichmann tenía de que Himmler daba en aquel entonces órdenes criminales lo que determinó su actuación. Concurría también un factor personal que no era fanatismo, sino su genuina, «ilimitada e inmoderada admiración hacia Hitler» (como la calificó uno de los testigos de la defensa), hacia el hombre que había llegado «desde cabo a canciller del Reich». Sería ocioso intentar averiguar qué era más fuerte en Eichmann, su admiración hacia Hitler o su decisión de seguir siendo un ciudadano fiel cumplidor de las leyes del Tercer Reich, cuando Alemania era ya un montón de ruinas. Durante los últimos días de la guerra, ambos motivos ejercieron su influjo una vez más, cuando Eichmann estaba en Berlín y vio con violenta indignación que todos los que le rodeaban tenían el sentido común de proveerse de documentos falsos, antes de que llegaran los rusos o los americanos. Pocas semanas después, el propio Eichmann comenzó a ir de un lado para otro, bajo nombre supuesto, pero, entonces, Hitler ya había muerto, la «ley común» había dejado de existir, y Eichmann, tal como dijo, había quedado liberado de su juramento. El juramento que prestaban los miembros de las SS se diferenciaba del de los soldados en cuanto les ligaba solamente a Hitler, no a Alemania.

El caso de conciencia de Adolf Eichmann, evidentemente complicado pero no único, no admite comparación con el de los generales alemanes, uno de los cuales, al preguntársele en Nuremberg: «¿Cómo es posible que todos ustedes, honorables generales, siguieran al servicio de un asesino, con tan inquebrantable lealtad?», repuso que no era «misión del soldado ser juez de su comandante

supremo. Esta es una función que corresponde a la Historia, o a Dios en los Cielos» (palabras del general Alfred Jodl, ahorcado en Nuremberg). Eichmann, mucho menos inteligente y prácticamente carente de educación, vislumbraba, por lo menos, de un modo vago, que no fue una orden sino una ley lo que les había convertido a todos en criminales. La distinción entre una orden y la palabra del Führer radicaba en que la validez de esta última no quedaba limitada en el tiempo y el espacio, lo cual es la característica más destacada de la primera. Esta es también la razón en cuya virtud la orden dada por el Führer de que se llevara a término la Solución Final fue seguida por un diluvio de reglamentos y ordenanzas, documentos todos redactados por expertos juristas y no por funcionarios administrativos; la orden de Hitler, a diferencia de las órdenes corrientes, recibió el tratamiento propio de una ley. No es necesario añadir que los consecuentes formalismos jurídicos, lejos de ser una simple manifestación de pedantería o perfeccionismo alemán, cumplieron muy eficazmente la función de dar externa apariencia de legalidad a la situación existente.

Y, al igual que la ley de los países civilizados presupone que la voz de la conciencia dice a todos «no matarás», aun cuando los naturales deseos e inclinaciones de los hombres les induzcan a veces al crimen, del mismo modo la ley común de Hitler exigía que la voz de la conciencia dijera a todos «debes matar», pese a que los organizadores de las matanzas sabían muy bien que matar es algo que va contra los normales deseos e inclinaciones de la mayoría de los humanos. El mal, en el Tercer Reich, había perdido aquella característica por la que generalmente se le distingue, es decir, la característica de constituir una tentación. Muchos alemanes y muchos nazis, probablemente la inmensa mayoría, tuvieron la tentación de *no* matar, de *no* robar, de *no* permitir que sus semejantes

fueran enviados al exterminio (que los judíos eran enviados a la muerte lo sabían, aunque quizá muchos ignoraran los detalles más horrendos), de no convertirse en cómplices de estos crímenes al beneficiarse con ellos. Pero, bien lo sabe el Señor, los nazis habían aprendido a resistir la tentación.

9

DEPORTACIONES DEL REICH: ALEMANIA, AUSTRIA Y EL PROTECTORADO

En el período que medió entre la Conferencia de Wannsee, de enero de 1942, en la que Eichmann se sintió como un nuevo Poncio Pilatos y se lavó las manos dejándolas puras e inocentes, y las órdenes de Himmler, dictadas en el verano y otoño de 1944, cuando a espaldas de Hitler abandonó la ejecución de la Solución Final, como si las matanzas no hubieran sido más que un lamentable error, Eichmann no fue atormentado por problemas de conciencia. Sus pensamientos quedaron totalmente absorbidos por la formidable tarea de organización y administración que tenía que desarrollar en medio no solo de las circunstancias propias de la guerra, sino también, lo cual era más importante todavía desde su punto de vista, de innumerables intrigas y luchas por problemas de esferas de competencia de las diversas oficinas del Estado y del partido que dedicaban sus esfuerzos a la «solución del problema judío». Los principales adversarios de Eichmann eran los altos jefes de las SS y de la policía, quienes actuaban bajo el mando directo de Himmler, tenían fácil acceso al despacho de este y gozaban de grado superior, siempre, al de Eichmann. También estaba el Ministerio de Asuntos Exteriores, que, bajo la autoridad del nuevo subsecretario doctor Martin Luther, protegido de Von Ribben-

trop, comenzó a dedicarse muy activamente a los asuntos judíos (Luther intentó desbancar a Ribbentrop, mediante una complicada intriga, en 1943; fracasó en su intento, y fue enviado a un campo de concentración; su sucesor, el *Legationsrat* Eberhard von Thadden, testigo de descargo en el juicio de Jerusalén, llamó a Luther para que ocupara el cargo de asesor en asuntos judíos). De vez en cuando, el Ministerio de Asuntos Exteriores dictaba órdenes de deportación que debían cumplimentar sus representantes en países extranjeros, quienes, por razones de prestigio, preferían que los altos mandos de las SS y de la policía se encargaran del asunto. Además, estaban los comandantes de los ejércitos en los territorios ocupados del Este, que preferían solucionar los problemas «sobre la marcha», lo cual significaba el fusilamiento. Por otra parte, los militares con destino en los países occidentales mostraban siempre cierta resistencia a colaborar, así como a prestar sus tropas para la tarea de atrapar a los judíos. Finalmente, estaban los *Gauleiters*, o jefes regionales, cada uno de los cuales pretendía ser el primero en declarar su territorio *judenrein*, que, de vez en cuando, iniciaban deportaciones por su propia cuenta.

Eichmann debía coordinar todos estos esfuerzos, poner cierto orden en lo que él denominaba «caos total», en el que «cada cual dictaba sus órdenes» y «hacía lo que le daba la gana». Y ciertamente, Eichmann logró —aunque nunca de manera absoluta— ocupar un puesto clave en el proceso total, debido a que su oficina se encargaba de organizar los medios de transporte. Según el doctor Rudolf Mildner, jefe de la Gestapo en la Alta Silesia (en donde se hallaba el campo de Auschwitz) y, después, jefe de la Policía de Seguridad de Dinamarca, quien fue testigo de cargo en Nuremberg, Himmler daba por escrito las órdenes de deportación a Kaltenbrunner, jefe de la RSHA, quien las notificaba a Müller, jefe de

la Gestapo, o Sección IV de la RSHA, quien a su vez transmitía verbalmente las órdenes a la Subsección IV-B-4, es decir, a Eichmann. Himmler también daba órdenes a los jefes de las SS y de la policía de las distintas regiones, e informaba a Kaltenbrunner en consecuencia. Lo referente a lo que debía hacerse con los judíos deportados, cuántos debían ser ejecutados y cuántos dedicados a trabajos forzados, también era decidido por Himmler, y sus órdenes en este aspecto iban a la WVHA de Pohl, desde donde eran transmitidas a Richard Glücks, inspector de los campos de concentración y de exterminio, quien, a su vez, las comunicaba a los comandantes de los campamentos. En Jerusalén, la acusación hizo caso omiso de estos documentos procedentes de los autos de Nuremberg, debido a que contradecían su teoría afirmativa del extraordinario poder de que Eichmann gozaba; la defensa mencionó las declaraciones de Mildner, aunque de poco le sirvió. Eichmann, después de «consultar con Poliakoff y Reitlinger», confeccionó diecisiete diagramas de colores que muy poco contribuyeron a la mejor comprensión de la intrincada maquinaria burocrática del Tercer Reich, aun cuando la descripción general que Eichmann dio —«todo se encontraba siempre en constante fluir, era una corriente incesante»— seguramente parecerá plausible al especialista en el estudio del totalitarismo, buen sabedor de que la monolítica firmeza y coherencia de esta forma de gobierno no es más que un mito. Eichmann todavía recordaba vagamente que sus hombres, quienes le asesoraban en cuestiones judías, en todos los países ocupados y semiindependientes, le informaban de «las medidas claramente posibles» que podían adoptarse, recordaba que, entonces, él preparaba «informes que eran, más tarde, aprobados o rechazados», y que después Müller dictaba sus órdenes. «En la práctica, todo eso podía significar que una propuesta procedente de París o

La Haya fuera retornada quince días después a su punto de origen, en forma de orden aprobada por la RSHA.» El cargo de Eichmann equivalía al de la más importante cadena de montaje en toda la operación, debido a que siempre dependía de él y de sus hombres determinar cuántos judíos podían y debían ser transportados desde una zona determinada, y era su oficina la que aprobaba el último destino de las expediciones, aun cuando la correspondiente decisión no la tomaba él. Pero la dificultad de sincronizar salidas y llegadas, el constante problema de obtener el preciso material rodante de las autoridades ferroviarias y del Ministerio de Transportes, de determinar los horarios y de dirigir los trenes a centros con la suficiente «capacidad de absorción», de tener a mano el suficiente número de judíos en el momento oportuno a fin de no «desperdiciar» trenes, de conseguir la colaboración de las autoridades de los países ocupados o aliados a fin de poder llevar a cabo los arrestos, de observar las normas referentes a las distintas categorías de judíos —distintas para cada país y sometidas a cambios constantes—, todo eso se convirtió en un rutinario trabajo que Eichmann había olvidado años antes de que fuera trasladado a Jerusalén.

Lo que para Hitler, único y solitario urdidor de la Solución Final (nunca tuvo confidentes, y, en este caso, antes necesitaba ejecutores que confidentes), constituía uno de los principales objetivos de la guerra, a cuyo cumplimiento dio el más alto rango de prioridad, prescindiendo de todo género de consideraciones económicas y militares, lo que para Eichmann constituía un trabajo, una rutina cotidiana, con sus buenos y malos momentos, para los judíos representaba el fin del mundo, literalmente. En el curso de siglos y siglos, los judíos se habían acostumbrado a considerar, con razón o sin ella, su historia como un largo relato de interminables

sufrimientos, tal como el fiscal dijo en su discurso inicial, en el juicio de Jerusalén; pero tras esta imagen tuvieron también, durante largo tiempo, la triunfal convicción de que *Am Yisrael Chai*, el *pueblo* de Israel sobrevivirá. Quizá mueran, víctimas de pogromos, muchos judíos, familias enteras, quizá poblaciones judías sean borradas de la faz de la tierra, pero el pueblo sobrevivirá. Los judíos nunca se habían enfrentado con el genocidio. Además, el antiguo consuelo de los judíos había dejado de ser eficaz, por lo menos en la Europa Occidental. Desde los tiempos de la antigua Roma, es decir, desde los inicios de la historia de Europa, los judíos habían pertenecido, para bien o para mal, en la miseria o en el esplendor, a la comunidad de naciones europeas; pero, durante los últimos ciento cincuenta años, esta pertenencia antes había sido para bien que para mal, y las ocasiones de esplendor fueron tan numerosas que, en la Europa central y occidental, llegaron a considerarlas norma antes que excepción. De ahí que la convicción de que el pueblo judío siempre sobreviviría perdió, ante gran parte de las comunidades judías, la gran trascendencia que antes tenía, debido a que no podían imaginar la vida de los judíos fuera del marco de la civilización europea, del mismo modo que tampoco podían imaginar una Europa *judenrein*.

El fin del mundo, pese a ser llevado a cabo con notable monotonía, revistió formas y apariencias tan distintas como distintos son los diversos países de Europa. Esto no podrá sorprender al historiador conocedor del desarrollo de las naciones europeas y de la aparición del sistema de estados nacionales, pero fue una gran sorpresa para los nazis, que estaban verdaderamente convencidos de que el antisemitismo podía ser el común denominador que uniera a Europa. Fue un inmenso y caro error. Pronto se advirtió que, en la práctica, aunque quizá no en la teoría, existían grandes diferen-

cias entre los antisemitas de los distintos países. Y, todavía más enojoso, aunque se hubiera podido prever fácilmente, resultó que la variedad de antisemita «radical» alemán únicamente fue apreciada en todo su valor por aquellos pueblos del Este —Ucrania, Estonia, Letonia, Lituania y, hasta cierto punto, Rumania— a quienes los nazis decidieron clasificar como hordas bárbaras «infrahumanas». En cambio, las naciones escandinavas (con las excepciones de individuos como Knut Hamsun y Sven Hedin), que según los nazis eran hermanas de sangre de Alemania, se mostraron muy renuentes a odiar debidamente a los judíos.

Naturalmente, el fin del mundo comenzó en el Reich alemán, que a la sazón abarcaba no solamente Alemania, sino también Austria, Moravia y Bohemia, el Protectorado Checo y las regiones occidentales polacas anexionadas. En estas últimas, en el llamado Warthegau, los judíos, juntamente con los polacos, fueron deportados hacia el Este, al principio de la guerra, en el curso del primer gran proyecto de restablecimiento en el Este —el juez del distrito de Jerusalén calificó de «organizado desplazamiento de naciones» a tal traslado—, en tanto que los polacos de origen alemán (*Volksdeutsche*) eran embarcados con destino a Occidente, con destino «de nuevo al Reich». Himmler, en su calidad de comisario del Reich para el Fortalecimiento de la Unión del Pueblo Alemán, encargó a Heydrich que se ocupara de esta «emigración y evacuación», y en enero de 1940 se organizó la primera oficina oficial de Eichmann, en la RSHA, es decir, la Subsección IV-D-4. Aunque este cargo resultó ser, desde un punto de vista administrativo, el primer paso para la tarea que más adelante desarrollaría Eichmann en la Subsección IV-B-4, el trabajo de Eichmann no representaba más que una especie de aprendizaje, la transición entre su antigua tarea de obligar a la gente a emigrar y su futura tarea de deportar-

la. Sus primeros trabajos de deportación no formaron parte del programa de la Solución Final, los realizó antes de que Hitler diera oficialmente la correspondiente orden. En vista de lo que ocurriría más tarde, bien pueden considerarse como experimentos, experimentos de destrucción. El primero de ellos fue la deportación de mil trescientos judíos de Stettin, llevada a cabo en una noche, la del 13 de febrero de 1940. Esta fue la primera deportación de judíos alemanes, y Heydrich la ordenó con el pretexto de que «sus viviendas debían quedar vacías y expeditas por razones relacionadas con la economía de guerra». En circunstancias insólitamente atroces, fueron transportados a la zona polaca de Lublin. La segunda deportación tuvo lugar en el otoño del mismo año; en este caso, todos los judíos de Baden y de Saarpfalz —alrededor de dos mil quinientos hombres, mujeres y niños— fueron embarcados, tal como he dicho anteriormente, con destino a la zona no ocupada de Francia, lo cual, en aquellos momentos, no dejaba de ser una sucia jugada, ya que en los acuerdos de armisticio entre Alemania y Francia no se estipulaba nada que otorgara a los alemanes el derecho de considerar la Francia de Vichy como un vertedero de judíos. Eichmann tuvo que ir personalmente en la expedición, a fin de convencer al jefe de estación de la frontera de que el tren era un «transporte militar».

Estas dos operaciones carecieron totalmente de las complicadas formalidades «legales» que, más tarde, se observarían en estos casos. Todavía no se habían promulgado leyes que privaran a los judíos de su nacionalidad en el momento en que fueran deportados del Reich, y en vez de obligar a los judíos a rellenar gran número de formularios, como tendrían que hacer más adelante, a fin de que sus propiedades pudieran ser confiscadas, los judíos de Stettin únicamente tuvieron que firmar un documento de renuncia

que abarcaba todos sus bienes. Evidentemente, estos experimentos no fueron realizados con el fin de poner a prueba la maquinaria administrativa. El objetivo parece haber sido la comprobación de las condiciones políticas generales, es decir, saber si cabía la posibilidad de obligar a los judíos a ir a la muerte por su propio pie, cargando cada cual su maleta, en el curso de la noche, sin previo aviso. Saber cuál sería la reacción de sus vecinos cuando, a la mañana siguiente, descubrieran que los pisos de los judíos estaban vacíos. Y por último, y de menor importancia, en el caso de los judíos de Baden, cuál sería la reacción de un gobierno extranjero al recibir el «obsequio» de unos cuantos millares de «refugiados» judíos. Desde el punto de vista de los nazis, todo se desarrolló satisfactoriamente. En Alemania hubo cierto número de «intercesiones» en favor de «casos especiales» —por ejemplo, en favor del poeta Alfred Mombert, miembro del círculo de Stefan George, a quien se permitió huir a Suiza—, pero la población, en general, dio muestras de absoluta indiferencia. (Probablemente fue en esta ocasión cuando Heydrich comprendió cuán interesante era efectuar una distinción entre los judíos que tenían amistades importantes y los miembros anónimos de la masa, y decidió, con el beneplácito de Hitler, establecer el campo de Theresienstadt y el de Bergen-Belsen.) En Francia ocurrió algo mucho mejor todavía: el gobierno de Vichy puso a los dos mil quinientos judíos de Baden en el conocido campo de concentración de Gurs, al pie de los Pirineos, que en un principio fue organizado para alojar al ejército republicano español, y que fue utilizado, a partir de mayo de 1940, para dar cabida a los llamados *réfugiés provenants d'Allemagne*, la gran mayoría de los cuales eran, desde luego, judíos. (Cuando la Solución Final se puso en práctica en Francia, todos los «refugiados» de Gurs fueron enviados a Auschwitz.) Los nazis, siempre propensos a las

generalizaciones, pensaron que habían demostrado que los judíos eran «indeseables» en todas partes, y que todo individuo no judío era un antisemita en potencia. En consecuencia, no había razón alguna para que la gente se preocupara por el hecho de que ellos adoptaran medidas «radicales» con respecto a los judíos. Todavía bajo el efecto de estas generalizaciones, Eichmann se quejó repetidamente, ante el tribunal de Jerusalén, de que no había habido ni un solo país que estuviera dispuesto a aceptar sin más a los judíos, y esto, solo esto, fue la causa de la gran catástrofe. (¡Como si aquellos estados nacionales europeos, tan refinadamente organizados, hubieran podido reaccionar de un modo distinto, en el caso de que cualquier otro grupo de extranjeros hubiera llegado al país, como una horda de individuos sin un céntimo, sin pasaporte y sin conocer el idioma nacional!) Sin embargo, ante la siempre renovada sorpresa de los jefes nazis, incluso los más contumaces antisemitas de los países extranjeros no estaban dispuestos a ser «consecuentes», y mostraban una deplorable tendencia a soslayar la aplicación de medidas «radicales».

Tras estos primeros experimentos, vino un período de calma en las tareas de deportación, y ya hemos visto que Eichmann dedicó el tiempo libre que le dejaba su forzosa inactividad a juguetear con la idea de Madagascar. Pero en marzo de 1941, durante la preparación de la guerra contra Rusia, Eichmann fue puesto súbitamente al frente de una nueva subsección, o, mejor dicho, la denominación de su subsección fue alterada, dejando de ser la oficina de Emigración y Evacuación para convertirse en la oficina de Asuntos Judíos, Evacuación. A partir de entonces, pese a que todavía no había sido informado del plan de la Solución Final, Eichmann forzosamente debía saber no solo que la emigración había terminado ya, sino que sería sustituida por la deportación. Pero Eichmann no era

hombre capaz de guiarse por meros indicios y sugerencias, y, como sea que no le habían dicho nada en sentido contrario, siguió pensando guiándose por el criterio de la emigración. Y así vemos como en una reunión con los representantes del Ministerio de Asuntos Exteriores, celebrada en octubre de 1940, en el curso de la cual se propuso que se despojara de la nacionalidad alemana a todos los judíos residentes en el extranjero, Eichmann protestó vigorosamente, diciendo que «tal medida puede tener una perjudicial influencia en los países extranjeros que hasta el presente han estado dispuestos a permitir la entrada de inmigrantes judíos». Eichmann siempre pensaba en los estrechos límites de las leyes y decretos vigentes en un momento dado, y el diluvio de nuevas disposiciones legislativas antijudías no cayó sobre los judíos del Reich sino después de que la orden de Hitler de llevar a la práctica la Solución Final hubiera sido entregada a aquellos que debían ejecutarla. Al mismo tiempo, se decidió que el Reich tendría absoluta prioridad sobre los restantes países y que sus territorios debían quedar *judenrein* a toda velocidad. Ahora, resulta sorprendente que cumplir esta misión todavía tuviera que requerir dos años. Las medidas legislativas preparatorias, que pronto se convertirían en los modelos que deberían copiar los otros países, consistieron: primero, en la imposición del distintivo amarillo (1 de septiembre de 1941); segundo, en la modificación de las leyes de determinación de la nacionalidad, de manera que no pudieran merecer la consideración de ciudadanos alemanes aquellos judíos que vivieran fuera de los límites del Tercer Reich (es decir, en las zonas en donde, como es lógico, iban a ser deportados); tercero, en un decreto que estatuía que todos los bienes de los judíos alemanes que perdieran su nacionalidad serían confiscados por el Reich (25 de noviembre de 1941). Estos preparativos culminaron en un acuerdo entre Otto

Thierack, ministro de Justicia, y Himmler, según el cual el primero traspasaba su jurisdicción sobre «polacos, rusos, judíos y gitanos» a las SS, debido a que «el Ministerio de Justicia poco puede contribuir al exterminio (*sic*) de estas gentes». (Es muy notable que se utilizara tan explícito lenguaje en una carta fechada en octubre de 1942, dirigida por el ministro de Justicia a Martin Borman, jefe de la Cancillería.) Fue preciso dictar disposiciones ligeramente distintas con referencia a aquellos que iban a ser deportados a Theresienstadt, debido a que, hallándose este campo en territorio alemán, los judíos allí deportados no se convertían automáticamente en apátridas. En el caso de los individuos de estas categorías «privilegiadas», cabía aplicar una vieja ley alemana de 1933, que permitía al gobierno confiscar los bienes que hubieran sido utilizados en actividades «hostiles a la nación y al Estado». Esta clase de confiscación se había aplicado a los presos políticos, en campos de concentración, y aun cuando los judíos no pertenecían a esta categoría —todos los campos de concentración de Alemania y Austria quedaron *judenrein* en el otoño de 1942—, tan solo fue preciso dictar otra disposición legal, en marzo de 1942, estableciendo que todos los judíos deportados eran «hostiles a la nación y al Estado». Los nazis se tomaban muy en serio sus propias leyes, y, aun cuando entre ellos hablaban del «gueto de Theresienstadt» o del «gueto de los viejos», Theresienstadt estaba oficialmente clasificado como campo de concentración y los únicos que lo ignoraban —no se quería herir sus sentimientos, por cuanto este «lugar de residencia» estaba reservado a «casos especiales»— eran los allí alojados. Y para tener la seguridad de que los judíos enviados a Theresienstadt no comenzaran a sospechar la verdad, se dieron instrucciones a la Asociación Judía de Berlín (Reichsvereinigung) de que hiciera firmar a cada deportado un acuerdo de «adquisición de residen-

cia» en Theresienstadt. El solicitante transfería todos sus bienes a la asociación, la cual, en reciprocidad, le garantizaba alojamiento, alimentos, ropas y atención médica, con carácter vitalicio. Cuando, al fin, los últimos empleados de la Reichsvereinigung fueron, a su vez, enviados a Theresienstadt, el Reich se limitó a confiscar las arcas de la asociación, harto repletas.

Todas las deportaciones del oeste al este fueron organizadas y coordinadas por Eichmann y sus colaboradores de la Subsección IV-B-4, de la RSHA, hecho que jamás fue discutido en el curso del juicio. Pero, para embarcar a los judíos en los trenes, Eichmann necesitaba la colaboración de unidades de policía. En Alemania era la policía de orden público la que escoltaba los trenes, y en el Este la policía de seguridad (que no debe confundirse con el Servicio de Seguridad o SD de Himmler) esperaba a los trenes en su punto de llegada y entregaba los deportados a las autoridades de los centros de exterminio. El tribunal de Jerusalén adoptó las definiciones de «organizaciones criminales» fijadas por el tribunal de Nuremberg, lo cual significaba que la policía de orden público al igual que la policía de seguridad jamás fueron mencionadas como tales organizadores criminales, pese a que colaboraron activamente en la ejecución de la Solución Final, y ello había quedado, en los días del juicio de Jerusalén, ampliamente comprobado. Pero incluso si todas las organizaciones policiales hubieran sido incorporadas a la lista formada por las cuatro organizaciones criminales —el cuerpo directivo del Partido Nazi, la Gestapo, la SD y las SS— las distinciones de Nuremberg hubieran resultado insuficientes e inaplicables a la realidad del Tercer Reich. Y así es por cuanto, en verdad, no había ni una sola organización o institución pública en Alemania, por lo menos durante los años de la guerra, que no colaborase en actos y negociaciones de índole criminal.

Después de que el enojoso asunto de las intercesiones personales hubiera quedado resuelto mediante el establecimiento del centro de Theresienstadt, todavía quedaban dos obstáculos en el camino de la ejecución de una solución «definitiva» y «radical». Uno era el problema de los medio judíos, a quienes los «radicales» querían aniquilar junto con los judíos, y a quienes los «moderados» tan solo querían esterilizar, debido a que al permitir que los medio judíos fueran también asesinados, se dejaba de proteger «la mitad de la sangre alemana que corría por sus venas», como dijo Stuckart, del Ministerio del Interior, en la Conferencia de Wannsee. A fin de cuentas nada se decidió acerca de los *Mischlinge*, ni acerca de los judíos que habían contraído matrimonio mixto, por cuanto, dicho sea en palabras de Eichmann, estaban protegidos por un verdadero «bosque de dificultades». Por una parte, estaban sus parientes no judíos, y por otra el triste hecho de que los científicos nazis jamás pudieron descubrir un método rápido de proceder a la esterilización masiva, pese a todas sus promesas. El segundo problema era la presencia en Alemania de unos cuantos miles de judíos extranjeros a quienes los alemanes no podían privar de su nacionalidad mediante la deportación. Unos cuantos centenares de judíos norteamericanos e ingleses fueron internados, con el fin de emplearlos en diversos canjes; sin embargo, los métodos ideados para aplicarlos a los judíos ciudadanos de países neutrales o aliados de Alemania son lo bastante interesantes para que nos refiramos a ellos, especialmente por cuanto tuvieron cierta importancia en el juicio de Jerusalén. Fue precisamente con referencia a estos individuos que se acusó a Eichmann de haber mostrado un celo desorbitado a fin de que ni un solo judío se le escapara. Tal celo lo compartía, como dice Reitlinger, con los «burócratas profesionales del Ministerio de Asuntos Exteriores, a quienes preocupaba mu-

chísimo que unos cuantos judíos escaparan de la tortura y la muerte lenta», y a quienes Eichmann tenía que consultar en los casos a los que nos estamos refiriendo. Desde el punto de vista de Eichmann, la solución más sencilla y lógica era deportar a todos los judíos, prescindiendo de la nacionalidad que tuvieran. Según las directrices de la Conferencia de Wannsee, que se celebró en el período de las grandes victorias de Hitler, la Solución Final tenía que aplicarse a todos los judíos de Europa, cuyo número se estimaba en once millones, y no se hizo la menor mención a pequeñeces tales como la nacionalidad o los derechos que correspondieran a los países neutrales y aliados con respecto a sus propios nacionales. Pero, como fuera que Alemania, incluso en los más esplendorosos días de la guerra, dependía de la buena voluntad y cooperación de las autoridades de los diversos países y zonas de Europa, no podía prescindir lisa y llanamente de ciertas nimias formalidades. A los expertos diplomáticos del Ministerio de Asuntos Exteriores correspondía hallar los caminos que permitieran cruzar aquel «bosque de dificultades», y el más ingenioso método que hallaron a este respecto fue el de utilizar a los judíos extranjeros residentes en territorio alemán, para averiguar el ambiente general imperante en sus respectivos países de origen. El método empleado, aunque simple, era un tanto sutil, y se hallaba, ciertamente, más allá de los alcances y sensibilidad política de Eichmann, lo cual quedó demostrado mediante pruebas documentales, cartas que el departamento de Eichmann envió al Ministerio de Asuntos Exteriores, referentes a este asunto y firmadas por Müller o Kaltenbrunner. El Ministerio de Asuntos Exteriores escribió a los países extranjeros diciéndoles que el Reich estaba en trance de quedar *judenrein*, y que, en consecuencia, era imperativo que todos los judíos extranjeros regresaran a sus respectivos países, pues de lo

contrario se les aplicarían las medidas antijudías. En este ultimátum había intenciones que a primera vista no se vislumbraban. Por regla general, estos judíos, o bien eran ciudadanos naturalizados de sus respectivos países, o bien, lo cual resultaba todavía peor, eran apátridas que habían obtenido sus pasaportes por medios altamente dudosos pero que no dejaban de ser eficaces, en tanto el titular del pasaporte permaneciera en el extranjero. Lo dicho se ajustaba a la verdad especialmente en el caso de los países de América del Sur, cuyos cónsules vendían abiertamente pasaportes a los judíos. Los afortunados tenedores de estos pasaportes gozaban de todos los derechos a ellos inherentes, incluso de cierto grado de protección consular, salvo el de entrar en su «patria». En consecuencia, el ultimátum a que nos hemos referido tenía la finalidad de inducir a los gobiernos extranjeros a mostrarse de acuerdo con la aplicación de la Solución Final, por lo menos con respecto a aquellos judíos que eran nominalmente ciudadanos de sus países. ¿No era lógico presuponer que aquellos gobiernos que se habían mostrado poco deseosos de ofrecer asilo a unos centenares de judíos, quienes, en todo caso, no hubieran podido fijar permanentemente su residencia en el país, difícilmente formularían objeciones el día en que la totalidad de su población judía debiera ser expulsada y exterminada? Tal como pronto veremos, quizá fuera lógico pero no razonable.

El día 30 de junio de 1943, mucho más tarde de lo que Hitler había esperado, el Reich, es decir, Alemania, Austria y el Protectorado, fue declarado *judenrein*. No disponemos de cifras ciertas acerca de cuántos judíos fueron deportados de esta zona, pero sí sabemos que de los doscientos sesenta y cinco mil que, según las estadísticas alemanas, fueron deportados o declarados sujetos a deportación en enero de 1942, muy pocos lograron escapar. Quizá

unos centenares, a lo sumo unos cuantos miles, lograron esconderse y sobrevivir hasta el fin de la guerra. Cuán fácil fue tranquilizar la conciencia de los vecinos de los judíos, queda demostrado por la explicación oficial de las deportaciones, dada en una circular de la Cancillería, en el otoño de 1942: «Por la misma naturaleza de las cosas, estos problemas que, en algunos aspectos, son tan difíciles, pueden resolverse, en interés de la permanente seguridad de nuestro pueblo, únicamente mediante el empleo de *despiadada dureza** [*rücksichtsloser Härte*]».

* En cursiva en el original.

10

DEPORTACIONES DE LA EUROPA OCCIDENTAL: FRANCIA, BÉLGICA, HOLANDA, DINAMARCA E ITALIA

La «despiadada dureza», cualidad que los dirigentes del Tercer Reich tenían en la más alta estima, suele considerarse en la Alemania de la posguerra, que ha demostrado poseer un formidable talento para el empleo de eufemismos en todo lo referente a su pasado nazi, como simple *ungut*, es decir, simple carencia de bondad, como si nada malo hubiera en quienes estaban dotados de tal cualidad, salvo una lamentable incapacidad de comportarse de acuerdo con las insoportables normas de la caridad cristiana. De todos modos, el caso es que los hombres enviados por la oficina de Eichmann a otros países en concepto de «asesores en asuntos judíos» —que eran agregados a las normales misiones diplomáticas o a los estados mayores militares, o a las jefaturas locales de la policía de seguridad— fueron elegidos debido a que poseían dicha virtud en el más alto grado. Al principio, durante el otoño e invierno de 1941-1942, la principal tarea de estos funcionarios parece haber sido la de establecer buenas relaciones con los otros funcionarios alemanes en los países de que se tratara, especialmente con los funcionarios de las embajadas alemanas en los países nominales independientes, y con los comisarios del Reich en los países ocupados. En todo caso, siempre hubo conflictos de jurisdicción.

En junio de 1942, Eichmann llamó a sus asesores destinados en Francia, Bélgica y Holanda, a fin de trazar los planes de las deportaciones de judíos en estos países. Himmler había ordenado que se diera a Francia prioridad absoluta en el plan de «rastrillar Europa de oeste a este», debido, en parte, a la importancia inherente a la *nation par excellence*, y, en parte, a que el gobierno de Vichy había dado muestras verdaderamente sorprendentes de «comprender» el problema judío, y, a iniciativa propia, había promulgado abundantes medidas legislativas antijudías. En la Francia de Vichy se había formado un departamento especial dedicado a Asuntos Judíos, encabezado por Xavier Vallant y, un poco después, por Darquier de Pellepoix, ambos conocidos antisemitas. Como especial concesión a la particular clase de antisemitismo existente en Francia, que estaba íntimamente relacionado con una fuerte y generalmente chovinista xenofobia extendida a todas las capas de la población francesa, la operación comenzaría con los judíos extranjeros, y como sea que, en 1942, más de la mitad de los judíos extranjeros de Francia eran apátridas —refugiados y *émigrés* de Rusia, Alemania, Austria, Polonia, Rumania y Hungría, es decir, de las zonas que o bien estaban sometidas a Alemania, o bien habían promulgado la legislación antisemita antes del estallido de la guerra—, se decidió iniciar la operación deportando a un número de judíos apátridas, cuya cuantía se estima en cien mil. (La población judía total del país superaba, en aquel entonces, el número de trescientos mil individuos. En 1939, antes de la llegada en 1940 de los refugiados procedentes de Bélgica y Holanda, había doscientos setenta mil judíos, de los cuales por lo menos ciento setenta mil eran extranjeros o nacidos en el extranjero.) Era preciso deportar a toda velocidad a cincuenta mil judíos de la zona ocupada y a cincuenta mil de la Francia de Vichy. Se trataba de una empresa de

envergadura, que necesitaba no solo la conformidad del gobierno de Vichy, sino también la activa colaboración de la policía francesa, a la que correspondería cumplir la función que en Alemania llevaba a cabo la policía de orden público. Al principio no hubo dificultades, ya que Pierre Laval, primer ministro del gabinete de Pétain, dijo que «estos judíos extranjeros siempre han sido un problema para Francia», por lo que «el gobierno francés estaba contento de que el cambio de actitud de los alemanes les proporcionara la oportunidad de desembarazarse de dichos judíos». Debemos añadir que Laval y Pétain pensaban que estos judíos serían reasentados en el Este, y que ignoraban el verdadero significado del término «reasentamiento».

Dos fueron los incidentes que llamaron especialmente la atención del tribunal de Jerusalén, y los dos ocurrieron en el verano de 1942, pocas semanas después de que se diera inicio a la operación. En el primero de ellos, un tren que debía partir de Burdeos, el día 15 de julio, tuvo que suspender su salida debido a que en Burdeos solo se pudieron hallar unos ciento cincuenta judíos apátridas, número que resultaba insuficiente para llenar el tren que Eichmann había conseguido con grandes dificultades. Tanto si Eichmann interpretaba o no este hecho como un primer indicio de que las cosas no iban a ser tan fáciles como algunos creían, el caso es que el incidente le impresionó muchísimo, y dijo a sus subordinados que se trataba de una «cuestión de prestigio», no ante los franceses, sino ante el Ministerio de Transportes, que podía formarse una falsa idea acerca de la eficacia de la organización de Eichmann, y también dijo que «tendría que estudiar si no sería mejor prescindir de Francia en lo referente a la evacuación de los judíos», en el caso de que dicho incidente se repitiera. En Jerusalén, esta amenaza fue tomada muy en serio, como prueba del poder de que Eichmann

gozaba, ya que, al parecer, era hombre capaz de «prescindir de Francia». En realidad, tal frase fue una de las ridículas fanfarronadas de Eichmann, demostrativa de «empuje», pero que difícilmente podía considerarse como «prueba de ... su importancia administrativa ante sus subordinados», salvo en que a continuación les amenazó con privarles de los cómodos empleos de que gozaban en aquellos tiempos de guerra. Pero si bien el incidente de Burdeos resulta un tanto cómico, el segundo incidente dio lugar a que se contara una de las historias más espeluznantes entre cuantas se escucharon en el juicio de Jerusalén. Es la historia de cuatro mil niños, separados de sus padres, quienes se hallaban ya camino de Auschwitz. Los niños quedaron en el punto de concentración francés, es decir, el campo de Drancy. El día 10 de julio, el *Haupsturmführer* Theodor Dannecker, representante de Eichmann en Francia, le telefoneó para preguntarle qué debía hacer con los niños. Eichmann necesitó diez días para decidirlo. Después, llamó por teléfono a Dannecker y le dijo que, «tan pronto como podamos despachar de nuevo trenes al Gobierno General de Polonia, deberá expedir a los niños». El doctor Servatius señaló que este incidente indicaba que «las personas afectadas no eran seleccionadas por el acusado ni por ningún otro miembro de su equipo». Pero, desgraciadamente, nadie mencionó que Dannecker había informado a Eichmann que el propio Laval había sido quien propuso que en las expediciones se incluyeran niños que todavía no habían cumplido los dieciséis años; esto demostraba que el horripilante episodio ni siquiera fue consecuencia de «órdenes superiores», sino el resultado de un acuerdo entre Francia y Alemania negociado a alto nivel.

En el curso del verano y el otoño de 1942, veintisiete mil judíos apátridas —dieciocho mil de París y nueve mil de la Francia de Vichy— fueron deportados a Auschwitz. Entonces, cuando que-

daban unos setenta mil judíos apátridas en toda Francia, los alemanes cometieron su primer error. En la creencia de que los franceses se habían acostumbrado a la deportación de judíos, y que no pondrían objeciones a la petición que iban a formularles, les pidieron permiso para incluir también judíos franceses, con el solo fin de facilitar los trámites administrativos. Esto provocó que la situación cambiara de signo. Los franceses se negaron con indignación a entregar a los judíos de su propia nacionalidad a los alemanes. Himmler, al ser informado de lo ocurrido —no por Eichmann, sino por uno de los altos jefes de las SS y de la policía—, se plegó inmediatamente a los deseos de los franceses y prometió que los judíos de esta nacionalidad quedarían excluidos. Pero era ya demasiado tarde. Los primeros rumores sobre el significado de «reasentamiento» habían llegado a Francia, y si bien todos los antisemitas franceses, e incluso los franceses que no lo eran, hubieran visto con gusto que los judíos extranjeros se establecieran en otro lugar, fuera de las fronteras de su patria, también es cierto que ni siquiera los antisemitas deseaban ser cómplices de asesinatos masivos. En consecuencia, Francia se negó a tomar una medida que poco tiempo antes estudiaba con cariño, es decir, a revocar las ciudadanías concedidas después de 1927 (o de 1933), lo cual hubiera permitido deportar a cincuenta mil judíos más. Los franceses también comenzaron a poner una interminable serie de dificultades a la deportación de judíos apátridas o extranjeros, de tal manera que verdaderamente tuvo que «prescindirse» de llevar a la práctica los ambiciosos planes de evacuación de los judíos de Francia. Docenas de miles de apátridas se escondieron, y miles de ellos huyeron a la zona de Francia ocupada por los italianos, es decir, a la Costa Azul, donde los judíos estaban seguros, fuese cual fuere su nacionalidad u origen. En el verano de 1943, cuando Alemania había sido ya de-

clarada *judenrein* y los aliados habían desembarcado en Sicilia, no llegaban a cincuenta y dos mil los judíos que habían sido deportados, es decir, menos del veinte por ciento del total, y de estos no llegaban a seis mil los que poseían la nacionalidad francesa. Ni siquiera los judíos prisioneros de guerra en los campos de internamiento alemanes dedicados a prisioneros franceses fueron objeto de «tratamiento especial». En abril de 1944, dos meses antes de que los aliados desembarcaran en Francia, todavía quedaban en el país doscientos cincuenta mil judíos, y todos ellos sobrevivieron hasta el fin de la guerra. En realidad, resultó que los nazis carecían de personal y de fuerza de voluntad para seguir siendo «duros», cuando se enfrentaban con una oposición decidida. Tal como veremos, la verdad era que incluso los miembros de la Gestapo y de las SS combinaban la dureza despiadada con la blandura.

En la reunión celebrada en Berlín, en junio de 1942, se fijaron las cifras de las deportaciones que debían realizarse inmediatamente en Bélgica y los Países Bajos, que fueron relativamente bajas, debido, probablemente, a la alta cifra que se fijó con respecto a Francia. En el futuro inmediato solamente debían deportarse diez mil judíos de Bélgica y quince mil de Holanda. En ambos casos, las cifras fueron considerablemente aumentadas, más adelante, debido probablemente a las dificultades surgidas en Francia. La situación de Bélgica era especial desde distintos puntos de vista. El país estaba gobernado exclusivamente por las autoridades militares alemanas, y la policía, tal como indicaba un informe presentado al tribunal de Jerusalén por el gobierno belga, «no tenía sobre la administración alemana la influencia que ejercía en otros países». (El general Alexander von Falkenhausen, gobernador de

Bélgica, estuvo complicado en la conspiración contra Hitler, de julio de 1944.) Tan solo en Flandes hubo un núcleo importante de colaboracionistas belgas; el movimiento fascista de los valones de habla francesa, encabezado por Degrelle, tenía muy poca influencia. La policía belga no colaboró con los alemanes, y los empleados de ferrocarriles eran de tan poca confianza que ni siquiera se les podía dejar solos al cuidado de los trenes, ya que procuraban dejar abiertas las puertas de los vagones, e ideaban estratagemas de todo género para permitir que los judíos escaparan. También era especial la composición de la población judía. Antes del inicio de la guerra, en Bélgica había noventa mil judíos, treinta mil de los cuales eran judíos alemanes allí refugiados y cincuenta mil más procedían de otros países europeos. A finales de 1940, casi cuarenta mil judíos habían abandonado el país, y entre los cincuenta mil judíos que quedaron solamente unos cinco mil, a lo sumo, habían nacido en Bélgica y tenían la nacionalidad belga. Además, entre los que huyeron se hallaban los más importantes dirigentes judíos, la mayoría de los cuales eran extranjeros, por lo que el Consejo Judío belga carecía de toda autoridad ante los judíos belgas. No es de sorprender que, ante tal «falta de comprensión», los alemanes no pudieran deportar sino un número muy reducido de judíos belgas. Sin embargo, resultaba muy fácil descubrir a los judíos recientemente naturalizados y a los apátridas, quienes, por otra parte, tropezaban con grandes dificultades para ocultarse en un país pequeño y totalmente industrializado. A finales de 1942, quince mil judíos habían sido enviados a Auschwitz, y en el otoño de 1944, cuando los aliados liberaron Bélgica, habían sido asesinados veinticinco mil judíos, en total. Como era de rigor, Eichmann tenía un «asesor» en Bélgica, pero este no desplegó gran actividad en estas operaciones, que fueron llevadas a cabo por la

administración militar, bajo la constante presión del Ministerio de Asuntos Exteriores.

Como en prácticamente todos los restantes países, las deportaciones de Holanda comenzaron con los judíos apátridas, que en este caso eran, casi todos ellos, refugiados procedentes de Alemania, a quienes el gobierno holandés de preguerra había declarado «indeseables». Había treinta y cinco mil judíos extranjeros, en una población judía total de ciento cuarenta mil. A diferencia de Bélgica, Holanda fue puesta bajo una administración civil, y, a diferencia de Francia, el país carecía de gobierno propio, ya que el consejo de ministros, junto con la familia real, había huido a Londres. La pequeña nación estaba por entero a merced de los alemanes. El «asesor» de Eichmann, perteneciente a las SS, en Holanda era un tal Willi Zöpf (recientemente detenido en Alemania, mientras que el mucho más eficiente asesor en Francia, Dannecker, se encuentra en libertad), pero al parecer este asesor tenía muy poco que decir y se limitaba a ocupar el puesto que se le había confiado. Las deportaciones y cuanto a ellas hacía referencia estaban en manos del abogado Erich Rajakowitsch, anteriormente asesor jurídico de Eichmann en Praga y Viena, que entró en las SS por recomendación del propio Eichmann. En abril de 1941, Heydrich lo envió a Holanda, poniéndolo, no a las órdenes de la RSHA de Berlín, sino del jefe del Servicio de Seguridad de La Haya, el doctor Wilhelm Harsten, quien a su vez estaba a las órdenes del alto jefe de las SS y de la policía *Obergruppenführer* Hans Rauter y de su ayudante para asuntos judíos, Ferdinand aus der Fünten. (Rauter y Fünten fueron condenados a muerte por un tribunal holandés. Rauter fue ejecutado, y la sentencia de Fünten, según se dice por especial in-

tercesión de Adenauer, conmutada por la de cadena perpetua. Harsten también fue sometido a juicio en Holanda, condenado a doce años de presidio y puesto en libertad en 1957, tras lo cual ingresó en la burocracia del gobierno local de Baviera. Las autoridades holandesas estudian la posibilidad de someter a juicio a Rajakowitsch, quien al parecer vive en Suiza o en Italia. Los anteriores detalles han sido conocidos en el curso del año pasado, gracias a la publicación de una serie de documentos holandeses, y al informe de E. Jacob, corresponsal holandés del periódico suizo *Basler Nationalzeitung.*) En Jerusalén, la acusación, debido, en parte, a que quería obtener a toda costa la condena de Eichmann, y, en parte, a que se perdió en la intrincada selva de la burocracia alemana, aseguró que todos los funcionarios antes nombrados obedecieron órdenes de Eichmann. Sin embargo, los altos jefes de las SS y de la policía únicamente recibían órdenes de Himmler directamente. Que Rajakowitsch todavía recibiera órdenes de Eichmann, en aquel entonces, es altamente improbable, especialmente si tenemos en cuenta lo que ocurría en Holanda. La sentencia del tribunal de Jerusalén, sin entrar en polémicas, corrigió gran número de los errores cometidos por la acusación —aunque quizá no todos—, y puso de relieve la constante lucha por el poder existente entre los miembros de la RSHA, los altos jefes de las SS y de la policía, y otros funcionarios, «la tenaz, eterna, imperecedera negociación», como decía Eichmann.

A Eichmann le molestaron mucho las medidas tomadas en Holanda, por cuanto resultaba evidente que el propio Himmler se estaba entrometiendo en sus funciones, y, además, el celo de los caballeros allí destacados le creaba grandes dificultades, en lo referente a la organización de los transportes, y, por lo general, se reían del «centro de coordinación» de Berlín. Así vemos que, solo

empezar, en vez de deportar a quince mil judíos, deportaron a veinte mil, y el señor Zöpf, delegado de Eichmann, que era inferior en rango y en cargo a todos los demás funcionarios residentes, se vio prácticamente obligado a acelerar las deportaciones en 1943. Los conflictos de jurisdicción atormentaban constantemente a Eichmann, quien en vano explicaba a cuantos quisieran escucharle que «contradeciría las órdenes del *Reichsführer* [es decir, Himmler] y sería ilógico que, a estas alturas, el problema judío pasara a manos de otras autoridades». En Holanda, el último conflicto se produjo en 1944, y en esta ocasión incluso Kaltenbrunner quiso intervenir, para mantener la observancia de las normas todavía imperantes. Los judíos sefarditas, de origen español, estaban exentos de las medidas antisemitas, pese a que los judíos de este origen establecidos en Salónica fueron enviados a Auschwitz. La sentencia cometió un error cuando aventuró la hipótesis de que la RSHA «decidió esta disputa». El caso es que, Dios sabe por qué razones, unos trescientos setenta judíos sefarditas se quedaron en Amsterdam sin que nadie les molestara.

La razón por la que Himmler prefería utilizar, en Holanda, a sus altos jefes de las SS y de la policía era sencilla. Estos hombres conocían bien el terreno en que actuaban, y, por otra parte, el problema que planteaba la población holandesa no era fácil, ni mucho menos. Holanda fue el único país de Europa en que los estudiantes hicieron huelga cuando los profesores judíos fueron desposeídos de sus puestos, y en que se produjo una cadena de huelgas como reacción a la primera deportación de judíos a Alemania, pese a que esta deportación, a diferencia de aquellas otras que terminaban en los centros de exterminio, fue simplemente una medida punitiva, aplicada mucho antes de que la Solución Final alcanzara a Holanda. (Los alemanes, tal como señala De Jong, recibieron una

lección. A partir de entonces, «la persecución no se llevó a cabo mediante las bayonetas de las tropas de asalto nazis ... sino mediante decretos publicados en el *Verordeningenblad* ... que el *Joodsche Weekblad* estaba obligado a reproducir». La policía dejó de hacer redadas en las calles, y la población dejó de organizar huelgas.) Sin embargo, la general hostilidad que en Holanda se sentía hacia las medidas antisemitas y la relativa inmunidad del pueblo holandés al antisemitismo fueron contrarrestadas, en parte, por dos factores, que a fin de cuentas resultaron fatales para los judíos: en primer lugar, había en Holanda un fuerte movimiento nazi, en el que se podía confiar a fin de realizar tareas policiales tales como capturar judíos o descubrir sus escondrijos; y, en segundo lugar, se daba una fortísima tendencia, entre los judíos nacidos en Holanda, a efectuar una tajante distinción entre ellos y los judíos recién llegados, lo cual probablemente era resultado de la poco amistosa actitud adoptada por el gobierno holandés hacia los refugiados procedentes de Alemania y, probablemente, también a que el antisemitismo holandés, al igual que el francés, se centraba en los judíos extranjeros. Esto fue causa de que los alemanes no tuvieran grandes dificultades en formar el Consejo Judío, el Joodsche Raad, cuyos miembros vivieron largo tiempo en la falsa creencia de que solamente los judíos alemanes y extranjeros serían víctimas de las deportaciones, lo cual permitió que las SS gozaran de la ayuda de una fuerza de policía judía, además de la de la policía regular. El resultado fue una catástrofe que no tiene paralelo en cualquier otro país occidental, solo puede compararse con el exterminio de los judíos polacos, que tuvo lugar bajo circunstancias muy distintas y, desde un principio, totalmente desesperadas. En contraste con la actitud del pueblo polaco, la del pueblo holandés permitió que un gran número de judíos se escondiera —unos veinte o vein-

ticinco mil, suma muy elevada para un país tan pequeño—; sin embargo, un número insólitamente alto de judíos que vivían escondidos, por lo menos la mitad de ellos, fue descubierto, merced, sin duda alguna, a la labor de confidentes profesionales y ocasionales. En julio de 1944, habían sido deportados ciento treinta mil judíos. La mayoría de ellos fueron enviados a Sobibor, campo situado en Polonia, en la zona de Lublin, junto al río Bug, en donde ni siquiera se efectuó la consabida selección de los internados en condiciones físicas para trabajar. Tres cuartas partes de los judíos que vivían en Holanda fueron asesinados, y entre ellos unos dos tercios de los judíos nacidos en Holanda. Los últimos embarques partieron del país en el otoño de 1944, cuando las patrullas aliadas estaban ya en las cercanías de las fronteras holandesas. De los diez mil judíos que sobrevivieron, gracias a haberse escondido, el setenta y cinco por ciento eran extranjeros, porcentaje que demuestra la incapacidad de los judíos holandeses de saber enfrentarse con la realidad.

En la Conferencia de Wannsee, Martin Luther, del Ministerio de Asuntos Exteriores, ya avisó a los reunidos de las grandes dificultades con que tropezarían en los países escandinavos, notablemente en Noruega y Dinamarca. (Suecia no fue ocupada por los alemanes, y Finlandia, aun cuando entró en la guerra junto con los países del Eje, fue el único país en que los nazis nunca abordaron el problema judío. La sorprendente excepción de Finlandia, que contaba con unos dos mil judíos, quizá se debió a la gran estima en que Hitler tenía a los finlandeses, a quienes quizá no quería someter a amenazas y humillantes coacciones.) Luther propuso no iniciar por el momento las evacuaciones en Escandinavia, lo cual se

hizo, sin discusión, con respecto a Dinamarca, ya que este país conservaba su gobierno independiente, y fue respetado como Estado neutral hasta el otoño de 1943, pese a que, juntamente con Noruega, había sido invadido por el ejército alemán en 1940. En Dinamarca no había partidos fascistas o nazis, dignos de ser tenidos en cuenta, y, en consecuencia, no había colaboracionistas. Sin embargo, en Noruega, los alemanes encontraron entusiastas colaboradores, hasta el punto que el apellido de Vidkun Quisling, jefe del partido noruego pronazi y antisemita, ha servido para formar la expresión «gobierno Quisling», equivalente a «gobierno títere». La gran mayoría de los mil setecientos judíos de Noruega eran apátridas, refugiados procedentes de Alemania; fueron apresados e internados, en el curso de muy pocas operaciones relámpago, en octubre y noviembre de 1942. Cuando la oficina de Eichmann ordenó que fueran deportados a Auschwitz, algunos de los hombres del movimiento de Quisling dimitieron de sus cargos en el gobierno. Esto seguramente no sorprendió a Luther ni al Ministerio de Asuntos Exteriores, pero ocurrió algo mucho más grave, y totalmente imprevisto: Suecia inmediatamente ofreció asilo, y, en algunos casos la nacionalidad sueca, a todos los perseguidos. Ernst von Weizsäcker, subsecretario de Estado en el Ministerio de Asuntos Exteriores, que fue quien recibió la oferta, se negó incluso a tomarla en consideración; sin embargo, la actitud de Suecia no fue estéril. Siempre ha sido relativamente fácil salir ilegalmente de un país, y casi imposible entrar en el lugar de asilo sin permiso, y, una vez allí, hurtarse a las investigaciones de las autoridades de inmigración. En consecuencia, cerca de novecientos individuos, poco más de la mitad de la minúscula población judía de Noruega, pasó ilegalmente a Suecia.

Sin embargo, fue en Dinamarca donde los alemanes tuvieron

ocasión de comprobar cuán justificados eran los temores expresados por el Ministerio de Asuntos Exteriores. La historia de los judíos daneses es *sui generis*, y la conducta del pueblo danés y su gobierno, única entre la de todos los países de Europa, ya ocupados, ya aliados del Eje, neutrales o verdaderamente independientes. Difícil resulta vencer la tentación de recomendar que esta historia sea de obligada enseñanza a todos los estudiantes de ciencias políticas, para que conozcan un poco el formidable poder propio de la acción no violenta y de la resistencia, ante un contrincante que tiene medios de violencia ampliamente superiores. Cierto es que había en Europa unos cuantos países que carecían de «una adecuada comprensión del problema judío», y que la mayoría de las naciones europeas se oponían a las medidas «radicales», así como a las soluciones «finales». Suecia, Italia y Bulgaria, al igual que Dinamarca, resultaron ser inmunes al antisemitismo, pero de las tres naciones que estaban en la esfera de influencia alemana, solamente Dinamarca se atrevió a hablar claramente del asunto a sus amos alemanes. Italia y Bulgaria sabotearon las órdenes alemanas y emprendieron un complicado juego de engaños y trampas que les permitió salvar a sus judíos, haciendo con ello un auténtico *tour de force* de ingenio, pero jamás discutieron la política alemana en cuanto tal. Los daneses adoptaron una actitud totalmente distinta. Cuando los alemanes les propusieron, con gran cautela, que se diera la orden implantando el distintivo amarillo, recibieron la escueta respuesta de que el rey sería el primero en ostentarla, y los miembros del gabinete danés tuvieron buen cuidado en dejar claramente sentado que la aplicación de cualquier tipo de medidas antisemitas comportaría su inmediata dimisión. En este caso, tuvo vital trascendencia que los alemanes ni siquiera lograran implantar la importantísima distinción entre daneses de origen judío, de los que había

unos seis mil cuatrocientos, y los mil cuatrocientos judíos alemanes que se habían refugiado en el país antes del inicio de la guerra, y a los que el gobierno alemán había declarado apátridas. Esta negativa seguramente debió de sorprender extraordinariamente a los funcionarios alemanes, ya que era «ilógico» que un gobierno protegiera a unas gentes a las que había denegado sistemáticamente la ciudadanía, e incluso los permisos de trabajo. (Desde un punto de vista jurídico, antes de la guerra, la situación de los refugiados judíos en Dinamarca era parecida a la de los refugiados judíos en Francia, salvo en cuanto la general corrupción imperante en la Tercera República permitió que unos cuantos de ellos obtuvieran los documentos de ciudadanía francesa, merced a soborno y «amistades», por lo que la mayor parte de los refugiados en Francia pudieron trabajar ilegalmente, sin el debido permiso. Pero Dinamarca, al igual que Suiza, no era país apto *pour se débrouiller*.) Sin embargo, los daneses explicaron a los alemanes que, como fuere que los refugiados apátridas habían dejado de ser ciudadanos alemanes, los nazis no podían apoderarse de ellos sin el consentimiento del gobierno danés. Este fue uno de los poquísimos casos en que la apatridia se convirtió en un valor positivo, aun cuando, como es natural, no fue la apatridia *per se* lo que salvó a los judíos, sino, al contrario, el hecho de que el gobierno danés decidiera protegerlos. Así pues, ninguna de las medidas preparatorias, tan importantes en la maquinaria burocrática del asesinato, pudo aplicarse, debido a lo cual las operaciones fueron retrasadas hasta el otoño de 1943.

Lo que entonces ocurrió fue verdaderamente increíble. En comparación con lo que tuvo lugar en los restantes países europeos, bien podemos decir que en Dinamarca todo funcionó desastrosamente para los nazis. En agosto de 1943 —cuando la ofensiva

alemana contra Rusia había fracasado, cuando el Afrika Korps se había rendido en Túnez, y los aliados habían invadido Italia— el gobierno sueco denunció el tratado de 1940, según el cual concedía derecho de paso sobre su territorio a las fuerzas armadas alemanas. Entonces, los obreros daneses decidieron que ellos también podían aportar su grano de arena, a fin de precipitar el desarrollo de las cosas. Hubo disturbios en los astilleros daneses, donde los obreros se negaron a reparar los buques alemanes y se declararon en huelga. El comandante militar alemán proclamó el estado de emergencia y puso en vigor la ley marcial. Entonces, Himmler pensó que había llegado el momento oportuno de solventar el problema judío, solución que tanto se había retrasado. Pero Himmler no contaba con que —además del hecho de la resistencia danesa— los oficiales alemanes que habían vivido largo tiempo en el país ya no eran los mismos, que habían cambiado profundamente. El general Von Hannecken, comandante militar, se negó a poner sus tropas a la disposición del plenipotenciario del Reich, doctor Werner Best; las unidades especiales de las SS (*Einsatzikommandos*) destacadas en Dinamarca se oponían muy frecuentemente a ejecutar «las medidas que los organismos centrales les ordenaban», dicho sea en las palabras empleadas por Best en sus declaraciones ante el tribunal de Nuremberg. Y el propio Best, antiguo miembro de la Gestapo y ex asesor jurídico de Heydrich, autor de un libro en aquel entonces famoso sobre la policía, quien había trabajado en el gobierno militar de París, a entera satisfacción de sus superiores, ya no era digno de confianza, aun cuando es dudoso que Berlín supiera hasta qué punto no podía ya confiar en Best. Desde un principio se pudo percibir que en Dinamarca las cosas no funcionaban como debían, por lo que la oficina de Eichmann mandó allí a uno de sus mejores hombres, es decir, a Rolf

Günther, a quien nadie había acusado de no poseer la necesaria «despiadada dureza». Günther no impresionó lo más mínimo a sus colegas de Dinamarca, y Hannecken se negó a dictar un decreto ordenando a los judíos que se presentaran a sus respectivos puestos de trabajo.

Best fue a Berlín, donde obtuvo la promesa de que todos los judíos de Dinamarca, prescindiendo de categorías, serían enviados a Theresienstadt, concesión esta que tenía gran importancia desde el punto de vista nazi. La detención e inmediata partida de los judíos se fijó para la noche del día primero de octubre —los buques estaban ya dispuestos en el puerto—, y como fuera que no se podía confiar en los daneses, ni en las tropas alemanas estacionadas en Dinamarca, ni en los propios judíos, a los fines de prestar la colaboración necesaria en esta operación, desde Alemania fueron enviadas unidades especiales de policía, para que detuvieran a los judíos en sus propias casas. En el último instante, Best dijo a estas unidades de policía que no podían penetrar en las viviendas por la fuerza, ya que si lo intentaban la policía danesa intervendría, y los alemanes no debían luchar con ella. En consecuencia, tan solo pudieron prender a aquellos judíos que voluntariamente les abrieron la puerta de sus casas. De un total de 7.800 individuos, encontraron en casa, dispuestos a dejarles entrar, a 477 exactamente. Pocos días antes del fijado para la ejecución del plan, un alemán consignatario de buques, llamado Georg F. Duckwitz, probablemente informado por el propio Best, comunicó al gobierno danés las intenciones de los alemanes, y los funcionarios daneses se apresuraron a informar de ello a los dirigentes de la comunidad judía. Estos, en claro contraste con la actitud adoptada por los dirigentes judíos de otros países, comunicaron abiertamente las noticias en las sinagogas, en ocasión de las celebraciones de Año Nuevo. Los judíos tu-

vieron el tiempo justo para abandonar sus viviendas y esconderse, lo cual era muy fácil en Dinamarca, debido a que, en palabras de la sentencia dictada en Jerusalén, «el pueblo danés, en todos sus niveles, desde el rey hasta el más humilde ciudadano» estaba presto a recibirles.

Los judíos hubieran podido permanecer en sus escondrijos hasta el fin de las hostilidades, si Dinamarca no hubiera gozado de la bendición de tener a Suecia por vecina. Lo más razonable parecía embarcar a los judíos hacia Suecia, y así se hizo con la ayuda de la flota pesquera danesa. El coste del transporte de los individuos que carecían de medios —que era de unos cien dólares por persona— fue pagado con creces por opulentos ciudadanos daneses, lo cual quizá fue lo más sorprendente en toda esta historia, ya que en aquel tiempo los judíos pagaban los gastos de su propia deportación, y los judíos ricos entregaban fortunas a cambio de un permiso de salida (así ocurrió en Holanda, Eslovaquia y Hungría), ya a través del soborno a las autoridades de los respectivos países, ya negociando con las SS, que aceptaban únicamente moneda fuerte, y, en Holanda, vendían los permisos de salida por un precio que oscilaba entre los cinco y diez mil dólares por persona. Incluso en las zonas en que los judíos encontraban auténtica simpatía y deseos de ayudarles, tenían que pagar, por lo que las oportunidades que de escapar tenían los pobres eran nulas.

La tarea de transportar a los judíos a través de la franja de mar —entre cinco y quince millas, según los lugares— que separa a Dinamarca de Suecia, llevó casi todo el mes de diciembre. Los suecos acogieron a 5.919 refugiados, de los cuales 1.000 por lo menos eran de origen alemán, 1.300 medio judíos, y 686 gentiles casados con judíos. (Casi la mitad de los judíos daneses permanecieron escondidos en Dinamarca, y sobrevivieron hasta el final de la con-

tienda.) Los judíos no daneses se encontraron en mejor situación que en cualquier tiempo pasado, y todos ellos recibieron permiso para trabajar. Los pocos centenares de judíos que la policía alemana pudo detener fueron enviados a Theresienstadt. Eran gente de edad avanzada o pobre que no pudo enterarse a tiempo de lo que iba a ocurrir o que no pudieron comprender el significado de la información que se les dio.

En el gueto gozaron de privilegios superiores a los de los restantes grupos, debido a las constantes «molestias» que para protegerles causaban las instituciones y los ciudadanos privados daneses. Murieron cuarenta y ocho internados, cifra que no debemos calificar de excesivamente alta, teniendo en cuenta la edad media del grupo. Cuando todo hubo terminado, se atribuyó a Eichmann la opinión de que, «por diversas razones, la acción contra los judíos de Dinamarca fue un fracaso», en tanto que el curioso doctor Best declaró que «el objetivo de la operación no fue detener a gran número de judíos, sino dejar a Dinamarca limpia de judíos, objetivo que ahora está ya cumplido».

Política y psicológicamente el más interesante aspecto de este capítulo quizá sea el papel interpretado por las autoridades alemanas de Dinamarca, es decir, el evidente sabotaje que hicieron a las órdenes recibidas desde Berlín. Este es el único caso de que tenemos noticia en que los nazis se enfrentaron con una resistencia *abierta* por parte de los ciudadanos del país, y el resultado parece ser que aquellos que se enfrentaron con tal resistencia modificaron la actitud al principio adoptada. Los propios nazis dejaron de considerar que el exterminio de todo un pueblo era cosa cuya realización no cabía poner en tela de juicio. Cuando se enfrentaron con una resistencia basada en razones de principio, su «dureza» se derritió como mantequilla puesta al fuego, e incluso dieron mues-

tras de cierta auténtica valentía. Que el ideal de «dureza», salvo quizá en el caso de unos cuantos brutos medio dementes, no era más que un mito conducente a engañarse a uno mismo, y que ocultaba el cruel deseo de sumirse en un estado de conformidad a cualquier precio, quedó demostrado en el juicio de Nuremberg, en el que los acusados se traicionaron y acusaron entre sí, y aseguraron ante la faz del mundo que ellos «siempre habían estado en contra de lo que se hizo», o proclamaron, cual hizo Eichmann, que sus superiores abusaron de las mejores virtudes que poseían. (En Jerusalén, Eichmann acusó a «quienes ostentaban el poder» de haber abusado de su «obediencia». «El súbdito de un buen gobierno es un ser afortunado, el de un mal gobierno es desafortunado. Yo no tuve suerte», afirmó.) En Nuremberg, la atmósfera era muy distinta, y aun cuando la mayoría de los nazis seguramente sabían que estaban irremediablemente condenados, ninguno de ellos tuvo las agallas de defender la ideología nazi. Werner Best proclamó en Nuremberg que había llevado a cabo un complicado juego doble, y que gracias a él los funcionarios daneses fueron informados de la inminente catástrofe. Sin embargo, las pruebas documentales demostraron que fue el propio Best quien propuso a Berlín la realización de la operación de Dinamarca, aunque según Best esto formaba parte del doble juego. Dinamarca solicitó la extradición de Best, fue allí juzgado y condenado a muerte, pero el doctor apeló con sorprendentes resultados, ya que, en méritos de «nuevas pruebas», su sentencia fue conmutada por la de cinco años de prisión, siendo puesto en libertad poco después. Best seguramente pudo demostrar a satisfacción del tribunal danés que hizo cuanto estuvo en su mano.

Italia era el único aliado verdadero que Alemania tenía en Europa. Era tratada como una potencia igual, y su soberanía fue plenamente respetada. Cabe presumir que la alianza se basaba en la gran afinidad de intereses que unía a ambos estados, junto con la existencia de dos nuevas formas de gobierno muy similares, si no idénticas, y también en el hecho indudable de que tiempo hubo en que Mussolini había admirado grandemente a los nazis. Pero en la época en que estalló la guerra, y en que Italia se unió a la aventura alemana, lo dicho últimamente pertenecía ya al pasado. Los nazis sabían muy bien que tenían mayor afinidad con la versión del comunismo aplicada por Stalin que con el fascismo italiano. Y, por su parte, Mussolini no tenía excesiva confianza en Alemania ni demasiada admiración por Hitler. Sin embargo, todo esto formaba parte del acervo de secretos únicamente compartidos por los personajes de mayor importancia, especialmente en Alemania, y el mundo en general nunca comprendió las profundas y decisivas diferencias existentes entre las formas de gobierno totalitarias, por una parte, y el fascismo, por otra. Diferencias que en ningún caso se pusieron tan de relieve como en el tratamiento de la cuestión judía.

Con anterioridad al *coup d'État* de Badoglio, en el verano de 1943, y a la ocupación de Roma y el norte de Italia por los alemanes, Eichmann y sus hombres no obtuvieron permiso para actuar en este último país. Y todavía más, este equipo pudo comprobar que Italia actuaba de tal manera que *no* solucionaba absolutamente nada en las zonas de Francia, Grecia y Yugoslavia por ella ocupadas, ya que los judíos perseguidos escapaban constantemente a estas zonas, en donde hallaban asilo temporal. En niveles mucho más altos que aquel en que se encontraba Eichmann, el sabotaje de los italianos a la Solución Final adquirió proporciones verdaderamente graves, debido principalmente a la influencia que Mussolini

ejercía en otros gobiernos fascistas de Europa, es decir, en la Francia de Pétain, la Hungría de Horthy o la Rumania de Antonescu. Si Italia podía salirse con la suya y dejar de asesinar a sus judíos, los países satélite de Alemania igual podían intentarlo. Y así vemos que Dome Sztojai, el primer ministro húngaro que los alemanes habían impuesto a Horthy, siempre quería saber, cuando se trataba de adoptar medidas antisemitas, si los italianos las habían aplicado o no. El *Gruppenführer* Müller, jefe de Eichmann, escribió una larga carta sobre este tema al Ministerio de Asuntos Exteriores, en la que ponía de relieve todo lo dicho anteriormente, pero el Ministerio de Asuntos Exteriores poco pudo hacer, debido a que siempre se encontraba con la misma sutil y velada resistencia, con las mismas promesas y el mismo incumplimiento de ellas. Este sabotaje era tanto más irritante por cuanto era llevado a cabo abiertamente, de una manera casi burlona. El propio Mussolini u otros dirigentes de la mayor importancia eran quienes formulaban las promesas, y cuando los generales no las cumplían, Mussolini los excusaba diciendo que tenían «distinta formación intelectual». Tan solo de vez en cuando tropezaban los nazis con una negativa clara y rotunda, como ocurrió cuando el general Roatta declaró que «era incompatible con el honor del ejército italiano» entregar a las pertinentes autoridades alemanas los judíos del territorio de Yugoslavia ocupado por los italianos.

Mucho peor era cuando los italianos parecían dispuestos a cumplir sus promesas. Un ejemplo de ello tuvo lugar, después de que los aliados hubieran desembarcado en la zona francesa de África del Norte, cuando la totalidad de Francia estaba ocupada por los alemanes, salvo la zona sur, conquistada por los italianos, en la que unos cincuenta mil judíos vivían tranquilamente. Entonces, a consecuencia de la considerable presión ejercida por Alemania,

Italia organizó una «Comisaría de Asuntos Judíos», cuya única función era la de formar un censo de todos los judíos que se hallaban en dicha región, y expulsarlos de las costas mediterráneas. Veintidós mil judíos fueron apresados y trasladados hacia el interior de la zona ocupada por los italianos, con el resultado, según Reitlinger, de que «unos mil judíos, pertenecientes a la clase más pobre, vivían en los mejores hoteles de Isère y Saboya». Entonces, Eichmann mandó a Alois Brunner, uno de sus hombres más «duros», a Niza y a Marsella, pero, cuando llegó, la policía francesa había ya destruido las listas de judíos. En otoño de 1943, cuando Italia declaró la guerra a Alemania, el ejército alemán pudo al fin entrar en Niza, y Eichmann en persona se dirigió a toda prisa a la Costa Azul. Allí le dijeron —y él lo creyó— que muchos judíos, en un número que oscilaba entre los diez y los quince mil, estaban ocultos en Mónaco (este minúsculo principado tiene un total de veinticinco mil residentes, y su territorio «cabe en Central Park», como consignó el *New York Times Magazine*), lo cual motivó que la RSHA iniciara un programa de investigación. La anécdota parece un típico chiste italiano. El caso es que los judíos habían desaparecido; casi todos habían huido a Italia, y los pocos que estaban escondidos en los montes lograron pasar a Suiza o a España. Lo mismo ocurrió cuando los italianos tuvieron que abandonar la zona que ocupaban en Yugoslavia; los judíos salieron de allí junto con el ejército italiano, y se refugiaron en Fiume.

Incluso cuando Italia llevó a cabo los más serios esfuerzos para actuar en consonancia con su poderosa amiga y aliada, no faltó un elemento cómico. Cuando Mussolini, obligado por las presiones alemanas, promulgó, a finales de los años treinta, medidas legislativas antisemitas, consignó en ellas las usuales exenciones —ex combatientes, judíos condecorados, etcétera—, pero añadió una cate-

goría más, a saber, la de judíos que hubieran sido miembros del partido fascista, así como a sus padres y abuelos, sus esposas, sus hijos y sus nietos. No conozco las estadísticas referentes al asunto, pero el resultado seguramente fue que la gran mayoría de los judíos italianos quedó exenta. Difícilmente podía haber una familia judía italiana que no tuviera por lo menos un miembro de ella en el partido fascista, ya que las medidas legislativas fueron promulgadas en un tiempo en que los judíos, al igual que los demás italianos, habían estado ingresando masivamente en el partido, debido a que los cargos públicos únicamente podían ser ocupados por quienes pertenecieran a él. Por otra parte, los pocos judíos que se habían opuesto al fascismo por principios, es decir, los socialistas y los comunistas, principalmente, habían abandonado el país hacía ya tiempo. Incluso los antisemitas italianos más convencidos parecían incapaces de tomarse en serio la persecución de los judíos, y Roberto Farinacci, jefe del movimiento italiano antisemita, tenía un secretario judío. Cierto es que lo relatado también ocurría, en cierta medida, en la propia Alemania. Eichmann afirmó, y no hay razón para no creerle, que incluso en las filas de las SS había judíos, pero el origen semita de personas como Heydrich y Milch era mantenido en gran secreto, que solo conocían contados individuos, en tanto que en Italia ello ocurrió abiertamente, sin secreto alguno, con todo candor. La explicación de lo anterior se encuentra, como es natural, en que Italia era uno de los pocos países europeos en que todas las medidas legislativas antisemitas fueron altamente impopulares, ya que, en palabras de Ciano, «provocaban un problema que hasta el momento no había existido».

La asimilación, esta palabra de la que tanto se ha abusado, era un hecho pura y simplemente, en Italia, por cuanto allí había una comunidad de judíos, que no superaba el número de cincuenta

mil, cuyo origen se encuentra en los remotos siglos del Imperio romano. No era una doctrina, algo en lo que uno ha de creer, como ocurre en todos los países de habla alemana, o un mito, un evidente engaño a la propia conciencia, como ocurría notablemente en Francia. El fascismo italiano, dispuesto a no dejarse ganar en cuanto a «dureza» hacía referencia, intentó, antes del inicio de la guerra, echar del país a los judíos extranjeros y apátridas. Sin embargo, no tuvo gran éxito en el empeño, debido a la general renuncia, entre los funcionarios italianos de secundaria importancia, a adoptar una actitud «dura», y cuando el problema llegó a ser cuestión de vida o muerte, los italianos se negaron lisa y llanamente a comportarse como se les pedía, alegando que se trataba de una cuestión que afectaba a su soberanía, y, en consecuencia, no abandonaron a esta porción de su población judía. En vez de hacer esto, internaron a dichos judíos en campos de concentración, donde vivieron sin correr peligro, hasta el momento en que los alemanes invadieron Italia. Este comportamiento de los italianos difícilmente podrá explicarse tan solo alegando las circunstancias objetivas —es decir, la inexistencia del «problema judío»—, ya que dichos extranjeros creaban, como es natural, un problema en Italia, como lo hacían en cualquier otro Estado nacional europeo basado en la homogeneidad étnica y cultural de su población. Lo que en Dinamarca fue el resultado de un auténtico sentido político, de una casi innata comprensión de las exigencias y responsabilidades de la ciudadanía y de la independencia —«para los daneses ... la cuestión judía era una cuestión política, no de humanidad» (Leni Yahil)—, para los italianos era el resultado del general y casi automático sentido humanitario de un pueblo antiguo y civilizado.

Además, el sentido humanitario italiano fue sometido a la prueba del terror que se cernió sobre el pueblo de Italia, en el cur-

so del último año y medio de guerra. En diciembre de 1943, el Ministerio de Asuntos Exteriores alemán dirigió una formal petición de ayuda al jefe de Eichmann, es decir, a Müller: «En vista del escaso celo mostrado por los funcionarios italianos en la ejecución de las medidas antisemitas recomendadas por el Duce, el Ministerio de Asuntos Exteriores considera urgente y necesario que dicha ejecución ... sea supervisada por funcionarios alemanes». Entonces, los más famosos asesinos destinados en Polonia, como Odilo Globocnik, de los campos de exterminio de la zona de Lublin, fueron enviados a Italia. Incluso el jefe de la administración militar no era un oficial del ejército, sino el ex gobernador de Galitzia, el *Gruppenführer* Otto Wächter. Esto terminó con los chistes italianos. La oficina de Eichmann emitió una circular ordenando a sus sucursales que «los judíos de nacionalidad italiana» fueran inmediatamente objeto de las «medidas necesarias», y el primer golpe lo dirigieron contra ocho mil judíos de Roma, que fueron detenidos por unidades de la policía alemana, debido a que la policía italiana no era digna de confianza. Se les avisó con tiempo, y quienes les avisaron fueron, en muchos casos, antiguos miembros del partido fascista. Escaparon unos siete mil judíos. Los alemanes, siguiendo el comportamiento que, como hemos visto, era habitual en ellos en todos los casos en que tropezaban con resistencia a sus intentos, cedieron ante los italianos, y se mostraron de acuerdo en que todos los judíos italianos, incluso aquellos que no pertenecieran a las categorías exentas de las medidas antisemitas, no fueran objeto de deportación, sino que simplemente quedaran confinados en campos de concentración italianos. Esta «solución» fue considerada suficientemente «final», en cuanto a Italia hacía referencia. En el norte de Italia fueron detenidos, aproximadamente, treinta y cinco mil judíos, que fueron confinados en campos de concentración si-

tuados en las cercanías de la frontera austríaca. En la primavera de 1944, cuando el Ejército Rojo había ocupado ya Rumania, y cuando los aliados se disponían a entrar en Roma, los alemanes quebrantaron sus promesas, y comenzaron a expedir judíos de Italia a Auschwitz, adonde mandaron unos siete mil quinientos, de los que tan solo sobrevivieron unos seiscientos. Sin embargo, esta suma representa mucho menos del diez por ciento de los judíos que vivían en Italia.

11

LAS DEPORTACIONES EN LOS BALCANES: YUGOSLAVIA, BULGARIA, GRECIA Y RUMANIA

Quienes siguieron atentamente la acusación del fiscal y leyeron la sentencia que reorganizaba el confuso y equívoco «cuadro general» de aquella, quedaron grandemente sorprendidos de que no se mencionara en ningún caso la clara línea divisoria que separaba los territorios dominados por los nazis en el este y sudeste europeo del sistema de estados nacionales situado en la Europa central y occidental. La franja de heterogénea población que se extiende desde el mar Báltico, al norte, hasta el Adriático al sur, esta área que actualmente se encuentra casi en su totalidad tras el telón de acero, estaba entonces formada por los llamados estados sucesores establecidos por las potencias victoriosas, tras la Primera Guerra Mundial. Se concedió un nuevo orden político a los numerosos grupos étnicos que durante siglos vivieron bajo el dominio de los imperios, del imperio ruso al norte, el austrohúngaro al sur, y el otomano al sudeste. Entre los estados nacionales resultantes no había siquiera uno que poseyera la homogeneidad étnica de las viejas naciones europeas que les sirvieron de modelo, en la hora de redactar sus constituciones. El resultado fue que cada uno de estos países contenía amplios grupos étnicos violentamente hostiles al gobierno que les administraba, debido a que

sus aspiraciones nacionalistas fueron olvidadas en beneficio de otro grupo étnico ligeramente superior en número. Si se necesitara demostrar la inestabilidad política de estos estados de reciente fundación, bastaría con contemplar el caso de Checoslovaquia. Cuando, en marzo de 1939, Hitler entró en Praga, fue entusiásticamente bienvenido no solo por los *Sudetendeutschen*, la minoría alemana, sino también por los eslovacos a quienes había «liberado» al ofrecerles un Estado «independiente». Exactamente lo mismo ocurriría más tarde en Yugoslavia, donde la mayoría serbia, anterior dominadora del país, fue tratada como enemiga, mientras la minoría croata recibía su propio gobierno nacional. Además, debido a que las poblaciones de estos territorios no siempre estaban concentradas en determinadas regiones, no había fronteras naturales ni históricas, y aquellas que se establecieron en los tratados de Trianón y Saint Germain eran totalmente arbitrarias. En consecuencia no hubo dificultad en lograr que Hungría, Rumania y Bulgaria se adhirieran al Eje, gracias a la oferta de generosas ampliaciones de sus territorios. Los judíos de estas zonas anexionadas en momento alguno recibieron la consideración de nacionales del país de que se tratara, sino que automáticamente se convirtieron en apátridas y, en consecuencia, sufrieron el mismo destino que los judíos refugiados en los países de la Europa occidental. Invariablemente, fueron los primeros en ser deportados y liquidados.

En el curso de los años a que nos referimos, también quedó destrozado el sistema de estatutos de las minorías, mediante el que los aliados habían intentado resolver un problema que, en el marco de un Estado nacional, es siempre irresoluble. En todos los estados sucesores, los judíos eran una minoría oficialmente reconocida, y el estatuto de que gozaban no les había sido impuesto a la fuerza, sino que era el resultado de reivindicaciones y negociacio-

nes realizadas por sus propios delegados en la Conferencia de Paz de Versalles. Esto último significó una importante encrucijada en la historia de los judíos, ya que fue la primera ocasión en que los judíos occidentales, o sea, los judíos asimilados, no fueron considerados como portavoces de todo el pueblo judío. Ante la sorpresa y, en algunos casos, el desaliento de los «notables» judíos educados en Occidente, resultó que la gran mayoría de los judíos no deseaba la autonomía política, sino tan solo una especie de autonomía social y cultural. Desde un punto de vista jurídico, el estatuto de los judíos de la Europa oriental era exactamente igual al de cualquier otra minoría, pero desde un punto de vista político —y ello tuvo decisiva importancia— los judíos eran el único grupo de aquella región que carecía de una «patria», es decir, el único grupo carente de un territorio en el que ellos constituyeran la población mayoritaria. Sin embargo, tampoco vivían en aquella dispersión propia de sus hermanos de la Europa central y occidental. En estas últimas zonas, antes del advenimiento de Hitler, llamar judío a un judío había sido un indicio de antisemitismo, pero en el Este tanto los amigos como los enemigos consideraban que los judíos constituían un pueblo distinto. Esto tuvo gran repercusión en el estatus de aquellos judíos del Este que verdaderamente estaban asimilados, por lo que se hallaban en situación muy distinta de la de los judíos de Occidente, donde la asimilación, bajo una forma u otra, era norma. La gran masa de judíos de la clase media, característica en los países de la Europa central y occidental, no existía en el Este; en su lugar había un escaso número de familias judías de la clase media alta que, en realidad, pertenecía a la clase dirigente, y cuyo grado de asimilación, mediante el dinero, el bautismo y los matrimonios mixtos, a la sociedad gentil era infinitamente superior que el de la mayoría de los judíos occidentales.

Entre los primeros países en que los ejecutores de la Solución Final se encontraron con estas circunstancias estaba el Estado satélite de Croacia, en Yugoslavia, cuya capital era Zagreb. El gobierno croata, presidido por el doctor Ante Pavelić, tuvo la amabilidad de decretar medidas antisemitas tres meses después de haber accedido al poder, y cuando se le preguntó qué destino debía darse a las escasas docenas de judíos croatas residentes en Alemania, repuso que «agradecería que fuesen deportados al Este». El ministro del Interior del Reich pidió que el país quedase *judenrein* en febrero de 1942, y Eichmann mandó al *Hauptsturmführer* Franz Abromeit para que colaborase con el agregado policial en Zagreb. Las deportaciones fueron llevadas a cabo por los propios croatas, especialmente por los miembros del fuerte movimiento fascista, el Ustashe, y pagaron a los nazis treinta marcos por judío deportado. A cambio, recibieron todos los bienes de los deportados. Esto último era consecuencia del «principio territorial» oficialmente adoptado por los alemanes, aplicable a todos los países europeos, en virtud del cual el Estado heredaba todas las propiedades de los judíos asesinados que habían residido en su territorio, fuese cual fuere su nacionalidad. (Los nazis no siempre respetaban su «principio territorial», y disponían de muchos medios para soslayarlo, cuando les parecía que merecía la pena. Los hombres de negocios alemanes compraban todos sus bienes a los judíos, antes de ser deportados, y el *Einsatzstab* Rosenberg, al principio, autorizó la confiscación de todos los capitales hebraicos y judaicos para que fuesen entregados a los centros de investigación antisemitas. Posteriormente amplió su campo de acción, y entre los bienes confiscables incluyó obras de arte, así como valiosas piezas de mobiliario.) El plazo que terminaba en febrero de 1942 no pudo ser cumplido, debido a que los judíos pudieron escapar desde Croacia

al territorio ocupado por los italianos. Pero después del *coup d'État* de Badoglio, otro hombre del grupo de Eichmann, llamado Hermann Krumey, llegó a Zagreb, y en el otoño de 1943 treinta mil judíos habían sido ya deportados a los centros de exterminio.

Pero, entonces, los alemanes se dieron cuenta de que el país todavía no estaba *judenrein*. En las iniciales medidas legislativas antijudías habían advertido la presencia de un curioso párrafo que transformaba en «arios honorarios» a todos los judíos que hubieran contribuido a la «causa croata». Como es natural, en el curso de los años que mediaron, el número de estos judíos aumentó grandemente. Los judíos muy ricos, es decir, aquellos que se desprendían voluntariamente de sus riquezas, quedaron exentos. Y más interesante todavía fue el hecho de que los servicios de contraespionaje de las SS (dirigidos por el *Sturmbannführer* Wilhelm Höttl, que fue citado como testigo de la defensa en Jerusalén, pero cuya declaración utilizó el fiscal para fundamentar sus alegaciones) descubrieron que casi todos los miembros de la minoría directiva de Croacia, desde el primer ministro hasta el jefe del Ustashe, estaban casados con mujeres judías. Los mil quinientos judíos que en esta zona lograron sobrevivir —el cinco por ciento, según un informe del gobierno yugoslavo— eran todos ellos, sin duda alguna, miembros de aquel grupo judío altamente asimilado y extraordinariamente rico. Como sea que el porcentaje de judíos asimilados en las masas del Este ha sido muy a menudo estimado en un cinco por ciento, cabe deducir que en el Este la asimilación, siempre que era posible, ofrecía mayores probabilidades de supervivencia que en el resto de Europa.

La situación era muy distinta en el vecino territorio de Serbia, donde el ejército de ocupación alemán tuvo que luchar, casi desde el primer día, con una guerra de guerrillas, que por su intensidad

tan solo puede compararse con la que se desarrolló en Rusia, tras las líneas alemanas. Anteriormente he mencionado el único incidente que puso en relación a Eichmann con la matanza de judíos serbios. La sentencia del tribunal de Jerusalén reconoció que «no hemos podido comprender con la debida claridad cuáles eran las normales líneas de mando, con respecto a los judíos de Serbia», y la explicación se encuentra en el hecho de que la oficina de Eichmann ninguna relación tuvo con lo ocurrido en esta zona, debido a que no se deportó en ella ni a un solo judío. El «problema» fue enteramente resuelto sobre el terreno. So pretexto de ejecutar rehenes apresados en la lucha de guerrillas, el ejército mató a tiros a la población judía masculina. Las mujeres y los niños fueron entregados al comandante de la policía de seguridad, un tal doctor Emanuel Schäfer, especialmente protegido por Heydrich, quien los mató en camiones dotados de gas. En agosto de 1942, el *Staatsrat* Harald Turner, jefe de las oficinas civiles del gobierno militar, informó orgullosamente que Serbia era «el único país en que se han resuelto los problemas tanto judíos como gitanos», y devolvió a Berlín los camiones de gas. Se estima que unos cinco mil judíos se unieron a los guerrilleros, y esta fue la única vía de escape que tuvieron.

Después de la guerra, Schäffer fue juzgado por un tribunal alemán de lo criminal. Por haber dado muerte mediante gas a 6.280 mujeres y niños, fue condenado a seis años y seis meses de presidio. El gobernador militar de la región, el general Franz Böhme, se suicidó, pero el *Staatsrat* Turner fue entregado al gobierno yugoslavo, y condenado a muerte. Una vez más se repitió la vieja historia: los que lograron escapar al juicio de Nuremberg y no fueron entregados a los gobiernos de los países en que cometieron sus crímenes, o bien jamás fueron juzgados, o bien los tribunales alemanes les

trataron con la mayor «comprensión» que cabe imaginar. Estos hechos traen a la memoria el recuerdo de la República de Weimar, cuya especialidad fue perdonar los delitos políticos cuando el asesino pertenecía a uno de los violentos grupos antirrepublicanos de la derecha.

Bulgaria tenía más razones que cualquier otro país de los Balcanes para estar agradecida a la Alemania nazi, debido al considerable aumento de su territorio conseguido a expensas de sus vecinos, Rumania, Yugoslavia y Grecia. A pesar de esto, Bulgaria no fue agradecida. Tanto su gobierno como su pueblo no eran lo bastante blandos para permitir que la «despiadada dureza» surtiera sus efectos. Y así fue no solo en lo referente a la cuestión judía. La monarquía búlgara no tenía razón alguna para sentirse inquieta por el movimiento fascista del país, el Ratnizi, debido a que era numéricamente pequeño, y sin influencia política, en tanto que el Parlamento siguió siendo un cuerpo altamente respetado, que trabajaba al unísono con el rey. Por esto, Bulgaria se negó a declarar la guerra a Rusia, y ni siquiera se tomó la molestia de mandar, a título de muestra, un cuerpo de «voluntarios» al frente oriental. Pero lo más sorprendente fue que los búlgaros no «comprendían en modo alguno el problema judío», a pesar de hallarse en una zona de población mixta en que el antisemitismo había prendido en todos los grupos étnicos, y en que se había adoptado como política oficial, mucho antes de la llegada de Hitler. Cierto es que el ejército búlgaro se había mostrado de acuerdo en que fuesen deportados todos los judíos de los territorios recientemente anexionados —en total unos quince mil judíos—, que se hallaban bajo administración militar y cuyas poblaciones eran antisemitas; pero es muy du-

doso que los búlgaros supieran en aquel entonces lo que el término reasentamiento significaba en realidad. Poco antes, en enero de 1941, el gobierno también accedió a promulgar ciertas medidas legislativas antijudías, pero estas, desde el punto de vista nazi, fueron sencillamente ridículas: unos seis mil judíos, varones y en buen estado físico, fueron movilizados para emplearlos en diversos trabajos. Todos los judíos bautizados, fuese cual fuere la fecha de su bautizo, quedaron exentos, lo que provocó una epidemia de conversiones. Cinco mil judíos más —de un total de cincuenta mil, aproximadamente— recibieron privilegios especiales. Y en cuanto a los médicos y hombres de negocios judíos, se estableció un *numerus clausus* bastante alto, ya que estaba basado en el porcentaje de judíos existentes en las ciudades, en vez de en el porcentaje de los judíos existentes en todo el país. Cuando estas medidas fueron puestas en ejecución, los representantes del gobierno búlgaro declararon que la situación se había estabilizado a satisfacción de todos. Evidentemente, los nazis no solamente tenían que instruirlos en las exigencias propias de «una solución del problema judío», sino también enseñarles que la estabilidad jurídica y los movimientos totalitarios son incompatibles.

Es muy probable que las autoridades alemanas sospecharan ya las dificultades que les esperaban en Bulgaria. En el mes de enero de 1942, Eichmann escribió una carta al Ministerio de Asuntos Exteriores, en la que afirmaba que estaba «en situación de recibir judíos de Bulgaria». Proponía que se hicieran las gestiones pertinentes ante el gobierno búlgaro, y aseguraba al Ministerio de Asuntos Exteriores que el agregado policial en Sofía «se encargaría de los aspectos técnicos de la deportación». (Parece que el tal agregado tampoco cumplía sus deberes con demasiado entusiasmo, ya que poco después Eichmann enviaba allí a uno de los hombres de su

equipo, es decir, a Theodor Dannecker, quien abandonó su misión en París para pasar a ser «asesor» en Sofía.) Es muy interesante advertir que esta carta contradecía abiertamente el contenido de la notificación que Eichmann mandó a Serbia, pocos meses antes, diciendo que no disponía todavía de los servicios precisos para recibir judíos, y que ni siquiera los judíos del Reich podían ser deportados. La alta prioridad concedida a la tarea de dejar a Bulgaria *judenrein* quizá pueda explicarse únicamente por el hecho de haberse recibido información en Berlín, en el sentido de que era preciso actuar a toda prisa, si es que se pretendía obtener resultados positivos. Por esto, la embajada alemana hizo gestiones ante el gobierno búlgaro, pero todavía tardó seis meses en intentar inducir a los búlgaros a adoptar medidas «radicales», la primera de las cuales sería la implantación del distintivo amarillo. Pero incluso esta disposición produciría disgustos y quebraderos de cabeza a los nazis. En primer lugar, tal como la embajada alemana informó a sus superiores, el distintivo consistía tan solo en una «estrella muy pequeña»; en segundo lugar, la mayoría de los judíos se abstuvieron de llevarla, y, en tercer lugar, quienes la ostentaban «eran objeto de tales manifestaciones de simpatía por parte de la mal informada población, que estaban orgullosos del distintivo», como escribió Walter Schellenberg, jefe del Servicio de Contraespionaje de la RSHA en un informe transmitido al Ministerio de Asuntos Exteriores en noviembre de 1942. A continuación, el gobierno búlgaro revocó el decreto ordenando el uso del distintivo amarillo. A consecuencia de las fuertes presiones alemanas, el gobierno búlgaro decidió expulsar a los judíos de Sofía, enviándolos a las zonas rurales, pero tal medida no era la que los alemanes esperaban, ya que producía el efecto de dispersar a los judíos en vez de concentrarlos.

Esta expulsión motivó, en realidad, que la situación cambiara de signo, debido a que la población de Sofía intentó impedir que los judíos llegaran a la estación del ferrocarril, y a continuación se manifestó ante el palacio real. Los alemanes albergaban la falsa creencia de que el rey Boris era el principal responsable de la seguridad de que los judíos gozaban en Bulgaria, y cabe razonablemente presumir que fueron agentes del servicio de espionaje alemán quienes le asesinaron. Pero ni la muerte del monarca ni la llegada de Dannecker a principios de 1943 contribuyeron en lo más mínimo a alterar la situación existente, debido a que tanto el Parlamento como la población permanecieron claramente al lado de los judíos. Dannecker consiguió llegar a un acuerdo con el comisario búlgaro de asuntos judíos, a fin de deportar a Treblinka seis mil «judíos notables», pero ni uno de estos judíos llegó a abandonar Bulgaria. El acuerdo en sí mismo merece ser tenido en cuenta por cuanto indica que los nazis no tenían la menor esperanza de lograr la cooperación de los líderes judíos, en orden a conseguir sus propósitos. No podían servirse del rabí principal de Sofía, debido a que el metropolitano Stephan de Sofía lo tenía escondido, y había declarado públicamente: «Dios determinó el destino de los judíos, y los hombres no tienen ningún derecho a torturarlos ni perseguirlos» (Hilberg), lo que representa mucho más de lo que el Vaticano llegara a decir en momento alguno. Por fin, en Bulgaria ocurrió exactamente lo mismo que debía de ocurrir en Dinamarca pocos meses después, es decir, los funcionarios alemanes allí destacados perdieron confianza en sí mismos, y dejaron de merecer la de sus superiores. Esto, tanto cabe decirlo del agregado policial, miembro de las SS, cuya misión era localizar y detener a los judíos, como del embajador alemán en Sofía, Adolf Beckerle, quien en junio de 1943 había comunicado al Ministerio de Asuntos Exteriores

que la situación no ofrecía la menor posibilidad de éxito, debido a que «los búlgaros han convivido demasiado tiempo con gentes como los armenios, los griegos y los gitanos, para poder comprender debidamente el problema judío», lo cual era, desde luego, una pura y simple tontería, debido a que lo mismo cabía decir, *mutatis mutandis*, de todos los pueblos del este y sudeste de Europa. También fue Beckerle quien informó a la RSHA, en tono patentemente irritado, de que no podía hacerse más de lo que se había hecho. El resultado fue que ni un solo judío búlgaro había sido deportado o había padecido muerte no natural cuando, en agosto de 1944, ante la inminente llegada del Ejército Rojo, se revocaron las leyes antisemitas.

Que yo sepa no se ha efectuado ningún intento de explicar la actitud seguida por el pueblo búlgaro, que bien podemos calificar de única en aquella zona de población heterogénea. Pero al pensar en ello, a nuestra memoria acude el recuerdo de Georgi Dimitrov, el comunista búlgaro que se encontraba en Alemania cuando los nazis accedieron al poder, y a quien eligieron para acusarle del *Reichstagsbrand,* el misterioso incendio del Parlamento de Berlín, ocurrido el 27 de febrero de 1933. Dimitrov fue juzgado por el Tribunal Supremo Alemán, y se efectuó un careo entre él y Göring, al que interrogó como si él mismo —Dimitrov— fuese el presidente de la sala; gracias a Dimitrov, todos los acusados, salvo Lubbe, fueron absueltos. Su comportamiento le mereció la admiración del mundo entero, sin excluir a Alemania. La gente solía decir: «En Alemania tan solo queda un hombre de veras, y este hombre es búlgaro».

Grecia, cuya zona norte estaba ocupada por los alemanes, y la zona sur por los italianos, no ofrecía especiales problemas, por lo que

bien podían dejar que esperase su turno de quedar *judenrein*. En febrero de 1943, dos especialistas de Eichmann, los *Hauptsturm-führers* Dieter Wisliceny y Alois Brunner, llegaron allí a fin de disponer todo lo necesario para la deportación de los judíos de Salónica, donde estaban concentradas las dos terceras partes de la población judía griega. La tarea de estos dos especialistas en Grecia estaba dentro del «marco de la Solución Final del problema judío en Europa», tal como decía la carta de nombramiento que les dirigió la Subsección IV-B-4. En estrecha colaboración con un cierto *Kriegsverwaltungsrat* doctor Max Merten, que representaba al gobierno militar de la región, los dos hombres organizaron inmediatamente, como de costumbre, el Consejo Judío, a cuya cabeza pusieron al rabí principal Koretz. Wisliceny, que era quien estaba al frente del *Sonderkommando für Judenangelegenheiten* en Salónica, implantó el distintivo amarillo, e hizo saber desde el primer momento que no toleraría excepciones. El doctor Merten trasladó a la población judía, en su totalidad, a un gueto del que podía ser extraída fácilmente, ya que se hallaba en las inmediaciones de la estación de ferrocarril. Las únicas categorías privilegiadas eran las de los judíos con pasaporte extranjero, y, como es natural, la del personal del Judenrat, que en total no llegaban a unos centenares de individuos, quienes, en su día, fueron enviados al campo de canje de Bergen-Belsen. Los judíos no tenían otro camino para huir que el conducente hacia el sur, donde los italianos, al igual que en todos los territorios por ellos ocupados, se negaban a entregar los judíos a los alemanes. Sin embargo, la seguridad que ofrecía la zona italiana debía durar poco. La población griega se mostraba indiferente ante las dificultades de los judíos, en el mejor de los casos, y, por otra parte, los guerrilleros contemplaban con «agrado», en algunas ocasiones, las operaciones de deportación. Al

cabo de dos meses, la población judía en peso había sido deportada, los trenes partían casi a diario camino de Auschwitz, transportando cada uno de ellos entre dos mil y dos mil quinientos judíos en vagones de carga. En el otoño del mismo año, cuando se derrumbó la resistencia del ejército italiano, se llevo a cabo rápidamente la evacuación de treinta mil judíos, aproximadamente, procedentes del sur de Grecia, incluida Atenas y las islas.

En Auschwitz, fueron muchos los judíos griegos que quedaron incorporados a los llamados «comandos de la muerte», encargados del funcionamiento de las cámaras de gas y los hornos crematorios, y en 1944 todavía estaban con vida, en tanto que los judíos húngaros habían ya sido exterminados, y el gueto de Lódz se hallaba en trance de ser desmantelado. Al término de aquel verano, cuando comenzaron a correr rumores de que las matanzas con gas terminarían pronto, y las correspondientes instalaciones serían desmontadas, se produjo una de las pocas revueltas que estallarían en los campos de exterminio. Los miembros de los comandos de la muerte tuvieron entonces la certeza de que les había llegado el turno de morir. La revuelta fue un fracaso. Solo quedó un superviviente.

Diríase que la indiferencia con que los griegos fueron testigos del destino de sus judíos ha pervivido hasta después de su liberación. El doctor Merten, testigo de la defensa en el juicio de Eichmann, asegura en la actualidad, con evidente incongruencia, que nada supo de las deportaciones de los judíos, y, al mismo tiempo, dice que salvó a muchos de ellos de aquel destino por él ignorado. Después de la guerra, el doctor Merten regresó sigilosamente a Grecia, como representante de una agencia de viajes. Allí, no tardó en ser detenido, pero fue libertado, y obtuvo autorización para regresar a Alemania. El caso del doctor Merten quizá sea único, ya que los juicios por crímenes de guerra, celebrados en países que no

sean Alemania, siempre han concluido con severas sentencias condenatorias. Y sus declaraciones como testigo de la defensa, que hizo en Berlín en presencia de representantes del defensor y del fiscal, fueron, sin duda alguna, únicas. Aseguró que Eichmann había prestado gran ayuda en un intento de salvar alrededor de veinte mil mujeres y niños de Salónica, y que el causante de todos los males fue Wisliceny. Sin embargo, el doctor Merten reconocería después haber sido objeto de presiones por parte del hermano de Eichmann, abogado en Linz, y de una organización alemana integrada por ex miembros de las SS. El propio Eichmann negó todo lo dicho por el doctor Merten: nunca había estado en Salónica y jamás ayudó al doctor Merten en nada.

Eichmann aseguró más de una vez que sus tareas de organización, la coordinación de las evacuaciones y deportaciones llevada a cabo por su oficina, habían, en realidad, ayudado a sus víctimas, por cuanto les había facilitado ir al encuentro con su destino. Eichmann decía que, si es preciso hacer algo, más vale hacerlo ordenadamente. En el curso del juicio, nadie, ni siquiera la defensa, prestó la menor atención a este argumento de Eichmann, que pertenecía evidentemente a la misma categoría que su insensata y reiterada afirmación de haber salvado cientos de miles de vidas judías mediante la «emigración forzosa». Sin embargo, en vista de lo ocurrido en Rumania es difícil no preguntarse si acaso Eichmann no llevaba razón. En Rumania todo fue mal, también, aunque en sentido distinto a lo ocurrido en Dinamarca, donde incluso los hombres de la Gestapo saboteaban las órdenes procedentes de Berlín, ya que en Rumania incluso los miembros de las SS quedaron sobrecogidos, y en ocasiones aterrorizados, ante los horrores de los gigantescos po-

gromos llevados a cabo de modo espontáneo y a la antigua. Los nazis intervinieron a menudo a fin de salvar a los judíos de las más espantosas carnicerías, y para conseguir que las matanzas se efectuaran al modo que los nazis consideraban civilizado.

No exageraremos si afirmamos que Rumania era el más antisemita país europeo de preguerra. Incluso en el siglo XIX, el antisemitismo rumano era un hecho claramente establecido. En 1878, las grandes potencias intentaron intervenir en los asuntos interiores rumanos, a través del Tratado de Berlín, a fin de que el gobierno rumano diera a los habitantes judíos del país la condición de ciudadanos, aun cuando quedaran en una situación de ciudadanos de segunda categoría. Ni siquiera esto se consiguió, y al término de la Primera Guerra Mundial todos los judíos rumanos, con la excepción de unos centenares de familias sefarditas y de algunos judíos de origen alemán, eran todavía extranjeros residentes en Rumania. Fue preciso que los aliados ejercieran toda su influencia a fin de persuadir, en las negociaciones del tratado de paz, al gobierno rumano de que aceptara un acuerdo reconociendo la presencia de una población minoritaria, y concediera a los judíos la ciudadanía. Esta concesión hecha ante la presión de la opinión mundial fue revocada en 1937 y 1938, cuando, confiados en el poder de la Alemania de Hitler, los rumanos creyeron que podían correr el riesgo de denunciar el acuerdo de reconocimiento de una población minoritaria, so pretexto de constituir una imposición sobre su soberanía nacional, y privaron de la ciudadanía a varios cientos de miles de judíos, aproximadamente la cuarta parte de la población judía. Dos años más tarde, en agosto de 1940, algunos meses antes de que Rumania entrase en la guerra al lado de la Alemania de Hitler, el mariscal Ion Antonescu, jefe de la nueva dictadura de la Guardia de Hierro, declaró apátridas a todos los judíos, con la ex-

cepción de los miembros de unos pocos centenares de familias que habían sido ciudadanos rumanos antes de los tratados de paz. Aquel mismo mes, promulgó también unas medidas legislativas antijudías que fueron las más draconianas de Europa, sin excluir a Alemania. Las categorías privilegiadas, formadas por excombatientes y miembros de familias que habían tenido la ciudadanía rumana desde antes de 1918, tan solo abarcaban unos diez mil individuos, poco más de un uno por ciento de la población judía. El propio Hitler se daba cuenta de que Alemania corría peligro de ser superada por Rumania, y se quejó a Goebbels, en agosto de 1941, pocos meses después de haber dado la orden de la Solución Final, a quien dijo que «en estos asuntos, Antonescu se comporta de un modo mucho más radical de lo que nosotros nos hemos comportado hasta el presente».

Rumania entró en la guerra en febrero de 1941, y la Legión Rumana pasó a ser una fuerza militar digna de ser tenida en cuenta en la invasión de Rusia que se estaba preparando. Tan solo en Odesa, los soldados rumanos fueron responsables de la matanza de sesenta mil individuos. En contraste con los gobiernos de los restantes países balcánicos, el gobierno rumano tuvo desde el principio exacta información sobre las matanzas de judíos en el Este, y los soldados rumanos, incluso después de que la Guardia de Hierro fuera expulsada del poder, en el verano de 1941, se entregaron al cumplimiento de un programa de matanzas y deportaciones que «llegaron a superar los excesos cometidos por la Guardia de Hierro en Bucarest». Fue un programa cuyos horrores no tienen paralelo en toda esta historia de atrocidades (Hilberg). Las deportaciones al estilo rumano consistían en meter a cinco mil personas en unos cuantos vagones de carga, y dejarles morir de asfixia allí, mientras el tren rodaba a través de los campos de Rumania, sin

destino, durante días y días. Remate muy apreciado de estas operaciones de matanza era exponer los cadáveres de las víctimas en las carnicerías propiedad de judíos. Asimismo, los horrores de los campos de concentración rumanos, organizados y administrados por los propios rumanos, debido a que no podían deportar a sus judíos al Este, eran más atroces y más refinadamente crueles que el peor de los campos alemanes. Cuando Eichmann, siguiendo su costumbre, mandó a Bucarest al consabido asesor en asuntos judíos, que fue el *Hauptsturmführer* Gustav Richter, este comunicó un informe en el que decía que Antonescu deseaba expedir ciento diez mil judíos a «dos bosques situados al otro lado del río Bug», es decir, en territorio ruso ocupado por los alemanes, para liquidarlos. Los alemanes quedaron horrorizados, y todo el mundo intervino: los altos jefes del ejército, el Ministerio de Rosenberg para los Territorios Ocupados en el Este, el Ministerio de Asuntos Exteriores, el ministro acreditado en Bucarest, *Freiherr* Manfred von Killinger, ex alto jefe de las SA, amigo personal de Röhm, y, en consecuencia, sospechoso a los ojos de las SS, quien probablemente era espiado por Richter, quien tenía la misión de «asesorarle» en los asuntos judíos. Sin embargo, en la cuestión a la que nos hemos referido, todos estaban de acuerdo. El propio Eichmann imploró al Ministerio de Asuntos Exteriores, en una carta de abril de 1942, que detuviera aquellos desorganizados y prematuros esfuerzos rumanos para «desembarazarse de los judíos»; era necesario hacer comprender a los rumanos que «la evacuación de los judíos alemanes, que estaba ya en período de ejecución», tenía prioridad. Y Eichmann terminaba la carta con la amenaza de «hacer entrar en acción a la policía de seguridad».

Por mucho que les pesara a los alemanes dar a Rumania, en lo referente a la Solución Final, una orden de prioridad más favora-

ble que la que se había proyectado con respecto a todos los países de los Balcanes, tuvieron que ceder a fin de evitar que la situación degenerara en un sangriento caos, y, por mucho que Eichmann hubiera gozado al formular su amenaza de recurrir a la policía de seguridad, tampoco hay que olvidar que esta no había sido adiestrada precisamente con la finalidad de salvar judíos. El caso es que, a mediados de agosto —tiempo en que los rumanos habían ya asesinado a casi trescientos mil judíos, sin apenas ayuda alemana—, el Ministerio de Asuntos Exteriores concluyó un acuerdo con Antonescu «en orden a la evacuación de los judíos de Rumania, que será llevada a cabo por unidades alemanas», y, por su parte, Eichmann inició negociaciones con los ferrocarriles alemanes, a fin de que le proporcionaran los vagones necesarios para transportar doscientos mil judíos a los campos de exterminio de Lublin. Pero precisamente entonces, cuando todo estaba dispuesto, y tras haber hecho tan grandes concesiones, los rumanos dieron el gran cambio. Como un rayo caído de los cielos, llegó a Berlín una carta del concienzudo Richter: el mariscal Antonescu había cambiado de manera de pensar. Tal como informó el embajador Killinger, ahora el mariscal quería desembarazarse de los judíos «de una manera más cómoda». Los alemanes no habían tenido en cuenta que Rumania era un país con un altísimo porcentaje de asesinos normales y corrientes, y que, además, era el país más corrupto de los Balcanes. A la par que las matanzas, se había desarrollado un floreciente comercio de venta de exenciones, ejercido por todas las ramas de la burocracia, fuera estatal o municipal. La especialidad del gobierno consistía en la imposición de desorbitados tributos que ciertos grupos, o comunidades enteras, determinados al azar debían satisfacer. Ahora se descubrió que los judíos podían ser vendidos al extranjero por moneda fuerte, por lo cual los rumanos pasaron a ser

los más fervientes defensores de la emigración judía, a mil trescientos dólares por cabeza. De este modo Rumania se convirtió en uno de los pocos puntos de salida de la emigración judía hacia Palestina durante la guerra. A medida que el Ejército Rojo se acercaba, el mariscal Antonescu se hacía más y más «moderado», e incluso llegó a mostrarse dispuesto a que los judíos se fueran, sin tener que pagar por ello.

Es curioso observar que Antonescu, desde el principio hasta el fin, no fuera más «radical» que los alemanes (como Hitler creía), sino que estuviera siempre un paso más adelantado que estos. Él fue el primero en privar a los judíos de su nacionalidad, y él fue quien comenzó las matanzas a gran escala, sin ocultaciones y con total desvergüenza, en una época en que los alemanes todavía se preocupaban de mantener en secreto sus primeros experimentos. Él fue quien tuvo la idea de vender judíos, más de un año antes de que Himmler hiciera la oferta de «sangre a cambio de camiones», y él fue quien terminó, cual haría después Himmler, por suspender el asunto, como si se hubiera tratado de una broma. En agosto de 1944, Rumania se rindió al Ejército Rojo, y Eichmann, especialista en evacuaciones, fue enviado a toda prisa a aquella zona, para salvar a unos cuantos «alemanes étnicos», empeño en el que no tuvo éxito. Aproximadamente la mitad de los ochocientos cincuenta mil judíos de Rumania lograron sobrevivir, gran número de los cuales —varios cientos de miles— fueron a Israel. En la actualidad, se ignora cuántos judíos quedan en el país. Los asesinos rumanos fueron todos ejecutados, y Killinger se suicidó antes de caer en manos de los rusos. Únicamente el *Hauptsturmführer* Richter, quien ciertamente jamás tuvo ocasión de actuar, vivió en paz en Alemania hasta el año 1961, en que fue una tardía víctima del juicio contra Eichmann.

12

DEPORTACIONES DE LA EUROPA CENTRAL: HUNGRÍA Y ESLOVAQUIA

Hungría, país al que antes nos hemos referido en relación con la inquietante cuestión de la conciencia de Eichmann, era, constitucionalmente, un reino sin rey. El país, pese a no tener acceso al mar y carecer de marina de guerra y mercante, estaba regido —o, mejor dicho, regentado en nombre de un rey inexistente— por un almirante, a saber, el regente o *Reichsverwessr* Nikolaus von Horthy. El único signo visible de realeza era la abundancia de *Hofräte*, o consejeros de la inexistente corte. *In illo tempore*, el Sacro Romano Emperador fue también rey de Hungría, y, más recientemente, después de 1806, la *kaiserlichköni-gliche Monarchie* del Danubio había sido mantenida precariamente unida por los Habsburgo, que fueron emperadores (Káiser) de Austria y reyes de Hungría. En 1918, el imperio de los Habsburgo fue desmembrado en «estados sucesorios». Austria pasó a ser una república ansiosa de obtener el *Anschluss*, o sea, la unión con Alemania. Otto de Habsburgo estaba en el exilio, y jamás hubiera sido aceptado como rey de Hungría por los orgullosos magiares; por otra parte, una monarquía auténticamente húngara no existía ni había existido en cuanto se recuerda de los anales históricos. Por

esto, únicamente el almirante Horthy sabía qué era Hungría, en cuanto a forma de gobierno hacía referencia.

Tras las engañosas apariencias de grandeza real, en Hungría se daba una estructura feudal heredada del pasado, con gran miseria entre los campesinos carentes de tierras, y gran lujo entre las pocas familias aristocráticas que literalmente eran propietarias del país, un lujo muy superior al existente en cualquier otro país de aquella zona dominada por la pobreza, patria de los desheredados de Europa. Este fondo de cuestiones sociales sin resolver y de atraso general daba a la sociedad de Budapest un especial matiz. Parecía que los húngaros fueran un grupo de ilusionistas que, tras vivir de engaños durante largo tiempo, hubieran perdido totalmente el sentido de la congruencia. En los primeros años treinta, bajo la influencia del fascismo italiano, apareció en Hungría un fuerte movimiento fascista, el llamado movimiento de las Cruces y Flechas. Y en 1938, siguiendo el ejemplo de Italia, se dictaron las primeras medidas legislativas antisemitas. Pese a la fuerte influencia que la Iglesia católica ejercía en el país, las normas antisemitas eran de aplicación a los judíos bautizados que se habían convertido con posterioridad a 1919, y, tres años después, quedaron también incluidos los judíos convertidos antes de dicho año. Sin embargo, incluso después de que la política oficial del gobierno llegara a ser totalmente antisemita, basando el antisemitismo en el criterio de la raza, once judíos siguieron sentándose en la cámara alta, y Hungría era el único país del Eje que envió tropas judías —ciento treinta mil hombres, de servicios auxiliares, pero con uniforme húngaro— al frente del Este. La explicación de estas contradicciones estriba en que los húngaros, pese a la política oficialmente adoptada, distinguían, todavía con mayor énfasis que el existente en otros países, los judíos nativos de los *Ostjuden*, los judíos «magiarizados»

de la «Hungría de Trianón» (establecida, cual los restantes estados sucesorios, por el Tratado de Trianón), de los judíos procedentes de los territorios recientemente anexionados. La soberanía húngara fue respetada por el gobierno nazi hasta marzo de 1944, con el resultado de convertirse el país, para los judíos, en una isla de tranquilidad, en medio de un «océano de destrucción». Cuando el Ejército Rojo comenzó a aproximarse, a través de los Cárpatos, a las fronteras húngaras, y el gobierno intentó desesperadamente seguir el ejemplo de Italia y concluir una paz por separado, el gobierno alemán decidió, como es muy comprensible, ocupar el país. Sin embargo, resulta casi increíble que, a aquellas alturas, todavía existiera la obsesión de que «la orden del día debe ser dedicarse de pleno a solucionar el problema judío», ya que la «liquidación» de los judíos era «indispensable requisito previo para la adhesión de Hungría en la presente guerra», como dijo Veesenmayer en un informe dirigido al Ministerio de Asuntos Exteriores, en diciembre de 1943. La «liquidación» comportaba evacuar a ochocientos mil judíos, más un grupo de judíos convertidos, unos ciento o ciento cincuenta mil.

El caso es que, tal como antes he dicho, debido a la magnitud y la urgencia de la tarea, Eichmann fue a Budapest, en marzo de 1944, en compañía de su plana mayor completa, que pudo reunir fácilmente por cuanto sus tareas habían quedado terminadas en los demás países. Llamó a Wisliceny y a Brunner, que se encontraban en Eslovaquia y Grecia, a Abromeit, que se hallaba en Yugoslavia, a Dannecker, que había trabajado en París y Bulgaria, a Siegfried Seidl, que ocupaba el cargo de comandante de Theresienstadt, y de Viena llegó Hermann Krumey para ocupar el cargo de lugarteniente de Eichmann. Llevó consigo también a los más importantes miembros de su oficina de Berlín: a Rolf Günther, que había

sido su lugarteniente; a Franz Novak, oficial de deportaciones, y a Otto Hunsche, asesor jurídico. Así vemos que el *Sondereinsatzkommando* Eichmann (Unidad Eichmann de Operaciones Especiales) estaba integrado por unos diez hombres, más unos cuantos oficinistas, en el momento en que sentó sus reales en Budapest. La misma noche en que llegaron, Eichmann y sus hombres invitaron a los dirigentes judíos a que se reunieran con ellos, a fin de convencerles de que formaran un Consejo Judío, a través del cual los nazis pudieran dictar sus órdenes, a cambio de lo cual concederían al consejo absoluta jurisdicción sobre todos los judíos de Hungría. Pero, en aquel momento y en aquel lugar, no era demasiado fácil llevar a cabo esta maniobra. Corrían los días en que, según palabras del nuncio de la Santa Sede, «el mundo entero sabe lo que significa la deportación». Además, en Budapest, los judíos habían tenido una ocasión «única de conocer el destino de los judíos europeos. Conocíamos muy bien la labor realizada por los *Einsatzgruppen*. Y sabíamos más de lo necesario acerca de Auschwitz», tal como declararía el doctor Kastner en Nuremberg. Evidentemente, hacía falta algo más que el cacareado «poder hipnótico» de Eichmann para convencer a alguien de que los nazis acatarían la sagrada distinción entre judíos «magiarizados» y judíos del Este. Los dirigentes judíos húngaros tuvieron que elevar la técnica de autoengaño a la categoría de gran arte para llegar a creer, a aquellas alturas, que «aquí no puede ocurrir» —«¿cómo pueden atreverse a enviar a los judíos húngaros fuera de Hungría?»—, y, luego, seguir creyéndolo mientras los hechos contradecían cotidianamente dicha creencia. El modo en que lo que acabamos de decir se consiguió quedó de manifiesto en una de las más notables declaraciones entre todas las que los testigos prestaron en los estrados: los futuros miembros del Comité Judío Central (tal era el nombre del

Consejo Judío de Hungría) habían oído decir a sus vecinos eslovacos que Wisliceny, quien en aquellos días estaba negociando con ellos, aceptaba dinero sin grandes empachos, y también sabían que pese a todos los sobornos «había deportado a todos los judíos de Eslovaquia». Tras lo cual, el señor Freudiger concluyó: «Entonces me di cuenta de que era necesario hallar los medios precisos para entrar en relación con Wisliceny».

El más astuto de los trucos empleados por Eichmann en estas negociaciones consistió en procurar comportarse, tanto él como los hombres de su equipo, como si verdaderamente fuesen venales. El presidente de la comunidad judía, Hofrat Samuel Stern, miembro del Consejo Privado de Horthy, fue tratado con exquisita cortesía, y se le hizo saber que sería nombrado presidente del Consejo Judío. Tanto Samuel Stern como los restantes miembros del Consejo quedaron tranquilizados cuando se les pidió que proporcionaran a los alemanes máquinas de escribir y espejos, ropa interior de mujer y agua de colonia, cuadros originales de Watteau y ocho pianos, aun cuando siete de estos fueron amablemente devueltos por el *Hauptsturmführer* Novak, con las palabras: «Caballeros, les aseguro que no pretendo poner una tienda de pianos, sino tan solo tocar el piano». El propio Eichmann visitó la biblioteca y el museo judíos, y aseguró a cuantos quisieron escucharle que las medidas adoptadas tenían tan solo carácter temporal. La corrupción, que al principio no fue más que engaño y trampa, no tardó en ser real y verdadera, pero no revistió las formas que los judíos habían esperado. En ningún otro país gastaron los judíos tanto dinero para obtener tan poco a cambio. En palabras del extraño señor Kastner: «Cuando un judío teme por su vida y la de sus familiares, pierde todo sentido del dinero». (*¡Sic!*) Lo anterior quedó confirmado en el juicio de Eichmann por las declaraciones de Philip von

Freudiger, antes mencionadas, así como por las palabras de Joel Brand, quien había sido el representante de un grupo judío rival, en Hungría, llamado Comité Sionista de Ayuda y Rescate. En abril de 1944, Krumey había recibido no menos de doscientos cincuenta mil dólares de manos de Freudiger; y el Comité de Rescate pagó veinte mil dólares por el solo privilegio de tener una entrevista con Wisliceny y algunos hombres del servicio de contraespionaje de las SS. En esta reunión, cada uno de los alemanes presentes recibió una propina de mil dólares, y Wisliceny volvió a referirse al llamado Plan Europa, que había propuesto inútilmente en 1942, y según el cual se suponía que Himmler estaba dispuesto a perdonar a todos los judíos, salvo los de Polonia, a cambio de dos o tres millones de dólares. En aceptación y cumplimiento de esta propuesta, que en realidad había sido archivada hacía ya tiempo, los judíos comenzaron a pagar plazos a Wisliceny. En aquella tierra de inaudita abundancia, incluso el «idealismo» de Eichmann cedió un tanto. Pese a que la acusación, en el juicio de Jerusalén, no pudo demostrar que Eichmann hubiera obtenido beneficios económicos en el cumplimiento de su misión, sí pudo poner de relieve el alto nivel de vida de Eichmann en Budapest, donde pudo permitirse el lujo de alojarse en uno de los mejores hoteles, dispuso de chófer y de un automóvil anfibio, inolvidable regalo de Kurt Becher, quien más tarde sería su enemigo, se dedicó a la caza y a la equitación, y gozó de toda suerte de lujos, por él desconocidos, merced a las amabilidades de sus nuevos amigos del gobierno húngaro.

Sin embargo, en el país había un nutrido grupo de judíos cuyos dirigentes no se entregaron tan fácilmente al arte de engañarse a sí mismos. El movimiento sionista siempre había sido especialmente fuerte en Hungría, y ahora tenía su representación en el recientemente formado Comité de Ayuda y Rescate (Vaadat Ezra va Haza-

lah), que gracias a mantener estrechas relaciones con la oficina de Palestina, había prestado su ayuda a los refugiados de Polonia y Eslovaquia, de Yugoslavia y Rumania. El Comité estaba en constante comunicación con el American Joint Distribution Committee (Comité Conjunto Americano de Distribución), que lo financiaba, y también había conseguido, legal o ilegalmente, hacer entrar en Palestina a algunos judíos. Ahora que la catástrofe estaba produciéndose en su propio país, el Comité de Rescate se dedicó a falsificar «documentos cristianos», es decir, certificados de bautismo, con los cuales resultaba más fácil ocultarse. Sea lo que fuera lo que los miembros del comité hicieran, sabían muy bien que se hallaban fuera de la ley, y se comportaban en consonancia. Joel Brand, el poco afortunado emisario que, en plena guerra, ofrecería a los aliados la propuesta de Himmler, en el sentido de entregarles un millón de vidas judías a cambio de diez mil camiones, era uno de los principales dirigentes del Comité de Ayuda y Rescate, y acudió a Jerusalén para prestar declaración sobre sus negociaciones con Eichmann, tal como hizo su antiguo rival en Hungría, Von Freudiger. Y si bien Freudiger, a quien Eichmann, dicho sea de paso, no recordaba en absoluto, evocó los malos modales con que fue tratado en el curso de las entrevistas con los alemanes, también es cierto que la declaración de Brand corroboró cuanto Eichmann había dicho acerca del modo en que trató a los sionistas. A Brand le dijo que estaba hablando «con un alemán idealista», quien en aquellos instantes se dirigía a «un judío idealista», eran dos honorables enemigos que se trataban de igual a igual, durante una tregua en las hostilidades. Eichmann dijo a Brand: «Quizá mañana nos enfrentaremos de nuevo en el campo de batalla». Desde luego, se trataba de una horrible comedia, pero con este relato quedó demostrado que la debilidad que Eichmann sentía por hacer frases vacías, ca-

rentes de sentido y estimulantes, no era simplemente una «pose» fabricada *ex profeso* para lucirla ante el tribunal de Jerusalén. Y lo que es más interesante todavía, en la reunión con los sionistas, tanto Eichmann como los demás miembros del *Sondereinsatzkommando* dejaron de emplear aquella táctica de mentir pura y simplemente que habían utilizado ante los miembros del Consejo Judío. Incluso prescindieron temporalmente de las «normas de lenguaje», y casi siempre llamaron al pan, pan y al vino, vino. Además, cuando llegó el momento de negociar seriamente —sobre la suma de dinero que sería preciso pagar para obtener un permiso de salida, sobre el Plan Europa, sobre el canje de vidas por camiones— no solo Eichmann, sino también Wisliceny, Becher y los caballeros del servicio de contraespionaje con quienes Joel Brand se reunía todas las mañanas en un café, se dirigieron siempre al grupo de los sionistas. La razón que abonaba lo anterior radicaba en que el Comité de Ayuda y Rescate poseía las necesarias relaciones internacionales y podía obtener con mayor facilidad las sumas en moneda extranjera, en tanto que los miembros del Consejo Judío no tenían a nadie tras ellos, como no fuera la dudosa protección del almirante Horthy. También quedó de manifiesto que los representantes del grupo sionista húngaro recibieron más privilegios que los de la habitual inmunidad temporal de arresto y deportación que se concedía a los miembros del Consejo Judío. Los sionistas tenían libertad de ir y venir cuando y donde quisieran, estaban exentos del uso de la estrella amarilla, recibían permisos para visitar los campos de concentración de Hungría y, un poco después, el doctor Kastner, fundador del Comité de Ayuda y Rescate, pudo viajar por la Alemania nazi sin ningún documento que le identificara como judío.

Tras sus experiencias en Viena, Praga y Berlín, la organización de un Consejo Judío fue para Eichmann una cuestión de rutina

que no le llevó más de quince días. Entonces, el problema fue saber si sería capaz de lograr la colaboración de los funcionarios húngaros, en una operación de la magnitud de aquella que se proponía. Esto, para Eichmann, era algo nuevo. Si se hubiera tratado de un caso normal, del asunto se hubiera encargado el Ministerio de Asuntos Exteriores, y, en este caso concreto, el recién nombrado plenipotenciario del Reich, el doctor Edmund Veesenmayer, a quien Eichmann hubiera enviado un «asesor». Es evidente que Eichmann no se sentía demasiado propicio a cumplir la función de asesor, cargo que en ningún caso era desempeñado por un oficial de graduación superior a la de *Hauptsturmführer*, o sea, capitán, en tanto que él era *Obersturmbannführer*, o sea, teniente coronel, es decir, dos grados más que el anterior rango. El mayor triunfo que Eichmann alcanzó en Hungría fue el de poder establecer contactos por sí mismo. Primordialmente, tres fueron los hombres con quien entabló relación: Lászlo Endre, quien por su antisemitismo, que incluso Horthy calificaba de «insensato», había sido nombrado recientemente secretario de Estado encargado de Asuntos Políticos (judíos) en el Ministerio del Interior; Lászlo Baky, también secretario en el Ministerio del Interior, que estaba al frente de la *Gendarmerie*, o sea, la policía húngara; y el teniente coronel de la policía Ferenczy, que estaba directamente encargado de las deportaciones. Con su ayuda, Eichmann podía tener la certeza de que todo, la promulgación de los necesarios decretos y la concentración de los judíos en las provincias húngaras, sería llevado a cabo con «velocidad de rayo». En Viena, se celebró una conferencia especial con los representantes de los Ferrocarriles del Estado Alemán, por cuanto la tarea a realizar comportaba el transporte de casi medio millón de individuos. En Auschwitz, Höss fue informado de estos planes por su superior, el general Richard Glücks, de la

WVHA, y ordenó que se tendiera un nuevo ramal del ferrocarril a fin de que los vagones pudieran llegar hasta las inmediaciones de los hornos crematorios. El número de comandos de la muerte encargados de operar las cámaras de gas fue aumentado desde 224 hasta 860, y todo quedó dispuesto para matar entre seis mil y doce mil personas al día. Cuando los trenes comenzaron a llegar, en mayo de 1944, fueron seleccionados muy pocos «hombres en condiciones de trabajar», y estos pocos se destinaron a la fábrica de espoletas Krupp, en Auschwitz. (La nueva fábrica de Krupp, recientemente construida cerca de Breslau —Alemania—, denominada Berthawerk, obtenía trabajadores judíos allí donde pudiera encontrarlos, y mantenía a estos hombres en unas condiciones inferiores incluso a aquellas en que vivían los trabajadores en los campos de exterminio.)

En total, la operación de Hungría duró menos de dos meses, ya que terminó repentinamente a principios de julio. Gracias principalmente a los sionistas se tuvo de esta operación más amplia noticia pública que de cualquier otra de las que constituyeron las diversas fases de la catástrofe judía. Y sobre Horthy cayó un diluvio de protestas procedentes de los países neutrales, así como del Vaticano. Sin embargo, el nuncio de la Santa Sede creyó oportuno explicar que la protesta del Vaticano no nacía «de un falso sentido de la compasión», frase que debiera inscribirse en una lápida para perpetuar las consecuencias que tuvieron en la mentalidad de los más altos dignatarios de la Iglesia los continuos tratos y los deseos de transigir con los hombres que predicaban el evangelio de la «dureza despiadada». Una vez más Suecia fue la primera en tomar medidas de carácter práctico, al distribuir permisos de entrada en el país; Suiza, España y Portugal siguieron su ejemplo. Y por fin, treinta y tres mil judíos, aproximadamente, pudieron alojarse en

edificios especiales, en Budapest, bajo la protección de los países neutrales. Los aliados recibieron, y publicaron, una lista de setenta hombres que, les constaba, eran los principales culpables, y Roosevelt mandó un ultimátum en el que lanzaba la amenaza de que «el destino de Hungría no será el mismo que el de las demás naciones civilizadas ... si las deportaciones no son suspendidas». Estas palabras quedaron apoyadas por un bombardeo insólitamente duro de Budapest el día 2 de julio. Presionado por todos lados, Horthy dio la orden de detener las deportaciones, y uno de los más condenatorios elementos de prueba contra Eichmann fue el patente hecho de que no obedeció la orden del «viejo loco», sino que, a mediados de julio, deportó mil quinientos judíos más que tenía a su disposición en un campo cercano a Budapest. Para evitar que los representantes judíos informaran de ello a Horthy, Eichmann reunió a los miembros de las dos organizaciones representativas de los judíos en su oficina, y allí fueron detenidos por el doctor Hunsche, quien alegó diversos pretextos, hasta que se supo que el tren había salido del territorio húngaro. En Jerusalén, Eichmann había olvidado totalmente este episodio, y pese a que los jueces quedaron «convencidos de que el acusado recuerda muy bien la victoria que obtuvo sobre Horthy», es dudoso que así fuera, ya que Horthy, para Eichmann, no era tan gran personaje.

Parece que este fue el último tren que partió de Hungría, camino de Auschwitz. En agosto de 1944, el Ejército Rojo estaba ya en Rumania, y Eichmann fue enviado allá en una misión desesperada, a la caza de judíos. Cuando regresó a Hungría, el gobierno de Horthy ya había reunido el suficiente valor para solicitar la retirada del comando de Eichmann, y el propio Eichmann pidió a Berlín que le permitieran regresar, junto con su equipo, ya que su «presencia era superflua». Pero Berlín no accedió a las peticiones

ni mucho menos, con lo que demostró tener una clara visión del futuro, ya que, a mediados de octubre, la situación cambió súbitamente en Hungría. Con los rusos a poco más de cien millas de Budapest, los nazis consiguieron derribar el régimen de Horthy, y nombraron jefe de Estado al líder del partido de las Cruces y Flechas, Ferenc Szálasi. No pudieron mandarse más expediciones a Auschwitz, debido a que las instalaciones de exterminio estaban a punto de ser desmanteladas, y, al mismo tiempo, la escasez de fuerza de trabajo en Alemania había aumentado terriblemente. Ahora fue Veesenmayer, el plenipotenciario del Reich, quien negoció con el Ministerio del Interior húngaro la obtención del permiso para embarcar a cincuenta mil judíos —hombres entre los dieciséis y los sesenta años, y mujeres de menos de cuarenta años— con destino al Reich. En su informe, el plenipotenciario añadió que Eichmann pensaba poder enviar cincuenta mil judíos más. Como fuere que los servicios ferroviarios habían dejado de funcionar, fue preciso organizar las marchas a pie de noviembre de 1944, que únicamente se interrumpieron cuando Himmler dio la correspondiente orden. Los judíos que fueron obligados a emprender estas marchas eran aquellos a quienes la policía húngara había detenido, sin guiarse por criterio alguno, sin orden ni concierto, prescindiendo de las normas de excepción que, en aquellos días, eran de aplicar a muchos de ellos, y prescindiendo también de los límites de edad especificados en las primeras directrices de carácter general. Los judíos que tomaron parte en estas marchas fueron escoltados por miembros del partido de las Cruces y Flechas, quienes no solo les robaron, sino que también les trataron con la mayor brutalidad. Y así terminó la historia de los judíos húngaros. De una población judía que, en un principio, constaba de ochocientos mil individuos, probablemente quedaron unos ciento sesenta mil en el gue-

to de Budapest —el campo había quedado *judenrein*—, y de estos varias decenas de miles fueron víctimas de espontáneos pogromos. El 13 de febrero de 1945, Hungría se rindió al Ejército Rojo.

Todos los húngaros culpables de la matanza fueron sometidos a juicio, condenados a muerte y ejecutados. Los alemanes que iniciaron las persecuciones pagaron sus culpas con unos años, pocos, de presidio.

Eslovaquia, al igual que Croacia, era una invención del Ministerio de Asuntos Exteriores alemán. Los eslovacos acudieron a Berlín para negociar su «independencia» antes de que los alemanes ocuparan Checoslovaquia, en marzo de 1939, y, en aquel entonces, prometieron a Göring que seguirían fielmente a Alemania, en todo lo referente al trato que debía darse a los judíos. Pero esto ocurrió en el invierno de 1938-1939, cuando nadie había oído hablar todavía de la Solución Final. El pequeño país, con una población pobre y campesina, formada por dos millones y medio de ciudadanos, aproximadamente, y unos noventa mil judíos, era primitivo, atrasado y profundamente católico. A la sazón, lo gobernaba un sacerdote católico, el padre Jozef Tiso. Incluso el movimiento fascista, la Hlinka Guard, tenía rasgos católicos, y el vehemente antisemitismo de aquellos fascistas clericales o clérigos fascistas se diferenciaba mucho, tanto en su forma como en su contenido, del ultramoderno racismo de sus amos alemanes. En el gobierno eslovaco tan solo había un antisemita moderno, y este era Sano Mach, ministro del Interior y buen amigo de Eichmann. Todos los demás eran cristianos, o creían serlo, en tanto que los nazis eran por principio, desde luego, tan antisemitas como anticristianos. El que los eslovacos fueran cristianos significaba que se creían obligados a re-

saltar aquella distinción, considerada como «anticuada» por los nazis, entre judíos bautizados y no bautizados, y también significaba, en términos generales, que se enfrentaban con el problema desde un punto de vista enteramente medieval. Para ellos, la «solución» consistía en expulsar a los judíos y quedarse con sus bienes, pero no en su exterminio sistemático, pese a que tampoco tenían empacho en efectuar ocasionales matanzas. El más grave pecado de los judíos no radicaba en el hecho de que constituyeran una raza «extranjera», sino en que fuesen ricos. Los judíos de Eslovaquia no eran muy ricos, según los criterios occidentales, pero cuando cincuenta y dos mil de ellos tuvieron que declarar sus bienes, debido a que poseían un capital evaluado en más de doscientos dólares, y resultó que el total de sus propiedades se elevaba a cien millones de dólares, a los eslovacos les debió de parecer que cada uno de sus judíos era un Creso redivivo.

Durante su primer año y medio de «independencia», los eslovacos se ocuparon activamente de intentar resolver el problema judío según su propio ingenio. Transfirieron la propiedad de las más importantes empresas judías a manos de no judíos, promulgaron algunas medidas legislativas antijudías, las cuales, según los alemanes, tenían el «básico defecto» de declarar exentos a los judíos bautizados antes de 1918, planearon la formación de unos cuantos guetos, «siguiendo el ejemplo del Gobierno General», y reclutaron judíos para dedicarlos a trabajos forzados. A primeros de septiembre de 1940, se les asignó un asesor en cuestiones judías; el *Hauptsturmführer* Dieter Wisliceny, quien en otros tiempos fuera el muy admirado superior y amigo de Eichmann en el Servicio de Seguridad (el hijo mayor de Eichmann recibió el nombre de Dieter), y que ahora tenía el mismo rango que Eichmann, fue agregado a la legación alemana acreditada en Bratislava. Wisliceny no había con-

traído matrimonio y, en consecuencia, no podía ser ascendido a grados superiores al que ostentaba, por lo que un año más tarde, al ser ascendido Eichmann, pasó aquel a ser subordinado de este. Eichmann pensaba que esto posiblemente molestó a su amigo, y que explicaba el que este hubiera prestado, en Nuremberg, declaraciones tan acusatorias de su persona, ofreciéndose incluso a descubrir su escondrijo. Sin embargo, la interpretación de Eichmann resulta muy poco convincente. Lo más probable es que Wisliceny tan solo tuviera interés en salvar la piel, ya que era hombre de personalidad totalmente distinta a la de Eichmann. Wisliceny pertenecía al grupo de los hombres cultos de las SS, vivía rodeado de libros y discos, los judíos de Hungría le dieron el tratamiento de «barón», y, en términos generales, tenía más interés en ganar dinero que en hacer carrera. En consecuencia, Wisliceny fue uno de los primeros miembros de las SS en mostrar tendencias «moderadas».

Poco más ocurrió en Eslovaquia durante aquellos primeros años, hasta que en marzo de 1942 Eichmann apareció en Bratislava para negociar la evacuación de veinte mil «judíos de trabajo, fuertes y jóvenes». Cuatro semanas más tarde, el propio Heydrich visitó al primer ministro Vojtek Tuka, y le convenció de que permitiera reasentar en el Este a todos los judíos, incluso a los convertidos, quienes hasta el momento habían estado exentos de toda medida antisemita. El gobierno, presidido por un sacerdote, no tuvo ningún inconveniente en corregir el «defecto básico», consistente en distinguir a los cristianos de los judíos en virtud de criterios religiosos, cuando supo que «los alemanes no ejercitarían acción legal alguna con respecto a las propiedades de los judíos, y que tan solo reclamarían quinientos Reichsmarks por cada judío que se llevaran». El gobierno eslovaco no solo no puso objeciones a tal plan, sino que exigió que el Ministerio de Asuntos Exteriores

alemán le diera una adicional garantía consistente en asegurarle que «los judíos evacuados de Eslovaquia y recibidos por los alemanes permanecerían a perpetuidad en las zonas del Este, y en ningún caso se les permitiría regresar a Eslovaquia». A fin de proseguir estas negociaciones al más alto nivel, Eichmann efectuó una segunda visita a Bratislava, visita esta que coincidió con el asesinato de Heydrich, y, en junio de 1942, la policía eslovaca había deportado a cincuenta y dos mil judíos a los centros de exterminio de Polonia.

En el país todavía quedaban treinta y cinco mil judíos, pertenecientes todos a la clase en un principio exenta, es decir, los judíos conversos y sus parientes, los miembros de ciertas profesiones, los jóvenes encuadrados en los batallones de trabajo y unos cuantos hombres de negocios. En este momento, cuando la mayor parte de los judíos eslovacos había sido «reasentada», el Comité Judío de Ayuda y Rescate de Bratislava, organización hermana del grupo sionista húngaro, logró sobornar a Wisliceny, quien les prometió dar lentitud al ritmo de las deportaciones, y también les propuso el llamado Plan Europa, que más tarde debía sacar a relucir en Budapest. Es muy probable que Wisliceny jamás hiciera otra cosa que leer libros y escuchar discos, y, naturalmente, embolsarse cuanto le fuera ofrecido. Pero fue precisamente en aquellos días cuando el Vaticano informó al clero católico del verdadero significado del término «reasentamiento». Desde entonces, tal como dijo el embajador alemán, Hans Elard Ludin, en su informe dirigido al Ministerio de Asuntos Exteriores, las deportaciones se hicieron muy impopulares en el país, y el gobierno eslovaco comenzó a ejercer presiones sobre los alemanes, a fin de que les permitieran visitar los centros de «reasentamiento», lo cual, desde luego, ni Wisliceny ni Eichmann podían permitir, por cuanto los judíos «rea-

sentados» habían dejado de estar en el mundo de los vivos. En diciembre de 1943, el doctor Edmund Veesenmayer acudió a Bratislava para entrevistarse con el propio Tiso. Hitler le había enviado y sus órdenes especificaban que debía exhortar a Tiso a «bajar de las nubes» (*Fraktur mit ihm reden*). Tiso prometió enviar un número de judíos no convertidos, que oscilaba entre los dieciséis y los dieciocho mil, a campos de concentración, y establecer un campo especial, destinado a unos diez mil judíos conversos, pero se negó a acceder a las deportaciones. En junio de 1944, Veesenmayer, a la sazón plenipotenciario del Reich en Hungría, reapareció para exigir que los restantes judíos del país fuesen incluidos en las operaciones que se llevaban a cabo en Hungría. Tiso volvió a negarse.

En agosto de 1944, cuando el Ejército Rojo se acercaba, en Eslovaquia se produjo una insurrección nacional, y los alemanes ocuparon el país. En aquel entonces, Wisliceny se encontraba ya en Hungría, y seguramente sus jefes habían dejado de confiar en él. La RSHA envió a Alois Brunner a Bratislava para que detuviera y deportara a los judíos que quedaban. Primeramente, Brunner detuvo y deportó a los jefes del Comité de Ayuda y Rescate, y después, con la ayuda de unidades de las SS alemanas, deportó a doce o catorce mil individuos más. El 4 de abril de 1945, cuando los rusos llegaron a Bratislava, quedaban unos veinte mil judíos supervivientes de la catástrofe.

13

LOS CENTROS DE EXTERMINIO EN EL ESTE

C uando los nazis se referían al Este designaban la extensa zona en que se encuentran Polonia, los Estados Bálticos y el territorio ruso por ellos ocupado. Estaba dividida en cuatro unidades administrativas: el Warthegau, formado por las regiones occidentales de Polonia anexionadas al Reich, bajo el gobierno del *Gauleiter* Artur Greiser; el Ostland, que abarcaba Lituania, Letonia y Estonia, así como una zona mal delimitada de la Rusia Blanca, en la que Riga era la sede de las autoridades de ocupación; el Gobierno General de la Polonia central, bajo el mando de Hans Frank, y Ucrania, gobernada por Alfred Rosenberg, ministro de los Territorios Orientales Ocupados. Estas fueron las tierras con respecto a las cuales el fiscal presentó primeramente sus testigos, y fueron, asimismo, las últimas de que se ocupó la sentencia.

No cabe duda de que tanto el acusador como los jueces tuvieron excelentes razones para tomar decisiones tan opuestas. El Este fue el principal escenario de los sufrimientos judíos, la siniestra terminal de todas las deportaciones, el lugar del que era casi imposible escapar, y en el que el número de supervivientes rara vez alcanzó una suma que representara más del cinco por ciento. Ade-

más, el Este había sido el centro principal en el que se asentaba, antes de la guerra, la población judía europea. En Polonia vivían más de tres millones de judíos, en los Estados Bálticos habitaban doscientos sesenta mil, y más de la mitad de los tres millones de judíos con que aproximadamente contaba Rusia se hallaban en la Rusia Blanca, en Ucrania y en Crimea. Como sea que la acusación estaba primordialmente interesada en los sufrimientos del pueblo judío y en «las dimensiones del genocidio» de que fue objeto, era lógico que empezara por dichas zonas, a fin de determinar la responsabilidad específica que cabía atribuir al acusado en la creación de aquel horrendo infierno. El problema consistía en que las pruebas referentes a Eichmann, en cuanto concernía al Este, eran un tanto «escasas», lo cual era debido, según se presumía, a que los archivos de la Gestapo, y en especial los de la sección de Eichmann, fueron destruidos por los nazis. La escasez de pruebas documentales dio a la acusación un buen pretexto, probablemente recibido con júbilo por el fiscal, para proponer una interminable lista de testigos, a fin de que declarasen acerca de los acontecimientos ocurridos en el Este, aun cuando quizá aquella no fue la única razón que le impulsó a hacerlo. Tal como se insinuó en el curso del juicio, y quedó después claramente expresado en el especial *Bulletin* publicado en el mes de abril de 1962 por el Yad Vashem, es decir, el archivo israelí dedicado a documentos del período nazi, la acusación había sido objeto de fuertes presiones por parte de los supervivientes israelitas, que constituían alrededor del veinticinco por ciento de la población del país. Estos se presentaron espontáneamente ante las autoridades encargadas del juicio, y también al Yad Vashem, que había sido oficialmente encargado de preparar parte de las pruebas documentales, para ofrecerse como testigos. Los peores casos de «poderosa imaginación», es decir, por

ejemplo, los de gentes que habían «visto a Eichmann en lugares en los que nunca había estado», fueron eliminados, pero, al fin, fueron llamados al estrado cincuenta y seis «testigos de los sufrimientos del pueblo judío», como les llamaban los organizadores del juicio, en vez de los quince o veinte «testigos ambientales» que, en un principio, habían sido previstos. Veintitrés sesiones de un total de ciento veintiuna fueron enteramente dedicadas a los testigos «ambientales», es decir, a testigos que nada sabían acerca de los puntos concretos que se juzgaban. Aun cuando los testigos de la acusación rara vez fueron interrogados por la defensa o por los jueces, también es cierto que la sentencia no se amparó en pruebas testificales condenatorias de Eichmann, a no ser que fuesen corroboradas por otras pruebas. Así vemos que los juzgadores no atribuyeron a Eichmann el asesinato en Hungría de un muchacho judío. Ni tampoco el haber instigado los hechos de la *Kristallnacht* en Alemania y Austria, de la que nada sabía Eichmann al ocurrir, y de la que, incluso en Jerusalén, sabía menos de lo que sabe el peor informado entre todos los estudiosos dedicados al período en cuestión. Ni tampoco le atribuyeron culpa en el asesinato de noventa y tres niños de Lidice, que, tras el asesinato de Heydrich, fueron deportados a Lódz, ya que «no ha quedado demostrado sin lugar a dudas razonables, en virtud de las pruebas practicadas ante la sala, que dichos niños fueran asesinados». Ni la responsabilidad de las horribles operaciones de la Unidad 1.005, «uno de los aspectos más horrorosos entre todos los hechos de que la acusación ha aportado pruebas», que tuvo la misión de abrir las fosas comunes del Este, y desembarazarse de los cadáveres, a fin de borrar todo rastro de la matanza, y que estuvo al mando del *Standartenführer* Paul Blobel, quien, según sus propias declaraciones de Nuremberg, recibía las órdenes de Müller, jefe de la Sección IV de la RSHA. Ni la de las

horribles condiciones en que los judíos que quedaban con vida en los campos de exterminio fueron evacuados a los campos de concentración de Alemania, especialmente a Bergen-Belsen, durante los últimos meses de la guerra. La verdad de las declaraciones de los testigos «ambientales», acerca de las condiciones imperantes en los guetos polacos, de los procedimientos empleados en los diversos campos de exterminio, de los trabajos forzados y, en general, del intento de exterminio mediante el trabajo, jamás fue discutida; al contrario, casi todo lo que dijeron se sabía ya. Si alguna que otra vez se mencionaba el nombre de Eichmann en dichas declaraciones, ello se hacía en virtud de anteriores referencias verbales, «según rumores», y, en consecuencia, la declaración carecía, en este aspecto, de pertinencia jurídica. Todas las declaraciones de los testigos que le «habían visto con sus propios ojos» se vinieron abajo tan pronto como dichos testigos fueron interrogados de nuevo, y la sentencia determinó que «el centro de gravedad de sus actividades [las de Eichmann] se hallaba en el Reich, el Protectorado, los países europeos del oeste, norte, sur y sudeste, y en el centro de Europa», es decir, en todas partes excepto el Este. Entonces cabe preguntarnos por qué razones la sala no declaró improcedentes las declaraciones de aquellos testigos, que duraron semanas y semanas, meses incluso. Al referirse a esta cuestión, la sentencia contenía frases que parecían de excusa, y, al fin, daba una explicación curiosamente incongruente: «Como fuere que el acusado se declaró inocente de todas las acusaciones contra él formuladas», los juzgadores no pudieron prescindir de las «pruebas sobre el ambiente, objetivamente considerado». Sin embargo, hay que tener en cuenta que el acusado jamás negó tales hechos, y solamente negó que fuera responsable de tales hechos, «en el sentido en que los expresa la acusación».

En realidad, los jueces se enfrentaron con un problema altamente desagradable. Desde el mismo inicio del juicio, el doctor Servatius había impugnado la imparcialidad de la sala. En su opinión, ningún judío podía juzgar a los ejecutores de la Solución Final, a lo que el presidente replicó: «Somos jueces profesionales, acostumbrados a valorar las pruebas practicadas ante nosotros, y a cumplir nuestra misión ante la opinión pública y la pública crítica ... Cuando una sala de justicia juzga, los magistrados que la componen son hombres de carne y hueso, con sentidos y sentimientos, pero la ley les obliga a sobreponerse a sus sentidos y sentimientos. Si no fuera así, resultaría imposible hallar al hombre capaz de juzgar un caso criminal susceptible de producirle horror ... No cabe negar que el recuerdo del holocausto llevado a cabo por los nazis conmueve a todos los judíos, pero mientras este caso esté en trance de juicio ante nosotros, tenemos el deber de sobreponernos a nuestros sentimientos, y sabremos cumplir con este deber». Lo cual parece justo y equitativo, a no ser que el doctor Servatius hubiera pretendido decir que los judíos no podían tener una adecuada comprensión del problema que su presencia entre las naciones del mundo planteaba, y que, en consecuencia, tampoco podían comprender adecuadamente los méritos de una Solución Final. Pero la paradoja de la situación consistía en que, en el caso de que el doctor Servatius hubiera decidido esgrimir este argumento, se le habría podido contestar que el acusado, según sus declaraciones enfáticamente repetidas, aprendió cuanto sabía acerca del problema judío en las obras de autores judíos sionistas, en los «libros básicos» de Theodor Herzl y de Adolf Böhm. Y entonces, cabía formular la pregunta: ¿quién, si no los tres hombres que integraban la sala, todos ellos sionistas desde su temprana juventud, reunían mejores requisitos para juzgar a Eichmann?

De lo que resulta que no era en relación al acusado, sino en relación a los testigos «ambientales», que el hecho del judaísmo de los tres jueces, el hecho de vivir en un país en el que una de cada cinco personas era un superviviente de la catástrofe, devenía un hecho peligroso e inquietante. Hausner había reunido una trágica multitud de víctimas de los sufrimientos, cada uno de cuyos individuos estaba ansioso de no desperdiciar esta oportunidad única de expresarse, cada uno de los cuales estaba convencido del derecho que le asistía a comparecer ante el tribunal. Los jueces podían, y así lo hicieron, discutir a la acusación la conveniencia, e incluso la pertinencia, de servirse de aquella oportunidad para «pintar cuadros generales», pero tan pronto un testigo comparecía en el estrado resultaba difícil interrumpirle, cortar sus declaraciones, «por respeto al honor del testigo, y por respeto a la materia de que habla», como dijo el juez Landau. Humanamente hablando, ¿quiénes eran ellos, los juzgadores, para denegar a siquiera uno de aquellos testigos el derecho de comparecer y prestar declaración? Y, humanamente hablando, ¿quién hubiera osado poner en entredicho la veracidad de los detalles de sus declaraciones, cuando los testigos «abrían de par en par su corazón ante la sala», aun cuando lo que manifestaban mereciera tan solo la consideración de «subproductos del juicio»?

Además, había otra dificultad. En Israel, como en casi todos los países del mundo, todos los acusados son inocentes mientras no se demuestre lo contrario. Pero en el caso de Eichmann, lo anterior era una evidente ficción jurídica. Si no se le hubiera considerado culpable, culpable sin lugar a dudas razonables, los israelitas jamás se hubieran atrevido, ni hubieran querido, raptarle. El primer ministro Ben Gurión, al explicar al presidente de la República Argentina, en carta de 3 de junio de 1960, por qué Israel ha-

bía cometido «una infracción formal de la ley argentina», escribió que «Eichmann fue quien organizó el asesinato masivo [de seis millones de individuos de nuestro pueblo], a una gigantesca escala sin precedentes, a lo largo y ancho de Europa». A diferencia de las normales detenciones practicadas en los casos de delitos comunes, en que la sospecha de criminalidad debe ser razonable y basada en hechos, pero no es preciso que sea razonablemente indudable —la determinación de lo cual será el objeto del juicio que a continuación se celebre—, la ilegal detención de Eichmann tan solo podía quedar justificada, y lo quedó a los ojos del mundo, por el hecho de que el resultado del juicio podía preverse con toda seguridad. Cierto es que en el juicio resultó que la intervención de Eichmann en la Solución Final había sido objeto de formidables exageraciones —en parte, debido a sus propias fanfarronadas y, en parte, debido a que los acusados de Nuremberg y de los restantes juicios de posguerra, procuraron exculparse a expensas de Eichmann, y, principalmente, debido a que Eichmann había estado en estrecha relación con los representantes judíos, ya que era el único oficial alemán «experto en asuntos judíos» y en nada más—, o, al menos, tal cabía pensar hasta que el tribunal de apelación dictó su sentencia, en la que se leía: «Es un hecho que el apelante no recibió *orden superior* alguna. El apelante no tenía superiores, y él fue quien dio todas las órdenes en cuantas materias concernían a los judíos». Este había sido precisamente el argumento de la acusación, argumento que los magistrados del tribunal de distrito no aceptaron, pero que el tribunal de apelación recogió por entero, pese a que se trataba de una peligrosa inepcia. (Este argumento tuvo su principal apoyo en las declaraciones del testigo Michael A. Musmanno, autor de *Ten Days to Die* [1950], que había actuado de juez en Nuremberg, y que fue desde Norteamérica hasta Israel para ser testi-

go de cargo. El señor Musmanno formó parte del tribunal que juzgó a los administradores de los campos de concentración y a los miembros de los equipos móviles de matanza que actuaron en el Este; y si bien el nombre de Eichmann fue mencionado varias veces en aquellos juicios, también es cierto que solo una vez apareció en las sentencias. Sin embargo, el señor Musmanno había interrogado a los acusados de Nuremberg, mientras se hallaban encarcelados. Y Ribbentrop le dijo que de nada se hubiera podido acusar a Hitler, si no hubiera caído bajo la influencia de Eichmann. El señor Musmanno no creyó cuanto le dijeron, pero sí creyó que Eichmann había sido nombrado para llevar a cabo su misión por el propio Hitler, y que Eichmann «ejercía sus funciones empleando como portavoces a Himmler y a Heydrich». Pocas sesiones después, Gustave M. Gilbert, profesor de psicología de la Universidad de Long Island y autor de *Nuremberg Diary* [1947], compareció ante el tribunal de Jerusalén como testigo de cargo. El doctor Gilbert habló con más precaución que el juez Musmanno, a quien él se había encargado de presentar a los acusados de Nuremberg. Gilbert declaró que, «en aquel entonces, los grandes criminales de guerra nazis no daban importancia a la figura de Eichmann», y también declaró que Eichmann, a quien tanto él como Musmanno creían muerto, no fue mencionado en las conversaciones que el declarante sostuvo con el juez Musmanno acerca de los crímenes de guerra.) Los miembros del tribunal del distrito de Jerusalén, debido a que supieron percibir las exageraciones en que había incurrido la acusación, y a que no tenían ningún deseo de convertir a Eichmann en el superior de Himmler y en el inspirador de Hitler, se vieron en el caso de tener que adoptar la defensa del acusado. Ello, abstracción hecha de lo desagradable que era, carecía de trascendencia tanto en los resultados y considerandos de la sentencia

como en el fallo, ya que «la responsabilidad moral y jurídica de quien entrega la víctima al ejecutor material del delito es, en nuestra opinión, igual, y en ocasiones mayor, que la responsabilidad de quien da muerte a la víctima».

Los jueces salvaron todas las anteriores dificultades sirviéndose de un criterio ecléctico. En la sentencia cabe distinguir dos partes, la más larga de las cuales es, con mucho, aquella que consiste en una nueva redacción del alegato de la acusación. El enfoque, fundamentalmente distinto, de los juzgadores queda de manifiesto en el hecho de comenzar su examen en los hechos ocurridos en Alemania para terminar con los ocurridos en el Este, lo cual indica que centraron su atención no tanto en los sufrimientos de los judíos, cuanto en los actos ejecutados contra ellos. En un evidente palmetazo a la acusación, los jueces dijeron explícitamente que los sufrimientos, a tan gigantesca escala, quedaban «fuera de la humana comprensión», que eran «tema para los grandes escritores, los grandes poetas», y que no podían ser objeto de la justicia de un tribunal, pero que, en cambio, los actos y los motivos causantes de tales sufrimientos no estaban más allá de la comprensión ni de la justicia formal. Los jueces llegaron incluso a dejar sentado que basarían sus pronunciamientos en sus propias investigaciones sobre las pruebas practicadas, y, verdaderamente, a ninguna conclusión hubieran podido llegar si no se hubieran tomado el ímprobo trabajo que aquello comportaba. Llegaron a tener firme y claro conocimiento de la intrincada organización burocrática de la maquinaria de exterminio de los nazis, a fin de poder comprender plenamente la misión que desempeñaba el acusado. Para contrastar el discurso inicial del fiscal Hausner, que ya ha sido publicado en forma de libro, la sentencia puede ser estudiada con provecho por cuantos tengan interés en conocer la historia de aquel período.

Pero la sentencia, tan agradablemente carente de oratoria barata, hubiera reducido a una inoperancia total el alegato de la acusación, si los juzgadores no hubiesen hallado buenas razones para atribuir a Eichmann cierta responsabilidad en los crímenes cometidos en el Este, además de la responsabilidad por su crimen principal, que el propio Eichmann había confesado, a saber, el de haber enviado a seres humanos a la muerte, plenamente consciente de sus actos.

Cuatro fueron los principales puntos controvertidos. En primer lugar estaba la cuestión de la participación de Eichmann en las matanzas masivas llevadas a cabo en el Este por los *Einsatzgruppen*, que fueron organizados por Heydrich en una reunión celebrada en marzo de 1941, en la que Eichmann estuvo presente. Sin embargo, como sea que los comandantes de los *Einsatzgruppen* eran individuos de la élite intelectual de las SS, en tanto que los hombres de la tropa eran ya criminales, ya soldados regulares castigados con este servicio especial —no se admitían voluntarios—, Eichmann tan solo estuvo relacionado con esta importante fase de la Solución Final en lo referente a recibir los partes expedidos por los asesinos, que él resumía y transmitía a sus superiores. Estos informes, pese a ser «alto secreto», se imprimían en ciclostil y eran remitidos a otras oficinas del Reich, entre cincuenta y setenta de ellas, en cada una de las cuales había, como era de esperar, un *Oberregierungsrat* que los resumía para pasarlos a sus superiores. Además de lo anterior, hubo el testimonio del juez Musmanno, quien aseguró que Walter Schellenberg, quien se encargó de redactar el borrador del acuerdo entre Heydrich y el general Von Brauchitsch, del mando militar, especificando que los *Einsatzgruppen* gozarían de plena libertad en la «ejecución de sus planes con respecto a la población civil», es decir, en la matanza de civiles, le había dicho en una conversación sostenida en Nuremberg que Eichmann ha-

bía «controlado estas operaciones» e incluso las había «supervisa-do personalmente». Los jueces de Jerusalén, por simple «pruden-cia», no deseaban basarse en una declaración de Schellenberg, que carecía de corroboración, y prescindieron de esta prueba. Parece que Schellenberg tenía en muy poco la capacidad de los juzgado-res de Nuremberg, en orden a abrirse camino a lo largo del labe-rinto de la estructura administrativa del Tercer Reich. En conse-cuencia, el único hecho incontrovertible, alumbrado por dicha prueba, fue que Eichmann estaba muy bien informado de lo que ocurría en el Este, pero, sorprendentemente, la sentencia concluía que era suficiente para demostrar su participación en los sucesos del Este.

El segundo punto, referente a la deportación de los judíos de los guetos de Polonia a los cercanos campos de exterminio, estaba apoyado con pruebas más fehacientes. Evidentemente, resultaba «lógico» presuponer que el especialista en transportes había desa-rrollado sus actividades en el territorio sometido al Gobierno Ge-neral. Sin embargo, de muchas fuentes sabemos que los altos jefes de las SS y de la policía eran quienes se encargaban de los trans-portes en esta zona, con gran dolor del gobernador general Hans Frank, quien en su diario se quejaba incesantemente de interferen-cias en este asunto, sin mencionar ni una sola vez a Eichmann. Franz Novak, el oficial de transportes de Eichmann, al declarar como testigo de descargo corroboró la versión de Eichmann: como es natural, ocasionalmente tenía que entablar negociaciones con el director del Ostbahn, los Ferrocarriles del Este, debido a que los embarques con origen en la Europa occidental tenían que coordi-narse con las operaciones en curso en los lugares de destino. (En Nuremberg, Wisliceny explicó con notable claridad estas negocia-ciones. Novak solía ponerse en contacto con el Ministerio de

Transportes, que, a su vez, se encargaba de obtener el permiso del ejército, en el caso de que los trenes tuvieran que pasar por zonas de operaciones militares. El ejército podía ejercer el derecho de veto. Lo que Wisliceny no dijo, y quizá ello fuera más interesante que lo anterior, es que el ejército solamente hizo uso de su derecho de veto en los primeros años de la guerra, cuando las tropas alemanas se dedicaban a la ofensiva; sin embargo, en 1944, cuando las deportaciones de Hungría obstruyeron las líneas de retirada de los cuerpos del ejército alemán en desesperada huida, el ejército no ejerció ni una sola vez su derecho de veto.) Pero cuando, por ejemplo, el gueto de Varsovia fue evacuado en 1942, a un ritmo de cinco mil individuos al día, el propio Himmler se encargó de las negociaciones con las autoridades ferroviarias, sin que Eichmann y su equipo intervinieran para nada. Por fin, la sentencia se basó en las declaraciones prestadas por un testigo, en el juicio contra Höss, según las cuales algunos judíos procedentes del Gobierno General llegaron a Auschwitz juntamente con judíos procedentes de Bialystok, ciudad polaca que había sido incorporada a la provincia alemana de Prusia oriental, y que, en consecuencia, se encontraba en el ámbito de jurisdicción de Eichmann. Sin embargo, incluso en el Warthegau, considerado como territorio integrante del Reich, no era la RSHA sino el *Gauleiter* Greiser quien dirigía el exterminio y las deportaciones. Y aun cuando en enero de 1944 Eichmann visitó el gueto de Lódz —el mayor que había en el Este, y el último en ser liquidado—, fue también el propio Himmler quien, un mes más tarde, visitó a Greiser y le dio la orden de que liquidara el mencionado gueto. Como no sea que aceptemos la ridícula afirmación de la acusación, en el sentido de que Eichmann era hombre capaz de inspirar a Himmler las órdenes dadas por este, el simple hecho de que Eichmann enviara expediciones de judíos a

Auschwitz no puede demostrar en modo alguno que todos los judíos que allí llegaban eran enviados por Eichmann. Habida cuenta de las enérgicas negativas de Eichmann y de la total ausencia de pruebas que demostrasen lo contrario, las conclusiones consignadas en la sentencia, con respecto a este punto, parecen constituir, desgraciadamente, un ejemplo de aplicación del principio *in dubio contra reum*.

El tercer punto a considerar era la responsabilidad que incumbía a Eichmann con respecto a lo que ocurría en los campos de exterminio, en los cuales, según la acusación, había gozado de gran autoridad. El hecho de que los jueces prescindieran del cúmulo de declaraciones testificales en esta materia demuestra su alto grado de independencia y su sentido de la justicia. Sus consideraciones resultaron lógicamente invulnerables y demostraron que habían comprendido a la perfección el problema con que se enfrentaban. Los jueces comenzaron sus consideraciones explicando que en los campos había dos categorías de judíos, los llamados «judíos de transporte» (*Transportjuden*), que formaban el grueso de la población y que no habían cometido delito alguno, ni siquiera desde el punto de vista de los nazis, y los «judíos en custodia» (*Schutzhaftjuden*), que habían sido enviados a los campos de concentración alemanes por haber cometido alguna transgresión u otra, y quienes, bajo el imperio del principio totalitario de aplicar todo el peso del terror del régimen a los «inocentes», estaban considerablemente mejor que los otros, incluso cuando se les enviaba al Este, a fin de dejar *judenrein* los campos de concentración del Reich. (En palabras de la señora Raja Kagan, excelente testigo de lo ocurrido en Auschwitz, lo anterior era «la gran paradoja de Auschwitz. Aquellos a quienes se había sorprendido en la ejecución de actos de delincuencia eran tratados más consideradamente que los otros»,

no fueron objeto de selecciones, y, por norma general, consiguieron sobrevivir.) Eichmann no intervenía para nada en lo referente a los *Schutzhaftjuden*, sino que se dedicaba a los *Transportjuden*, quienes, por principio, eran condenados a muerte, salvo aquel veinticinco por ciento formado por los individuos especialmente fuertes, a los que se seleccionaba para que trabajaran en algunos campos. Sin embargo, en la versión de los hechos contenida en la sentencia no se abordaba siquiera el problema planteado por lo anteriormente dicho. Como es lógico, Eichmann sabía que la inmensa mayoría de sus víctimas eran condenadas a muerte. Pero, como sea que la selección de los judíos que debían dedicarse al trabajo era efectuada por los médicos de las SS sobre el mismo terreno, y que, por otra parte, las listas de deportados eran elaboradas por los consejos judíos o por la policía de orden público, en sus países de origen, pero jamás por Eichmann o por los hombres de su oficina, la verdad era que Eichmann carecía de autoridad para determinar quiénes debían sobrevivir y quiénes debían morir. Ni siquiera podía saberlo. El problema consistía en concretar si Eichmann había mentido al decir: «Jamás he dado muerte a un judío, ni tampoco a un no judío ... Nunca di orden de matar a un judío, ni de matar a un no judío». La acusación, incapaz de comprender la posibilidad de que un asesino de masas jamás hubiera dado muerte a un individuo (y en el caso particular de Eichmann, que tal asesino ni siquiera tuviera las agallas necesarias para matar), intentó constantemente probar que Eichmann había cometido asesinatos concretos, individuales.

Esto nos conduce a la cuarta y última cuestión concerniente a la autoridad general que Eichmann ejercía en los territorios del Este, a saber, la cuestión de su responsabilidad en las condiciones de vida imperantes en los guetos, en la indecible miseria allí domi-

nante y en su liquidación final, hecho este que fue el principal objeto de muchas declaraciones testificales. De nuevo nos encontramos con que Eichmann estaba plenamente informado de la realidad, pero que no existía ninguna relación entre esta y las funciones ejercidas por el acusado. La acusación hizo ímprobos esfuerzos para demostrar que sí había tal relación, basándose en que Eichmann reconoció abiertamente que de vez en cuando tenía que tomar decisiones, siguiendo las cambiantes directrices que gobernaban estos asuntos, acerca del destino que se debía dar a los judíos extranjeros atrapados en Polonia. Eichmann dijo que esta era una cuestión de importancia «nacional», que afectaba al Ministerio de Asuntos Exteriores, y que rebasaba las atribuciones de las autoridades locales. Con respecto a dichos judíos, había en todas las oficinas gubernamentales alemanas dos tendencias: la tendencia «radical», que prescindía de todo género de distinciones —un judío es un judío, y basta—, y la tendencia «moderada», que juzgaba más conveniente conservar en la «nevera» a estos judíos a fin de canjearlos. (La idea de canjear judíos parece que fue de Himmler. Tras la entrada de Norteamérica en la guerra, Himmler escribió a Müller, en diciembre de 1942, diciéndole que «todos los judíos con parientes influyentes en Estados Unidos deben ser enviados a un campo especial ... y es preciso mantenerles vivos», y añadía que «para nosotros, estos judíos son rehenes de gran valor. Creo que, en suma, su número deberá elevarse a diez mil».) No hay que decir que Eichmann, partidario de la tendencia «radical», estaba en contra de las excepciones, tanto por razones administrativas como por motivos «idealistas». Sin embargo, en abril de 1942, Eichmann escribió al Ministerio de Asuntos Exteriores diciendo que «en el futuro, los que tengan nacionalidad extranjera se beneficiarán de las medidas observadas por la policía de seguridad en el gueto de Var-

sovia», en el que los judíos con pasaporte extranjero fueron cuidadosamente seleccionados. Pero, con esto, Eichmann no actuaba como hombre «encargado de tomar decisiones en representación de la RSHA» en el Este, y, evidentemente, tampoco cabe decir que allí tuviera «autoridad ejecutiva». Menos todavía se puede afirmar que gozara de tal autoridad o poderes en virtud de haber sido utilizado ocasionalmente, por Heydrich o Himmler, para transmitir ciertas órdenes a los comandantes locales de allá.

En cierto modo, la verdad era todavía peor de lo que el tribunal de Jerusalén creía. La sentencia argumentaba que Heydrich había sido investido de la autoridad central en todo lo referente a la Solución Final, sin limitaciones de carácter territorial; en consecuencia, Eichmann, que era su principal representante en este terreno, tenía tanta responsabilidad como el propio Heydrich. Lo anterior es totalmente cierto en cuanto concierne a los planes generales de la Solución Final; sin embargo, aun cuando Heydrich convocó, para una mejor coordinación, a la Conferencia de Wannsee a un representante del Gobierno General de Hans Frank, que fue el subsecretario de Estado el doctor Josef Bühler, también es cierto que la Solución Final no era de aplicar a los territorios ocupados del Este, por la sencilla razón de que el destino de los judíos de esta zona jamás se había discutido. La matanza de los judíos de Polonia no fue decidida por Hitler en mayo o junio de 1941, es decir, cuando se ordenó la Solución Final, sino que lo fue en septiembre de 1939, tal como los jueces de Jerusalén sabían en méritos del testimonio dado en Nuremberg por Erwin Lahousen, miembro del Servicio de Contraespionaje alemán, quien dijo: «Ya en septiembre de 1939, Hitler había decidido asesinar a los judíos polacos». (Por esto, en el Gobierno General se implantó el uso de la estrella judía inmediatamente después de que el territorio fuese ocupado, en no-

viembre de 1939, en tanto que en los territorios del Reich alemán fue implantado en 1941, coincidiendo con la Solución Final.) Los jueces también disponían de las actas de dos conferencias celebradas al principio de la guerra, una de las cuales fue convocada por Heydrich para el día 21 de septiembre de 1921, en concepto de «reunión de jefes de departamento y de comandantes de las unidades móviles de exterminio», a la que Eichmann, entonces todavía *Hauptsturmführer*, acudió en representación del Centro de Emigración Judía de Berlín; la otra tuvo lugar el día 30 de enero de 1940, y se ocupó de diversas «cuestiones referentes a evacuación y reasentamiento». En ambas conferencias se discutió el destino de toda la población nativa de los territorios ocupados, es decir, tanto de la «solución» concerniente a los polacos, como de la referente a los judíos.

Incluso en aquellos tiempos primerizos, «la solución del problema polaco» estaba ya en avanzado estado. Según los informes obrantes en poder de los reunidos, tan solo quedaba un tres por ciento del grupo de «dirigentes políticos»; y a fin de «reducir a la impotencia a este tres por ciento» era necesario «mandar a quienes lo formaban a campos de concentración». Los intelectuales polacos de nivel medio —«maestros, clérigos, nobleza, oficiales del ejército...»— debían ser inscritos en un registro y detenidos, en tanto que los «polacos primitivos» debían pasar a engrosar la fuerza de trabajo alemana, en concepto de «trabajadores migratorios», y ser «evacuados» de sus hogares. «La finalidad es convertir a los polacos en eternos trabajadores emigrantes, de temporada, y su tierra de residencia permanente será la región de Cracovia.» Los judíos serían reunidos en los centros urbanos y «concentrados en guetos, en donde puedan ser fácilmente controlados, y, más tarde, evacuados». Estos territorios del Este que habían sido incorpora-

dos al Reich —el llamado Warthegau, Prusia occidental, Danzig, la provincia de Posnania y la Alta Silesia— debían ser inmediatamente limpiados de judíos; los judíos, juntamente con treinta mil gitanos, fueron enviados, en vagones de carga, a los territorios del Gobierno General. Por fin, Himmler, en su calidad de «Comisario del Reich para el Fortalecimiento de la Conciencia del Pueblo Alemán», dio las órdenes oportunas para que fuese evacuada gran parte de la población polaca de estos territorios recientemente anexionados al Reich. La ejecución de esta «organizada emigración de un pueblo», como la sentencia la denominaba, fue tarea que se asignó a Eichmann, en cuanto jefe de la Subsección IV-B-4 de la RSHA, a la que incumbía la misión de dirigir las «emigraciones y evacuaciones». (Vale la pena recordar que esta «negativa política demográfica» no fue ni mucho menos una improvisación resultante de las victorias alemanas en el Este, sino que había sido ya esbozada en noviembre de 1937, en el discurso secreto que Hitler dirigió a los miembros del alto mando de las fuerzas armadas alemanas, como consta en el llamado Protocolo Hössbach. Hitler puso de relieve que rechazaba toda idea de conquistar naciones extranjeras, que lo que él quería era «espacio vacío» [*volkloser Raum*] en el Este, para que allí se asentaran los alemanes. Sus oyentes —Blomberg, Fritsch y Räder, entre otros— sabían muy bien que tal «espacio vacío» no existía, por lo que forzosamente tuvieron que concluir que toda victoria alemana en el Este comportaría automáticamente la «evacuación» del total de la población nativa. Las medidas adoptadas contra los judíos del Este no fueron únicamente el resultado del antisemitismo, sino que formaban parte de una política demográfica global, en el curso de cuya ejecución, caso de que los alemanes hubieran ganado la guerra, los polacos hubieran sufrido el mismo destino que los judíos, es decir, el genoci-

dio. Lo anterior no es una mera conjetura, ya que los polacos de Alemania comenzaban a ser obligados a llevar un distintivo en el que una «P» sustituía la estrella judía, y esto, tal como hemos visto, fue siempre la primera medida adoptada por la policía al iniciar el proceso de destrucción.)

Entre los documentos presentados al tribunal de Jerusalén tenía especial interés una carta certificada dirigida a los comandantes de las unidades móviles de exterminio, tras la celebración de la conferencia del mes de septiembre. La carta se refiere únicamente a «la cuestión judía en los territorios ocupados», y efectúa una distinción entre la «última finalidad», que debe permanecer secreta, y las «medidas preliminares» a aquella conducentes. Entre estas últimas el documento se refiere expresamente a la concentración de los judíos en zonas cercanas a las vías férreas. De modo característico en esta clase de documentos, no se emplean las palabras «Solución Final del problema judío»; probablemente la «última finalidad» era el aniquilamiento de los judíos polacos, lo cual no constituía ninguna novedad para cuantos asistieron a la conferencia. En cambio, lo que sí merece considerarse como una novedad es que los judíos que vivían en los territorios recién anexionados al Reich debían ser evacuados a Polonia, ya que esto representaba un primer paso hacia la meta de dejar Alemania *judenrein* y, en consecuencia, un primer paso hacia la Solución Final.

En lo referente a Eichmann, estos documentos demostraban claramente que incluso en aquella etapa casi nada tenía que ver con los acontecimientos que se desarrollaban en el Este. También en este caso su función fue la de un especialista en «transporte» y «emigración». En el Este no era necesaria la presencia de un «experto en asuntos judíos», ni se precisaban «directrices» especiales, y tampoco existían categorías privilegiadas de judíos. Incluso los

miembros de los consejos judíos fueron invariablemente exterminados, al procederse a la liquidación de los guetos. No hubo excepciones, ya que el destino acordado a los trabajadores en régimen de esclavitud se diferenciaba tan solo por el hecho de que su muerte era más lenta. De ahí resulta que la burocracia judía, cuya función en la organización administrativa de las matanzas se consideró tan importante que la formación de «consejos de decanos judíos» se llevaba a cabo como medida de primera urgencia, en nada intervino en la detención y concentración de los judíos de estos territorios. El episodio a que nos referimos significó el término de las primeras matanzas salvajes, a tiros, llevadas a cabo tras las primeras líneas del ejército. Parece que los jefes del ejército alemán protestaron por las matanzas de civiles que se efectuaban, y que Heydrich llegó a un acuerdo con el alto mando del ejército alemán, en el que ambas partes aceptaron el principio de una total «limpieza, de una vez para siempre» de judíos, intelectuales polacos, clero católico y nobleza, aunque dejando sentado que, debido a la magnitud de la operación, en la que sería preciso «limpiar» a dos millones de judíos, estos debían primeramente ser concentrados en guetos.

Si los jueces hubieran absuelto libremente a Eichmann de estas acusaciones, estrechamente relacionadas con los espeluznantes relatos de los innumerables testigos que ante ellos comparecieron, no por ello hubieran llegado a un fallo distinto con respecto a la culpabilidad del acusado, quien, en modo alguno, hubiera escapado a la pena capital. El resultado hubiera sido el mismo. Sin embargo, los jueces, al adoptar tal actitud, hubieran destruido totalmente, sin posible arreglo, la tesis del fiscal.

14

LOS TESTIGOS Y LAS RESTANTES PRUEBAS

Durante las últimas semanas de la guerra, la burocracia de las SS se ocupó principalmente de confeccionar falsos documentos de identidad, y de destruir montañas de documentos que constituían la prueba de seis años de sistemáticas matanzas. El departamento de Eichmann, más eficaz en eso que otros, quemó sus archivos, pero no logró con ello gran cosa, ya que toda su correspondencia había sido dirigida a otras oficinas del Estado y del partido, cuyos archivos cayeron en manos de los aliados. Había documentos más que suficientes para reconstruir la historia de la Solución Final, muchos de ellos conocidos ya a través de los juicios de Nuremberg y los que les siguieron. La historia de la matanza fue confirmada por las declaraciones, juradas o no, de los testigos y acusados en los juicios anteriores al de Jerusalén, y de otras personas que ya no pertenecían al mundo de los vivos. (Todo lo anterior, así como cierta cantidad de testimonios sobre hechos sabidos por referencias o de oídas, fue admitido en concepto de medios de prueba, en consonancia con la Sección 15 de la ley a cuyo tenor se juzgó a Eichmann, cuya disposición legal establece que el juzgador «puede desviarse del camino prescrito por las normas reguladoras de la prueba», siempre y cuando «haga constar en acta

las razones que a ello le obligan».) Las pruebas documentales fueron complementadas con las declaraciones testificales prestadas en el extranjero, ante autoridades judiciales alemanas, austríacas e italianas, por dieciséis testigos que no pudieron acudir a Jerusalén, debido a que el fiscal general había anunciado que «tenía intención de someterles a juicio por crímenes contra el pueblo judío». Aun cuando el fiscal afirmó, en la primera sesión, que «si la defensa dispone de individuos prestos a venir aquí y a declarar como testigos, yo no se lo impediré, no pondré obstáculos», también es cierto que más adelante se negó a conceder inmunidad a dichas personas. (Dicha inmunidad dependía enteramente de la buena voluntad del gobierno de Israel, ya que los delitos tipificados en la Ley de Nazis y Colaboradores Nazis no son de obligada persecución de oficio.) Como sea que, teniendo en cuenta las circunstancias, era muy improbable que ni siquiera uno de los dieciséis caballeros antes mencionados estuviera dispuesto a ir a Israel —siete de ellos se encontraban en prisión—, se suscitó una cuestión técnica, aunque de gran importancia, por cuanto sirvió para refutar la tesis de Israel según la cual los tribunales israelitas eran, por lo menos desde el punto de vista técnico, «los más adecuados para juzgar a los ejecutores de la Solución Final», debido a que los documentos y los testigos «abundaban en Israel más que en cualquier otro país». En lo que respecta a los documentos, esta afirmación también era dudosa, por cuanto el Yad Vashem, el archivo israelita, fue fundado en fecha relativamente reciente, y no es, en modo alguno, superior a otros archivos. Pronto se vio que Israel era el único país del mundo en que los testigos de la defensa no podían comparecer, y en que ciertos testigos de la acusación, es decir, aquellos que habían declarado bajo juramento ante otros tribunales, no podían ser interrogados por la defensa. Y esto adquiría especial gravedad si

tenemos en cuenta que el acusado y su defensor no se hallaban en «situación de poder obtener sus propios documentos de defensa». (El doctor Servatius presentó ciento diez documentos, mientras que el fiscal presentó quinientos, pero de los primeros tan solo una docena fueron inicialmente propuestos por la defensa, y estos consistían principalmente en párrafos extraídos de libros debidos a Poliakov y Reitlinger; los restantes —entre los documentos de la defensa—, con la excepción de los dieciséis gráficos trazados por el propio Eichmann, procedían de la amplísima colección documental obtenida por la policía israelita y por el fiscal. Evidentemente, la defensa tuvo que contentarse con las migas caídas de la bien servida mesa del rico.) En realidad, el defensor careció de «medios y tiempo» para cumplir debidamente su función, y tampoco tenía a su disposición «los archivos de todo el mundo, y los medios de que puede servirse un gobierno». Esta misma tacha se puso a los juicios de Nuremberg, en donde la desigualdad del estatuto de los defensores y los acusadores fue más patente todavía. En Nuremberg, al igual que en Jerusalén, la principal causa de la inferioridad de los defensores con respecto a los acusadores fue la carencia de aquel equipo de ayudantes especializados en la investigación documental, preciso para poder examinar la formidable masa de documentos, y hallar aquellos que pudieran ser de utilidad a los abogados. Incluso hoy, dieciocho años después de la guerra, nuestro conocimiento del inmenso material archivado por los nazis queda limitado a la selección efectuada al servicio de los acusadores.

Nadie podía percibir con mayor claridad que el doctor Servatius la decisiva situación de inferioridad de la defensa, por cuanto este abogado fue uno de los defensores que actuaron en Nuremberg. Es evidente que esta consideración nos obliga a preguntar-

nos con mayor vehemencia todavía las razones por las que el doctor Servatius ofreció sus servicios profesionales a Eichmann. El propio doctor Servatius contesta esta cuestión diciendo que para él se trató de «una simple cuestión de negocios», y que deseaba «ganar dinero», pero tenía que saber, merced a su experiencia en el juicio de Nuremberg, que la suma que el gobierno israelita le pagaría —veinte mil dólares, tal como él había pedido— era ridículamente insuficiente para llevar a cabo su tarea, incluso teniendo en cuenta que los familiares de Eichmann radicados en Linz habían complementado tal cantidad con quince mil marcos. El doctor Servatius comenzó a quejarse de que sus honorarios eran insuficientes en el primer día del juicio, y poco después comenzó a manifestar abiertamente que tenía esperanzas de que le permitieran poner en venta las «memorias» que Eichmann había escrito en la cárcel, con destino a las «futuras generaciones». Dejando aparte el problema de la honestidad de esta última transacción comercial, lo cierto es que las esperanzas del doctor Servatius resultaron fallidas debido a que el gobierno de Israel confiscó todo lo que Eichmann había escrito en la cárcel. (Ahora estos documentos están depositados en el Archivo Nacional.) Durante el período que medió entre la terminación del juicio, en el mes de agosto, y el pronunciamiento de la sentencia, en el de diciembre, Eichmann escribió un «libro», que la defensa ofreció como «nueva prueba sobre los hechos controvertidos», en el procedimiento de casación ante el tribunal de apelación, calidad jurídica que, desde luego, no tenía el libro recién terminado por Eichmann.

En cuanto a la actitud adoptada por el acusado, es preciso reconocer que el tribunal pudo depositar su confianza en la detallada declaración que prestó ante la policía israelita, complementada por las notas manuscritas, muy abundantes, que el acusado libró

en el curso de los once meses que duraron los preparativos del juicio. Jamás se puso en duda que todo ello constituyó una voluntaria manifestación de Eichmann, y la mayor parte de estas declaraciones no fueron el resultado de preguntas formuladas al acusado. Eichmann tuvo que enfrentarse con seiscientos documentos, algunos de los cuales, según después se supo, forzosamente tenía que haber visto con anterioridad a su detención, debido a que le fueron mostrados en Argentina durante la entrevista que tuvo con Sassen, a la que el fiscal Hausner calificó, no sin razón, de «ensayo general». Pero Eichmann únicamente en Jerusalén comenzó a examinar seria y detenidamente dicha documentación, y apenas comenzó su interrogatorio ante el tribunal quedó de manifiesto que el acusado no había perdido el tiempo. Ahora sabía ya leer documentos, cosa que ignoraba en el tiempo en que fue interrogado por la policía, y los sabía leer incluso mejor que su abogado. La declaración de Eichmann ante la sala resultó ser la prueba más importante practicada en el juicio. Eichmann comenzó su declaración, a iniciativa de su defensor, el día 20 de junio, en el curso de la sesión setenta y cinco, y fue interrogado por el doctor Servatius, casi ininterrumpidamente, durante catorce sesiones, hasta el día 7 de julio. Este mismo día, en el curso de la sesión ochenta y ocho, comenzaron los interrogatorios del fiscal, quien dedicó a ello diecisiete sesiones, hasta el día 20 de julio. Se produjeron algunos incidentes: en una ocasión, Eichmann amenazó con «confesarlo todo» al estilo de Moscú, y en otra se quejó de que «llevaba demasiado tiempo en la parrilla, y que el bistec iba a quemarse». Sin embargo, por lo general conservó la calma, y no habló seriamente cuando amenazó con negarse a contestar más preguntas. Eichmann manifestó al magistrado Halevi que estaba «satisfecho de tener esta oportunidad de separar la verdad de las muchas mentiras con que

había sido acusado durante quince años», y que estaba orgulloso de que la acusación le hubiera formulado un número de repreguntas tan elevado que carecía de precedentes. Tras haber sido sometido a un breve segundo interrogatorio de su propio defensor, Eichmann fue interrogado por los tres magistrados, quienes en el curso de dos sesiones y media, muy breves, obtuvieron de él mucho más de lo que el fiscal fue capaz de sonsacarle en diecisiete sesiones.

Eichmann declaró desde el 20 de junio hasta el 24 de julio, en un total de treinta y tres sesiones y media. Casi el doble, o sea, sesenta y dos de un total de ciento veintiuna, fueron dedicadas a interrogar a cien testigos de la acusación, quienes contaron historias de horror, ocurridas en los diversos países de su procedencia. Las declaraciones de estos testigos duraron desde el 24 de abril hasta el 12 de junio, y el tiempo no dedicado a ellos fue destinado a la presentación de pruebas documentales, la mayoría de las cuales el fiscal leía en voz alta para que constaran en acta, y esta se entregaba, mediante copia, todos los días, a los representantes de la prensa. Todos los testigos, con la salvedad de unos pocos, eran ciudadanos de Israel, y habían sido elegidos entre cientos y cientos de solicitantes. (Noventa de ellos eran supervivientes en el estricto sentido de la palabra, ya que habían sobrevivido a la guerra sometidos a cautiverio, de una forma u otra, por los nazis.) Sin duda, hubiera sido mucho más eficaz haber resistido todas las presiones encaminadas a testificar ante el tribunal (hasta cierto punto así se hizo, puesto que ninguno de los testigos en potencia mencionados en *Minister of Death*, obra publicada en 1960, de Quentin Reynolds, quien se basó en las informaciones que le facilitaron dos periodistas israelitas, compareció ante el tribunal de Jerusalén) y buscar a los testigos que no se ofrecieron voluntariamente. Como si

quisiera demostrar la verdad de la anterior afirmación, el fiscal procedió a interrogar a un escritor, bien conocido a ambos lados del Atlántico bajo el seudónimo K-Zetnik —palabra de argot con la que se indicaba a los internados en campos de concentración—, con el que había firmado varios libros sobre Auschwitz, que trataban de homosexuales, burdeles y otros temas «de interés humano». Este testigo comenzó su declaración, tal como había hecho en muchas de sus públicas apariciones, exponiendo las razones por las que utilizaba su seudónimo. Dijo que no era un «seudónimo literario», y que «tengo el deber de llevar este nombre hasta que el mundo despierte tras la crucifixión de una nación ... como la humanidad se levantó tras la crucifixión de un hombre». Prosiguió con una incursión en el terreno de la astrología: la estrella que «influye en nuestro destino, como la estrella de cenizas de Auschwitz, está ahí ante nuestro planeta, irradiando su luz hacia nuestro planeta». Y cuando llegó lo del «poder no natural, superior al de la naturaleza» que hasta el momento le había mantenido en pie, y se detuvo un instante para coger resuello, incluso el fiscal Hausner consideró que algo había que hacer ante tal «testimonio», y muy tímidamente, muy cortésmente, interrumpió al declarante: «Si me lo permite, quisiera formularle algunas preguntas...». Entonces, el presidente de la sala vio una oportunidad para intervenir, y dijo: «Señor Dinoor, *por favor, por favor*, atienda al señor fiscal y a mí». Por toda respuesta el desilusionado testigo, probablemente herido en sus más profundos sentimientos, se desmayó, y aquí terminaron sus declaraciones.

Evidentemente, lo anterior constituyó una excepción que demostró la regla del comportamiento normal de los demás testigos, pero que no demostró la regla de la simplicidad, de la capacidad de relatar lo sucedido, y menos todavía de la muy rara capacidad de

saber efectuar una distinción entre lo realmente ocurrido al declarante dieciséis, y a veces veinte años atrás, por una parte, y lo que había leído o imaginado desde entonces, por otra. Estas dificultades resultaban inevitables, pero también es cierto que no quedaron aminoradas por la predilección que el fiscal mostró hacia los testigos con personalidad prominente, muchos de los cuales habían publicado libros relatando sus experiencias, y que ahora recitaron lo que antes habían escrito, o repitieron otra vez lo que habían contado ya infinidad de veces. En un fútil intento de seguir un orden cronológico, el desfile de los testigos comenzó con ocho de ellos, procedentes de Alemania, que declararon con total sobriedad, pero que no eran «supervivientes». Habían sido altos representantes de las comunidades judías en Alemania y ahora ocupaban altos cargos públicos en Israel. Todos ellos abandonaron Alemania antes de que se iniciaran las hostilidades. A continuación declararon cinco testigos de Praga, y, después, un testigo de Austria, con respecto a cuyo país el fiscal había presentado, como prueba documental, los valiosos informes del fallecido doctor Löwenherz, escritos durante la guerra y poco después de ella. Compareció a continuación un testigo por cada uno de los siguientes países: Francia, Holanda, Dinamarca, Noruega, Luxemburgo, Italia, Grecia y la Unión Soviética. Declararon dos de Yugoslavia; tres de Rumania y de Eslovaquia, y treinta de Hungría. Pero el grueso de los testigos, un total de cincuenta y tres, procedía de Polonia y Lituania, donde la competencia y la autoridad de Eichmann habían sido casi nulas. (Bélgica y Bulgaria fueron los únicos países que no aportaron testigos.) Todos fueron «testigos ambientales», al igual que los dieciséis testigos, hombres y mujeres, que declararon acerca de Auschwitz (diez) y Treblinka (cuatro), de Chelmno y Majdanek. Distinto fue el caso de los que prestaron declaración so-

bre Theresienstadt, el campo de los ancianos, situado en territorio del Reich, en el que Eichmann ejerció considerable autoridad; hubo cuatro testigos de Theresienstadt, y uno del campo de canje de Bergen-Belsen.

Al término de este desfile, «el derecho de los testigos a hacer declaraciones irrelevantes», como publicó el Yad Vashem al resumir las declaraciones en su *Bulletin*, había quedado ya tan firmemente establecido que bien merece calificarse de mero formalismo el que el fiscal Hausner, en el curso de la sesión setenta y tres, pidiera permiso a la sala para «terminar el cuadro». Y el magistrado Landau, quien unas cincuenta sesiones atrás había protestado vigorosamente por la tendencia del fiscal a «pintar cuadros», accedió inmediatamente a que compareciera en el estrado un ex miembro de la brigada judía, es decir, de la fuerza de combate, formada por judíos de Palestina, agregada durante la guerra al Octavo Cuerpo del ejército británico. Este último testigo del fiscal, llamado Aharon Hoter-Yishai, a la sazón abogado en Israel, estuvo encargado de la tarea de coordinar todos los trabajos de búsqueda de supervivientes judíos en Europa, bajo los auspicios de la Aliyah Beth, la organización dedicada a facilitar la inmigración ilegal en Palestina. Los judíos supervivientes se hallaban mezclados en una masa de ocho millones de desplazados procedentes de todos los países de Europa, una flotante masa de seres humanos que los aliados deseaban repatriar lo antes posible. El peligro consistía en que también los judíos iban a ser devueltos a sus antiguos lugares de origen. Hoter-Yishai explicó ante el tribunal el modo en que él y sus colaboradores eran recibidos cuando se presentaban como miembros de la «combatiente nación judía», y que «bastaba con pintar una estrella de David en una sábana, y colgar la sábana del palo de una escoba para que aquella gente se sacudiera la peligrosa apatía de la

inanición en que se hallaban». También dijo que algunos de aquellos judíos «habían conseguido llegar penosamente desde los campos de concentración a sus hogares», para, al fin de su peregrinaje, descubrir que su destino era otro campo de exterminio, por cuanto sus lugares de origen eran, por ejemplo, una pequeña ciudad polaca, en la que tan solo habían sobrevivido quince de los anteriores seis mil habitantes judíos, y cuatro de los supervivientes fueron asesinados por los polacos, al regresar. También contó que él y sus hombres procuraron frustrar los intentos de repatriación llevados a cabo por los aliados, y que en muchas ocasiones lo hicieron demasiado tarde para que sus propósitos fueran coronados por el éxito: «En Theresienstadt había treinta y dos mil supervivientes. Pocas semanas después encontramos tan solo cuatro mil. Unos veintiocho mil habían regresado, o habían sido expedidos, a sus lugares de origen. Los cuatro mil que encontramos allí no regresaron, ni siquiera uno, a su procedencia, porque les indicamos cuál era el camino que debían emprender». Es decir, el camino de Palestina, que pronto se convertiría en Israel. Esta declaración quizá estaba más impregnada de intenciones propagandísticas que cualquier otra anterior, y en ella los hechos quedaron expuestos de manera verdaderamente engañosa. En noviembre de 1944, después de que la última expedición hubiera salido de Theresienstadt camino de Auschwitz, tan solo quedaron en el campo primeramente nombrado unos diez mil de los internados originarios. En febrero de 1945, llegaron entre seis y ocho mil individuos más, que eran los cónyuges judíos de matrimonios mixtos, a quienes los nazis mandaron a Theresienstadt en el momento en que todo el sistema de transportes alemán quedó prácticamente paralizado. Todos los demás —aproximadamente unos quince mil— llegaron en camiones de carga o a pie, en abril de 1945, después de que la Cruz Roja se

hubiera hecho cargo del campo. Estos últimos eran supervivientes de Auschwitz, miembros de los equipos de trabajo, y procedían principalmente de Polonia y Hungría. Cuando los rusos liberaron el campo de Theresienstadt —el día 9 de mayo de 1945— muchos judíos checos que habían estado allí desde el principio salieron inmediatamente, camino de sus hogares, ya que se hallaban en su propio país. Cuando se levantó la cuarentena ordenada por los rusos a fin de prevenir posibles epidemias, la mayoría de los internados salieron por propia iniciativa. En consecuencia, aquellos internados que encontraron los emisarios de Palestina probablemente eran individuos que no podían regresar a su origen, ni podían ser enviados allí, por diversas razones, es decir, se trataba de los enfermos, los viejos o los únicos supervivientes de una familia entera que no sabían adónde dirigirse. Pese a todo, Hoter-Yishai dijo la verdad pura y simplemente: los supervivientes de los guetos y de los campos, aquellos que habían salido con vida de la pesadilla de la total desesperanza y abandono —como si el mundo entero fuera una jungla en la que a ellos les correspondiera el papel de presa inerme—, tan solo tenían un deseo, el deseo de ir allí donde jamás volvieran a ver un rostro no judío. Necesitaban la presencia de los emisarios del pueblo judío de Palestina, a fin de saber que podían ir allí, legal o ilegalmente, de cualquier modo que fuera, y que allí serían bienvenidos. No, no era preciso que los emisarios les convencieran.

Y así vemos que, en alguna que otra ocasión, resultó provechoso que el magistrado Landau hubiera perdido su batalla, y el primer momento en que quedó de relieve lo anterior ocurrió incluso antes de que la tal batalla comenzara, ya que el primer testigo «ambiental» del fiscal Hausner no causaba la impresión de haberse presentado voluntariamente. Era un hombre viejo, tocado con el

tradicional bonete judío, pequeño, muy frágil, con escaso cabello blanco y barba, que mantenía el cuerpo muy erguido. En cierto aspecto su nombre era «famoso», y se comprendía que el fiscal hubiera deseado comenzar el «cuadro general» con la declaración de este testigo. El hombre en cuestión era Zindel Grynszpan, padre de Herschel Grynszpan, quien, el 7 de noviembre de 1938, a la edad de diecisiete años, entró en la embajada alemana en París y mató a tiros al tercer secretario, el joven *Legationsrat* Ernst vom Rath. Este asesinato provocó los pogromos de Alemania y Austria, la llamada *Kristallnacht* del 9 de noviembre, que en verdad fue el preludio de la Solución Final, pero en cuya preparación Eichmann nada tuvo que ver. Los motivos que impulsaron a Grynszpan jamás han sido aclarados, y su hermano, a quien el fiscal también interrogó, se mostró muy renuente a hablar del asunto. El tribunal dio por sentado que fue un acto de venganza por la expulsión de unos diecisiete mil judíos polacos, entre ellos la familia del propio Grynszpan, del territorio alemán, en el curso de los últimos días de octubre de 1938, pero es criterio general que tal explicación difícilmente puede ajustarse a la realidad de los hechos. Herschel Grynszpan era un psicópata, incapaz de terminar los estudios secundarios, quien durante años estuvo yendo de París a Bruselas y de Bruselas a París, rebotado de una a otra ciudad por las sucesivas órdenes de expulsión de su persona. El abogado que le defendió ante el tribunal de París explicó una confusa historia de relaciones homosexuales, y los alemanes, que más tarde lograron su extradición, jamás le sometieron a juicio. (Corren rumores de que Herschel Grynszpan sobrevivió a la guerra, lo cual no deja de constituir una confirmación de la «paradoja de Auschwitz», es decir, de que los judíos culpables de actos criminales no eran sacrificados.) Vom Rath fue una víctima muy inadecuada, ya que había

sido espiado por la Gestapo debido a sus manifiestas creencias antinazis y a su simpatía hacia los judíos; y la historia de su homosexualidad probablemente fue fabricada por la propia Gestapo. Es posible que Grynszpan hubiera actuado como involuntario instrumento de los agentes de la Gestapo en París, quienes quizá quisieron matar dos pájaros de un tiro, es decir, crear un pretexto para los pogromos de Alemania y desembarazarse de un adversario del régimen nazi, sin darse cuenta de que no podían conseguir las dos cosas al mismo tiempo, es decir, que no podían difamar a Vom Rath como homosexual que sostenía ilícitas relaciones con adolescentes judíos, y hacerle, al mismo tiempo, una víctima de «la judería mundial».

Fuese lo que fuere, el caso es que el gobierno polaco, en el otoño de 1938, decretó que todos los judíos polacos residentes en Alemania perderían su nacionalidad, con efectos a contar desde el 29 de octubre. Probablemente el gobierno polaco había recibido informes indicativos de que el gobierno alemán tenía intención de expulsar a aquellos judíos, mandándolos de nuevo a Polonia, lo cual aquel quería evitar. Es más que dudoso que personas como el testigo Zindel Grynszpan conocieran la existencia de este decreto. Zindel Grynszpan fue a Alemania en 1911, cuando contaba veinticinco años de edad, para abrir un colmado en Hannover, donde le nacerían ocho hijos. En 1938, cuando le alcanzó la catástrofe, había vivido veintisiete años en Alemania, y, al igual que muchos otros como él, nunca se tomó la molestia de obtener los documentos precisos para solicitar la ciudadanía alemana. Y ahora se hallaba ante el tribunal de Israel, para contar su historia, y contestaba cautelosamente las preguntas que le formulaba el fiscal. Habló en voz clara y firme, sin retórica, y utilizando el menor número posible de palabras: «El 27 de octubre de 1938, jueves, a las ocho de la

noche, vino un policía y nos dijo que fuéramos a la Región (comisaría de policía) Once. El policía dijo: "Podrán regresar a casa inmediatamente, no es necesario que lleven nada consigo, con el pasaporte basta"». Grynszpan fue allá, junto con sus familiares, es decir, su esposa, un hijo y una hija. Cuando llegó a la comisaría de policía vio «a muchísima gente, unos sentados, otros en pie, muchos llorando. Y los policías gritaban: "¡Firmad, firmad, firmad!". Tuve que firmar. Todos firmaban. Uno no lo hizo, creo que se llamaba Gershon Silber, y, por esto, tuvo que permanecer en pie veinticuatro horas, en un rincón de la estancia. Nos llevaron a la sala de conciertos y ... allí había gente de todos los barrios de la ciudad ... Había unos seiscientos individuos. Allí estuvimos hasta el viernes por la noche, es decir, unas veinticuatro horas ... Sí, hasta el viernes por la noche. Entonces nos metieron en camionetas de la policía y en camiones, a razón de veinte personas en cada vehículo, y nos llevaron a la estación del ferrocarril. Las calles estaban atestadas de gente, de una masa negra, que gritaba: *Juden raus a Palestina!* En tren nos llevaron a Neubenschen, en la frontera entre Alemania y Polonia. Llegamos allí en la fiesta del sábado, por la mañana, a las seis de la mañana. Llegaban trenes procedentes de todos sitios, de Leipzig, Colonia, Düsseldorf, Essen, Biederfeld, Bremen ... En total éramos unos doce mil. Era la fiesta del sábado, el 29 de octubre. Cuando llegamos a la frontera nos registraron para ver si llevábamos dinero, y a todos los que tenían más de diez marcos les quitaban lo que excediera de esta suma. La ley alemana decía que no se podía sacar de Alemania más de diez marcos. Los alemanes decían: "Cuando llegasteis no trajisteis más que eso, y ahora no os podéis llevar más"». Tuvieron que cubrir andando poco más de una milla para llegar a la frontera con Polonia, ya que los alemanes tenían la intención de pasarlos ilegalmente a territo-

rio polaco. «Los hombres de las SS nos apaleaban, a los que se rezagaban les daban de palos, y la sangre comenzó a manchar la carretera. Nos arrancaron las maletas de las manos, y nos trataron con la mayor brutalidad; aquella fue la primera vez en que vi la salvaje brutalidad de los alemanes. Nos gritaban: "¡Más deprisa! ¡Más deprisa!". Me golpearon y quedé tendido en la cuneta. Mi hijo vino hacia mí para ayudarme, y me dijo: "¡Corre, padre! ¡Corre! Si no corres te matarán". Cuando llegamos a la frontera, las mujeres la cruzaron antes que nosotros. Los polacos nada sabían. Llamaron a un general polaco y a algunos oficiales, quienes examinaron nuestros documentos, y vieron que éramos ciudadanos polacos, y que teníamos pasaportes especiales. Decidieron dejarnos entrar. Nos llevaron a un pueblo de unos seis mil habitantes, a todos, que en total éramos unos doce mil. Llovía mucho, la gente se desmayaba, por todos lados se veía a mujeres y viejos. Sufrimos mucho. No teníamos nada que comer, y desde el jueves no habíamos comido...» Los llevaron a un campamento militar y los metieron en «los establos, ya que no había otro lugar disponible ... Creo que ocurrió en el segundo día [en Polonia]. El primer día vino un camión con pan, desde Poznan, vino el domingo. Y, entonces, escribí una carta a Francia, a mi hijo, diciéndole: "No escribas más cartas a Alemania. Ahora estamos en Zbaszyn"».

Esta declaración duró tan solo diez minutos, y cuando hubo terminado aquel relato, el relato de la insensata e inútil destrucción de veintisiete años en menos de veinticuatro horas, no se podía evitar el imprudente pensamiento: todos y cada uno debieran tener derecho a comparecer ante el tribunal. Pero después, a lo largo de las interminables sesiones siguientes, se vio cuán difícil era contar lo ocurrido, cuán difícil era contarlo en términos que no fueran los términos transformadores del lenguaje poético, que para relatar

aquellos acontecimientos se necesitaba tener una pureza de alma, una inocencia de corazón ignorada del propio sujeto, una rectitud mental que tan solo los justos poseen. Nadie, antes o después de él, pudo igualar la deslumbradora honradez de Zindel Grynszpan.

Nadie pudo decir que el testimonio de Grynszpan diera lugar a algo que ni remotamente se pareciera a eso que se ha dado en llamar «un instante dramático». Un instante de esta naturaleza se produjo de un modo inesperado, pocas semanas más tarde, cuando el magistrado Landau hizo un desesperado intento para devolver el procedimiento a los normales cauces legales que le permitieran dirigirlo adecuadamente. En el estrado se encontraba Abba Kovner, «poeta y novelista», que en vez de prestar declaración testifical había pronunciado un discurso con la seguridad propia de quien está habituado a hablar en público y se irrita ante las interrupciones. El presidente de la sala le había pedido que fuera breve, y el fiscal Hausner, quien había defendido la postura adoptada por su testigo, tuvo que oírse decir por el presidente que «no podía quejarse de que la sala no tuviera paciencia», lo cual tampoco le gustó. En ese instante un tanto tenso, el testigo mencionó el nombre de Anton Schmidt, *Feldwebel*, o sea, sargento, del ejército alemán, nombre que no era totalmente desconocido del público asistente al juicio por cuanto el Yad Vashem había publicado la historia del sargento Schmidt, algunos años atrás, en su *Bulletin* hebreo, y cierto número de periódicos norteamericanos, publicados en yiddish, la había recogido. Anton Schmidt estaba al mando de una patrulla que operaba en Polonia, dedicada a recoger soldados alemanes que habían perdido el contacto con sus unidades. En el desarrollo de esta actividad, Schmidt había entrado en relación con miembros de las organizaciones clandestinas judías, entre ellos el propio testigo Kovner, y había ayudado a los guerrilleros judíos,

proporcionándoles documentos falsos y camiones del ejército. Y, lo cual es todavía más importante: «No lo hacía para obtener dinero». Lo anterior duró cinco meses, desde octubre de 1941 hasta marzo de 1942, en que Schmidt fue descubierto y ejecutado. (La acusación sacó a relucir esta historia debido a que Kovner había declarado que oyó por primera vez en su vida el nombre de Eichmann de labios de Schmidt, quien le había dicho que en el ejército corrían rumores de que Eichmann era quien «se encargaba de todo el asunto».)

Desde luego, esta no fue la primera vez que se hizo mención de ayuda recibida del mundo exterior, del mundo no judío. El magistrado Halevi había preguntado reiteradas veces a los testigos: «¿Nadie prestó ayuda a los judíos?». Lo había preguntado con la misma regularidad con que el fiscal preguntaba: «¿Por qué no se rebelaron ustedes?». Las contestaciones a la pregunta del magistrado Halevi fueron de distinto tenor y todas poco concluyentes: «Toda la población estaba en contra de nosotros», y los judíos escondidos por familias cristianas «podían contarse con los dedos de una mano», quizá fueran cinco o seis, en un total de trece mil individuos; sin embargo, la situación, globalmente considerada, de los judíos de Polonia fue —y ello no deja de causar sorpresa— mucho mejor que aquella otra en que se hallaban en los restantes países del Este de Europa. (Tal como he dicho, no hubo testigos procedentes de Bulgaria.) Un judío, a la sazón casado con una polaca, y con residencia en Israel, declaró que su esposa le escondió, a él y a otros doce judíos, durante toda la guerra. Otro tenía un amigo cristiano, al que conocía desde antes de la guerra, a cuya casa acudió después de huir de un campo de concentración, y quien le ayudó, aunque luego fue ejecutado por haber ayudado a los judíos. Otro testigo declaró que los guerrilleros polacos habían su-

ministrado armas a muchos judíos, y habían salvado a miles de niños judíos que colocaron bajo la protección de familias polacas. Los riesgos que comportaba prestar ayuda a los judíos eran prohibitivos; corría la historia de una familia polaca que había sido ejecutada de la manera más brutal por el solo hecho de haber adoptado a una niña judía de seis años de edad. Pero el relato del comportamiento de Schmidt constituyó el primero y último ejemplo de una actitud de esta índole adoptada por un alemán, ya que la otra anécdota referente a un alemán constaba en un documento: un oficial del ejército alemán ayudó indirectamente a los judíos, al sabotear ciertas órdenes de la policía; nada ocurrió a dicho oficial, pero el incidente se consideró lo suficientemente grave como para que fuese mencionado en la correspondencia entre Himmler y Bormann.

Durante los pocos minutos que Kovner necesitó para relatar la ayuda que le había prestado un sargento alemán, en la sala de audiencia reinó un anormal silencio. Parecía que la multitud hubiera decidido espontáneamente guardar los tradicionales dos minutos de silencio en memoria del sargento Anton Schmidt. Y en el transcurso de estos dos minutos, que fueron como una súbita claridad surgida en medio de impenetrables tinieblas, un solo pensamiento destacaba sobre los demás, un pensamiento irrefutable, fuera de toda duda: cuán distinto hubiera sido todo en esta sala de audiencia, en Israel, en Alemania, en toda Europa, quizá en todo el mundo, si se hubieran podido contar más historias como aquella.

Desde luego, hay razones, mil veces repetidas, explicativas de la escasez de historias de este género. Expresaré la esencia de estas razones con las palabras que constan en una de las pocas memorias de guerra subjetivamente sinceras, publicadas en Alemania. Peter Bamm, médico militar alemán que sirvió en el frente de Rusia, re-

337

lata en *Unsichtbare Flagge* (1952) la matanza de judíos que tuvo lugar en Sebastopol. Los judíos fueron reunidos por «los otros», como el autor llama a las unidades móviles de exterminio de las SS, para distinguirlas de los soldados comunes cuya honestidad el libro ensalza, y fueron encerrados en un ala independiente de la antigua prisión de la GPU, contigua al alojamiento para oficiales en que Bamm vivía. Después, se les obligó a subir a un camión dotado de gas letal, en cuyo interior murieron al cabo de pocos minutos, tras lo cual el conductor transportó los cadáveres fuera de la ciudad y los arrojó a una zanja antitanque. «Nosotros sabíamos lo que ocurría, pero nada hacíamos para evitarlo. Si alguien hubiera formulado una protesta seria, o hubiera hecho algo para impedir la actuación de la unidad de matanza, hubiese sido arrestado antes del transcurso de veinticuatro horas, y hubiera desaparecido. Uno de los refinamientos propios de los gobiernos totalitarios de nuestro siglo consiste en no permitir que quienes a él se oponen mueran, por sus convicciones, la grande y dramática muerte del mártir. Muchos de nosotros hubiéramos aceptado esta clase de muerte. Pero los estados totalitarios se limitan a hacer desaparecer a sus enemigos en el silencio del anonimato. Y también es cierto que todo aquel capaz de preferir la muerte a tolerar en silencio el crimen, hubiera sacrificado su vida en vano. No quiero decir con ello que tal sacrificio hubiera carecido de trascendencia moral, sino que hubiese resultado prácticamente inútil. Ninguno de nosotros tenía unas convicciones tan profundamente arraigadas como para aceptar el sacrificio prácticamente inútil, en aras de un más alto ideal moral.» No es necesario advertir que el autor del libro citado no se da cuenta de la vaciedad que supone el dar la importancia que da a la «decencia», cuando no existe lo que él llama «un más alto ideal moral».

Pero la vaciedad de la respetabilidad —ya que la decencia, en el contexto en que el autor la sitúa, no es más que respetabilidad— no era precisamente lo que se hallaba en el fondo del ejemplo dado por el sargento Anton Schmidt. Al contrario, este último pone de relieve el fatal fallo del argumento de Bamm, que tan plausible parece a primera vista. Cierto es que el dominio totalitario procuró formar aquellas bolsas de olvido en cuyo interior desaparecían todos los hechos, buenos y malos, pero del mismo modo que todos los intentos nazis de borrar toda huella de las matanzas —borrarlas mediante hornos crematorios, mediante fuego en pozos abiertos, mediante explosivos, lanzallamas y máquinas trituradoras de huesos—, llevados a cabo a partir de junio de 1942, estaban destinados a fracasar, también es cierto que vanos fueron todos sus intentos de hacer desaparecer en «el silencioso anonimato» a todos aquellos que se oponían al régimen. Las bolsas de olvido no existen. Ninguna obra humana es perfecta, y, por otra parte, hay en el mundo demasiada gente para que el olvido sea posible. Siempre quedará un hombre vivo para contar la historia. En consecuencia, nada podrá ser jamás «prácticamente inútil», por lo menos a la larga. En la actualidad, sería para Alemania de gran importancia práctica, no solamente en lo referente a su prestigio en el extranjero, sino también en cuanto concierne a su tristemente confusa situación interior, que pudieran contarse más historias como la del sargento Anton Schmidt. La lección de esta historia es sencilla y al alcance de todos. Desde un punto de vista político, nos dice que en circunstancias de terror, la mayoría de la gente se doblegará, pero *algunos no se doblegarán*, del mismo modo que la lección que nos dan los países a los que se propuso la aplicación de la Solución Final es que «pudo ponerse en práctica» en la mayoría de ellos, pero *no en todos*. Desde un punto de vista hu-

mano, la lección es que actitudes cual la que comentamos constituyen cuanto se necesita, y no puede razonablemente pedirse más, para que este planeta siga siendo un lugar apto para que lo habiten seres humanos.

15

SENTENCIA, RECURSO Y EJECUCIÓN

Eichmann pasó los últimos meses de la guerra dando reposo a sus ánimos, en Berlín, sin nada que hacer, aislado de los otros jefes del departamento de la RSHA, quienes almorzaban juntos todos los días, en el mismo edificio en que Eichmann tenía la oficina, sin invitarle siquiera una vez a comer con ellos. Eichmann se ocupaba de disponer sus «instalaciones defensivas» para estar preparado en el momento de la «última batalla» en defensa de Berlín, y como único deber oficial que le ocupaba visitaba de vez en cuando el campo de Theresienstadt, que mostraba a los delegados de la Cruz Roja. Ante estos, nada menos que ante estos, Eichmann desahogó su alma, hablándoles de la «nueva política humanitaria» de Himmler con respecto a los judíos, en virtud de la cual Himmler estaba plenamente decidido a emplear campos de concentración «al estilo inglés», en la «próxima ocasión». En abril de 1945, Eichmann tuvo la última de sus escasas entrevistas con Himmler, quien le ordenó que seleccionara «entre cien y doscientos judíos destacados de Theresienstadt», los transportara a Austria y los instalara en hoteles, a fin de que Himmler pudiera utilizarlos como «rehenes» en sus inminentes negociaciones con Eisenhower. Parece que Eichmann no se dio cuenta de cuán absurda era

la misión a él encomendada. Se puso en camino, «con harto dolor de mi corazón, porque tuve que abandonar mis instalaciones de defensa», pero no pudo llegar a Theresienstadt debido a que las carreteras estaban bloqueadas a causa del avance de los ejércitos rusos. En vez de ir a Theresienstadt, Eichmann se dirigió a Alt-Aussee, donde Kaltenbrunner se había refugiado. A Kaltenbrunner no le interesaban en lo más mínimo los «prominentes judíos» de Himmler, y encargó a Eichmann que organizara un comando para emprender la lucha de guerrillas en las montañas austríacas. Eichmann reaccionó con gran entusiasmo: «Se trataba de algo que valía la pena hacer, de una tarea que me gustaba de veras». Pero apenas hubo Eichmann reclutado a unos cien hombres más o menos aptos, la mayoría de los cuales no habían visto un fusil en su vida, y apenas hubo tomado posesión de un arsenal de heterogéneo armamento abandonado, recibió la última orden de Himmler: «Prohibido abrir fuego contra los ingleses o los norteamericanos». Esto fue el fin. Eichmann dio a sus hombres permiso para que se fuesen a casa, e hizo entrega de un pequeño cofre que contenía billetes de banco y monedas de oro a su fiel asesor jurídico, el *Regierungsrat* Hunsche. «Porque, me dije, Hunsche es un hombre que pertenece a la alta burocracia del Estado, él sabrá administrar correctamente los fondos, y evitará gastos inútiles ... Así lo hice porque, en aquel entonces, yo todavía creía que algún día me pedirían cuentas.»

Con estas palabras concluía Eichmann la autobiografía que espontáneamente entregó al policía encargado de interrogarle. Empleó muy pocos días en escribirla, y la biografía ocupaba 315 páginas de las 3.564 que se precisaron para transcribir las cintas magnetofónicas. A Eichmann le hubiera gustado continuar su biografía, y es evidente que contó el resto a la policía, pero, por diver-

sas razones, las autoridades judiciales decidieron no admitir ningún testimonio referente a tiempos posteriores a la terminación de la guerra. Sin embargo, de las declaraciones prestadas en Nuremberg, y de una indiscreción muy comentada cometida por un ex funcionario israelita llamado Moshe Pearlman, cuyo libro *The Capture of Adolf Eichmann* fue publicado en Londres cuatro semanas antes del inicio del juicio, es posible inferir el resto de la historia de Eichmann. El relato de Pearlman se basaba evidentemente en el material obtenido por la Oficina 06, es decir, la oficina policial encargada de las diligencias previas al juicio. (Según la teoría de Pearlman, como sea que se había retirado del servicio al Estado unas tres semanas antes de que Eichmann fuera raptado, había escrito su libro en calidad de ciudadano privado, lo cual no resulta excesivamente convincente, debido a que la policía israelita seguramente estaba enterada de la inminente captura de Eichmann varios meses antes de que Pearlman se retirara.) El libro causó evidente bochorno en Israel, no solo porque Pearlman había podido divulgar prematuramente información acerca de importantes documentos de la acusación, y porque afirmaba que las autoridades judiciales ya habían decidido que el testimonio de Eichmann no merecía crédito, sino también porque contenía un concienzudo relato del modo en que Eichmann fue capturado en Buenos Aires, lo cual era lo último que el gobierno de Israel deseaba ver publicado en letras de molde.

La historia contada por Pearlman era mucho menos excitante que los diversos relatos anteriores, basados en los más diversos rumores. Eichmann jamás estuvo en el Próximo Oriente ni en el Oriente Medio, jamás volvió de la Argentina a Alemania, nunca estuvo en otro país hispanoamericano, salvo el nombrado, y no tuvo intervención alguna en las actividades u organizaciones nazis de la

posguerra. Al término de la guerra, intentó hablar una vez más con Kaltenbrunner, quien todavía se encontraba en Alt-Aussee, solitario, pero el antiguo jefe de Eichmann no estaba de humor para recibirle, ya que, en su opinión, «aquel hombre [Eichmann] no tenía escapatoria». (Las escapatorias de Kaltenbrunner tampoco eran demasiado abundantes; fue ahorcado en Nuremberg.) Casi inmediatamente después, Eichmann fue apresado por los soldados norteamericanos y confinado en un campo de concentración destinado a los miembros de las SS, donde, pese a los numerosos interrogatorios a que fue sometido y a que algunos de sus compañeros de campo le conocían, no se descubrió su identidad. Eichmann fue muy cauteloso, se abstuvo de escribir a sus familiares, y dejó que le creyeran muerto. Su esposa intentó obtener un certificado de defunción de Eichmann, pero no lo consiguió cuando resultó que el único «testigo presencial» de la muerte era el cuñado de la esposa del «difunto». La esposa de Eichmann quedó sin un céntimo, pero la familia de Eichmann en Linz se encargó de mantenerla, así como a sus tres hijos.

En noviembre de 1945, se iniciaron, en Nuremberg, los juicios de los principales criminales de guerra, y el nombre de Eichmann comenzó a sonar con inquietante regularidad. En enero de 1946, Wisliceny compareció ante el tribunal de Nuremberg, como testigo de cargo, e hizo su acusadora declaración, ante lo cual Eichmann decidió que más le valdría desaparecer. Con la ayuda de otros internados, escapó del campo de concentración, y fue a Lüneburger Heide, lugar en un bosque, unas cincuenta millas al sur de Hamburgo, donde el hermano de uno de sus compañeros de internamiento le proporcionó trabajo como leñador. Allí permaneció durante cuatro años, oculto bajo el nombre de Otto Heninger, y es de suponer que se aburrió mortalmente. A principios de 1950, lo-

gró establecer contacto con la ODESSA, organización clandestina de ex miembros de las SS, pasó, a través de Austria, a Italia, donde un franciscano, plenamente conocedor de su identidad, le dio un pasaporte de refugiado, en el que constaba el nombre de Richard Klement, y le embarcó con rumbo a Buenos Aires. Llegó allá a mediados de julio, y obtuvo, sin dificultades, los precisos documentos de identidad y el correspondiente permiso de trabajo, a nombre de Ricardo Klement, católico, soltero, apátrida y de treinta y siete años de edad, siete menos de los que en realidad contaba.

· Eichmann no abandonó la cautela, pero escribió a su esposa, en su propia caligrafía, diciéndole que el «tío de sus hijos» vivía. Trabajó en los más diversos empleos —agente de ventas, obrero de una lavandería, empleado en una granja de conejos—, todos ellos mal pagados, pero en el verano de 1952 consiguió que su esposa e hijos se reunieran con él. (La señora Eichmann obtuvo pasaporte alemán en Zurich —Suiza—, pese a que a la sazón residía en Austria, y bajo su propio nombre, como «divorciada» de cierto Eichmann. Cómo pudo lograrlo es un misterio que todavía no se ha aclarado, y el archivo en que se guardaba su instancia ha desaparecido del consulado alemán en Zurich.) Cuando su esposa llegó a Argentina, Eichmann obtuvo su primer empleo fijo, en la fábrica de la Mercedes-Benz de Suárez, suburbio de Buenos Aires, primeramente en concepto de mecánico, y, después, como capataz. Cuando le nació el cuarto hijo, Eichmann volvió a contraer matrimonio con su esposa, bajo el nombre de Klement, según sus manifestaciones, aunque esto último quizá no sea cierto, ya que el recién nacido fue inscrito con los nombres Ricardo Francisco (probablemente en recuerdo del fraile italiano) Klement *Eichmann*, y este fue uno de los muchos indicios de su identidad que Eichmann dejó al paso de los años. Sin embargo, parece ser cierto que dijo a sus

hijos que él era el hermano de Adolf Eichmann, pese a que estos, que habían tratado asiduamente a sus abuelos y tíos, en Linz, difícilmente pudieron creerlo. El mayor, por lo menos, que contaba nueve años cuando vio por última vez a su padre en Alemania, tuvo que reconocerlo cuando le volvió a ver, siete años más tarde, en Argentina. Además, el documento de identidad de la señora Eichmann en Argentina no sufrió variación en los nombres, y estaba librado a Veronika Liebl de Eichmann. En 1959, cuando murió la madrastra de Eichmann, y, un año después, cuando murió su padre, las esquelas publicadas en los periódicos de Linz mencionaban entre los familiares de los difuntos a la señora Eichmann, con lo que contradecían todas las historias de divorcio y nuevo matrimonio de esta. A principios de 1960, pocos meses antes de que fuera capturado, Eichmann y sus hijos mayores terminaron la construcción de un primitivo edificio de ladrillos, en uno de los más pobres suburbios de Buenos Aires —edificio sin agua corriente, ni electricidad—, en el que la familia pasó a vivir. Seguramente, su situación económica era muy deficiente, y Eichmann vivió una vida extraordinariamente desagradable, en la que ni siquiera la presencia de los hijos constituía una compensación suficiente, ya que estos no mostraban «el menor interés en adquirir una educación, y ni siquiera intentaban desarrollar sus hipotéticas facultades mentales».

La única compensación de que Eichmann gozaba consistía en sostener interminables conversaciones con los miembros de la numerosa colonia nazi, ante los cuales manifestó sin ambages su identidad. Esto último condujo, por fin, en 1955, a la entrevista con el periodista holandés Willem S. Sassen, ex miembro de las SS armadas, que renunció a su nacionalidad holandesa para obtener pasaporte alemán durante la guerra, y que, más tarde, fue condenado a

muerte, *in absentia*, en Bélgica, por crímenes de guerra. Eichmann escribió copiosas notas, en vistas a la entrevista en cuestión, que fue grabada en cinta magnetofónica y, después, redactada de nuevo por Sassen con abundantes adiciones favorables a Eichmann. Las notas, manuscritas por este, fueron descubiertas y, posteriormente, admitidas como medio de prueba en el proceso de Jerusalén, pese a que las declaraciones de Eichmann a Sassen, en su conjunto, no lo fueron. La versión de Sassen fue publicada, abreviada, en la revista ilustrada alemana *Der Stern*, en julio de 1960, y también, en noviembre y diciembre, formando una serie de artículos, en *Life*. Sin embargo, Sassen, evidentemente con el consentimiento de Eichmann, había ofrecido la historia, cuatro años antes, al corresponsal de *Time-Life* en Buenos Aires, e incluso en el caso de que fuera cierto que el nombre de Eichmann no se mencionó, el contenido de la entrevista no dejaba lugar a dudas acerca de la identidad de la persona que había suministrado tal información. La verdad es que Eichmann hizo muchos esfuerzos para salir del anonimato, y es sorprendente que el Servicio Secreto Israelita necesitara varios años —hasta agosto de 1959— para enterarse de que Adolf Eichmann vivía en Argentina bajo el nombre de Ricardo Klement. Israel no ha divulgado el origen de la información que le permitió descubrir a Eichmann, pero «círculos bien informados» europeos aseguran que fue el servicio de espionaje ruso el que divulgó la noticia. Fuese como fuera, el problema no consiste en saber cómo se pudo descubrir el escondrijo de Eichmann, sino cómo no se descubrió más prontamente, caso de que verdaderamente los israelitas se hubieran ocupado de proseguir la búsqueda durante los años que precedieron al de la detención de Eichmann, lo cual, vistos los hechos, parece un tanto dudoso.

Sin embargo, la identidad de quienes capturaron a Eichmann

parece fuera de toda duda. El propio Ben Gurión desmintió todos los rumores que corrían sobre «vengadores privados». El 23 de mayo de 1960, Ben Gurión anunció ante la Knesset, que acogió la noticia con delirante entusiasmo, que Eichmann había sido «descubierto por el Servicio Secreto Israelita». El doctor Servatius, quien intentó con todas sus fuerzas, y sin éxito, tanto ante el tribunal de distrito como ante el tribunal de apelación, que fuesen citados, como testigos de descargo, Zvi Tohar, comandante del avión de la compañía El-Al que transportó a Eichmann a Israel, y Yad Shimoni, empleado de la misma compañía con destino en Argentina, se refirió a las manifestaciones hechas por Ben Gurión ante la Knesset. El fiscal general replicó al defensor, diciendo que el primer ministro «únicamente había declarado que Eichmann había sido *descubierto* por el servicio secreto», y no que también hubiera sido raptado por agentes del gobierno. En realidad, parece que ocurrió lo contrario, es decir, que se limitaron a apresarle, después de haber efectuado unas comprobaciones preliminares para tener la certeza de que la información recibida se ajustaba a la verdad. Y ni siquiera esto se efectuó con demasiada habilidad, por cuanto Eichmann pudo darse cuenta de que era objeto de vigilancia: «Creo que ya lo dije hace meses, cuando me preguntaron si sabía que había sido descubierto, y les di razones concretas que abonaban que sí [en la parte del interrogatorio policial que no fue entregada a la prensa]. Me enteré de que había venido gente al barrio para hacer preguntas sobre compra de terrenos y demás, con el propósito de edificar una fábrica de máquinas de coser, lo cual era totalmente imposible ya que en aquella zona no había agua ni electricidad. Además, me dijeron que aquellas personas eran judíos norteamericanos. Hubiera podido desaparecer fácilmente, pero no lo hice, seguí mi vida normal, y dejé que los acontecimientos se

desarrollaran sin obstáculos. Con mis documentos y referencias, hubiera podido encontrar otro empleo, pero no quise hacerlo».

De este deseo de ser conducido a Israel y afrontar el proceso hay más pruebas de las que se revelaron en Jerusalén. Como es natural, el defensor tuvo que hacer hincapié en el hecho de que Eichmann fue, al fin y al cabo, raptado y «transportado a Israel, contraviniendo las normas de derecho internacional», ya que con ello el doctor Servatius podía poner en tela de juicio la competencia del tribunal, y, aun cuando el fiscal y la sala jamás reconocieron que el «rapto» fue un «acto de Estado», tampoco lo negaron. Tanto el uno como la otra arguyeron que la infracción de las normas internacionales era asunto que tan solo concernía a los estados de Argentina e Israel, no a los derechos del acusado, y que dicha infracción quedaba «subsanada» por la declaración conjunta de los dos gobiernos, dada el 3 de agosto de 1960, según la cual «resolvían considerar zanjado el incidente provocado a raíz de los actos de unos ciudadanos israelitas que violaron los derechos fundamentales del Estado de la República Argentina». La sala decidió que carecía de trascendencia el que dichos ciudadanos israelitas fuesen agentes del gobierno o ciudadanos privados. La defensa y el tribunal no dijeron que Argentina no hubiera renunciado tan cortésmente al ejercicio de sus derechos, en el caso de que Eichmann hubiera sido ciudadano argentino. Eichmann vivió en este país bajo nombre supuesto, con lo que se cerró el camino a la posible protección del gobierno de Argentina, por lo menos en su calidad de Ricardo Klement (nacido el 23 de mayo de 1913, en Bolzano —Tirol meridional—, como constaba en su documento de identidad argentino), aun cuando había declarado que era de «nacionalidad alemana». Eichmann jamás pretendió ampararse en el dudoso derecho de asilo, lo cual de poco le hubiera servido, pese a que Ar-

gentina ha ofrecido, de hecho, asilo a muchos notorios criminales nazis, por cuanto dicho Estado ha suscrito un convenio internacional, en el que se establece que los autores de crímenes contra la humanidad «no serán considerados delincuentes políticos». Todo lo anterior no convirtió a Eichmann en apátrida, no le privó de su ciudadanía alemana, pero dio a la Alemania Occidental un cómodo pretexto para no ofrecer la tradicional protección que debe dar a sus ciudadanos en países extranjeros. En otras palabras, pese a las páginas y más páginas de argumentos legales, basadas en tantos y tantos precedentes que el lector terminaba convencido de que el rapto constituye uno de los más frecuentes modos de efectuar una detención, la verdad es que únicamente la apatridia *de facto* de Eichmann, la apatridia y solo la apatridia, permitió que el tribunal de Jerusalén llegara a juzgarle. Eichmann, aun cuando no fuese un experto jurista, estaba en situación de comprender muy bien lo anterior, ya que, en méritos de su propia carrera, sabía que tan solo con los apátridas puede uno hacer lo que quiera; antes de exterminar a los judíos fue preciso hacerles perder su nacionalidad. Pero Eichmann no podía prestar gran atención a estas sutiles distinciones por cuanto, si bien era una ficción el que hubiera acudido voluntariamente a Israel para someterse a juicio, tampoco cabía negar que había dado más facilidades de las que nadie pudo prever. En realidad, no opuso la menor resistencia.

El día 11 de mayo de 1960, a las seis y media de la tarde, cuando, como solía, bajó del autobús que le conducía desde su lugar de trabajo hasta casa, Eichmann fue detenido por tres hombres, quienes, en menos de un minuto, le metieron en un automóvil previamente dispuesto y le llevaron a una casa alquilada al efecto, situada en un lejano suburbio de Buenos Aires. No emplearon drogas, ni cuerdas, ni esposas, por lo que Eichmann pudo darse

cuenta inmediatamente de que se trataba de un trabajo llevado a cabo por especialistas que no necesitaron emplear la violencia, ni infligirle daño. Cuando le preguntaron quién era, respondió inmediatamente: *Ich bin Adolf Eichmann*. Y, sorprendentemente, añadió: «Ya sé que estoy en manos de los israelitas». (Más tarde explicaría que había leído en los periódicos que Ben Gurión había ordenado su busca y captura.) Durante ocho días, mientras los israelitas esperaban que llegara el avión de El-Al que debía transportarles, así como a su prisionero, a Israel, Eichmann permaneció amarrado a una cama, única circunstancia de su rapto que motivó sus quejas, y en el segundo día de su cautiverio le pidieron que escribiera una declaración diciendo que no formulaba objeción alguna a ser juzgado por un tribunal de Israel. Como es de suponer, esta declaración estaba preparada de antemano, y lo único que Eichmann tenía que hacer era copiarla. Pero, ante la sorpresa general, Eichmann insistió en escribir su propio texto, en el que, tal como se verá en las líneas siguientes, probablemente empleó las primeras frases que constaban en la declaración ya preparada: «Yo, el abajo firmante, Adolf Eichmann, por el presente documento declaro por propia y libre voluntad que, tras haberse descubierto mi verdadera identidad, comprendo sin lugar a dudas que es inútil que intente evitar por más tiempo el ser sometido a juicio. Y aquí hago constar mi conformidad con ir a Israel y comparecer ante un tribunal de justicia, un tribunal legalmente constituido. Es evidente, y quede de ello constancia, que deberé ser asistido por consejeros jurídicos [probablemente todo lo anterior es copiado], y, por mi parte, procuraré hacer constar por escrito las actividades que desarrollé durante los últimos años en Alemania, sin atenuantes improcedentes, a fin de que las futuras generaciones sepan lo verdaderamente ocurrido. Hago la presente de-

claración por mi propia y libre voluntad, sin que hayan mediado promesas ni amenazas. Quiero, por fin, quedar en paz conmigo mismo. Como sea que no puedo recordar todos los detalles, y que, al parecer, confundo algunos hechos con otros, solicito la pertinente ayuda, consistente en que se pongan a mi disposición documentos y declaraciones a los efectos de coadyuvar a mis esfuerzos para hallar la verdad». Firmado: «Adolf Eichmann, Buenos Aires, mayo de 1960». (Este documento, sin duda auténtico, tiene una particularidad, consistente en que en él se omite el día en que fue firmado. Dicha omisión induce a sospechar que no fue escrito en Argentina, sino en Jerusalén, adonde Eichmann llegó el día 22 de mayo. El escrito no era tan necesario a los efectos del proceso, en el curso del cual la acusación lo presentó como prueba documental, cuanto a los efectos de la primera nota oficial de explicaciones que Israel entregó al gobierno de Argentina, a la cual fue unido. Servatius, que interrogó a Eichmann, ante el tribunal, sobre el documento en cuestión, no mencionó la peculiaridad que se observa en la fecha, y Eichmann mal podía referirse a ella, ya que, cuando su defensor le formuló una pregunta que sugería claramente la contestación debida, confirmó con cierta renuencia que el documento había sido presentado a su firma mientras se hallaba amarrado a una cama, en un suburbio de Buenos Aires, es decir, bajo coacción. El acusador, que sin duda estaba mejor informado que el defensor, no interrogó al acusado a este respecto; evidentemente, desde su punto de vista, cuanto menos se hablara de ello, mejor.) La esposa de Eichmann notificó a la policía argentina la desaparición de su marido, aunque lo hizo sin revelar su verdadera identidad, por lo que no se montó servicio de vigilancia alguno en las estaciones de ferrocarril, carreteras y aeropuertos. Los israelitas tuvieron suerte, ya que difícilmente hubieran podi-

do sacar a Eichmann del país, diez días después de apresarle, si la policía hubiera sido debidamente avisada.

Eichmann dio dos razones explicativas de su pasmosa colaboración con las autoridades de Israel. (Incluso los jueces, que insistían en afirmar que Eichmann era simplemente un embustero, fueron incapaces de contestar la pregunta: ¿por qué el acusado confesó al superintendente Less una serie de detalles acusatorios de los cuales no podía haber otra prueba que la de su propia confesión, en especial los referentes a sus viajes a las zonas del Este, donde tuvo ocasión de ver con sus propios ojos las atrocidades allí cometidas?) En Argentina, años antes de su captura, Eichmann escribió que estaba ya cansado de su anonimato, y cuanto más leía acerca de sí mismo más cansado debía de sentirse. La segunda explicación, dada en Israel, fue más dramática: «Hace aproximadamente un año y medio [es decir, en primavera de 1959], un conocido que acababa de regresar de un viaje a Alemania dijo que cierto sector de la juventud alemana vivía dominada por sentimientos de culpabilidad. Saber la existencia de este complejo de culpabilidad constituyó en mi vida un hito tan importante como, digamos, la llegada de la primera astronave pilotada a la Luna. Pasó a ser un punto esencial de mi vida interior, a cuyo alrededor cristalizaban mis pensamientos. Por eso no hui cuando supe que el comando que me buscaba se iba acercando más y más a mí. Tras estas conversaciones sobre el sentimiento de culpabilidad de la juventud alemana, que tan profunda impresión causaron en mí, consideré que ya no tenía derecho a intentar desaparecer. Esto también explica por qué ofrecí en un documento escrito, al principio de este interrogatorio ... ahorcarme, yo mismo, en público. Quería contribuir a aliviar la carga de culpabilidad que pesa sobre la juventud alemana, por cuanto estos jóvenes son, al fin y al cabo, inocentes de los

acontecimientos en que intervinieron sus padres, inocentes de los actos de sus padres, en el curso de la pasada guerra». Guerra que, dicho sea incidentalmente, Eichmann seguía calificando, en otro contexto, de «guerra impuesta al Tercer Reich». Naturalmente, todo lo anterior no eran más que banalidades. ¿Qué impedía a Eichmann regresar a Alemania por propia voluntad, y, allí, entregarse? Se le formuló esta pregunta, y contestó que, en su opinión, los tribunales alemanes todavía carecían de la «objetividad» precisa para juzgar a gente como él. Además, si prefería ser juzgado por un tribunal israelita —como parecía decir implícitamente con sus palabras, lo cual resulta un tanto increíble—, podía haber evitado muchas molestias y el empleo de mucho tiempo al gobierno de Israel. Anteriormente hemos visto que el empleo de frases del tenor de las anteriores, producía a Eichmann una sensación de estímulo, y, verdaderamente, expresarse de este modo mantuvo a Eichmann en un estado cercano al buen humor, durante su estancia en la prisión israelita. Le permitió contemplar con notable ecuanimidad la perspectiva de la muerte, y así vemos que al principio del interrogatorio policial, Eichmann declaró: «Ya sé que me espera la pena de muerte».

Tras sus palabras vacías había algo de verdad, y esta verdad salió a la superficie muy claramente cuando se le planteó el problema de elegir defensor. Por razones patentes, el gobierno de Israel decidió aceptar la presencia de un defensor extranjero. El 14 de julio de 1960, seis semanas después de que se iniciara el interrogatorio policial, con el expreso consentimiento de Eichmann, este fue informado de que había tres posibles defensores, entre los que podía escoger el que quisiera. Estos eran: el doctor Servatius, recomendado por la familia de Eichmann (Servatius había ofrecido sus servicios, por conferencia telefónica, a un hermanastro de Eichmann

residente en Linz), otro abogado alemán, a la sazón residente en Chile, y una firma jurídica norteamericana, con sede en Nueva York. (Únicamente se divulgó el nombre del doctor Servatius.) Como es lógico, había también otras posibilidades que Eichmann tenía derecho a explorar, y le dijeron repetidas veces que no tenía por qué apresurarse en su decisión. Pero Eichmann no quiso perder tiempo, al instante manifestó que quería ser defendido por el doctor Servatius, ya que parecía ser conocido de su hermanastro, y, por otra parte, había defendido a otros criminales de guerra. Eichmann insistió en firmar inmediatamente los correspondientes documentos de designación. Media hora después de hacerlo, se le ocurrió que el proceso podía muy bien adquirir «dimensiones globales», convertirse en un «proceso monstruoso», que la acusación estaba integrada por varios juristas, y que si Servatius actuaba solo difícilmente podría «digerir» todo el material. Se le recordó que Servatius, en una carta en la que solicitaba la designación, dijo que estaría «al frente de un grupo de abogados» (lo que no fue así), y el oficial de la policía añadió: «Debemos presumir que el doctor Servatius no comparecerá solo. Sería físicamente imposible». Pero, en realidad, Servatius actuó casi siempre solo. El resultado de todo lo anterior fue que Eichmann se convertiría en el principal ayudante de su defensor, y que, además de escribir libros «para las futuras generaciones», trabajó muy intensamente durante todo el proceso.

El 29 de junio de 1961, diez semanas después del inicio de la vista —11 de abril—, el fiscal dio por terminada su tarea, y el doctor Servatius comenzó la suya. El día 14 de agosto, tras ciento catorce sesiones, la vista se terminó. El tribunal deliberó durante cuatro me-

ses, y el día 11 de diciembre dictó sentencia. Durante dos días, divididos en cinco sesiones, los tres magistrados leyeron las doscientas cuarenta y cuatro secciones de la sentencia. Sin apreciar la acusación de «conspiración», formulada por el fiscal, lo que hubiera dado a Eichmann el carácter de «principal criminal de guerra», atribuyéndole automáticamente la responsabilidad de cuanto estuviera relacionado con la Solución Final, le condenaron por la totalidad de los delitos, quince en total, de que fue acusado, aunque le absolvieron con respecto a ciertos actos concretos. «Juntamente con otros», Eichmann había cometido delitos «contra el pueblo judío», es decir, delitos contra los judíos, *con ánimo de destruir su pueblo*, de cuatro maneras: 1) «siendo causa de la muerte de millones de judíos»; 2) situando a «millones de judíos en circunstancias propicias a conducir a su destrucción física»; 3) causándoles «grave daño corporal y mental», y 4) «dando órdenes de interrumpir la gestación de las mujeres judías e impedir que dieran a luz», en Theresienstadt. Pero le absolvieron de las acusaciones referentes al período anterior a agosto de 1941, mes en que fue informado de la orden dada por el Führer. En sus anteriores actividades, desarrolladas en Berlín, Viena y Praga, Eichmann no tenía ánimo de «destruir al pueblo judío». Estos fueron los cuatro primeros cargos de la acusación. Los cargos del 5 al 12, ambos incluidos, trataban de «delitos contra la humanidad», concepto extraño a la ley israelita, en cuanto en él se englobaban tanto el genocidio, si se practicaba contra pueblos no judíos (como el pueblo gitano o el polaco), como otros delitos, el asesinato incluido, cometidos en las personas de judíos y no judíos, siempre y cuando estos delitos no hubieran sido cometidos con el ánimo de destruir un pueblo en su totalidad. En consecuencia, cuanto Eichmann hizo antes de la orden del Führer, así como todos sus actos contra no judíos fue reunido bajo la etiqueta

de delitos contra la humanidad, a los cuales se añadieron, una vez más, todos sus posteriores delitos contra los judíos, ya que también eran delitos ordinarios. El resultado fue que a resultas del cargo 5 se condenó a Eichmann por los mismos delitos comprendidos en los cargos 1 y 2, y que en virtud del cargo 6 se le condenó por haber «perseguido judíos por motivos religiosos, raciales y políticos». El cargo 7 se refería a «expolio de bienes ... vinculado con el asesinato ... de estos judíos», y el cargo 8 resumía de nuevo todos estos delitos, en cuanto «crímenes de guerra», ya que la mayoría de ellos habían sido cometidos durante la guerra. Los cargos del 9 al 12, ambos incluidos, trataban de los delitos contra no judíos. Por el cargo 9 se le condenó por «la expulsión de cientos de miles de polacos de sus hogares». Por el cargo 10 se le condenó por «la expulsión de catorce mil eslovacos de Yugoslavia». En virtud del 11, por la deportación de «miles de gitanos» a Auschwitz. Pero la sentencia afirmaba que «no ha quedado demostrado que el acusado supiera que los gitanos eran enviados a su destrucción», lo cual venía a significar que no le condenaron por genocidio salvo en lo referente al «delito contra el pueblo judío». Resultaba difícil comprender esto último, ya que, aparte de que el hecho del exterminio de los gitanos era público y notorio, Eichmann había reconocido en el curso del interrogatorio policial que sí estaba enterado de ello. Recordaba vagamente que fue una orden dada por Himmler, aun cuando no había directrices escritas con respecto a los gitanos, contrariamente a lo que ocurría con referencia a los judíos, y que no se habían efectuado «investigaciones» sobre el «problema gitano», es decir, sobre «orígenes, costumbres, hábitos, organización, folclore, economía...». El departamento de Eichmann recibió el encargo de proceder a la «evacuación» de treinta mil gitanos del territorio del Reich, pero Eichmann no podía recordar con precisión los detalles, debido a

que ninguna oficina exterior intervino en el asunto. Sin embargo, los gitanos, al igual que los judíos, fueron embarcados camino de su exterminio, y de eso Eichmann no dudaba en absoluto. Era culpable del exterminio de los gitanos exactamente por las mismas razones que lo era del de los judíos. El cargo 12 se refería a la deportación de noventa y tres niños de Lidice, el pueblo checo cuyos habitantes fueron objeto de general matanza tras el asesinato de Heydrich; sin embargo, Eichmann fue justamente absuelto del asesinato de estos niños. Los tres últimos cargos le acusaban de ser miembro de tres de las cuatro organizaciones que en los juicios de Nuremberg fueron clasificadas como «criminales», a saber, las SS, el Servicio de Seguridad o SD, y la Policía Secreta del Estado o Gestapo. (La cuarta organización criminal, el cuerpo directivo del Partido Nacionalsocialista, no aparecía en la sentencia de Jerusalén, debido a que era evidente que Eichmann no fue uno de los dirigentes del partido.) El hecho de que Eichmann perteneciera a estas organizaciones desde fecha anterior al mes de mayo de 1940 daba lugar a la aplicación del plazo de prescripción (20 años) asignado a los delitos menores. (La ley de 1950, que fue la que se aplicó a Eichmann, especifica que los delitos graves no están sujetos a prescripción, y que la excepción de *res judicata* no procede con respecto a ellos. En Israel se puede juzgar a una persona «incluso si ha sido ya juzgada en el extranjero por el mismo delito, sea por un tribunal internacional, sea por el de un Estado extranjero».) Todos los delitos enumerados en los cargos del 1 al 12, ambos incluidos, comportaban la pena de muerte.

Como se recordará, Eichmann había insistido invariablemente en que él solamente era culpable de «ayudar y tolerar» la comisión de los delitos de los que se le acusaba, y que nunca cometió un acto directamente encaminado a su consumación. Ante nuestro gran

alivio, la sentencia reconocía, en cierto modo, que la acusación no había logrado desmentir a Eichmann en este aspecto. Y se trataba de un importante aspecto; estaba relacionado con la mismísima esencia del delito de Eichmann, que no era un delito ordinario, y con la mismísima condición del delincuente, que tampoco era un delincuente ordinario. En consecuencia, la sentencia también recogió el triste hecho de que en los campos de exterminio fueron, por lo general, los propios internados, las propias víctimas, quienes materialmente manejaban «con sus propias manos los fatales instrumentos». Lo que la sentencia decía a este respecto era la pura verdad: «Describiendo las actividades del acusado en los términos contenidos en la Sección 23 de nuestro Código Penal, debemos decir que aquellas eran, principalmente, las propias de la persona que instiga, mediante su consejo o asesoramiento, a otros a cometer el acto criminal, o que capacita o ayuda a otros a cometer el acto criminal». Pero, «en un delito tan enorme y complicado como el que nos ocupa, en el que participan muchos individuos, situados a distintos niveles, y en actividades de muy diversa naturaleza —planificadores, organizadores y ejecutores, cada cual según su rango—, de poco sirve emplear los conceptos comunes de instigación y consejo en la comisión de un delito. Estos delitos fueron cometidos en masa, no solo en cuanto se refiere a las víctimas, sino también en lo concerniente al número de quienes perpetraron el delito, y la situación más o menos remota de muchos criminales en relación al que materialmente da muerte a la víctima nada significa, en cuanto a medida de su responsabilidad. Por el contrario, en general, *el grado de responsabilidad aumenta a medida que nos alejamos del hombre que sostiene en sus manos el instrumento fatal»*.*

* En cursiva en el original.

Lo que ocurrió después de la lectura de esta sentencia fue puro trámite. Una vez más, el fiscal se levantó para pronunciar un discurso un tanto largo en solicitud de la pena de muerte, la cual, no dándose circunstancias atenuantes, era de obligatoria aplicación. El doctor Servatius le replicó con más brevedad que en cualquier otra ocasión, diciendo que el acusado había llevado a cabo «actos de Estado», lo que a él le había ocurrido podía ocurrir a cualquier otra persona en el futuro, la totalidad del mundo civilizado podía encontrarse ante este mismo problema, Eichmann era el «chivo expiatorio», al que el actual gobierno de Alemania había abandonado en manos de la jurisdicción israelita, en contra de lo dispuesto por el derecho internacional, para soslayar sus responsabilidades. La competencia del tribunal de Jerusalén, que el doctor Servatius no reconoció en momento alguno, tan solo podía explicarse en el caso de que juzgara al acusado «por representación, como en el ejercicio de los derechos de que están investidos los tribunales alemanes»; y esta fue la manera en que un fiscal alemán interpretó el ejercicio de la autoridad judicial del tribunal de Jerusalén. Antes, el doctor Servatius había argüido que la sala debía absolver a Eichmann debido a que, según los plazos de prescripción vigentes en Argentina, no cabía emprender procedimiento criminal alguno en contra de él, a partir del día 7 de mayo de 1960, es decir, «muy poco antes de que fuera raptado». Ahora, el defensor, siguiendo parecida línea lógica, argüía que no cabía aplicar la pena de muerte al acusado, por cuanto esta había sido abolida incondicionalmente en Alemania.

Entonces, se produjo la última declaración de Eichmann: sus esperanzas de justicia habían quedado defraudadas; el tribunal no había creído sus palabras, pese a que él siempre hizo cuanto estuvo en su mano para decir la verdad. El tribunal no le había com-

prendido. Él jamás odió a los judíos, y nunca deseó la muerte de un ser humano. Su culpa provenía de la obediencia, y la obediencia es una virtud harto alabada. Los dirigentes nazis habían abusado de su bondad. Él no formaba parte del reducido círculo directivo, él era una víctima, y únicamente los dirigentes merecían el castigo. (Eichmann no llegó tan lejos como otros criminales de guerra de menor importancia, que se quejaron amargamente de que les habían dicho que no se preocuparan de las «responsabilidades», y de que, después, no pudieron obligar a los responsables a rendir cuentas, debido a que les «habían abandonado», por la vía del suicidio o del ahorcamiento.) Eichmann dijo: «No soy el monstruo en que pretendéis transformarme ... soy la víctima de un engaño». Eichmann no empleó las palabras «chivo expiatorio», pero confirmó lo dicho por Servatius: albergaba la «profunda convicción de que tenía que pagar las culpas de otros». Dos días después, el 15 de diciembre de 1961, viernes, a las nueve de la mañana, se dictó el fallo de pena de muerte.

Tres meses más tarde, el 22 de marzo de 1962, el tribunal de apelación, es decir, el Tribunal Supremo de Israel, inició el procedimiento de revisión, que estuvo a cargo de cinco magistrados, presididos por Itzhak Olshan. El fiscal Hausner, asistido por cuatro ayudantes, volvió a comparecer en representación de la acusación, y el doctor Servatius, solo, en la de la defensa. El defensor repitió todos los viejos argumentos contra la competencia de jurisdicción de los tribunales israelitas, y como fuere que todos sus esfuerzos encaminados a persuadir al gobierno de Alemania Occidental de que iniciara los trámites para solicitar la extradición resultaron vanos, pidió que Israel ofreciera la extradición. Servatius aportó una

nueva lista de testigos, pero entre ellos no había ni uno que pudiera aportar, ni por asomo, algo parecido a «nuevas pruebas». Servatius había incorporado a esta lista al doctor Hans Globke, a quien Eichmann no había visto en su vida, y de quien probablemente oyó hablar por vez primera en Jerusalén. También incluyó el defensor, lo cual es más sorprendente, al doctor Chaim Weizmann, quien había muerto diez años atrás. El informe del defensor estuvo constituido por una increíble mezcolanza de argumentos, lleno de errores (en una ocasión, la defensa ofreció a título de nueva prueba la traducción al francés de un documento que ya había sido presentado por la acusación, en dos ocasiones leyó erróneamente los documentos en que se basaba, etcétera), y la falta de atención que demostraba contrastó muy vivamente con el hecho de que intercalara, cuidadosamente, observaciones que forzosamente tenían que ofender al tribunal: la muerte por gas era un «asunto médico»; un tribunal judío no podía juzgar sobre el destino de los niños de Lidice, ya que no eran judíos; las normas procesales israelitas infringían lo dispuesto en las europeas —a las que Eichmann tenía derecho, debido a su origen nacional—, por cuanto exigían que el acusado proporcionara sus propios medios de prueba, lo cual este no pudo hacer porque en Israel carecía de medios para conseguir testigos ni documentos en su descargo. En resumen, el proceso había sido injusto, y la sentencia también.

El procedimiento de apelación duró una semana; después, el tribunal deliberó durante dos meses. El día 29 de mayo de 1962, se leyó la sentencia, que fue algo menos voluminosa que la anterior, ya que constaba de cincuenta y una páginas, tamaño folio, escritas a un solo espacio. Confirmaba tajantemente la sentencia recurrida, en todos sus extremos, y para tal confirmación parece que los magistrados no hubieran debido necesitar dos meses y cincuenta y

una páginas. La sentencia del tribunal de apelación era, en realidad, una revisión del juicio celebrado por el tribunal inferior, aun cuando no se manifestaba con tales palabras. En evidente contraste con la sentencia recurrida, se estimaba que el recurrente no había recibido «órdenes superiores» en manera alguna. El recurrente no tenía superior, y él era quien daba todas las órdenes en cuanto concernía a los asuntos judíos. Además, había «eclipsado en importancia a todos sus superiores, incluso a Müller». En contestación al obvio argumento de la defensa, según el cual la situación de los judíos no hubiera sido mejor en el caso de que Eichmann no hubiera existido, los magistrados afirmaron ahora que «la idea de la Solución Final jamás hubiera revestido las infernales formas de la piel desgarrada y la carne torturada de los judíos, si no hubiera existido el fanático celo y la insaciable sed de sangre del recurrente y sus cómplices». El Tribunal Supremo de Israel no solo aceptó los argumentos de la acusación, sino que incluso adoptó sus expresiones.

El mismo día 29 de mayo, Itzhak Ben-Zvi, presidente de Israel, recibió la petición de clemencia de Eichmann, que constaba de cuatro páginas manuscritas, formulada «siguiendo instrucciones de mi abogado», junto con cartas de la esposa del condenado y de sus familiares residentes en Linz. El presidente de Israel también recibió centenares de cartas y telegramas procedentes de todos los rincones del mundo, en solicitud de clemencia. Entre los más destacados remitentes se contaba la Conferencia Central de Rabís de América, los representantes del Judaísmo Reformado de dicho país, y un grupo de profesores de la Universidad Hebrea de Jerusalén, encabezados por Martin Buber, quien desde un principio se había opuesto a la celebración del juicio, y ahora intentaba persuadir a Ben Gurión de que interviniera para solicitar asimismo cle-

mencia. Ben-Zvi denegó todas las peticiones de clemencia, el día 31 de mayo, es decir, dos días después de que el Tribunal Supremo dictara sentencia. Pocas horas después, el mismo día —jueves—, cuando faltaba poco para la medianoche, Eichmann fue ahorcado, su cuerpo incinerado y sus cenizas arrojadas al Mediterráneo, fuera de las aguas jurisdiccionales israelitas.

La celeridad con que se ejecutó la pena de muerte fue extraordinaria, incluso si se tiene en cuenta que el jueves por la noche era la única ocasión en que podía ejecutarse —en el curso de aquella semana—, ya que el viernes, el sábado y el domingo eran fiestas religiosas para una u otra de las tres confesiones existentes en Israel. La ejecución se realizó poco menos de dos horas después de que Eichmann fuese informado de que su petición de clemencia había sido denegada; el condenado ni siquiera tuvo tiempo de ingerir una última comida. La explicación de tal celeridad quizá se encuentre en dos intentos de última hora que el doctor Servatius hizo en orden a salvar la vida de su cliente. Se trataba de una solicitud dirigida a un tribunal alemán, a fin de que obligara al gobierno a solicitar la extradición de Eichmann, y de una amenaza de invocar el artículo 25 del Convenio para la Protección de los Derechos Humanos y Libertades Fundamentales. Tanto el doctor Servatius como su ayudante no se hallaban en Israel cuando la petición de clemencia fue denegada, y el gobierno israelita probablemente quería terminar el caso, que había durado dos años, antes de que la defensa pudiera siquiera solicitar un aplazamiento de la ejecución.

La sentencia de muerte no fue inesperada, y casi nadie estaba en desacuerdo con ella; pero la situación cambió cuando se supo que los israelitas la habían ejecutado. Las protestas duraron poco, pero procedían de orígenes muy diversos y fueron formuladas por personas de prestigio e influencia. El argumento más comúnmente

empleado fue que los hechos de Eichmann difícilmente podían ser objeto de castigo humano, y que carecía de sentido imponer la pena de muerte por delitos de tal magnitud, lo cual era desde luego verdad, en cierto sentido, salvo en cuanto no podía implicar que aquel que había asesinado a millones de seres humanos debiera escapar al castigo precisamente por esto. En esferas de importancia considerablemente inferior, se dijo que la pena de muerte demostraba «falta de imaginación», y se propusieron alternativas muy imaginativas. Así vemos que se propuso que Eichmann «pasara el resto de sus días dedicado a trabajos forzados en las áridas extensiones del Néguev, contribuyendo con su sudor a dar vida a las tierras de la patria de los judíos», castigo este al que Eichmann posiblemente no hubiera podido sobrevivir más de un día, sin olvidar que Israel no considera que el desierto del sur pueda convertirse en una colonia penitenciaria. En un estilo muy a lo Madison Avenue, se dijo que Israel se hubiera elevado a «cimas divinas», superiores a «comprensibles consideraciones humanas, políticas y jurídicas», si hubiera reunido «a todos los que habían intervenido en la captura, juicio y sentencia de Eichmann, para que en el curso de una ceremonia pública ante las cámaras de la televisión y los micrófonos de las emisoras de radio, Eichmann, encadenado, les condecorase por ser los más destacados héroes del presente siglo».

Martin Buber calificó la ejecución de «error de dimensiones históricas», ya que «serviría para que muchos jóvenes alemanes expíen sus sentimientos de culpabilidad». Argumento este que, rara circunstancia, constituía un eco de las ideas que el propio Eichmann tenía sobre el asunto, aunque Buber probablemente ignoraba que Eichmann había querido ahorcarse públicamente, a fin de quitar la carga de culpabilidad que pesaba sobre los hombros de los jóvenes alemanes. (Es raro que Buber, hombre eminente y de gran

inteligencia, no viera cuán falsos eran, forzosamente, estos tan pregonados sentimientos de culpabilidad. Es muy agradable sentirse culpable cuando uno sabe que no ha hecho nada malo. Sí, es muy noble... Sin embargo, es muy duro, y ciertamente deprimente, reconocer la propia culpa y arrepentirse. La juventud alemana vive rodeada, por todas partes, de hombres investidos de autoridad y en el desempeño de cargos públicos que son, en verdad, muy culpables, pero que no sienten que lo sean. La reacción normal ante dicha situación debiera ser la de la indignación, pero la indignación comporta riesgos, no riesgos de perder la vida o de quedar mutilado, pero sí de crearse obstáculos en el desarrollo de una carrera cualquiera. Esos jóvenes alemanes, hombres y mujeres, que de vez en cuando —en ocasiones tales como la publicación del *Diario de Ana Frank* o el proceso de Eichmann— nos dan el espectáculo de histéricos ataques de sentimientos de culpabilidad, llevan sin inmutarse la carga del pasado, la carga de la culpa de sus padres. En realidad, parece que no pretendan más que huir de las presiones de los problemas absolutamente presentes y actuales, y refugiarse en un sentimentalismo barato.) El profesor Buber prosiguió diciendo que «en modo alguno sentía piedad hacia Eichmann», ya que únicamente podía sentir piedad hacia «aquellos cuyos actos comprendo, en el fondo de mi corazón», y subrayó que había dicho, muchos años atrás, en Alemania, que él «tan solo desde un punto de vista formal tenía sentimiento de comunidad humana con quienes tomaron parte en las actividades del Tercer Reich». Esta altanera actitud constituía un lujo que los encargados de juzgar a Eichmann no podían permitirse, puesto que la ley presupone precisamente que existe una comunidad en lo humano con aquellos a quienes acusamos, juzgamos y condenamos. Que yo sepa, Buber fue el único filósofo que manifestó públicamente sus

opiniones sobre la cuestión de la ejecución de Eichmann (poco antes de que se iniciara el procedimiento judicial para juzgar a Eichmann, Karl Jaspers concedió una entrevista a la radio de Basilea que más tarde fue publicada en *Der Monat*, en la cual dio argumentos en apoyo la pretensión de que Eichmann fuera juzgado por un tribunal internacional). Fue lamentable comprobar cómo Buber intentaba soslayar, siempre en el más alto nivel posible, el problema esencial planteado por Eichmann y los actos por él ejecutados.

Menos aún se oyeron las voces de aquellos que son adversarios de la pena de muerte, por principio, de un modo incondicional. Sus argumentos no hubieran perdido validez, ya que no hubieran tenido que modificarlos a fin de adaptarlos al caso particular de Eichmann. Sin embargo, parece que consideraron —probablemente con razón— que el caso de Eichmann no era el más adecuado para proseguir la lucha contra la pena de muerte.

Adolf Eichmann se dirigió al patíbulo con gran dignidad. Antes, había solicitado una botella de vino tinto, de la que se bebió la mitad. Rechazó los auxilios que le ofreció un ministro protestante, el reverendo William Hull, quien le propuso leer la Biblia, los dos juntos. A Eichmann le quedaban únicamente dos horas de vida, por lo que no podía «perder el tiempo». Calmo y erguido, con las manos atadas a la espalda, anduvo los cincuenta metros que mediaban entre su celda y la cámara de ejecución. Cuando los celadores le ataron las piernas a la altura de los tobillos y las rodillas, Eichmann les pidió que aflojaran la presión de las ataduras, a fin de poder mantener el cuerpo erguido. Cuando le ofrecieron la negra caperuza, la rechazó diciendo: «Yo no necesito eso». En aquellos instantes, Eichmann era totalmente dueño de sí mismo, más que eso, estaba perfectamente centrado en su verdadera personalidad.

Nada puede demostrar de modo más convincente esta última afirmación cual la grotesca estupidez de sus últimas palabras. Comenzó sentando con énfasis que él era un *Gottgläubiger*, término usual entre los nazis indicativo de que no era cristiano y de que no creía en la vida sobrenatural tras la muerte. Luego, prosiguió: «Dentro de muy poco, caballeros, *volveremos a encontrarnos*. Tal es el destino de todos los hombres. ¡Viva Alemania! ¡Viva Argentina! ¡Viva Austria! *Nunca las olvidaré*». Incluso ante la muerte, Eichmann encontró el cliché propio de la oratoria fúnebre. En el patíbulo, su memoria le jugó una última mala pasada; Eichmann se sintió «estimulado», y olvidó que se trataba de su propio entierro.

Fue como si en aquellos últimos minutos resumiera la lección que su larga carrera de maldad nos ha enseñado, la lección de la terrible *banalidad del mal*, ante la que las palabras y el pensamiento se sienten impotentes.

EPÍLOGO

Las irregularidades y anomalías del proceso de Jerusalén fueron tantas, tan diversas y de tal complejidad jurídica, que oscurecieron durante el procedimiento, al igual que han hecho en los textos, sorprendentemente escasos, publicados tras el juicio, los centrales problemas morales, políticos e incluso legales, que el proceso inevitablemente tenía que plantear. El propio Estado de Israel, a través de las declaraciones formuladas antes del juicio por el primer ministro Ben Gurión, y también mediante el modo en que el fiscal formuló la acusación, creó una mayor confusión al formar una larga lista de las finalidades que el proceso debía alcanzar, todas las cuales se hallaban más allá de las finalidades propias de la aplicación de la ley mediante el procedimiento legal. La finalidad de todo proceso es hacer justicia, y nada más. Incluso los más nobles propósitos ulteriores —«registrar un testimonio del régimen de Hitler que pueda resistir el análisis histórico en el futuro», que Robert G. Storey, asesor procesal en Nuremberg, dijo que era la supuesta finalidad superior de los juicios de Nuremberg— únicamente pueden servir para obstaculizar la finalidad jurídica principal, a saber, sopesar las acusaciones dirigidas contra el procesado, juzgar y aplicar el castigo conmensurado.

La sentencia dictada en el caso de Eichmann, cuyas dos primeras secciones fueron redactadas para dar respuesta a la teoría de la finalidad superior, tal como se expuso dentro y fuera de la sala de justicia, no pudo ser más clara y más ajustada a la realidad: era preciso resistir todo intento de ampliar el alcance del juicio, ya que el tribunal no podía «permitir ser arrastrado a terrenos que caen fuera de la esfera que le es propia ... El procedimiento judicial está dotado de medios específicamente suyos, establecidos por la ley, e invariables sea cual fuere el objeto del juicio». Además, el tribunal no podía rebasar estos límites sin exponerse a «un fracaso total». El tribunal no solo no tenía a su disposición «los instrumentos precisos para investigar las cuestiones de orden general», sino que se pronuncia basándose en una autoridad cuya fuerza está en función de sus limitaciones. «Nadie nos ha nombrado jueces» en materias que se encuentran fuera de la esfera del derecho, y «a nuestra opinión en tales materias no se le puede conceder más autoridad que a la de cualquier persona que haya dedicado su pensamiento y sus tareas de investigación» a ellas. De ahí que la pregunta más comúnmente formulada acerca del proceso de Eichmann —¿para qué sirvió?— tan solo tiene una respuesta: para hacer justicia.

Las objeciones formuladas contra el proceso de Eichmann eran de tres distintas clases. En primer lugar, estaban aquellas que fueron formuladas con respecto a los procesos de Nuremberg, y que fueron repetidas con referencia al de Eichmann. Eichmann era juzgado según una ley de carácter retroactivo, y sus juzgadores eran los vencedores. En segundo lugar, estaban las objeciones que únicamente cabía aplicar al tribunal de Jerusalén, por cuanto ponían en tela de juicio su competencia, así como el que no tomara en cuenta el hecho del rapto de Eichmann. Finalmente, y estas eran las más importantes, estaban las objeciones contra la acusación en

sí misma, según las cuales Eichmann había cometido crímenes «contra la humanidad», antes que «crímenes contra los judíos», por lo que dichas objeciones quedaban a fin de cuentas dirigidas contra la ley que se aplicó a Eichmann. Como es natural, de esta argumentación resulta que el único tribunal competente para juzgar estos delitos era un tribunal internacional.

La réplica del tribunal al primer grupo de objeciones fue muy sencilla. El proceso de Nuremberg fue citado en Jerusalén como precedente válido, y, en la aplicación de la ley interna de Israel, los magistrados de Jerusalén difícilmente podían haber dejado de hacerlo, ya que la Ley (de Castigo) de Nazis y Colaboradores Nazis de 1950 estaba basada en dicho precedente. La sentencia afirmaba: «Estas normas jurídicas especiales son distintas de las contenidas en los códigos penales comunes», y la razón diferencial radica en la naturaleza de los delitos de que trata. Podemos añadir que su carácter retroactivo quebranta únicamente desde el punto de vista formal, pero no material, el principio *nullum crimen, nulla poena sine lege*, ya que este se proyecta tan solo sobre actos conocidos por el legislador. Si un delito desconocido hasta el momento, tal como el genocidio, hace súbitamente su aparición, la justicia exige que sea juzgado de acuerdo con una ley nueva. En el caso de Nuremberg, esta nueva ley era la Carta (Acuerdo de Londres, de 1945), en el caso de Jerusalén, la nueva ley era la de 1950. El problema no consiste en que dichas leyes fueran retroactivas, que forzosamente tenían que serlo, sino en determinar si eran pertinentes, es decir, si únicamente trataban de delitos anteriormente desconocidos. Este requisito previo, necesario para la retroactividad, fue gravemente incumplido en la Carta que previó la formación de un Tribunal Internacional Militar, en Nuremberg, y quizá a ello se deba que las discusiones sobre estas materias sigan siendo un tanto confusas.

La Carta acordó competencia de jurisdicción sobre tres clases de delitos: los «delitos contra la paz», que el tribunal calificó de «supremo delito internacional ... por cuanto contiene en sí el mal acumulado en todos los demás»; los «delitos de guerra», y los «delitos contra la humanidad». De estos, únicamente los últimos, los delitos contra la humanidad, eran nuevos y sin precedentes. La guerra de agresión es tan vieja como la historia y, si bien había sido denunciada como guerra «criminal» infinidad de veces, jamás fue calificada de tal modo con los debidos formalismos. (Todas las actuales justificaciones de la jurisdicción del tribunal de Nuremberg sobre tal materia carecen de adecuada base. Cierto es que Guillermo II fue citado ante un tribunal formado por los aliados al término de la Primera Guerra Mundial, pero el delito de que se acusaba al káiser no era el de haber emprendido la guerra, sino el de haber incumplido los tratados por él firmados, y, especialmente, el de haber violado la neutralidad de Bélgica. También es cierto que el pacto Brian-Kellogg, de agosto de 1928, había prohibido la guerra como instrumento de política nacional, pero este pacto no contenía un criterio definitorio de la agresión, ni tampoco hacía mención de las correspondientes sanciones. Tampoco debemos olvidar que el sistema de seguridad que el pacto en cuestión pretendía amparar se había desmoronado antes del inicio de la Segunda Guerra Mundial.) Además, uno de los países juzgadores, a saber, Rusia, podía muy bien ser el sujeto pasivo de la argumentación *tu-quoque*. ¿Acaso no habían los rusos, en 1939, atacado Finlandia y dividido Polonia, con absoluta impunidad? Por otra parte, los «crímenes de guerra», que tenían tantos precedentes como los «crímenes contra la paz», estaban previstos por las normas del Derecho Internacional de Guerra. Las convenciones de La Haya y de Ginebra habían definido ya estas «violaciones de las leyes y costumbres de guerra»,

que consistían principalmente en los malos tratos dados a los prisioneros, o en la comisión de actos bélicos contra la población civil. En este aspecto, no hacía falta una nueva ley con fuerza retroactiva, y la principal dificultad surgida en Nuremberg radicaba en el hecho indiscutible de que también en este caso se podía emplear el argumento *tu-quoque*: Rusia, que no había firmado la Convención de La Haya (Italia no lo ratificó), había despertado fuertes sospechas, por lo menos, de infligir malos tratos a sus prisioneros, y, según recientes investigaciones, los rusos parecen también haber sido responsables del asesinato de quince mil oficiales del ejército polaco, cuyos cuerpos fueron descubiertos en el bosque de Katín, situado en las cercanías de Smoliensk (Rusia). Pero, además, el bombardeo intensivo de ciudades abiertas, y, sobre todo, el lanzamiento de las bombas atómicas de Hiroshima y Nagasaki, constituyeron crímenes de guerra, según las definiciones de la Convención de La Haya. Y si bien es cierto que el bombardeo de ciudades alemanas había sido provocado por los bombardeos de Londres, Coventry y Rotterdam, también es cierto que no cabe decir lo mismo con respecto al empleo de un arma enteramente nueva y de avasalladora potencia, cuya existencia hubiera debido ser anunciada y demostrada por otros medios. Evidentemente, la más clara razón en cuya virtud las violaciones de la Convención de La Haya cometidas por los aliados no fueron ni siquiera estudiadas desde un punto de vista jurídico estribaba en que los tribunales internacionales militares solo eran internacionales en su denominación, y que, en realidad, fueron tribunales formados por los poderes vencedores. Y la autoridad de sus sentencias, siempre dudosa, no quedó precisamente reforzada cuando la coalición de los poderes que habían ganado la guerra, y que, luego, emprendieron conjuntamente la tarea de hacer justicia, se rompió, dicho sea en las palabras de Otto Kirchhei-

mer, «antes de que se secara la tinta de la sentencia de Nuremberg». Pero esta tan clara razón no es la única, ni tampoco, quizá, la más poderosa, de que no se hablara, ni se iniciara procedimiento, acerca de crímenes de guerra de los aliados, en el sentido en que dichos quedaron delitos formulados en la Convención de La Haya. En aras de la equidad, debemos añadir que el tribunal de Nuremberg fue, por lo menos, extremadamente cauteloso en el momento de condenar a los acusados alemanes de delitos que pudieran suscitar el empleo del argumento *tu-quoque*. La verdad es que, al término de la Segunda Guerra Mundial, era de dominio público que los avances técnicos en materia de instrumentos de violencia habían hecho inevitable la adopción de las guerras «criminales». Las distinciones entre soldados y civiles, ejército y población civil, objetivos militares y ciudades abiertas, en las que la Convención de La Haya basaba las definiciones de crímenes de guerra, habían quedado anticuadas por causa de aquellos adelantos. En consecuencia, se consideró que, en las presentes circunstancias, crímenes de guerra eran solamente aquellos ajenos a todo género de necesidades militares, en los que cabía demostrar la existencia de un deliberado ánimo de actuación inhumana.

Este factor de gratuita brutalidad fue útil y válido criterio para determinar, vistas las circunstancias, la existencia de delitos de guerra. Desgraciadamente, y pese a no ser válido al respecto, este mismo criterio se empleó en las vacilantes definiciones del único delito totalmente nuevo, es decir, del «delito contra la humanidad», que la Carta (en su artículo 6-c) definiría como «acto inhumano», como si también este delito constituyera un exceso criminal en la lucha bélica en pos de la victoria. Sin embargo, no fue este tipo de conocido delito lo que impulsó a los aliados a declarar, por voz de Churchill, que «el castigo de los criminales de guerra fue

una de las principales finalidades de nuestra guerra», sino, al contrario, el hecho de que a su conocimiento llegaran noticias de inauditas atrocidades, de aniquilamiento de pueblos enteros, de «eliminación» de la población nativa en extensas regiones, es decir, no solo de delitos que «las necesidades militares en modo alguno pueden justificar», sino de delitos materialmente independientes de la guerra, que indicaban la existencia de una política de sistemático asesinato que continuaría en tiempo de paz. Este tipo de delito no estaba previsto por las normas internacionales ni tampoco por las leyes internas, y, además, era el único delito que no podía suscitar el empleo de la réplica *tu-quoque*. Pese a ello, no hubo ningún otro delito ante el que los jueces de Nuremberg se sintieran tan inseguros, y que dejaran en una mayor y más tentadora ambigüedad conceptual. Es totalmente cierto que —en las palabras del juez francés de Nuremberg, Donnedieu de Vabres, a quien debemos uno de los mejores estudios analíticos del proceso, titulado *Le Procès de Nuremberg* (1947)— «la categoría de delitos contra la humanidad, que la Carta dejó entrar en sus disposiciones por una puerta harto estrecha, se evaporó en virtud de la sentencia dictada por el tribunal». Sin embargo, los juzgadores fueron tan poco coherentes como la propia Carta, por cuanto si bien prefirieron condenar, como dice Kirchheimer, «por la acusación de delito de guerra, que abarcaba todos los tradicionales tipos de delitos comunes, y quitaron cuanta importancia pudieron a las acusaciones de delitos contra la humanidad», también es cierto que a la hora de dictar sentencia revelaron su verdadera forma de pensar al imponer el más severo castigo, la pena de muerte, únicamente a aquellos que resultaron culpables de atrocidades absolutamente anormales que, en realidad, constituían crímenes contra la humanidad, o, como el fiscal francés, François de Menthon, los calificó, con mayor precisión,

«crímenes contra la condición humana». La idea de que la guerra de agresión era «el supremo delito internacional» fue tácitamente abandonada cuando unos cuantos hombres, que no fueron declarados culpables de «conspiración contra la paz», quedaron condenados a muerte.

Para justificar el proceso de Eichmann, se ha sostenido a menudo que, pese a que el mayor delito cometido durante la guerra fue aquel del que resultaron víctimas los judíos, estos representaron simplemente el papel de espectadores en el juicio de Nuremberg, y, en cambio, en el proceso de Jerusalén, tal como decía la sentencia, la catástrofe judía, por primera vez «ocupó el lugar central de un procedimiento judicial, y este hecho es el que distingue el presente procedimiento de cuantos le han precedido», en Nuremberg o en cualquier otro lugar. Pero esto es, en el mejor de los casos, tan solo una media verdad o una verdad a medias. Fue precisamente la catástrofe judía la que impulsó a los aliados a pensar, por vez primera, en el tipo de «delito contra la humanidad», debido a que, tal como Julius Stone escribió en *Legal Controls of International Conflict* (1954), «el asesinato masivo de los judíos, caso de que fueran de nacionalidad alemana, únicamente podía ser perseguido bajo la acusación de lesa humanidad». Y lo que impidió al tribunal de Nuremberg hacer plena justicia, en referencia a dicho delito, no fue el que las víctimas pertenecieran a la raza judía, sino el que la Carta exigía que este delito, cuya comisión tan poca relación guardaba con la guerra que incluso llegó a obstaculizarla, estuviera relacionado con otros delitos. La profunda percepción que los jueces de Nuremberg tuvieron del bárbaro atentado perpetrado contra los judíos quizá pueda calibrarse del modo más justo considerando que el único acusado que fue condenado a muerte solamente bajo la acusación de delito contra la humanidad, fue Ju-

lius Streicher, especializado en las obscenidades antijudías. En este caso, los jueces prescindieron de toda otra consideración.

Lo que distinguió al proceso de Jerusalén de cuantos le precedieron no fue el hecho de que el pueblo judío ocupara en él el lugar central. Contrariamente, en este aspecto, el proceso de Jerusalén se asemejaba a los juicios de posguerra celebrados en Polonia, Hungría, Yugoslavia, Grecia, la Unión Soviética y Francia; en resumen, a los de todos los países anteriormente ocupados por los alemanes. El Tribunal Internacional Militar de Nuremberg fue constituido para juzgar a los criminales de guerra cuyos delitos no podían ser localizados en un determinado territorio, y los demás presuntos delincuentes fueron entregados a los países en que habían cometido sus delitos. Únicamente los «principales criminales de guerra» habían actuado sin delimitaciones territoriales, y Eichmann no era uno de ellos. (Esto —y no, como se ha sostenido a menudo, su desaparición— constituyó la causa de que no fuera acusado en Nuremberg; por ejemplo, Martin Bormann fue acusado, juzgado y condenado a muerte, *in absentia*.) Si las actividades de Eichmann abarcaron la totalidad de la Europa ocupada ello no se debió a que fuese un hombre tan importante que pudiera prescindir de los límites territoriales, sino a que iba anejo a la naturaleza de su trabajo, es decir, la detención y deportación de todos los judíos, por lo que él y sus hombres se veían obligados a viajar por todo el continente. La dispersión territorial de los judíos hizo que el delito contra ellos dirigido tuviera carácter «internacional», en el sentido formalista y técnico de la Carta. Cuando los judíos tuvieron su propio territorio, el del Estado de Israel, adquirieron, a todas luces, tanto derecho a juzgar los delitos contra su pueblo cometidos, como los polacos tenían para juzgar los delitos cometidos en Polonia. Todas las objeciones al proceso de Jerusalén basadas

en el principio de competencia de jurisdicción territorial fueron extremadamente legalistas, y pese a que el tribunal dedicó bastantes sesiones a estudiar estas objeciones, la verdad es que carecían de trascendencia. No cabía la menor duda de que los judíos habían sido asesinados *qua* judíos, abstracción hecha de la nacionalidad que tuvieran en el momento de decretarse su muerte, y aun cuando es cierto que los nazis mataron a muchos judíos que decidieron negar su origen étnico, y que quizá hubieran preferido ser asesinados en calidad de franceses o de alemanes, en estos casos bastaba para poder hacer justicia tomar en cuenta la intencionalidad y el ánimo de los criminales.

A mi parecer, igualmente infundado era el todavía más difundido argumento basado en la posible parcialidad de los juzgadores judíos, según el cual estos, especialmente cuando tenían la ciudadanía de Israel, eran jueces y parte al mismo tiempo. Resulta difícil advertir en qué se diferenciaban, desde este punto de vista, los juzgadores judíos de sus colegas que actuaron en los otros juicios nacionales, en que jueces polacos dictaron sentencia sobre delitos cometidos contra el pueblo polaco, o en que jueces checos juzgaron hechos delictuosos cometidos en Praga o Bratislava. (En el último de sus artículos publicados en el *Saturday Evening Post*, el fiscal Hausner echó, sin querer, más leña al fuego de este argumento; dijo que la acusación comprendió enseguida que Eichmann no podía ser defendido por un abogado israelita, porque si así fuera se produciría un conflicto entre los «deberes profesionales» y las «emociones patrióticas» del defensor. Pues bien, tal conflicto constituía la mismísima esencia de las objeciones en contra de los juzgadores judíos, y el argumento de Hausner en defensa de estos, según el cual el juzgador puede odiar el delito y, al mismo tiempo, ser justo con el delincuente, es también de aplicar al abogado defensor, ya

que el jurista que defiende a un asesino no defiende el asesinato. La verdad es que ciertas presiones ejercidas en el ámbito externo a la sala de justicia no hicieron aconsejable, valga el eufemismo, que un ciudadano israelita asumiera la defensa de Eichmann.) Finalmente, el argumento basado en el hecho de que no existía un Estado judío en el momento en que el delito fue cometido es tan formalista, tan discordante con la realidad y con la exigencia de hacer justicia, que bien podemos dejar que de él se ocupen los técnicos en la materia, en el curso de eruditos debates. En interés de la justicia (que debemos distinguir del interés por ciertos procedimientos que, aun cuando importantes en sí mismos, jamás deben ser objeto de una atención tal que supere la que la justicia merece, ya que esta es el fin hacia el que la ley va dirigida), el tribunal de Jerusalén no tenía necesidad alguna, en orden a justificar la competencia de su jurisdicción, de invocar el principio de la personalidad pasiva —es decir, que las víctimas eran judías, y que solamente Israel podía representarlas—, ni tampoco el principio de la universal competencia de jurisdicción, aplicable al caso de Eichmann por ser este *hostis generis humanis*, principio este de aplicación a los acusados de actos de piratería. Ambas teorías, extensamente discutidas dentro y fuera de la sala de justicia de Jerusalén, no sirvieron más que para oscurecer los verdaderos problemas que el juicio planteaba, y desdibujar las evidentes semejanzas existentes entre el proceso de Jerusalén y aquellos que le precedieron en otros países en los que se había promulgado igualmente una legislación de carácter especial para el castigo de los nazis y sus colaboradores.

El principio de la personalidad pasiva, que en Jerusalén se basó en la ilustrada opinión de P. N. Drost, expuesta en *Crime of State* (1959), según el cual, en ciertas circunstancias, «el *forum patriae victimae* puede ser el competente para juzgar los hechos», com-

porta, desgraciadamente, que el procedimiento penal sea promovido por el Estado en representación de las víctimas, a las que se concede un presunto derecho de venganza. Esta fue la tesitura adoptada por el fiscal Hausner, quien comenzó su discurso inicial con las siguientes palabras: «Ante vosotros comparezco, jueces de Israel que formáis esta sala, para acusar a Adolf Eichmann, pero no comparezco solo. Aquí, en este momento, a mi lado, hay seis millones de acusadores. Pero no, no pueden levantarse e indicar con el dedo de la acusación esta cabina de cristal, ni gritar un *J'accuse* dirigido al hombre que la ocupa ... Su sangre clama justicia al cielo, pero sus voces no pueden hacerse oír. Por esto, en mi persona recae el deber de ser su portavoz, y de pronunciar la terrible acusación en su nombre». Con tal vestimenta retórica expresó la acusación el principal argumento que se esgrimía en contra de la celebración del juicio, es decir, que se había iniciado, no para satisfacer las exigencias de la justicia, sino para colmar el deseo de venganza de las víctimas, deseo quizá legítimo. Por lo general, los procedimientos penales que son iniciados de oficio, es decir, obligatoriamente, incluso cuando la víctima prefiere perdonar y olvidar, se basan en disposiciones legales que, dicho sea con las palabras empleadas por Telford Taylor en el *New York Times Magazine*, están inspiradas en el principio de que «el delito no se comete solamente contra la víctima, sino primordialmente contra la comunidad cuya ley viola». El delincuente es sometido a la acción de la justicia porque sus actos han constituido una perturbación de la vida comunitaria globalmente considerada, poniéndola en grave peligro, y no porque, como ocurre en los procedimientos civiles, los haya cometido contra individuos que tienen derecho a la pertinente reparación. La reparación, en el ámbito de la legislación penal, tiene distinta naturaleza; es el mismísimo cuerpo político quien ne-

cesita la «reparación», y es el orden público general lo que ha sido perturbado y debe ser restablecido. En otras palabras, debe prevalecer la ley antes que el individuo perjudicado.

Todavía menos justificada que los intentos de la acusación de basarse en el principio de la personalidad pasiva, fue la tendencia del tribunal a reclamar la competencia en nombre de la jurisdicción universal, por cuanto esto estaba en flagrante contradicción con la ley que se aplicó a Eichmann, así como con los motivos del juicio. Se dijo que cabía aplicar el principio de jurisdicción universal debido a que los delitos contra la humanidad eran semejantes al viejo delito de piratería, ya que quienes cometen aquellos pasan a ser, cual el pirata en el tradicional derecho de gentes, *hostis humani generis*. Sin embargo, Eichmann fue principalmente acusado de delitos contra el pueblo judío, y su captura, que el principio de la jurisdicción universal debía justificar, no fue motivada por el hecho de que también hubiera cometido delitos contra la humanidad, sino, exclusivamente, por su papel en la Solución Final del problema judío.

Sin embargo, incluso en el caso de que Israel hubiera raptado a Eichmann única y exclusivamente porque era *hostis humani generis*, y no porque era *hostis Judaeorum*, hubiera sido difícil justificar jurídicamente su detención. La suspensión de la aplicación del principio territorial en el caso del pirata —lo cual, a falta de un código penal internacional, constituye el único principio válido— se aplica no porque aquel sea un enemigo común y, en consecuencia, pueda ser juzgado por cuantos forman la comunidad de las naciones, es decir, por todos, sino porque comete su delito en alta mar, y esta no está sometida a particulares jurisdicciones. Además, el pirata, «que desafía toda ley, y no obedece a bandera alguna» (H. Zeisel, *Britannica Book of the Year*, 1962), hace, por definición,

la guerra por su propia cuenta; es un forajido porque ha querido situarse fuera de toda organización política, y, por esta razón, se convierte en el «enemigo de todos, por igual». Sin duda alguna no habrá quien sostenga que Eichmann trabajaba por su propia cuenta, ni que no reconocía bandera alguna. En este aspecto, la teoría de la piratería solamente sirvió para soslayar uno de los problemas fundamentales planteados por los delitos como el de Eichmann, a saber, que fueron cometidos, y únicamente podían ser cometidos, bajo el imperio de un *ordenamiento jurídico* criminal y por un *Estado* criminal.

La analogía entre piratería y genocidio no es nueva. Por ello resulta importante señalar que la Convención sobre Genocidio, cuyas resoluciones fueron adoptadas por la Asamblea General de las Naciones Unidas, el 9 de diciembre de 1948, rechaza expresamente el principio de jurisdicción universal, y en su lugar establece que «las personas acusadas de genocidio ... serán juzgadas por los tribunales competentes de los estados en cuyos territorios hubiesen sido cometidos los actos, o por el tribunal penal internacional que sobre ellos tenga competencia de jurisdicción». Según esta Convención, de la que el Estado de Israel es signatario, el tribunal de Jerusalén hubiera debido procurar la formación de un tribunal internacional o bien volver a formular el principio territorial de tal manera que la competencia recayera en Israel. Ambas alternativas se hallaban dentro de la esfera de lo posible y en el ámbito de la competencia del tribunal. La posibilidad de establecer un tribunal internacional fue perentoriamente rechazada por los juzgadores, en méritos de razones que estudiaremos más adelante, pero la razón por la que no se intentó hallar una pertinente nueva formulación del principio territorial —y al final los juzgadores se atribuyeron la competencia de jurisdicción en virtud de los tres principios,

a saber, el territorial, el de la personalidad pasiva y el de la juris-
dicción universal, como si por el hecho de sumar tres principios
jurídicos enteramente distintos pudieran obtener un resultado
nuevo y valedero— estaba estrechamente relacionada con la extre-
mada renuencia de todas las partes interesadas a actuar sin el am-
paro de los precedentes y a abrir nuevos caminos. Israel hubiera
podido fácilmente reclamar la jurisdicción en virtud del principio
territorial, con solo explicar que el concepto de «territorio», en
el contexto legal, es de carácter político y jurídico, y no meramen-
te geográfico. Primordialmente, no está tan relacionado con una
porción de tierra como con un cierto espacio que media entre los
individuos que forman un grupo cuyos miembros están unidos en-
tre sí, y al mismo tiempo recíprocamente separados y amparados,
por relaciones de todo género, basadas en la comunidad de idio-
ma, religión, historia, costumbres y leyes. Tales relaciones se mani-
fiestan especialmente en tanto en cuanto, en sí mismas, constituyen
el espacio en el que los miembros del grupo se tratan y establecen
vínculos. El Estado de Israel jamás hubiera nacido si los judíos no
hubieran creado y mantenido su propio espacio específico «inter-
medio», en el decurso de muchos siglos de dispersión, es decir, an-
tes de que regresaran a su antigua tierra. Sin embargo, el tribunal
no se enfrentó con la necesidad de actuar sin precedentes, ni si-
quiera ante la naturaleza sin precedentes del origen del Estado de
Israel, que ciertamente podían comprender muy bien, intelectual-
mente y afectivamente. Por el contrario, los juzgadores enterraron
el procedimiento jurídico bajo un alud de precedentes —durante
las sesiones de la primera semana, es decir, las primeras cincuenta
y tres secciones—, muchos de los cuales parecían, por lo menos al
lego, complicados sofismas.

En realidad, el proceso de Eichmann fue, ni más ni menos, el

último de los procesos secuela de los de Nuremberg. Y el auto de procesamiento contenía, muy pertinentemente, en un apéndice, la interpretación oficial de la ley de 1950, efectuada por Pinhas Rosen, a la sazón ministro de Justicia, que no podía ser más clara e inequívoca: «Mientras otros pueblos promulgaran la legislación pertinente para el castigo de los nazis y sus colaboradores, poco después de la guerra, y algunos incluso antes, el pueblo judío ... careció de autoridad política para someter a la acción de la justicia a los criminales nazis y a quienes con ellos colaboraron, hasta la constitución del Estado de Israel». De ahí que el proceso de Eichmann se diferenciara de los restantes procesos secuela en tan solo un aspecto: el acusado no fue legalmente detenido y trasladado, en méritos de extradición, al Estado de Israel, sino que, al contrario, se cometió una flagrante transgresión de la ley internacional, a fin de someterle a la acción de la justicia. Ya hemos dicho anteriormente que solo la apatridia *de facto* de Eichmann permitió a Israel efectuar un rapto con los resultados apetecidos, y no es difícil comprender que, pese a los innumerables precedentes citados en Jerusalén a fin de justificar dicho rapto, el único que verdaderamente era de aplicar al caso, a saber, el de la captura de Berthold Jakob, periodista alemán judío, de izquierdas, efectuada en Suiza por agentes de la Gestapo, en 1935, no fue mencionado. (Los restantes precedentes carecían de pertinencia, debido a que invariablemente hacían referencia a fugitivos de la justicia que fueron transportados al lugar de sus delitos y puestos a disposición de una autoridad judicial que había dictado una orden de arresto, o que, por lo menos, podía dictarla, circunstancias estas que no se daban en Israel.) En lo referente a la detención de Eichmann, Israel violó el principio de territorialidad, cuya vigencia deriva del hecho de que la tierra está habitada por muchos pueblos y que estos pueblos vi-

ven regidos por leyes muy distintas, de tal manera que la aplicación de la ley imperante en un territorio más allá de los límites de dicho territorio y de los de la validez de dicha ley, provocará automáticamente el conflicto con la ley de otro territorio.

Desgraciadamente, este fue casi el único rasgo sin precedentes en el proceso de Eichmann, y es bien cierto que también fue el que menos podía llegar a constituir un precedente aceptable en el futuro. (¿Qué diríamos si mañana un Estado africano mandara agentes a Mississippi y raptara a uno de los dirigentes segregacionistas de allí? ¿Y qué diríamos si un tribunal de Ghana o del Congo citara el caso de Eichmann a modo de precedente?) La justificación del rapto se hallaba en que el delito carecía de precedentes, así como en la nueva aparición del Estado soberano de Israel. Además, se daba la muy calificada circunstancia atenuante de que no había ninguna alternativa, salvo el rapto, si se quería someter a Eichmann a la acción de la justicia. Argentina tenía un impresionante historial, en cuanto a no conceder la extradición de criminales nazis; incluso si hubiera habido un tratado de extradición entre Argentina e Israel, difícilmente se hubiera concedido esta. Tampoco hubiera sido de gran utilidad entregar a Eichmann a la policía argentina, a fin de que se acordara la extradición a Alemania Occidental, ya que el gobierno de Bonn había solicitado a Argentina, anteriormente, la extradición de criminales nazis tan notorios como Karl Klingenfuss y el doctor Josef Mengele (este último implicado en los más horrorosos experimentos médicos en Auschwitz, y encargado de efectuar las «selecciones» de internados) sin obtener el resultado apetecido. En el caso de Eichmann la solicitud de extradición hubiera tenido todavía menos probabilidades de éxito, debido a que según la legislación argentina todos los delitos relacionados con la última guerra habían prescrito el día

7 de mayo de 1960, en virtud del plazo de quince años establecido al efecto, por lo que ni siquiera en estricto cumplimiento de la ley se hubiese podido conceder la extradición de Eichmann. En resumen, la legislación vigente no ofrecía ninguna salida, por lo que se impuso el rapto.

Quienes tienen el convencimiento de que hacer justicia, y solamente eso, es la finalidad de la ley, seguramente se mostrarán propicios a aceptar el acto del rapto, no en méritos de precedentes, sino, al contrario, por constituir un acto desesperado, sin precedentes y sin posibilidad de sentar precedentes, exigido por las deficiencias de las leyes internacionales. Desde este punto de vista, existía una verdadera y real alternativa al rapto: en vez de capturar a Eichmann y transportarle en avión a Israel, los agentes de este país hubieran podido darle muerte, allí y entonces, en las calles de Buenos Aires. Esta solución se mencionó a menudo en las discusiones del caso, y, lo cual no deja de resultar un tanto extraño, fue fervientemente preconizada por aquellos que más abochornados se mostraron por el rapto. La idea no carecía de cierta base, ya que los hechos del caso Eichmann estaban fuera de duda, pero quienes la proponían olvidaron que quien se toma la ley por su propia mano únicamente prestará un servicio a la justicia si está dispuesto a transformar la situación de tal manera que la ley pueda de nuevo entrar en acción a fin de convalidar, aunque sea a título póstumo, los actos cometidos por el justiciero privado. Dos recientes precedentes acuden a la memoria, a este respecto. En primer lugar está el caso de Shalom Schwartzbard, quien, el 25 de mayo de 1926, en París, mató a tiros a Simón Petliura, antiguo jefe de los ejércitos ucranianos, responsable de los pogromos efectuados durante la guerra civil rusa, que alardeaba de haber dado muerte a cien mil seres humanos entre 1917 y 1920. Y también es-

taba el caso del armenio Tehlirian, quien, en 1921, en pleno Berlín, disparó, matándole, contra Talaat Bey, el gran asesino de los pogromos de 1915 en Armenia, en los que, según las actuales estimaciones, fue asesinada una tercera parte (seiscientos mil individuos) de la población armenia de Turquía. Lo importante es que ninguno de estos dos vengadores quedó satisfecho con matar a «su» criminal, sino que los dos se entregaron inmediatamente a la policía y solicitaron ser juzgados. Los dos se sirvieron del juicio para demostrar al mundo, a través del procedimiento judicial, los crímenes que se habían cometido contra su pueblo, y que habían quedado impunes. Especialmente en el juicio de Schwartzbard se emplearon métodos muy parecidos a los usados en el juicio de Eichmann. Se hizo idéntico esfuerzo para presentar abundante documentación demostrativa de los asesinatos, pero en aquel caso fue presentada por la defensa (por el *Comité des Délégations Juives*, presidido por el ya fallecido doctor Leo Motzkin, que requirió un año y medio para recopilar los documentos, y, luego, los publicó bajo el título *Les Pogromes en Ukraine sous les gouvernements ukrainiens 1917-1920*, 1927), y el acusado y su abogado fueron los portavoces de las víctimas, y ya entonces —dicho sea incidentalmente— se refirieron a aquellos judíos que «nunca se defendieron». (Véase el informe de Henri Torrès, en su libro *Le Procès des Pogromes*, 1928.) Los dos acusados fueron absueltos, y en ambos casos, se estimó que «su gesto indicaba que su raza había al fin decidido defenderse, olvidar su abdicación moral y superar la resignación ante las injurias», tal como dijo con admiración Georges Suárez, en el caso de Shalom Schwartzbard.

Las ventajas de este modo de solucionar el problema de los legalismos que obstaculizan el ejercicio de la justicia son evidentes. Cierto es que el juicio adquiere el carácter de juicio-exhibición, e

incluso de simple exhibición, pero su «héroe», el que interpreta el papel principal del drama, aquel en quien se centran todas las miradas, es el verdadero héroe, y, al mismo tiempo, la naturaleza de verdadero juicio, propia del procedimiento jurídico, queda a salvo por cuanto no es «un espectáculo con el final previsto de antemano», ya que en él había un elemento de «irreductible riesgo» que, según Kirchheimer, es factor indispensable en los procesos penales. Asimismo, el *J'accuse*, tan indispensable desde el punto de vista de la víctima, suena de un modo mucho más convincente en labios de un hombre que se ha visto obligado a tomar la justicia por su mano, que en los de un hombre designado por el gobierno, que nada arriesga. Pero, prescindiendo de consideraciones de orden práctico, tales como el hecho de que Buenos Aires, en los años sesenta, difícilmente podía ofrecer las mismas garantías y la misma publicidad que el París o el Berlín de los años veinte, es más que dudoso que esta solución hubiera quedado justificada en el caso de Eichmann, y es evidente que hubiera sido totalmente injustificable si los ejecutores hubieran sido agentes del gobierno israelita. Lo que más favorecía a Schwartzbard y a Tehlirian era que cada uno de ellos pertenecía a un grupo étnico que carecía de un Estado constituido y del consecuente ordenamiento legal, y que no había ni un tribunal en todo el mundo ante el que pudieran llevar a los hombres a quienes dieron muerte. Schwartzbard, que murió en 1938, más de diez años antes de la formación del Estado de Israel, no era un sionista, ni tampoco nacionalista; pero no cabe duda de que habría saludado con entusiasmo la creación del Estado de Israel, aunque solo fuera porque ello habría dado lugar al establecimiento de tribunales que juzgaran aquellos delitos que él había visto, tan a menudo, quedar en la impunidad. Su sentido de la justicia habría quedado satisfecho. Y, ahora, cuando leemos la carta que

dirigió, desde la cárcel de París, a sus hermanos y hermanas, en Odessa —*Faites savoir dans les villes et dans les villages de Balta, Proskouro, Tzcherkass, Ouman, Jitomir ... portez-y le message édifiant: la colère juive a tiré sa vengeance! Le sang de l'assassin Petlioura, qui a jailli dans la ville mondiale, à Paris ... rappellera le crime féroce ... commis envers le pauvre et abandonné peuple juif—*, reconocemos inmediatamente, ya que no, quizá, el lenguaje con que habló el fiscal Hausner durante el proceso de Eichmann (las palabras de Shalom Schwartzbard son infinitamente más dignas y conmovedoras), sí algunos de los sentimientos y pensamientos de los judíos de todo el mundo a quienes el proceso de Eichmann forzosamente tuvo que interesar.

He hecho hincapié en las semejanzas existentes entre el proceso de Schwartzbard, en 1927, en París, y el proceso de Eichmann, en 1961, en Jerusalén, para demostrar cuán poco dispuesto estaba el pueblo de Israel, como todo pueblo judío en general, a considerar que los delitos de que Eichmann fue acusado carecían de precedentes, cuán difícil era que el pueblo judío reconociera esta ausencia de precedentes. Desde el punto de vista de los judíos que pensaran exclusivamente mediante los criterios deducidos de la historia de su pueblo, la catástrofe de que fueron víctimas bajo el imperio de Hitler, en la que pereció una tercera parte del pueblo judío, no constituía el más nuevo de todos los delitos, el delito sin precedentes del genocidio, sino, al contrario, el más antiguo delito del que tenían memoria. Esta errónea interpretación, casi inevitable si tenemos en consideración los hechos de la historia de los judíos, así como el modo en que los judíos interpretan actualmente su propia historia, lo cual tiene mayor importancia, es la verdade-

ra base de las frustraciones y deficiencias del proceso de Eichmann en Jerusalén. Ninguna de las personas que en él participaron llegó a alcanzar una clara comprensión de los horrores de Auschwitz, que eran de una naturaleza muy distinta a la de todos los horrores del pasado, debido a que tanto el fiscal como los juzgadores no los estimaron más que como el más horrible pogromo de la historia de los judíos. En consecuencia, creían en la existencia de una vinculación directa entre el primerizo antisemitismo del Partido Nazi y las leyes raciales de Nuremberg, y entre estas y la expulsión de los judíos del territorio del Reich, y entre esta, finalmente, y las cámaras de gas. Sin embargo, política y jurídicamente, se trataba de delitos distintos, no solo en cuanto a su gravedad, sino también en cuanto a su naturaleza.

Las leyes de Nuremberg de 1935 legalizaron la discriminación anteriormente practicada por la mayoría alemana contra la minoría judía. Según el derecho internacional, era privilegio de la soberana nación alemana declarar minoría nacional a aquella parte de su población que como tal considerase, siempre y cuando las leyes rectoras de tal minoría respetaran los derechos y garantías establecidas internacionalmente por los tratados sobre minorías. En consecuencia, las organizaciones judías internacionales intentaron inmediatamente obtener para su moderna minoría en Alemania los mismos derechos y garantías de que gozaban, en virtud de lo acordado en Ginebra, las minorías del este y sudeste de Europa. Pero, aun cuando dicha protección no fue acordada, las leyes de Nuremberg fueron generalmente consideradas por las restantes naciones como parte del derecho interno alemán, por esto un ciudadano alemán no podía contraer «matrimonio mixto» en Holanda, por ejemplo. El delito implícito en las leyes de Nuremberg era un delito internacional; estas leyes violaban los derechos y libertades

nacionales, constitucionales, pero ello no importaba a la comunidad de las naciones. Sin embargo, «la emigración forzosa» o la expulsión, que pasó a ser instrumento de política nacional a partir de 1938, sí importó a la comunidad internacional, por cuanto aquellos que habían sido expulsados aparecían en las fronteras de otros países, que o bien quedaban obligados a aceptarlos como huéspedes no invitados, o bien a pasarlos de contrabando a otros países igualmente renuentes a aceptarlos. En otras palabras, la expulsión de nacionales constituye ya un delito contra la humanidad, si es que por «humanidad» entendemos la comunidad de naciones únicamente. Tanto el delito nacional de la discriminación legalizada como el delito internacional de la expulsión no carecían de precedentes, incluso en la época contemporánea. La discriminación legal había sido practicada en todos los países balcánicos, y la expulsión masiva había ocurrido al término de muchas revoluciones. Entonces fue cuando el régimen nazi declaró que el pueblo alemán no quería judíos en Alemania, y que, además, deseaba que la totalidad del pueblo judío desapareciera de la faz de la tierra, con lo que un nuevo crimen, un crimen contra la humanidad —en el sentido de crimen «contra la condición humana» o contra la naturaleza de la humanidad—, hizo su aparición en la historia. La expulsión y el genocidio, ambos delitos internacionales, deben considerarse aparte. La primera es un delito contra las otras naciones, y el segundo es un ataque a la diversidad humana como tal, es decir, a una de las características de la «condición humana», sin la cual los términos «humanidad» y «género humano» carecerían de sentido.

Si el tribunal de Jerusalén hubiera comprendido que existen ciertas diferencias entre expulsión, genocidio y discriminación, hubiera quedado inmediatamente aclarado que el mayor crimen que

ante sí tenía, a saber, el exterminio físico del pueblo judío, era un delito contra la humanidad, perpetrado en el cuerpo del pueblo judío, y que únicamente la elección de las víctimas, no la naturaleza del delito, podía ser consecuencia de la larga historia de antisemitismo y odio hacia los judíos. En tanto en cuanto las víctimas eran judíos, resultaba justo y pertinente que los jueces fueran judíos; pero, en tanto en cuanto el delito era un delito contra la humanidad, exigía que fuera un tribunal internacional el que asumiera la función de hacer justicia. (Que el tribunal de Jerusalén no efectuara esta distinción resultó sorprendente, por cuanto había sido hecha ya anteriormente por el ministro de Justicia de Israel, el señor Rosen, quien, en 1950, había insistido en «la distinción entre esta ley [la de delitos contra el pueblo judío] y la Ley para la Prevención y Castigo del Genocidio», que fue debatida pero no votada por el Parlamento israelita. Evidentemente, el tribunal de Jerusalén consideró que no tenía derecho alguno a rebasar los límites fijados por la ley interna del Estado, de manera que, al no estar el genocidio tipificado por las leyes de Israel, tampoco podía el tribunal tomar este delito en consideración.) Entre las numerosas y muy autorizadas voces que formularon objeciones a la competencia de jurisdicción del tribunal de Jerusalén, y se mostraron favorables a la constitución de un tribunal internacional, tan solo una, la de Karl Jaspers, declaró clara e inequívocamente, en una entrevista radiada celebrada antes del inicio del juicio, y posteriormente publicada en *Der Monat*, que «el delito contra los judíos era también un delito contra el género humano», y que, «en consecuencia, únicamente un tribunal que represente al género humano puede dictar sentencia». Jaspers propuso que el tribunal de Jerusalén, tras haber visto la práctica de las pruebas, se inhibiera de dictar sentencia, declarándose incompetente al efecto, debido a que la natura-

leza jurídica del delito en cuestión podía todavía ser objeto de controversias, del mismo modo que podía serlo el problema de aquella derivada, referente a cuál era la autoridad judicial competente para dictar sentencia en un delito que había sido cometido en cumplimiento de las órdenes del gobierno. Además, Jaspers dejó sentado que una sola cosa era cierta: «Este delito es, al mismo tiempo, más y menos, que un asesinato común», y, aun cuando tampoco era un «crimen de guerra», no cabía la menor duda de que «el género humano sería destruido si se permitía que los estados cometieran tales delitos».

La propuesta de Jaspers, que en Israel nadie se tomó la molestia de estudiar, hubiera sido de imposible práctica, desde el punto de vista técnico, tal cual estaba formulada. La competencia de jurisdicción es un incidente que debe ser resuelto antes del comienzo del juicio. Y una vez una autoridad judicial se ha declarado competente, debe proseguir su actividad hasta dictar sentencia. Sin embargo, estas objeciones puramente formalistas hubieran podido ser contrarrestadas si Jaspers no se hubiera referido al tribunal de justicia de Jerusalén, sino al Estado de Israel, el cual se hubiera podido inhibir de ejecutar la sentencia, vista la naturaleza sin precedentes de los delitos apreciados en esta. Entonces, Israel hubiera podido recurrir a las Naciones Unidas, y demostrar con las pruebas ya practicadas, la imperativa necesidad de establecer un tribunal internacional que entendiera en aquellos nuevos delitos cometidos contra el género humano. E Israel hubiera podido «crear una saludable inquietud» por el medio de preguntar una y otra vez qué debía hacer con aquel hombre al que tenía prisionero en su territorio. La constante repetición hubiera hecho comprender a la opinión pública mundial la necesidad de crear un permanente tribunal internacional de lo penal. Solamente así, creando una «si-

tuación tensa», preocupando a los representantes de todas las naciones, hubiera sido posible evitar que los «pueblos del mundo quedaran con la conciencia tranquila», y que «la matanza de judíos se convirtiera en el tipo de delito modelo de otros futuros delitos, un pálido ejemplo, a escala reducida, del genocidio del futuro». La monstruosidad de los hechos ocurridos queda «minimizada» ante un tribunal que únicamente representa a un Estado.

Este argumento en favor de un tribunal internacional fue lamentablemente confundido con otras propuestas basadas en consideraciones muy distintas y de mucho menos peso. Abundaron los amigos de Israel, judíos y no judíos, que temieron que el proceso de Eichmann dañara el prestigio del Estado israelita, y provocara una reacción antijudía en todo el mundo. Se creyó que los judíos no tenían derecho a asumir el papel de jueces y parte al mismo tiempo, y que tan solo podían ejercer la función de acusadores. Según esta opinión, Israel debía retener a Eichmann en custodia hasta que las Naciones Unidas nombraran un tribunal para que lo juzgara. Prescindiendo del hecho de que Israel, en el proceso de Eichmann, se limitó a hacer lo que ya habían hecho todos los países anteriormente ocupados por los alemanes, y que se trataba de un problema de justicia y no de prestigio del Estado de Israel o del pueblo judío, todas estas propuestas tenían un mismo defecto, consistente en que podían ser fácilmente impugnadas por los israelitas. Todas carecían de sentido de la realidad, habida cuenta de que la Asamblea General de las Naciones Unidas había ya «rechazado dos veces las propuestas encaminadas a estudiar la posible formación de un tribunal internacional permanente de lo penal» (*A.D.L. Bulletin*). Pero el doctor Nahum Goldmann, presidente del Congreso Mundial Judío, hizo otra propuesta de carácter más práctico, que, precisamente por ser *factible*, ni siquiera fue men-

cionada. Goldmann invitó a Ben Gurión a establecer un tribunal internacional en Jerusalén, formado por magistrados procedentes de todos los países en que los judíos hubieran sufrido persecución bajo los ocupantes nazis. Evidentemente, esto no hubiera sido suficiente, ya que habría significado tan solo una ampliación de aquellos tribunales que dictaron sentencia en los juicios secuela del de Nuremberg, y, por otra parte, la principal objeción que se formulaba al tribunal de Jerusalén, es decir, que se trataba de un tribunal formado por los vencedores, no hubiese quedado contrarrestada. Sin embargo, la propuesta de Goldmann significaba un paso adelante en el camino hacia la solución correcta del problema.

Como se recordará, ante todas esas propuestas Israel reaccionó con gran violencia. Y si bien es cierto, tal como señaló Yosal Rogat (en *The Eichmann Trial and the Rule of Law*, publicado por el Centro de Estudio de Instituciones Democráticas, Santa Barbara, California, 1962), que Ben Gurión siempre fue «incapaz, al parecer, de comprender debidamente la pregunta *¿Por qué no es juzgado Eichmann por un tribunal internacional?*», también lo es que quienes formulaban tal interrogante no comprendían que, para Israel, la única nota carente de precedentes que presentaba el proceso de Eichmann consistía en que por primera vez desde el año setenta de nuestra era, en que Jerusalén fue destruida por los romanos, podían los judíos juzgar crímenes cometidos contra su pueblo, que, por primera vez, no necesitaban recurrir a otros para pedir protección y justicia, y que, por primera vez, no tenían que ampararse en la dudosa fraseología de los Derechos Humanos, derechos que, como los judíos sabían mejor que cualquier otro pueblo, únicamente son invocados por aquellos que son demasiado débiles para defender sus «derechos de ingleses» y para aplicar sus propias le-

yes. (El mero hecho de que Israel tuviera unas leyes propias cuyo articulado permitiera la celebración del proceso que nos ocupa fue considerado, mucho antes de que se abriera el procedimiento contra Eichmann, como expresión de «la revolucionaria transformación que ha tenido lugar en lo que se refiere a la posición política del pueblo judío», según dijo el señor Rosen, en ocasión de la lectura de la ley de 1950 ante el Knesset.) Ben Gurión tenía muy presentes estas vívidas experiencias y aspiraciones cuando dijo: «Israel no necesita la protección de un tribunal internacional».

Además, la argumentación que afirmaba que el delito contra los judíos era ante todo un delito contra la humanidad, en la que se basaban las propuestas de la formación de un tribunal internacional, contradecía flagrantemente la ley que se aplicó a Eichmann. En consecuencia, aquellos que proponían que Israel hiciera entrega de su prisionero, hubieran debido dar un paso más y declarar: la Ley (de Castigo) de Nazis y Colaboradores Nazis de 1950, mal formulada, se halla en desacuerdo con lo que verdaderamente ocurrió, y no abarca los hechos que debiera abarcar. Y esta afirmación hubiera sido absolutamente correcta, debido a que del mismo modo que el asesinato es objeto de persecución debido a que conculca la ley de la comunidad, y no porque haya privado a tal o cual familia de aquel miembro que con su trabajo ganaba el pan de todos, del esposo y padre, igualmente podemos decir que los modernos asesinos masivos, funcionarios del Estado, deben ser perseguidos debido a que han transgredido el orden imperante en el género humano, y no porque hayan dado muerte a millones de seres. Nada hay más pernicioso para la correcta comprensión de estos nuevos delitos, o nada hay que obstaculice mayormente la formación de un código penal internacional que sea de aplicación a aquellos, que la difundida falsa creencia en que el delito de asesinato y el delito

de genocidio son esencialmente iguales, y que, en consecuencia, el segundo «no es un delito nuevo, en puridad». La esencia del segundamente nombrado delito consiste en que quebranta un orden distinto y perjudica a una comunidad distinta. Y precisamente debido a que Ben Gurión sabía muy bien que la discusión a que acabamos de referirnos afectaba a la validez de la ley de Israel, el primer ministro terminó por reaccionar amargamente, ya que no con violencia, contra los críticos de los procedimientos judiciales israelitas: fuese lo que fuese lo que los «llamados especialistas» dijeron, sus argumentos no eran más que «sofismas» inspirados por el antisemitismo, o, caso de que pertenecieran a la raza judía, por los complejos de inferioridad. «Que el mundo lo sepa: no entregaremos a nuestro prisionero.»

En honor a la verdad, debemos decir que el espíritu inspirador de estas palabras fue el que imperó en el curso del proceso de Eichmann. Pero creo que podemos afirmar, sin temor a errar, que este último juicio, entre los que fueron secuela del de Nuremberg, no tendrá un valor de precedente superior, y quizá lo tenga inferior, al propio de los que le precedieron. Lo dicho poca importancia tendría, habida cuenta de que la principal finalidad del proceso de Eichmann —acusar y defender, juzgar y condenar al procesado— fue conseguida, si no fuera por la un tanto inquietante, pero prácticamente innegable, posibilidad de que en el futuro se cometan otros delitos de esta misma naturaleza. Las razones de esta siniestra posibilidad son tanto de carácter general como de carácter específico. Es propio de la historia de la naturaleza humana que todo acto ejecutado una vez e inscrito en los anales de la humanidad siga siendo una posibilidad mucho después de que su actualización haya pasado a formar parte de la historia. Jamás ha habido castigo dotado del suficiente poder de ejemplaridad para impedir

la comisión de delitos. Contrariamente, sea cual fuere el castigo, tan pronto un delito ha hecho su primera aparición en la historia, su repetición se convierte en una posibilidad mucho más probable que su primera aparición. Las razones específicas que abonan la posibilidad de la repetición de los delitos cometidos por los nazis son todavía más plausibles que las que abonan aquella genérica repetición. La temible coincidencia del moderno y explosivo incremento de la población mundial con el descubrimiento de medios técnicos que, a través de la automación, darán a amplios sectores de la población el carácter de «superfluos», incluso desde el punto de vista laboral, y que, por medio de la energía nuclear, permiten hacer frente a esta doble amenaza, con instrumentos en comparación con los cuales las instalaciones de gaseamiento de Hitler parecen un juguete para el uso de niños con malas inclinaciones, debiera ser suficiente para inducirnos a temblar.

Se debe esencialmente a esta razón —la de que el hecho sin precedentes puede, al parecer, convertirse en un precedente que se repita en el futuro— que todos los procesos concernientes a «delitos contra la humanidad» hayan de ser considerados y estudiados aplicándoles unos criterios que, en nuestros días, son todavía «teóricos». Si en la actualidad el genocidio es una posibilidad de futura realización, ningún pueblo del mundo —y en especial el pueblo judío, tanto si es el de Israel, como si no— puede tener una razonable certeza de supervivencia, sin contar con la ayuda y la protección del derecho internacional. El éxito o el fracaso en el tratamiento de aquello que hasta el momento carecía de precedentes puede depender únicamente de las mayores o menores posibilidades de que dicho tratamiento pueda servir de precedente en los avances conducentes a la consecución de un derecho penal internacional. Exigir que los juzgadores en los procesos de esta índole

procuren actuar de modo que sienten tal precedente no constituye una petición excesiva, no implica solicitar más de lo que cabe esperar. Tal como el magistrado Jackson puso de relieve en Nuremberg, el derecho internacional es «producto de los acuerdos y tratados entre las naciones, así como de las costumbres generalmente observadas. Sin embargo, toda costumbre tiene su origen en un solo acto ... Los hombres de nuestro tiempo tienen el derecho de iniciar costumbres y de concluir tratados que devengan fuentes de nuevas y más fuertes normas de derecho internacional». Pero el magistrado Jackson olvidó decir que, como consecuencia del carácter de derecho inconcluso, que es propio del derecho internacional, compete a los jueces en los procedimientos ordinarios la tarea de hacer justicia sin la ayuda del derecho positivo, o más allá de los límites que este les impone. Quizá, desde el punto de vista del juez, lo anterior comporte graves dificultades, y es muy probable que se sienta inclinado a protestar, en el sentido de que aquel «solo acto» cuya ejecución se le pide debe ser realizado por el legislador, no por él.

En verdad, antes de que formulemos conclusión alguna acerca del éxito o el fracaso del tribunal de Jerusalén en el cumplimiento de su misión, debemos resaltar que los magistrados que lo formaban tenían la firme convicción de que carecían de todo derecho a convertirse en legisladores, de que debían actuar dentro de los límites señalados por la ley israelita, por una parte, y por la doctrina jurídica generalmente aceptada, por otra. Además, debemos reconocer que sus fracasos no fueron superiores, por su naturaleza o por su alcance, a los del juicio de Nuremberg o a los de los juicios secuela de este, celebrados en los países europeos. Contrariamente, los fracasos del tribunal de Jerusalén se debieron, en parte, al deseo de seguir con excesiva fidelidad el precedente de Nuremberg.

En resumen, el fracaso del tribunal de Jerusalén consistió en no abordar tres problemas fundamentales harto conocidos y suficientemente estudiados, a partir de la formación del tribunal de Nuremberg: el problema de la parcialidad propia de un tribunal formado por los vencedores, el de una justa definición de «delito contra la humanidad», y el de establecer claramente el perfil del nuevo tipo de delincuente que comete este tipo de delito.

En cuanto al primero de estos problemas, debemos decir que en Jerusalén los intereses de la justicia quedaron todavía más perjudicados de lo que lo fueron en Nuremberg, debido a que el tribunal no admitió la presencia de testigos de la defensa. Desde el punto de vista de las exigencias tradicionales en orden a la celebración de un juicio justo y legal, lo anterior fue el más grave defecto del proceso de Jerusalén. Además, si bien al término de la guerra resultaba inevitable que fuesen los vencedores quienes dictaran sentencia —al argumento dado por el magistrado Jackson, «o bien los vencedores juzgan a los vencidos, o bien estos se juzgan a sí mismos», debemos añadir la comprensible creencia de los aliados, según la cual «quienes lo han arriesgado todo no pueden admitir la actuación de los neutrales» (Vabres)—, no cabe decir lo mismo dieciséis años más tarde, y en circunstancias bajo las cuales la argumentación contra la actuación de los neutrales había dejado de tener sentido.

En cuanto al segundo problema, los considerandos del tribunal de Jerusalén fueron infinitamente más justos y razonados que los del tribunal de Nuremberg. Me he referido anteriormente a aquella definición que de los «crímenes contra la humanidad» da la Carta de Nuremberg, considerándolos como «actos inhumanos», lo cual fue traducido al alemán como *Verbrechen gegen die Menschlichkeit*, como si los nazis solamente hubieran carecido de bondad humana,

traducción a la que bien podemos llamar el mayor eufemismo del presente siglo. Cierto es que si la dirección del juicio de Jerusalén hubiera estado únicamente en manos del fiscal, los errores básicos hubieran sido mucho peores que los de Nuremberg. Pero no se permitió que el carácter básico del delito juzgado quedara oculto sumergido bajo un mar de atrocidades, y los jueces no cayeron en la trampa de equiparar el delito juzgado con los ordinarios crímenes de guerra. Lo que en Nuremberg se mencionó ocasionalmente, como si de un asunto marginal se tratara —«las pruebas demuestran que los asesinatos y crueldades masivas no fueron cometidos solamente con el fin de reprimir la oposición al régimen», sino que constituían «parte de un plan encaminado a eliminar por entero poblaciones nativas»—, en Jerusalén constituyó el mismísimo objeto central del procedimiento, debido a la evidente razón de que Eichmann fue acusado de delitos contra el pueblo judío, de delitos que no podían ser aplicados en méritos de un propósito utilitario. Los judíos fueron asesinados a lo largo y ancho de Europa, no solo en el Este, y su aniquilamiento no se debió al deseo de conseguir territorio «para su posterior colonización por parte de los alemanes». La gran ventaja propia de un juicio centrado en los delitos contra el pueblo judío radicaba, no solo en que sentaba con la claridad suficiente para permitir que pasara a formar parte del futuro derecho internacional aquella diferencia que mediaba entre los delitos de guerra, tales como el fusilamiento de guerrilleros y la matanza de rehenes, por una parte, y los «actos inhumanos», tales como la «expulsión y aniquilamiento» de poblaciones nativas, a fin de permitir que los invasores colonizaran el territorio, por otra, sino que también sentaba la diferencia entre los «actos inhumanos» (cometidos con propósitos conocidos, y criminales, cual la expansión colonial) y los «delitos contra la humanidad», cuyo propósito carecía de pre-

cedentes. Sin embargo, tanto en el curso del proceso como en el contenido de la sentencia no se mencionó, en el juicio de Jerusalén, siquiera la posibilidad de que el exterminio de grupos étnicos, en su totalidad —judíos, polacos o gitanos—, pudiera constituir algo más que un delito contra los judíos, los polacos o los gitanos, y que tales delitos ponían en peligro y lesionaban gravemente el orden internacional y el género humano en general.

En estrecha relación con esta deficiencia se hallaba la conspicua impotencia que los juzgadores demostraron cuando se enfrentaron con la más ineludible de sus tareas, con la tarea de llegar a conocer al delincuente al que debían juzgar. Evidentemente, no bastaba con que los jueces no aceptaran la descripción, evidentemente errónea, que la acusación hizo del procesado, al que calificó de «sádico pervertido», ni tampoco hubiera bastado con que los jueces hubiesen dado un paso más y hubieran puesto de relieve la incoherencia del alegato acusatorio, en el que el fiscal Hausner solicitaba el castigo del monstruo más anormal que jamás vieran los humanos, y, al mismo tiempo, pretendía que al castigar al procesado se castigara, en su persona, a «muchos que fueron igual que él», e incluso «al movimiento nazi y al antisemitismo globalmente considerados». Los jueces sabían que hubiera sido muy confortante poder creer que Eichmann era un monstruo, incluso teniendo en cuenta que llegar a tal convicción significaba la frustración de los deseos de Israel, o, por lo menos, que el caso perdiera todo interés. Evidentemente, no hubiera valido la pena convocar a los corresponsales de prensa de todos los rincones del mundo con el fin de exhibir ante ellos a un nuevo Barba Azul. Lo más grave, en el caso de Eichmann, era precisamente que hubo muchos hombres como él, y que estos hombres no fueron pervertidos ni sádicos, sino que fueron, y siguen siendo, terrible y terroríficamente normales. Des-

de el punto de vista de nuestras instituciones jurídicas y de nuestros criterios morales, esta normalidad resultaba mucho más terrorífica que todas las atrocidades juntas, por cuanto implicaba que este nuevo tipo de delincuente —tal como los acusados y sus defensores dijeron hasta la saciedad en Nuremberg—, que en realidad merece la calificación de *hostis humani generis*, comete sus delitos en circunstancias que casi le impiden saber o intuir que realiza actos de maldad. En este aspecto, las pruebas practicadas en el caso de Eichmann fueron todavía más convincentes que las pruebas efectuadas en los juicios de los principales criminales de guerra, cuyas protestas de inocencia y de conciencia limpia podían ser más fácilmente ignoradas por cuanto estaban sustentadas en el argumento de la obediencia de «órdenes superiores», combinado con diversos alardes de ocasionales desobediencias. Pero, aun cuando la mala fe de los acusados era manifiesta, la única base que permitía demostrar materialmente que su conciencia no estaba limpia estaba constituida por el hecho de que los nazis, y en especial los miembros de las organizaciones criminales a que Eichmann había pertenecido, se dedicaron con gran ardor a destruir las pruebas de sus delitos, en el curso de los últimos meses de la guerra. E incluso esta base era un tanto débil, por cuanto solamente demostraba el reconocimiento de que las leyes que preceptuaban el asesinato masivo no habían sido todavía aceptadas, debido a su novedad, por las restantes naciones; o, dicho sea en el lenguaje de los nazis, que estos habían perdido la batalla iniciada con el fin de «liberar» al género humano del «yugo de los subhumanos», especialmente del dominio de los Ancianos de Sión; o, dicho sea en lenguaje común, solamente demostraba el reconocimiento de su derrota. ¿Alguno de los acusados habría sentido remordimientos de conciencia, en caso de ganar la guerra?

Entre los grandes problemas planteados en el proceso de Eichmann, tenía principal importancia el planteado por la premisa, común a todos los modernos ordenamientos jurídicos, de que para la comisión de un delito es imprescindible que concurra el ánimo de causar daño. La jurisprudencia de los países civilizados quizá de ninguna otra nota se haya enorgullecido tanto como de la consistente en tener en cuenta el llamado factor subjetivo. Cuando dicho ánimo no concurre, cuando, por las razones que sea, incluso las de la locura moral, el sujeto activo no puede distinguir debidamente entre el bien y el mal, consideramos que no puede haber delito. Rechazamos, y las consideramos bárbaras, las afirmaciones de que «los grandes delitos ofenden de tal modo a la naturaleza, que incluso la tierra clama venganza; que el mal viola la natural armonía de tal manera que tan solo la retribución puede restablecerla; que las comunidades ofendidas por el delito tienen el deber moral de castigar al delincuente» (Yosal Rogat). Pese a ello, estimo innegable que precisamente en virtud de estas olvidadas afirmaciones Eichmann fue sometido a la acción de la justicia, y que tales afirmaciones fueron, en verdad, la justificación suprema de la pena de muerte. Debido a que Eichmann había intervenido, cumpliendo una función central, en una empresa cuya finalidad era la de eliminar para siempre a ciertas «razas» de la faz de la tierra, tenía que ser eliminado. Y si admitimos que «no solo es necesario hacer justicia, sino también mostrar públicamente que se hace justicia», también deberemos admitir que la justicia hecha en Israel hubiera sido públicamente mostrada a todos, si los juzgadores se hubieran atrevido a dirigir al acusado las siguientes, o parecidas palabras:

«Has reconocido que el delito cometido contra el pueblo judío en el curso de la guerra es el más grave delito que consta en la historia, y también has reconocido tu participación en él. Pero has dicho que nunca actuaste impulsado por bajos motivos, que nunca tuviste inclinación a matar, que nunca odiaste a los judíos, y pese a esto, no pudiste comportarte de manera distinta y no te sientes culpable. Nos es muy difícil, aunque no imposible, creerte; existen pruebas, aunque escasas, que demuestran sin dejar lugar a dudas razonables lo contrario de cuanto afirmas, en lo referente a tus motivos y tu conciencia. También has dicho que tu papel en la Solución Final fue de carácter accesorio, y que cualquier otra persona hubiera podido desempeñarlo, por lo que todos los alemanes son potencialmente culpables por igual. Con esto quisiste decir que, cuando todos, o casi todos, son culpables, nadie lo es. Esta es una conclusión muy generalizada, pero nosotros no la aceptamos. Y si no comprendes las razones por las que nos negamos a aceptarla, te recomendamos que recuerdes la historia de Sodoma y Gomorra, dos vecinas ciudades bíblicas que fueron destruidas por fuego bajado del cielo porque todos sus habitantes eran culpables. Esto, dicho sea incidentalmente, ninguna relación guarda con la recién inventada teoría de la "culpabilidad colectiva", según la cual hay gente que es culpable, o se cree culpable, de hechos realizados en su nombre, pero que dicha gente no ha realizado, es decir, de hechos en los que no participaron y de los que no se beneficiaron. En otras palabras, ante la ley, tanto la inocencia como la culpa tienen carácter objetivo, e incluso si ochenta millones de alemanes hubieran hecho lo que tú hiciste, no por eso quedarías eximido de responsabilidad.

»Afortunadamente no se llegó tan lejos. Tú mismo has hablado de una culpabilidad por igual, en potencia, no en acto, de todos

aquellos que vivieron en un Estado cuya principal finalidad política fue la comisión de inauditos delitos. Poco importan las accidentales circunstancias interiores o exteriores que te impulsaron a lo largo del camino a cuyo término te convertirías en un criminal, por cuanto media un abismo entre la realidad de lo que tú hiciste y la potencialidad de lo que los otros hubiesen podido hacer. Aquí nos ocupamos únicamente de lo que hiciste, no de la posible naturaleza inocua de tu vida interior y de tus motivos, ni tampoco de la criminalidad en potencia de quienes te rodeaban. Has contado tu historia con palabras indicativas de que fuiste víctima de la mala suerte, y nosotros, conocedores de las circunstancias en que te hallaste, estamos dispuestos a reconocer, hasta cierto punto, que si estas te hubieran sido más favorables muy difícilmente habrías llegado a sentarte ante nosotros o ante cualquier otro tribunal de lo penal. Si aceptamos, a efectos dialécticos, que tan solo a la mala suerte se debió que llegaras a ser voluntario instrumento de una organización de asesinato masivo, todavía queda el hecho de haber, tú, cumplimentado y, en consecuencia, apoyado activamente, una política de asesinato masivo. El mundo de la política en nada se asemeja a los parvularios; en materia política, la obediencia y el apoyo son una misma cosa. Y del mismo modo que tú apoyaste y cumplimentaste una política de unos hombres que no deseaban compartir la tierra con el pueblo judío ni con ciertos otros pueblos de diversa nación —como si tú y tus superiores tuvierais el derecho de decidir quién puede y quién no puede habitar el mundo—, nosotros consideramos que nadie, es decir, ningún miembro de la raza humana, puede desear compartir la tierra contigo. Esta es la razón, la única razón, por la que has de ser ahorcado».

POST SCRÍPTUM

E ste libro contiene el *informe sobre un proceso*, cuya principal fuente es la transcripción de las actuaciones judiciales que fue distribuida a los representantes de la prensa que se hallaban en Jerusalén. Con la salvedad del discurso inicial de la acusación, y del informe general de la defensa, las actas del proceso no han sido publicadas y es difícil tener acceso a ellas. La lengua empleada en la sala de justicia fue la hebrea; según se hizo constar, los textos entregados a la prensa eran «transcripción no revisada ni corregida de las traducciones simultáneas», que «no cabe esperar sean estilísticamente perfectas, ni que carezcan de errores lingüísticos». Me he servido de la versión inglesa, salvo en aquellos casos en que el procedimiento siguió su curso en alemán; cuando la transcripción alemana contenía las palabras originariamente pronunciadas en alemán, yo misma he efectuado la traducción al inglés.

Ninguno de los textos a que me he referido debe considerarse absolutamente digno de confianza, con la excepción del discurso inicial de la acusación y el veredicto final, cuyas traducciones fueron efectuadas fuera de la sala de justicia, con entera independencia de las simultáneas. La única versión fidedigna es la de las actas oficiales en hebreo, que yo no he utilizado. Sin embargo, los textos

por mí utilizados fueron entregados oficialmente a los informado-
res para que en ellos se basaran, y, en cuanto yo sé, no hay impor-
tantes discrepancias con respecto a las actas oficiales en hebreo o,
por lo menos, tales discrepancias no han sido alegadas. La traduc-
ción simultánea al alemán fue muy deficiente, pero podemos dar
por sentado que las traducciones al inglés y al francés fueron dig-
nas de confianza.

Con respecto a los siguientes documentos procesales que
—con una sola excepción— también fueron entregados a la pren-
sa por las autoridades de Jerusalén, no cabe la menor duda sobre
el crédito que merecen:

1) La transcripción en alemán del interrogatorio a que la poli-
cía sometió a Eichmann, grabado en cinta magnetofónica, fue me-
canografiado y presentado a Eichmann, quien corrigió el texto de
propia mano. Juntamente con la transcripción de las actuaciones
en la sala de justicia, este es el más importante documento.

2) Los documentos presentados por la acusación y los «textos
legales» facilitados por la misma.

3) Las dieciséis declaraciones juradas prestadas por testigos
que en principio fueron propuestos por la defensa, aunque algunas
partes de dichas declaraciones fueron usadas por la acusación. Es-
tos testigos fueron: Erich von dem Bach-Zelewski, Richard Baer,
Kurt Becher, Horst Grell, doctor Wilhelm Höttl, Walter Huppen-
kothen, Hans Jüttner, Herbert Kappler, Hermann Krumey, Franz
Novak, Alfred Josef Slawik, el doctor Max Merten, el profesor
Alfred Six, el doctor Eberhard von Thadden, el doctor Edmund
Veesenmayer, Otto Winkelmann.

4) Por último, también tuve a mi disposición un original de se-
tenta páginas mecanografiadas, escritas por el propio Eichmann.
Este texto fue propuesto como prueba por la acusación, y consi-

guientemente aceptado por la sala, pero no se entregó a la prensa. Su encabezamiento es el siguiente: «Ref. – Comentarios sobre "la cuestión judía y las medidas del gobierno nacionalsocialista del Reich alemán con respecto a la solución de dicha cuestión, desde el año 1933 hasta el año 1945"». Este documento contiene las notas redactadas por Eichmann en Argentina, en vistas a la entrevista con Sassen (véase la bibliografía).

En la lista bibliográfica tan solo consta el material de que me he servido para escribir esta obra, y en ella no están los innumerables libros, artículos y relatos periodísticos que leí y conservé en el curso de los dos años que mediaron entre el rapto de Eichmann y su ejecución. Lamento esta deficiencia únicamente en lo que respecta a los reportajes de los corresponsales de la prensa alemana, suiza, inglesa, francesa y norteamericana, ya que, a menudo, eran de un nivel muy superior al de muchos libros y revistas que dieron al tema un tratamiento más ambicioso; sin embargo, cubrir dicha deficiencia hubiera significado un trabajo desproporcionadamente arduo. En consecuencia, me he contentado con añadir a la bibliografía de esta edición revisada cierto número de libros y artículos de semanarios seleccionados, aparecidos después de la primera edición del presente libro, cuando contenían algo más que una versión más o menos alterada del informe del fiscal. Entre estas adiciones a la lista bibliográfica, se cuentan dos estudios del proceso que llegan, en muchos casos, a conclusiones sorprendentemente parecidas a las mías, y un estudio de las más destacadas figuras del Tercer Reich, que posteriormente añadí a mis fuentes de antecedentes sobre el caso de que trata la presente obra. Las obras a que me he referido son *Mörder und Ermordete, Eichmann und die Judenpolitik des Dritten Reiches*, de Robert Pendorf, que también tiene en consideración el papel que los consejos judíos tuvieron en la Solución Final; *Strafsa-*

che 40/61, del periodista holandés Harry Mulisch (me serví de la traducción alemana), quien quizá sea el único autor que hace del acusado la figura central de su estudio, y cuyos juicios sobre Eichmann coincidían con los míos en algunos aspectos esenciales, y, por fin, los recientemente publicados, y excelentes, retratos de los más destacados dirigentes nazis, efectuados por T. C. Fest en su obra *Das Gesicht des Dritten Reiches*; Fest conoce a fondo la materia de que trata, y sus juicios son de gran altura.

Los problemas con que se enfrenta todo autor de un informe pueden muy bien compararse con aquellos que son propios de las monografías históricas. En ambos casos, la naturaleza del trabajo exige efectuar una concienzuda distinción entre fuentes primarias y fuentes secundarias. Las primarias únicamente pueden ser empleadas en el tratamiento del tema principal —en este caso el proceso en sí mismo—, en tanto que las secundarias se emplean para cuanto constituyen antecedentes históricos. Así vemos que incluso los documentos que he citado, salvo raras excepciones, fueron propuestos como medios de prueba en el juicio (y, por ende, constituyen fuentes primarias) o proceden de obras autorizadas que tratan del período en cuestión. Tal como es de advertir por la mera lectura de esta obra, me he servido de la obra de Gerald Reitlinger, *The Final Solution*, y todavía más me he basado en la de Raul Hilberg, *The Destruction of the European Jews*, que fue publicada después del juicio, y que constituye el más exhaustivo y el más fundamentado estudio de la política judía del Tercer Reich.

Incluso antes de que viera la luz pública, este libro fue objeto, no solo de controversia, sino también de una campaña organizada. Como es lógico, la campaña, llevada a término con los conocidos

medios de formación de imagen pública y manipulación de la opinión general, llamó la atención mucho más que la controversia, de tal manera que esta última quedó acallada por el ruido artificial de la primera. Lo anterior quedó de relieve con especial claridad cuando una rara mezcla de los argumentos de la controversia y los instrumentos de la campaña, en la que se empleaban casi textualmente las frases anteriormente utilizadas —como si los ataques contra el libro (y, más a menudo todavía, contra la autora) hubiesen salido de una máquina copiadora (Mary McCarthy)—, fue remitida desde Estados Unidos a Inglaterra, y, luego, a Europa, donde el libro todavía no estaba en el mercado. Y ello fue posible debido a que las protestas y el clamor se centraban en la «imagen» de un libro que jamás se escribió, y tocaban temas que, no solo jamás había mencionado, sino que ni siquiera se me habían ocurrido.

El debate —porque de un debate se trataba— no careció de interés, ni mucho menos. Los manejos de la opinión pública, en tanto en cuanto están inspirados por intereses claramente definidos, tienen finalidades muy limitadas. Sin embargo, cuando tratan de un tema que despierta verdadero interés, producen unos efectos que escapan al dominio de los propios encargados de manejar la opinión ajena, y pueden comportar consecuencias que estos no preveían ni pretendían. Y al fin resultó que la época del régimen de Hitler, con sus colosales crímenes sin precedentes, constituía un «pasado desconocido», no solo con respecto al pueblo alemán o al pueblo judío en general, sino también con respecto al resto del mundo, que tampoco había olvidado la gran catástrofe ocurrida en el corazón de Europa, pero que igualmente había sido incapaz de comprenderla. Además —y esto quizá no fuese tan imprevisible—, de repente aparecieron en el primer plano del interés público diversas cuestiones morales de carácter general, dotadas de todas las

complejidades modernas, que yo ni siquiera hubiera podido sospechar que llegaran a ocupar las mentes y a pesar en las conciencias de los hombres de nuestro tiempo.

El inicio de la controversia consistió en llamar la atención sobre el comportamiento del pueblo judío durante los años de la Solución Final, con lo que se insistía en la cuestión, abordada primeramente por el fiscal de Israel, de si el pueblo judío podía y debía haberse defendido. Yo había soslayado este asunto por considerar que investigarlo era inútil y cruel, ya que demostraba una formidable ignorancia de las circunstancias imperantes a la sazón. Ahora, este asunto ha sido exhaustivamente discutido, y se ha llegado a las más sorprendentes conclusiones. Se ha echado mano repetidas veces al conocido concepto histórico-sociológico de «mentalidad de gueto» (que, en Israel, ha sido ya incorporado a los libros de texto de historia, y que en Norteamérica ha sido adoptado principalmente por el psicólogo Bruno Bettelheim, ante la furiosa protesta del judaísmo oficial norteamericano) para aplicar a un comportamiento que no fue exclusivo de los judíos, y que, en consecuencia, no puede ser explicado en méritos de factores específicamente judíos. Proliferaron las más diversas hipótesis hasta el momento en que alguien, a quien sin duda la discusión le parecía extremadamente aburrida, tuvo la brillante idea de recurrir a las teorías freudianas, y atribuir al pueblo judío, en su totalidad, un «deseo de muerte»; inconscientemente, como es natural. Esta fue la imprevista conclusión a que ciertos comentaristas quisieron llegar basándose en la «imagen» de un libro, creada por ciertos grupos unidos por comunes intereses, en el que, según decían, yo había afirmado que los judíos se habían asesinado a sí mismos. ¿Y por qué razón dije yo tan monstruosa e inverosímil mentira? Por «odio hacia mí misma», naturalmente.

Como sea que el papel de los dirigentes judíos quedó de manifiesto en el curso del proceso de Jerusalén, el cual yo reseñé y comenté, inevitablemente también aquel tenía que ser objeto de discusión. En mi opinión, la función cumplida por los dirigentes judíos plantea un importante problema, pero el debate al respecto poco ha contribuido a su clarificación. Tal como ha demostrado el reciente proceso celebrado en Israel, en el que cierto Hirsch Birnblat, ex jefe de la policía judía de una ciudad polaca y en la actualidad director de la orquesta de la Ópera de Israel, que en primera instancia fue condenado por el tribunal de distrito a cinco años de cárcel, y luego absuelto por el Tribunal Supremo de Israel, el cual unánimemente exoneró, de modo indirecto, a los consejos judíos en general, las clases dirigentes israelitas están en la actualidad amargamente divididas en lo referente al juicio que les merece la actuación, durante la guerra, de los jefes judíos. Sin embargo, en el debate a que me he referido, quienes más vehementemente se expresaron fueron aquellos que identificaron al pueblo judío con sus jefes, en marcado contraste con la clara distinción efectuada en casi todos los informes de los supervivientes, que puede quedar resumida en las palabras de un ex internado en Theresienstadt: «En general, el pueblo judío se comportó magníficamente; solamente sus jefes fallaron». También destacaron las voces de quienes justificaron a los representantes del pueblo judío, citando los encomiables servicios que habían prestado antes de la guerra, y, sobre todo, antes del inicio de la Solución Final, como si no hubiera diferencia alguna entre ayudar a los judíos a emigrar y ayudar a los nazis a deportarlos.

Si bien estos problemas guardaban cierta relación con el contenido de la presente obra, pese a haber sido desproporcionadamente hinchados, también es cierto que otros temas de los que se

habló carecían de todo género de relación con este libro. Por ejemplo, se inició una fogosa discusión acerca del movimiento de resistencia alemán a partir del momento en que el régimen de Hitler fue implantado, tema en el que yo no entré, como es lógico, por cuanto el problema de la conciencia de Eichmann, así como el de la situación en que este se hallaba, están únicamente relacionados con el período de la guerra y de la Solución Final. También surgieron a la superficie otros temas todavía más fantásticos. Mucha gente comenzó a discutir si acaso las víctimas de la persecución no eran «más desagradables» que los asesinos persecutores; o si aquellos que no estuvieron presentes en el curso de la persecución tenían derecho a juzgar al respecto; o si el objeto principal del proceso fue el acusado o las víctimas. Con respecto a este último problema, algunos llegaron incluso a afirmar que no solo cometí un error al prestar interés a la determinación de la personalidad humana de Eichmann, sino que a este no se le hubiera debido permitir hablar, lo cual implica que el proceso hubiera debido celebrarse sin defensa de género alguno.

Como suele ocurrir cuando las discusiones tienen lugar con grandes muestras de emoción, los intereses prácticos de ciertos grupos, cuya emoción es el resultado de intereses materiales, y que en consecuencia procuran deformar los hechos, quedan rápida e inextricablemente unidos a las inmaculadas aspiraciones de los intelectuales, quienes, por el contrario, no tienen ningún interés en la determinación de los hechos, que utilizan solamente como trampolín para exponer sus «ideas». Pero incluso en estas confusas batallas cabe apreciar cierta seriedad, cierto grado de auténtica preocupación, y ello se advierte hasta en las manifestaciones de individuos que alardeaban de no haber leído el presente libro y prometían solemnemente no leerlo jamás.

En contraste con estas discusiones que a tan remotos terrenos llegaban, el libro se centra en un triste tema muy concreto. El informe sobre un proceso solamente puede estudiar los temas tratados en el curso de dicho proceso, o aquellos que hubieran debido ser tratados para un mejor servicio a los intereses de la justicia. Si se da el caso de que la situación general del país en que se celebra el proceso tiene trascendencia en la celebración de este, debe, forzosamente, ser tenida en consideración. Este libro no se ocupa de la historia del mayor desastre sufrido por el pueblo judío, ni tampoco es una crónica del totalitarismo, ni la historia del pueblo alemán en tiempos del Tercer Reich, ni por último tampoco, ni mucho menos, un tratado sobre la naturaleza del mal. Todo proceso se centra en la persona del acusado, en una persona de carne y hueso, con una historia suya, individual, con sus propias formas de comportamiento, y con sus propias circunstancias. Cuanto escape a los límites de lo anterior, como la historia del pueblo judío en la Diáspora, la historia del antisemitismo, de la conducta del pueblo alemán, de las ideologías imperantes en determinada época, o de la máquina gubernamental del Tercer Reich, guarda relación con el proceso solamente en cuanto forma parte de los antecedentes y de las circunstancias en que el acusado realizó sus actos. Todo aquello con lo que el acusado no tuvo relación, o aquello que no ejerció influencia en él, debe ser omitido en el procedimiento judicial y, en consecuencia, en el informe sobre el mismo.

Quizá quepa argüir que todas las cuestiones generales que involuntariamente nos planteamos tan pronto comenzamos a estudiar estos temas —¿por qué tuvieron que ser los alemanes precisamente?, ¿por qué tuvieron que ser los judíos?, ¿cuál era la naturaleza del totalitarismo?— son mucho más importantes que el problema de determinar el tipo de delito por el que el acusado es

objeto de juicio y el modo de ser del hombre sobre cuya conducta se dictará sentencia, y también más importantes que determinar hasta qué punto nuestro actual sistema de administración de justicia es capaz de actuar con respecto a este especial tipo de delito y de delincuente, con los que se ha enfrentado tan repetidas veces desde el término de la Segunda Guerra Mundial. Se puede asimismo afirmar que el objeto de la actividad judicial ha dejado de ser un ser humano concreto y determinado, el individuo sentado en el banquillo, para convertirse, principalmente, en el pueblo alemán en general, en el antisemitismo bajo todas sus formas, en la historia contemporánea, en la naturaleza humana, en el pecado original, de tal modo que, en última instancia, es la humanidad quien se sienta en el banquillo junto al acusado. Todo lo anterior ha sido alegado muy a menudo, especialmente por aquellos que no descansarán hasta haber descubierto «un Adolf Eichmann en el interior de cada uno de nosotros». Si se da al acusado el carácter de símbolo, y al proceso el de pretexto para plantear problemas que son aparentemente más interesantes que el de la culpabilidad o inocencia de un individuo determinado, entonces deberemos, si es que queremos ser consecuentes, aceptar la afirmación hecha por Eichmann y su defensor: Eichmann fue llevado ante el tribunal porque se necesitaba un chivo expiatorio, y este chivo expiatorio lo necesitaba no solo la República Federal Alemana, sino también los hechos históricos ocurridos y cuanto los hizo posibles, es decir, se trataba de un chivo expiatorio del antisemitismo y del gobierno totalitario, así como del género humano y del pecado original.

No es necesario hacer constar que jamás se me hubiera ocurrido acudir a Jerusalén si hubiese sido partícipe de tales opiniones. Creía y sigo creyendo que el proceso debía celebrarse con la finalidad de administrar justicia, y nada más. También creo que los ma-

gistrados estaban en lo cierto cuando hicieron hincapié, en su sentencia, en que «el Estado de Israel fue establecido como el Estado de los judíos, y como tal ha sido reconocido», por lo que tenía competencia de jurisdicción sobre todo delito cometido contra el pueblo judío. Habida cuenta de la confusión imperante en los círculos jurídicos acerca de la naturaleza y utilidad del castigo, me alegró que la sentencia recogiera una afirmación de Grocio, quien, citando a un autor todavía más antiguo, explicó que el castigo es necesario «para defender el honor y la autoridad de aquel a quien el delito ha lesionado, para que la ausencia de castigo no le degrade mayormente».

Evidentemente, no cabe la menor duda de que la personalidad del acusado y la naturaleza de sus actos, así como el proceso en sí mismo, plantearon problemas de carácter general que superan aquellos otros considerados en Jerusalén. En el epílogo, que deja de ser pura y simplemente un informe, he intentado abordarlos. No me sorprendería que hubiera quien considerase que no los he tratado con la debida profundidad, y con gusto entraría en la discusión del significado general de los hechos globalmente considerados, que tanta mayor profundidad tendría cuanto más se ciñera a los hechos concretos. También comprendo que el subtítulo de la presente obra puede dar lugar a una auténtica controversia, ya que cuando hablo de la banalidad del mal lo hago solamente a un nivel estrictamente objetivo, y me limito a señalar un fenómeno que, en el curso del juicio, resultó evidente. Eichmann no era un Yago ni era un Macbeth, y nada pudo estar más lejos de sus intenciones que «resultar un villano», al decir de Ricardo III. Eichmann carecía de motivos, salvo aquellos demostrados por su extraordinaria diligencia en orden a su personal progreso. Y, en sí misma, tal diligencia no era criminal; Eichmann hubiera sido absolutamente in-

capaz de asesinar a su superior para heredar su cargo. Para expresarlo en palabras llanas, podemos decir que Eichmann, *sencillamente, no supo jamás lo que se hacía.* Y fue precisamente esta falta de imaginación lo que le permitió, en el curso de varios meses, estar frente al judío alemán encargado de efectuar el interrogatorio policial en Jerusalén, y hablarle con el corazón en la mano, explicándole una y otra vez las razones por las que tan solo pudo alcanzar el grado de teniente coronel de las SS, y que ninguna culpa tenía él de no haber sido ascendido a superiores rangos. Teóricamente, Eichmann sabía muy bien cuáles eran los problemas de fondo con que se enfrentaba, y en sus declaraciones postreras ante el tribunal habló de «la nueva escala de valores prescrita por el gobierno [nazi]». No, Eichmann no era estúpido. Únicamente la pura y simple irreflexión —que en modo alguno podemos equiparar a la estupidez— fue lo que le predispuso a convertirse en el mayor criminal de su tiempo. Y si bien esto merece ser clasificado como «banalidad», e incluso puede parecer cómico, y ni siquiera con la mejor voluntad cabe atribuir a Eichmann diabólica profundidad, también es cierto que tampoco podemos decir que sea algo normal o común. No es en modo alguno común que un hombre, en el instante de enfrentarse con la muerte, y, además, en el patíbulo, tan solo sea capaz de pensar en las frases oídas en los entierros y funerales a los que en el curso de su vida asistió, y que estas «palabras aladas» pudieran velar totalmente la perspectiva de su propia muerte. En realidad, una de las lecciones que nos dio el proceso de Jerusalén fue que tal alejamiento de la realidad y tal irreflexión pueden causar más daño que todos los malos instintos inherentes, quizá, a la naturaleza humana. Pero fue únicamente una lección, no una explicación del fenómeno, ni una teoría sobre el mismo.

Aparentemente más complicada, pero en realidad mucho más simple que el examen de la interdependencia entre la irreflexión y la maldad, es la cuestión referente al tipo de delito cometido por Eichmann, un delito unánimemente considerado sin precedentes. El concepto de genocidio, acuñado con el explícito propósito de tipificar un delito anteriormente desconocido, aun cuando es aplicable al caso de Eichmann, no es suficiente para abarcarlo en su totalidad, debido a la simple razón de que el asesinato masivo de pueblos enteros no carece de precedentes. La expresión «matanzas administrativas» parece más conveniente. Esta expresión nació a raíz del imperialismo británico; los ingleses rechazaron este procedimiento como medio de mantener su dominio en la India. Esta expresión tiene la ventaja de deshacer el prejuicio según el cual actos tan monstruosos solamente pueden cometerse contra una nación extranjera o una raza distinta. Es notorio que Hitler comenzó sus matanzas colectivas concediendo la «muerte piadosa» a los «enfermos incurables», y que tenía la intención de continuar su programa de exterminio desembarazándose de los alemanes «genéticamente lesionados» (con enfermedades de los pulmones y el corazón). Pero prescindiendo de este hecho, resulta evidente que tal tipo de matanzas puede dirigirse contra cualquier grupo, es decir, el criterio selectivo depende únicamente de ciertos factores circunstanciales. Cabe concebir que en el sistema económico basado en la automación que puede darse en un futuro no muy distante, quizás aparezca la tentación de exterminar a aquellos cuyo cociente de inteligencia esté por debajo de cierto nivel.

En Jerusalén este problema no fue adecuadamente estudiado, debido a que es muy difícil encuadrarlo en el ámbito de lo jurídico. Allí escuchamos las afirmaciones de la defensa, en el sentido de que Eichmann tan solo era una «ruedecita» en la maquinaria de la

Solución Final, así como las afirmaciones de la acusación, que creía haber hallado en Eichmann al verdadero motor de aquella máquina. Por mi parte, a ninguna de las dos teorías di mayor importancia que la que les otorgaron los jueces, por cuanto la teoría de la ruedecilla carece de trascendencia jurídica, y, en consecuencia, poco importa determinar la magnitud de la función atribuida a la rueda Eichmann. El tribunal reconoció, como es lógico, en su sentencia que el delito juzgado únicamente podía ser cometido mediante el empleo de una gigantesca organización burocrática que se sirviera de recursos gubernamentales. Pero en tanto en cuanto las actividades en cuestión constituían un delito —lo cual, como es lógico, era la premisa indispensable a la celebración del juicio— todas las ruedas de la máquina, por insignificantes que fueran, se transformaban, desde el punto de vista del tribunal, en autores, es decir, en seres humanos. Si el acusado se ampara en el hecho de que no actuó como tal hombre, sino como un funcionario cuyas funciones hubieran podido ser llevadas a cabo por cualquier otra persona, ello equivale a la actitud del delincuente que, amparándose en las estadísticas de criminalidad —que señalan que en tal o cual lugar se cometen tantos o cuantos delitos al día—, declarase que él tan solo hizo lo que estaba ya estadísticamente previsto, y que tenía carácter meramente accidental el que fuese él quien lo hubiese hecho, y no cualquier otro, por cuanto, a fin de cuentas, alguien tenía que hacerlo.

Desde luego, para las ciencias políticas y sociales tiene gran importancia el hecho de que sea esencial en todo gobierno totalitario, y quizá propio de la naturaleza de toda burocracia, transformar a los hombres en funcionarios y simples ruedecillas de la maquinaria administrativa, y, en consecuencia, deshumanizarles. Y se puede discutir larga y provechosamente sobre el imperio de Nadie, que es

lo que realmente representa la forma de administración política conocida con el nombre de burocracia. Pero es preciso comprender con toda claridad que la administración de justicia únicamente puede prestar atención a estos factores en cuanto constituyen circunstancias modificativas de la responsabilidad criminal, como, por ejemplo, en el delito de robo se toma en cuenta la situación económica del acusado, sin que por ello quede el robo, en sí mismo, justificado, y sin borrarlo, ni mucho menos, del articulado del código. Cierto es que la moderna psicología y sociología, por no hablar ya de la moderna burocracia, nos han habituado grandemente a no atribuir responsabilidad al ejecutor de determinado acto, en virtud de tal o cual determinismo. La validez de estas aparentemente más profundas explicaciones del comportamiento humano es muy discutible. Pero, en cambio, no cabe discutir que sobre su base sería imposible elaborar un procedimiento judicial, fuese de la clase que fuere, y que la administración de justicia, considerada según los criterios de estas teorías, es una institución muy poco moderna, por no decir anacrónica. Cuando Hitler dijo que amanecería el día en que, en Alemania, sería considerado como «una vergüenza» tener la profesión de jurista, quizá hablaba, harto consecuentemente, de su sueño de instaurar una perfecta burocracia.

En cuanto se me alcanza, la jurisprudencia tan solo dispone de dos conceptos para enfrentarse con todas las cuestiones anteriormente referidas, y ambos son conceptos, en mi opinión, insuficientes para la finalidad a que están destinados. Se trata de los conceptos de «acto de Estado» y acto en obediencia de «órdenes superiores». En realidad, estos son los dos únicos conceptos que rigen la discusión de dichos temas, en los procedimientos judiciales usuales, y es generalmente la defensa quien los alega. La teoría

del acto de Estado se basa en la consideración de que ningún Estado soberano puede ser juzgado por otro Estado, porque *par in parem non habet jurisdictionem*. Desde un punto de vista práctico, este argumento quedó ya invalidado en Nuremberg, y, desde un principio, carecía de posibilidades de éxito, por cuanto, caso de ser aceptado, ni siquiera a Hitler, la única persona que fue plenamente responsable en sentido estricto, podía pedírsele cuentas, lo cual hubiera sido contrario al más elemental sentido de la justicia. Sin embargo, muchos argumentos que en la práctica carecen de valor siguen en pie en el mundo de la teoría. Las habituales evasiones a la fuerza de dicho argumento poca validez tuvieron. Por ejemplo, se dijo que en los tiempos del Tercer Reich, Alemania estaba dominada por una pandilla de delincuentes a quienes difícilmente se podía atribuir el concepto de soberanía y, en consecuencia, el de paridad. Por una parte, nadie ignora que la analogía de la pandilla de criminales es de tan limitada aplicación que resulta prácticamente inaplicable, y, por otra parte, es innegable que los delitos se cometieron en el marco de un ordenamiento jurídico «legal». Esto último fue su más destacada característica.

Quizá podamos comprender el problema con mayor precisión si nos fijamos en que tras el concepto de actos de Estado se alza la teoría de la *raison d'État*. Según esta, los actos del Estado, Estado que administra la vida del país, así como las leyes que la rigen, no están sujetos a las mismas normas que regulan los actos de los ciudadanos. Del mismo modo que la imposición del cumplimiento de la ley, que tiene la finalidad de eliminar la violencia y la guerra de todos contra todos, necesitará siempre de los instrumentos de violencia a fin de mantenerse, también es cierto que el gobierno puede verse obligado a cometer actos generalmente considerados delictuosos, a fin de conseguir su propia supervivencia, y la super-

vivencia del imperio de la ley. Las guerras han sido frecuentemente justificadas mediante dicha argumentación, pero los actos de Estado criminales no solo ocurren en el campo de las relaciones internacionales, y, además, la historia de las naciones civilizadas nos ofrece muchos ejemplos de delictuosos actos de Estado interiores, como el asesinato del duque d'Enghien por Napoleón, o el asesinato del líder socialista Matteotti, del que probablemente fue culpable Mussolini.

Justa o injustamente, la *raison d'État* se basa en una *necesidad*, y los delitos estatales cometidos en nombre de aquella (que son actos plenamente delictuosos, según el ordenamiento jurídico imperante en el Estado en que ocurren) son considerados como medidas de emergencia, como concesiones hechas a los imperativos de la *Realpolitik*, a fin de conservar el poder y, de este modo, asegurar la continuidad del ordenamiento legal existente, globalmente considerado. En un normal sistema político y jurídico, tales delitos son excepciones a la norma, y no son objeto de castigo legal (la teoría alemana dice que son *gerichtsfrei*), debido a que está en juego la misma existencia del Estado, y ningún ente político exterior tiene el derecho de denegar a un Estado su derecho a la existencia o a imponerle los medios con los que conservarla. Sin embargo, tal como es de ver en la historia de la política judía del Tercer Reich, en un Estado fundado en principios criminales, la situación queda invertida. En este caso, un acto no criminal (como, por ejemplo, la orden dada por Himmler, en los últimos días del verano de 1944, de suspender las deportaciones de judíos) deviene una concesión impuesta por una realidad, que, en el ejemplo dado, era la inminencia de la derrota. Y aquí surge la siguiente pregunta: ¿qué naturaleza tiene la soberanía de un Estado de este género? Y además: ¿acaso no se ha situado este Estado fuera del principio de paridad

(*par in parem non habet jurisdictionem*) que le otorga el derecho internacional? ¿Acaso por *par in parem* entendemos solamente los externos atributos protocolarios anejos a la soberanía? ¿O significa también una igualdad o equivalencia sustantiva? ¿Cabe aplicar a un Estado en el que el delito es norma legalizada el mismo principio que aplicamos a aquel otro en el que la violencia y el delito son la excepción, y se dan en casos extremos únicamente?

La insuficiencia práctica de estos conceptos jurídicos en orden a solucionar los problemas planteados por los hechos delictuosos objeto de los juicios a que nos referimos queda todavía más patente en el caso del concepto de actos ejecutados en cumplimiento de órdenes superiores. El tribunal de Jerusalén se sirvió, para contrarrestar el argumento de la defensa, de largas citas de textos jurídicos, en materia de justicia penal y castrense, de diversos países civilizados, en especial de Alemania, ya que bajo el régimen de Hitler los artículos que regulaban estas materias no fueron derogados. Todos los textos coincidían en un punto: las órdenes criminales no deben ser obedecidas. Además, el tribunal de Jerusalén se refirió a un caso ocurrido en Israel algunos años atrás: unos soldados israelitas, acusados de haber dado muerte a la población civil de un pueblecito fronterizo árabe, poco después del inicio de la campaña del Sinaí, comparecieron en juicio. Las gentes del pueblo en cuestión habían permanecido fuera de sus casas, después del toque de queda, sin que al parecer se hubieran enterado de este. Desgraciadamente, al examinar más detenidamente este paralelo se advierte que en dos puntos se diferencian los términos objeto de comparación. Ante todo, debemos recordar que la relación entre norma y excepción, que es de importancia primordial a los efectos de atribuir carácter delictivo a la orden ejecutada por un subordinado, había quedado invertida en el caso de Eichmann. Así vemos

que basándonos en esta realidad no cabe sino defender a Eichmann cuando no cumplió determinadas órdenes de Hitler, o cuando las cumplió de manera muy vacilante, por cuanto eran manifiestas excepciones a la norma imperante. La sentencia consideró que tal comportamiento de Eichmann tenía naturaleza altamente acusatoria, lo cual, si bien comprensible, no es demasiado coherente. Lo dicho puede apreciarse con claridad si prestamos atención a la jurisprudencia de los tribunales militares israelitas que los juzgadores de Eichmann citaron en apoyo de su tesitura. Tal jurisprudencia decía que para desobedecer una orden es necesario que esta sea «manifiestamente ilícita», la ilicitud «debe ondear como una bandera negra, como un aviso que diga *Prohibido*». En otras palabras, para que el soldado pueda calificarla de «manifiestamente ilícita», la orden debe violar, con carácter insólito, las normas del sistema jurídico a que el soldado está habituado. En esta materia, la jurisprudencia israelita coincide plenamente con la de los restantes países. No cabe duda de que al redactar estos artículos, el legislador preveía el caso de que un oficial perdiera el juicio y diera a sus subordinados la orden, por ejemplo, de dar muerte a otro oficial. En un proceso normal sobre un caso de esta naturaleza, quedaría claramente establecido desde su inicio que al soldado no se le pedía que consultara la voz de su conciencia, o la de «un sentimiento de justicia profundamente arraigado en la conciencia humana, que también oyen aquellos poco versados en leyes ... siempre y cuando no sean ciegos o su corazón no se haya endurecido y corrompido». En vez de eso, el soldado debía saber distinguir entre la norma y la insólita y chocante excepción. El Código de Justicia Militar alemán, por lo menos, hace constar explícitamente que la voz de la conciencia no es suficiente. Su artículo 48 dice: «El que una persona estime que la conducta observada ha sido exigida por

su conciencia o por los preceptos de su religión, no excluye la punibilidad de sus actos u omisiones». Y uno de los argumentos esgrimidos por el tribunal israelita tiene la destacada característica de afirmar que el sentido de justicia arraigado en lo más profundo de todos los seres humanos solamente sirve para suplir la falta de conocimiento de las leyes. La validez de esta afirmación se basa en la presunción de que la ley únicamente contiene lo que la conciencia de todo hombre proclama.

Si aplicamos inteligentemente la totalidad de los anteriores razonamientos a Eichmann, tendremos que concluir que este actuó, en todo momento, dentro de los límites impuestos por sus obligaciones de conciencia: se comportó en armonía con la norma general; examinó las órdenes recibidas para comprobar su «manifiesta» legalidad, o normalidad, y no tuvo que recurrir a la consulta con su «conciencia», ya que no pertenecía al grupo de quienes desconocían las leyes de su país, sino todo lo contrario.

La segunda razón por la que el argumento basado en la comparación antes citada resultaba deficiente hacía referencia a la práctica seguida por los tribunales, consistente en admitir la alegación de «órdenes superiores» como circunstancia atenuante muy calificada, práctica que la sentencia dictada contra Eichmann no mencionaba explícitamente. La sentencia citaba el caso, antes referido, de la matanza de los habitantes árabes de Kfar Kassem, como prueba de que los tribunales israelitas no exoneran a un acusado, en virtud de haber recibido «órdenes superiores». Y efectivamente así es, ya que los soldados israelitas fueron condenados por homicidio, pero el hecho de haber recibido órdenes superiores fue considerado como circunstancia atenuante de tal peso que se les impusieron penas de prisión relativamente leves. Cierto es que, en este caso, se juzgó un hecho aislado, no, como en el caso de

Eichmann, unas actividades desarrolladas en el curso de varios años, en las que los delitos se sucedían constantemente. Pese a todo, era indudable que Eichmann había actuado siempre en el cumplimiento de órdenes superiores, y si hubiera sido juzgado aplicándole las normas del derecho israelita común, hubiese sido muy difícil condenarle a la pena capital. La verdad es que el derecho israelita, teórica y prácticamente, al igual que los ordenamientos jurídicos de los restantes países, no puede sino reconocer que las «órdenes superiores», incluso cuando su ilicitud es «manifiesta», afectan gravemente al normal funcionamiento de la conciencia humana.

Lo anterior es solamente un ejemplo entre los muchos que existen encaminados a demostrar la insuficiencia de los vigentes ordenamientos jurídicos y de los actuales conceptos de la jurisprudencia, en orden a hacer justicia en lo referente a las matanzas administrativas organizadas por la burocracia estatal. Si examinamos más detenidamente esta cuestión, advertiremos sin dificultad que los jueces que actuaron en todos los juicios a los que nos referimos dictaron sentencia teniendo en cuenta únicamente la monstruosidad de los hechos. En otras palabras, juzgaron libremente, sin fundar su juicio en los criterios y precedentes jurídicos alegados con mayor o menor fuerza de convicción para justificar sus decisiones. Esto fue ya evidente en Nuremberg, donde los jueces declararon, por una parte, que el «delito contra la paz» era el más grave de todos los demás delitos, pero, por otra parte, en realidad solamente impusieron la pena de muerte a aquellos acusados que habían participado en la comisión del nuevo delito de matanzas administrativas, supuestamente considerado de menor gravedad que la conspi-

ración contra la paz. Es muy tentador dedicar cierta atención a esta y otras incoherencias ocurridas en un ámbito tan obsesionado por la coherencia. Pero, naturalmente, no podemos hacerlo aquí.

Queda un problema fundamental que estuvo implícitamente presente en todos los procesos de posguerra, y al que aquí debemos referirnos por cuanto concierne a una de las más relevantes cuestiones morales de todos los tiempos, a saber, la naturaleza y función del juicio humano. En estos procesos, en los que los acusados habían cometido delitos «legales», se exigió que los seres humanos fuesen capaces de distinguir lo justo de lo injusto, incluso cuando para su guía tan solo podían valerse de su propio juicio, el cual, además, resultaba hallarse en total oposición con la opinión, que bien podía considerarse unánime, de cuantos les rodeaban. Y este problema alcanza mayor gravedad cuando recordamos que quienes fueron lo bastante «arrogantes» para confiar tan solo en su propio juicio eran seres idénticos a aquellos otros que siguieron fieles a los viejos valores y se guiaron por sus creencias religiosas. Debido a que la sociedad respetable había sucumbido, de una manera u otra, ante el poder de Hitler, las máximas morales determinantes del comportamiento social y los mandamientos religiosos —«no matarás»— que guían la conciencia habían desaparecido. Los pocos individuos que todavía sabían distinguir el bien del mal se guiaban solamente mediante su buen juicio, libremente ejercido, sin la ayuda de normas que pudieran aplicarse a los distintos casos particulares con que se enfrentaban. Tenían que decidir en cada ocasión de acuerdo con las específicas circunstancias del momento, porque ante los hechos sin precedentes no había normas.

Las controversias provocadas por la aparición de la presente obra, así como aquellas otras, en tantos aspectos parecidas a las

primeras, suscitadas por la obra de Hochhuth, *El Vicario*, demuestran hasta qué punto los hombres de nuestro tiempo están preocupados por la cuestión del juicio humano, o, como a menudo se ha dicho, por el hecho de que haya gente capaz de «juzgar al prójimo». De estas discusiones no han surgido tendencias nihilistas o cínicas, como cabía esperar, sino una extraordinaria confusión sobre las más elementales cuestiones morales, de tal manera que parece que, en nuestros tiempos, lo último que verdaderamente cabe esperar, en estas materias, es la existencia de un cierto instinto moral. En el curso de estas controversias se han sentado muchas conclusiones curiosas que parecen especialmente reveladoras. Así vemos que algunos hombres de letras norteamericanos han proclamado la ingenua creencia de que la tentación y la coacción son una misma cosa, y que a nadie debe pedirse que resista la tentación. (Si alguien pone la boca de una pistola en nuestro pecho y nos pide que matemos a nuestro mejor amigo, debemos matarle, pura y simplemente. O bien, como se arguyó —hace algunos años, con respecto a un escándalo, ocurrido en un concurso de preguntas y respuestas, en el que un profesor de segunda enseñanza engañó al público—, cuando una elevada suma de dinero está en juego, ¿quién es capaz de resistirse?) La argumentación según la cual aquellos que no estuvimos presentes e implicados en los acontecimientos no podemos juzgar parece convencer a la mayoría, en cualquier lugar del mundo, pese a que es evidente que si fuera justa, tanto la administración de justicia como la labor del historiador no serían posibles. Por otra parte, el reproche de irreflexiva severidad para con el prójimo, dirigido contra aquellos que osan juzgar, es muy antiguo; sin embargo, tal antigüedad no le confiere validez. Incluso el juez que condena a un asesino, puede decir cuando se dirige a su hogar: «Gracias, Señor, por la libertad de que

gozo, sin tu gracia no la tendría». Todos los judíos alemanes han condenado unánimemente la oleada de coordinación del pueblo alemán, que a partir de 1931 fue convirtiendo día tras día a los judíos en parias. ¿Cabe concebir que ni siquiera un judío alemán llegara a preguntarse cuántos individuos, entre los de su clase, hubieran actuado igual que los alemanes, si se hubieran hallado en sus circunstancias? Pero ¿la condena de aquella oleada coordinadora es en nuestros días injusta, debido a la razón alegada?

La reflexión de que quizá uno se hubiera portado mal, en el caso de encontrarse en las circunstancias de quienes así se comportaron, quizá dé lugar al nacimiento de cierto espíritu de perdón, pero aquellos que en la actualidad traen a colación el concepto de caridad cristiana parecen también encontrarse un tanto confundidos. Así vemos que, en un manifiesto de posguerra emitido por la *Evangelische Kirche in Deutschland*, iglesia protestante, podemos leer lo siguiente: «Declaramos que ante Dios Misericordioso participamos de la culpa por las atrocidades cometidas contra los judíos, por nuestro propio pueblo, mediante la omisión y el silencio».[1] En mi opinión, un cristiano será culpable ante Dios *Misericordioso*, cuando retribuya el mal con el mal, por lo tanto las iglesias hubieran cometido un acto de inmisericordia en el caso de que millones de judíos hubieran sido asesinados como castigo de algún mal por ellos mismos cometido. Pero si las iglesias participaban en la culpa de unas atrocidades puras y simples, tal como declaraban, entonces es preciso reconocer que su caso debía considerarse a la luz del concepto de Dios fuente de *Justicia*.

1. Frase citada por el ministro Aurel V. Jüchen, en una antología de críticas de la obra teatral de Hochhuth. Véase *Summa Iniuria*, Rowohl Verlag, p. 195.

Esta precisión terminológica, si tal es, no tiene carácter accidental. La justicia, que no la misericordia, es la finalidad de todo juicio, y en ningún otro punto es tan felizmente unánime la pública opinión, en cualquier lugar del mundo, como en que nadie tiene derecho a juzgar al prójimo. Lo que la opinión pública nos permite juzgar, e incluso condenar, son las tendencias generales, o los grupos de seres humanos —cuando más amplios mejor—; en resumen, nos permite juzgar algo tan general que ya no cabe efectuar distinciones ni mencionar nombres. No es necesario añadir que tal prohibición es doblemente pertinente cuando se trata de los actos o las palabras de gente famosa o de hombres situados en altos puestos. Tal creencia suele expresarse con altaneras afirmaciones, en el sentido de que es «superficial» insistir en los detalles y referirse a los individuos, en tanto que demuestra refinamiento hablar en términos generales, en cuya virtud todos los gatos son pardos, y todos nosotros igualmente culpables. Por esta razón, la acusación que Hochhuth dirigió contra un solo papa —contra un hombre claramente identificado, con nombre propio— provocó inmediatamente la indignación de toda la cristiandad. La acusación dirigida contra la cristiandad en general, con sus dos mil años de historia, no puede ser demostrada, y si pudiera serlo los resultados podrían calificarse de horribles. Pero esto a nadie parece preocupar, siempre y cuando la acusación no afecte a una *persona* determinada, y no hay ningún riesgo en dar un paso más en esta senda, y sostener: «Indudablemente hay razones para formular graves acusaciones, pero el acusado es el *género humano** globalmente considerado». (Eso dice Robert Weltsch en *Summa Iniuria*, antes citada.)

* En cursiva en el original.

431

Otro camino para evadirse de la zona en que se encuentran los hechos demostrables y las responsabilidades personales, lo forman las innumerables teorías, basadas en premisas abstractas, inconcretas e hipotéticas —desde el *Zeitgeist* hasta el complejo de Edipo—, de carácter tan general que sirven para explicar todos los acontecimientos y todos los actos: no podemos siquiera tomar en consideración las alternativas que el pasado ofrecía, y nadie pudo comportarse de modo distinto al que lo hizo. Entre las teorías que lo explican todo, merced a oscurecer todos los detalles, hallamos conceptos tales como el de «mentalidad de gueto» de los judíos europeos; o el de la culpabilidad colectiva del pueblo alemán, deducida de una interpretación *ad hoc* de su historia; o la afirmación, igualmente absurda, de una especie de inocencia colectiva del pueblo judío. Todos estos clichés tienen en común la nota de dar carácter superfluo a la emisión de juicios, así como la de poder utilizar tales clichés sin correr el menor riesgo. Y aun cuando podemos comprender muy bien la resistencia de los afectados por el desastre —judíos y alemanes— a examinar con demasiada detención el comportamiento de grupos o de personas individuales que parecen haberse salvado, o que debieran haberse salvado, del total colapso moral —es decir, el comportamiento de las iglesias cristianas, de los dirigentes judíos, o de quienes atentaron contra Hitler el 20 de julio de 1944—, esta comprensible resistencia no es suficiente para justificar la evidente renuncia de todos los demás a emitir juicios centrados en responsabilidades individuales.

En la actualidad, son muchos los que están dispuestos a reconocer que la culpa colectiva, o, a la inversa, la inocencia colectiva, no existe, y que si verdaderamente existieran no habría individuos culpables o inocentes. Desde luego, esto no implica negar la existencia de la responsabilidad *política*, la cual existe con total inde-

pendencia de los actos de los individuos concretos que forman el grupo, y, en consecuencia, no puede ser juzgada mediante criterios morales, ni ser sometida a la acción de un tribunal de justicia. Todo gobierno asume la responsabilidad política de los actos, buenos y malos, de su antecesor, y toda nación la de los acontecimientos, buenos o malos, del pasado. Cuando Bonaparte, tras la revolución, al acceder al poder en Francia, dijo: «Asumiré la responsabilidad de todo lo que Francia ha hecho, desde los tiempos de San Luis a los del Comité de Salud Pública», se limitó a manifestar, con cierto énfasis, una de las características básicas de la vida política. Hablando en términos generales, ello significa, ni más ni menos, que toda generación, debido a haber nacido en un ámbito de continuidad histórica, asume la carga de los pecados de sus padres, y se beneficia de las glorias de sus antepasados. Pero aquí, en esta hora, no nos hemos referido a este tipo de responsabilidad que no es personal, ya que únicamente en sentido metafórico puede uno decir que se *siente culpable*, no por lo que uno ha hecho, sino por lo que ha hecho el padre o el pueblo de uno. (Moralmente hablando, casi tan malo es sentirse culpable sin haber hecho nada concreto como sentirse libre de toda culpa cuando se es realmente culpable de algo.) Cabe concebir que llegue el día en que ciertas responsabilidades políticas de las naciones sean sometidas a la autoridad de un tribunal internacional; pero es inconcebible que tal tribunal sea un tribunal de lo penal que se pronuncie sobre la culpa o inocencia de individuos determinados.

La cuestión de la culpa o la inocencia individual, el acto de hacer justicia tanto al acusado como a la víctima, es la única finalidad de un tribunal de lo criminal. El proceso de Eichmann no constituyó una excepción, incluso teniendo en cuenta que los jueces se hallaron ante un delito que no constaba en los textos jurídicos, y

ante un criminal sin paralelo entre cuantos se habían sentado en el banquillo en cualquier tiempo pasado, por lo menos antes del proceso de Nuremberg. El objeto del presente informe ha sido determinar hasta qué punto el tribunal de Jerusalén consiguió satisfacer las exigencias de la Justicia.

BIBLIOGRAFÍA

Adler, H. G., *Theresienstadt 1941-1945*, Tubinga, 1955.

—, *Die verheimlichte Wahrheit. Theresienstädter Dokumente*, Tubinga, 1958.

American Jewish Committee, *The Eichmann Case in the American Press*, Nueva York, s.f.

Anti-Defamation League, *Bulletin*, marzo de 1961.

Baade, Hans W., «Some Legal Aspects of the Eichmann Trial», *Duke Law Journal*, 1961.

Bamm, Peter, *Die unsichtbare Flagge*, Munich, 1952.

Barkai, Meyer, *The Fighting Ghettos*, Nueva York, 1962.

Baumann, Jürgen, «Gedanken zum Eichmann-Urteil», *Juristenzeitung*, 4, 1963.

Benton, Wilbourn E., y Georg Grimm, eds., *Nuremberg: German Views of the War Trials*, Dallas, 1955.

Bertelsen, Aage, *October '43*, Nueva York, 1954 (sobre Dinamarca).

Bondy, François, «Karl Jaspers zum Eichmann-Prozess», *Der Monat*, mayo de 1961.

Buchheim, Hans, «Die SS in der Verfassung des Dritten Reichs», *Vierteljahrshefte für Zeitgeschichte*, abril de 1955.

Centre de Documentation Juive Contemporaine, *Le Dossier Eichmann*, París, 1960.

De Jong, Louis, «Jews and Non-Jews in Nazi-occupied Holland», en M. Beloff, ed., *On the Track of Tyranny*, Wiener Library, Londres.

Dicey, Albert Venn, *Introduction to the Study of the Law of the Constitution*, Nueva York, 1939[9].

Drost, Peiter N., *The Crime of State*, 2 vols., Leiden, 1959.

«Eichmann Tells His Own Damning Story», *Life*, 28 de noviembre y 5 de diciembre de 1960.

Einstein, Siegfried, *Eichmann, Chefbuchhalter des Todes*, Frankfurt, 1961.

Fest, T. C., *Das Gesicht des Dritten Reiches*, Munich, 1963.

Finch, George A., «The Nuremberg Trials and International Law», *American Journal for International Law*, vol. XLI, 1947.

Flender, Harold, *Rescue in Denmark*, Nueva York, 1963.

Frank, Hans, *Die Technik des Staates*, Munich, 1942.

Globke, Hans, *Kommentare zur deutschen Rassegesetzgebung*, Munich-Berlín, 1936.

Green, L. C., «The Eichmann Case», *Modern Law Review*, vol. XXIII, Londres, 1960.

Hausner, Gideon, «Eichmann and His Trial», *Saturday Evening Post*, 3, 10 y 17 de noviembre de 1962.

Heiber, Helmut, «Der Fall Grünspan», *Vierteljahrshefte für Zeitgeschichte*, abril de 1957.

Henk, Emil, *Die Tragödie des 20. Juli 1944*, 1946.

Hesse, Fritz, *Das Spiel um Deutschland*, Munich, 1953.

Hilberg, Raul, *The Destruction of the European Jews*, Chicago, 1961.

Höss, Rudolf, *Commandant of Auschwitz*, Nueva York, 1960.

Hofer, Walther, *Der Nationalsozialismus. Dokumente 1933-1945*, Frankfurt, 1957.

Holborn, Louise, ed., *War and Peace Aims of the United Nations*, 2 vols., Boston, 1943 y 1948.

Jäger, Herbert, «Betrachtungen zum Eichmann-Prozess», *Kriminologie und Strafrechtsreform*, Cuaderno 3/4, 1962.

Jaspers, Karl, «Beispiel für das Verhängnis des Vorrangs nationalpolitischen Denkens», *Lebensfragen der deutschen Politik*, 1963.

Kaltenbrunner, Ernst, *Spiegelbild einer Verschwörung*, Stuttgart, 1961.

Kastner, Rudolf, *Der Kastner Bericht*, Munich, 1961.

Kempner, Robert M. W., *Eichmann und Komplizen*, Zurich, 1961 (contiene las minutas completas de la Conferencia de Wannsee).

Kimche, Jon y David, *The Secret Roads. The «Illegal» Migration of a People, 1938-48*, Londres, 1954.

Kirchheimer, Otto, *Political Justice*, Princeton, 1961.

Kirchhoff, Hans, «What Saved the Danish Jews?», *Peace News*, Londres, 8 de noviembre de 1963.

Klein, Bernard «The Judenrat», *Jewish Social Studies*, vol. 22, enero de 1960.

Knierim, August von, *The Nuremberg Trials*, Chicago, 1959.

Krug, Mark M., «Young Israelis and Jews Abroad – A Study of Selected History Textbooks», *Comparative Education Review*, octubre de 1963.

Lamm, Hans *Über die Entwicklung des deutschen Judentums im Dritten Reich*, Erlangen, 1951.

—, *Der Eichmannprozess in der deutschen öffentlichen Meinung*, Frankfurt, 1961.

Lankin, Doris, *The Legal System*, «Israel Today», n.° 19, Jerusalén, 1961.

Lederer, Zdenek, *Ghetto Theresienstadt*, Londres, 1953.

Lehnsdorff, Hans Graf von, *Ostpreussisches Tagebuch*, Munich, 1961.

Lévai, Eugene, *Black Book on the Martyrdom of Hungarian Jews*, Zurich, 1948.

Lösener, Bernhard, *Die Nürnberger Gesetze*, Sammlung Vahlen, vol. XXIII, Berlín, 1936.

Maschmann, Melitta, *Fazit*, Stuttgart, 1963.

Maunz, Theodor, *Gestalt und Recht der Polizei*, Hamburgo, 1943.

Monneray, Henri, *La Persécution des Juifs en France*, París, 1947.

Motzkin, Leo, ed., *Les Pogromes en Ukraine sous les gouvernements ukrainiens 1917-1920*, Comité des Délégations Juives, París, 1927.

Mulisch, Harry, *Strafsache 40/61*, Colonia, 1963.

Nazi Conspiracy and Aggression, 11 vols., Washington, 1946-1948.

Oppenheim, L., y sir Hersch Lauterpacht, *International Law*, 1952[7].

Paechter, Henry, «The Legend of the 20th of July, 1944», *Social Research*, primavera de 1962.

Pearlman, Moshe, *The Capture of Adolf Eichmann*, Londres, 1961.

Pendorf, Robert, *Mörder und Ermordete. Eichmann und die Judenpolitik des Dritten Reiches*, Hamburgo, 1961.

Poliakov, Léon, *Auschwitz*, París, 1964.

Poliakov, Léon, y Josef Wulf, *Das Dritte Reich und die Juden*, Berlín, 1955.

Reck-Malleczewen, Friedrich P., *Tagebuch eines Verzweifelten*, Stuttgart, 1947.

Reitlinger, Gerald, *The Final Solution*, Nueva York, 1953; Perpetua ed., 1961.

Reynolds, Quentin, Ephraim Katz y Zwy Aldouby, *Minister of Death*, Nueva York, 1960.

Ritter, Gerhard, *The German Resistance: Carl Goerdeler's Struggle against Tyranny*, Nueva York, 1958.

Robinson, Jacob, «Eichmann and the Question of Jurisdiction», *Commentary*, julio de 1960.

Robinson, Jacob, y Philip Friedman, *Guide to Jewish History under Nazi Impact*, bibliografía publicada conjuntamente por YIVO Institute for Jewish Research y Yad Vashem, Nueva York y Jerusalén, 1960.

Rogat, Yosal, *The Eichmann Trial and the Rule of Law*, editado por el Center for the Study of Democratic Institutions, Santa Barbara, California, 1961.

Romoser, George K., *The Crisis of Political Direction in the German Resistance to Nazism*, Universidad de Chicago, 1958.

—, «The Politics of Uncertainty; The German Resistance Movement», *Social Research*, primavera de 1964.

Rothfels, Hans, *German Opposition to Hitler*, Chicago, 1948.

Rotkirchen, Livia, *The Destruction of Slovak Jewry*, Jerusalén, 1961.

Rousset, David, *Les Jours de notre mort*, París, 1947.

Schneider, Hans, *Gerichtsfreie Hoheitsakte*, Tubinga, 1950.

Schramm, Percy Ernst, «Adolf Hitler – Anatomie eines Diktators», *Hitlers Tischgespräche*, 1964.

Servatius, Robert, *Verteidigung Adolf Eichmann, Plädoyer*, Bad Kreuznach, 1961.

Silving, Helen, «In Re Eichmann: A Dilemma of Law and Morality», *American Journal of International Law*, vol. LV, 1961.

Stone, Julius, *Legal Controls of International Conflict*, Nueva York, 1954.

Strauss, Walter, «Das Reichsministerium des Innern und die Judengesetzgebung. Aufzeichnungen von Bernhard Lösener», *Vierteljahrshefte für Zeitgeschichte*, julio de 1961.

Strecker, Reinhard, ed., *Dr. Hans Globke*, Hamburgo, s.f.

Taylor, Telford, «Large Questions in the Eichmann Case», *New York Times Magazine*, 22 de enero de 1961.

Torrès, Henri, *Le Procès des Pogromes*, París, 1928.

Trial of the Major War Criminal, The, 42 vols., Nuremberg, 1947-1948.

Trials of War Criminals before the Nuremberg Military Tribunals, 15 vols., Washington, 1949-1953.

Vabres, Donnedieu de, *Le Procès de Nuremberg*, París, 1947.

Wade, E. C. S., «Act of State in English Law», *British Year Book of International Law*, 1934.

Wechsler, Herbert, «The Issues of the Nuremberg Trials», *Principles, Politics, and Fundamental Law*, Nueva York, 1961.

Weisenborn, Günther, *Der lautlose Aufstand*, Hamburgo, 1953.

Wighton, Charles, *Eichmann, His Career and His Crimes*, Londres, 1961.

Woetzel, Robert K., *The Nuremberg Trials in International Law*, Nueva York, 1960.

Wucher, Albert, *Eichmanns gab es Wele*, Munich-Zurich, 1961.

Wulf, Josef, *Lodz. Das letzte Ghetto auf polnischem Boden*, Schriftenreihe der Bundeszentrale für Heimatdienst, vol. LIX, Bonn, 1962.

—, *Vom Leben, Kampf und Tod im Ghetto Warschau*, vol. XXXII, Bonn, 1960.

Yad Vashem, *Bulletin*, Jerusalén, abril de 1961 y abril-mayo de 1962.

Zaborowski, Jan, *Dr. Hans Globke, the Good Clerk*, Poznan, 1962.

Zeisel, Hans, «Eichmann, Adolf», *Britannica Book of the Year*, 1962.

ÍNDICE

Este libro acabó
de imprimirse
en Barcelona
en septiembre de 2019